名言で読み解く

中国の思想家

湯浅邦弘［編著］

ミネルヴァ書房

はしがき

本書は、前著『概説 中国思想史』（湯浅邦弘編著、ミネルヴァ書房、二〇一〇年一〇月）の姉妹編である。

前著では、春秋戦国時代から近現代まで中国思想史を時代別に概説する第Ⅰ部と、気、道、孝、礼など中国思想の主要なテーマを取り上げる第Ⅱ部とに分けて、豊かな思想史を描き出すように努めた。幸いに、前著は多くの読者のご支持を得て版を重ねている。

ただ、そこに唯一物足りない点があるとすれば、それは、思想家個々の生の言葉があまり取り上げられていないということであろう。全体の分量からして、これはやむを得ない事情ではあったが、前著を読んで、今度は思想家の言葉をもっと知りたいという方も多いだろうと想定された。

そこで、本書『名言で読み解く中国の思想家』では、この「言葉」を前面に押し出して、これまでにない思想家との出会いの場を提供することとした。取り上げた思想家は、いわゆる諸子百家の時代の思想家を中心とし、さらに漢代、魏晋、宋、明に及ぶ。古代に偏重している嫌いもあるが、中国思想の大枠が形成されたのは、春秋戦国時代。やはり、この時代の思想家を重視した。思想の枠で言えば、儒家では孔子、孟子。道家では老子、荘子。法家では韓非子、兵家では孫子である。

一方、思想家という枠組みでは、通常あまり取り上げられない人物にも注目した。司馬遷や諸葛孔明、竹林の七賢などがそれである。かれらは、歴史や伝説の分野では取り上げられることはあっても、思想家として正面からとらえられることは稀である。しかし本書では、そうした固定観念にとらわれることなく、中国の思想家として描き出すことに努めた。また、後漢を代表する思想家として王充、宋明時代を代表する思想家として朱子、王陽明を取り上げ、古代に形成された中国の思想が、その後どのような展開をとげたのかについても詳しく論及している。

この第Ⅰ部では、それぞれの思想家について、まず、その生涯や著作、思想を概説する。ここまでは、既存の概説書にも見られる常套手段である。だが本書では、それに続いて、思想家の名言を六つずつ取り上げる。

この名言とは、それぞれの人物のまさに思想の核心を表す言葉もあれば、必ずしも中心思想とは言えないが、歴史に残る名言、あるいは故事成語として今も使われているような著名な言葉を広く意味する。これにより、前半の概説を補完し、その思想家を身近に感じていただくことができるであろう。一つでも二つでも、この名言が印象に残り、思想家と言葉とをセットにして記憶していただければ、本書の目的はおおむね達成されたと言って良い。

ただし、この第Ⅰ部でとりあげる人物は、計一二名にすぎない。これは、もとより紙幅の都合によるのであるが、当然、ここに漏れた思想家の取り扱いが問題となろう。そこで、第Ⅱ部を「中国思想家小辞典」とし、第Ⅰ部で取り上げられなかった主要な思想家について、それぞれ簡潔に紹介することとした。管子、晏子、曾子から皮錫瑞、康有為、毛沢東まで、その総数は六三名に及ぶ。

中国の思想家を多く取り上げた辞典としては、たとえば、日原利国編『中国思想辞典』(研文出版、一九八四年)というすぐれた著作があるが、そこでも、思想家の生涯や著作の説明はあっても、思想家の言葉が取り上げられることはほとんどない。これは辞典という制約上やむを得ないことなのであるが、本書の第Ⅱ部では、この点に留意し、解説文の中に必ず一つは思想家の言葉を織り込むこととした。つまり、分量は少ないながらも、第Ⅱ部は第Ⅰ部とコンセプトを共有しているのである。

このように本書は、言葉を伝えることを大きな目標としている。人生はさまざまである。平穏無事な生涯を送った人。波瀾万丈の人生を送った人。だが、歴史に思想家としての名を刻む人は、必ず言葉を残している。それも、数百年、数千年という風雪に耐えるような名言である。時を超えて我々に届けられた言葉は、過去からの貴重な贈り物である。それを通して、中国の思想家を理解し、さらには、これからの読者自身の人生を豊かにしていただければ、編者としてこの上ない幸せである。

湯浅邦弘

名言で読み解く中国の思想家

目次

はしがき

第Ⅰ部　思想家の生涯と名言

第一章

孔子——中国思想史の誕生

湯浅邦弘

人は学ぶことで成長する

我は生《う》まれながらにして之《これ》を知る者に非《あら》ず。古《いにしえ》を好み敏《びん》にして以《もっ》て之を求むる者なり。

我非生而知之者、好古、敏以求之者也。

（『論語』述而篇）

【訳】私は生来の物知りではない。昔のことを愛好し、その中から敏感に何かを探し求めようとしている者である。

孔子（歴代古人像賛）

1 孔子の生涯

孔子が亡くなったのは、紀元前四七九年。七四歳の生涯は、当時としては長寿の部類であったろう。晩年は、郷里の魯《ろ》で弟子たちの教育に当たったとされる。だが、その人生は波乱に満ちたものであった。

孔子は魯の昌平《しょうへい》郷陬《すう》邑に生まれた。父・孔紇《こうこつ》は顔《がん》氏の娘・顔徴在《ちょうざい》と結婚して孔子を生んだが、その際、母は尼《じ》丘《きゅう》という山に祈って孔子を授かったという。紀元前五五一年のことである（前五五二年という説もある）。

この両親の結婚は、正式なものではなかったらしく、司馬遷の『史記』には、「野合《やごう》」であったと記されている。三歳の時に父を、また、一七歳の時に母を亡くした。幼い頃の伝記としては、「俎豆《そとう》を陳《なら》べて、礼容《れいよう》を設《もう》く」というのがある。俎豆とは、祖先の祭りのとき、供物を置く台と豆《たかつき》のことをいう。あわせて儀式に使う祭器を意味する。孔子は、大人の儀式のまねを楽しみとしていたのである。

遊学と為政

三〇歳の頃、孔子は、魯の君主から遊学を許され、周の都に行って礼を学ぶ。三五歳の頃、魯に内乱が起こり、孔子は隣の斉《せい》の国に赴いた。そこで、韶《しょう》（古代の舜《しゅん》のときの音楽）を聴き、大いに感動したという。

斉に滞在中、孔子は斉の景公《けいこう》から政治について問われ、大切なのは、正名《せいめい》と節財《せつざい》であると説いた。正名とは、名を正す、つまり「君は君たり、臣は臣たり、父は父たり、子は子たり」（『論語』顔淵篇）というように人倫を正すこと、節財とは財政の節約に努めることである。しかし宰相の晏嬰《あんえい》は、孔子の採用に反対した。孔子の思想は、富国強兵を目指す当時の法治国家や商業立国には受け入れられなかったのである。

魯に帰った孔子を、君主の定公《ていこう》は、中都《ちゅうと》（魯の邑）の宰《さい》（長官）に任命した。一年で、周囲の村はみな孔子のやり方にならった。孔子は中都の宰から司空《しくう》（土地・人民の長官）になり、司空から大司寇《だいしこう》（司法長官）になったという。孔子五〇歳頃のことである。

隣国の斉は、孔子の登用によって魯の勢いが盛んになるのを恐れ、夾谷《きょうこく》（斉の地）で会見を開くことを魯に告げた。孔子は定公の補佐役を務め、定公の危機を救う活躍をした。

孔子五六歳の頃、政治を乱した少正卯《しょうせいぼう》という人物を誅伐した。三ヶ月たつと、国政は大いに整ったという。これを恐れた斉は、魯に女歌舞団を送り込み、魯の政治を乱そうとした。魯の為政者は、それにうつつを抜かして政治を怠り、失望した孔子は魯を去った。ここから、孔子の諸国遍歴の旅が始まる。

「孔子列国行」像（山東省曲阜）

諸国遍歴と受難

魯を去った孔子は、衛《えい》から陳《ちん》に向かおうとして、匡《きょう》（宋の邑）を通りかかった。かつて匡に乱暴をはたらいた陽虎《ようこ》という人物に風貌が似ていたことから、孔子は捕らえられ、厳しく責め立てられた。しかし、孔子は、「周の文王の文化を継承しようとしている自分を、匡人《きょうひと》ごときがどうすることができよう（天の未《いま》だ斯《こ》の文を喪《ほろ》ぼさざるや、匡人其《そ》れ予《われ》を如何《いかん》）」（『論語』子罕篇）と述べた。

孔子は匡で災難にあった後、衛から曹、そして宋に行き、弟子たちと大木の下で礼を学習していた。宋の司馬桓魋《しばかんたい》が、孔子を殺そうとしてその木を倒した。速やかに去るべきですと述べた弟子に向かって、孔子は、「天が私に徳を授けてくれている。桓魋ごときが私をどうすることができよう（天、徳を予《われ》に生《な》せり。桓魋其《そ》れ予を如何《いかん》）」（『論語』述

「**宋人伐木**」**図**（『聖蹟図』より）

而篇）と言った。いずれも、受難に負けない強い意志を示す故事である。

再び衛にもどった孔子は、衛の君主の霊公《れいこう》から軍事について下問された。孔子は答える。「俎豆《そとう》のことは聞いたことがありますが、軍事については学んだことがありません（俎豆の事は、則ち嘗《かつ》て之を聞けり。軍旅《ぐんりょ》の事は、未《いま》だ之を学ばざるなり）」（『論語』衛霊公篇）と。また、別の日、霊公は孔子との会見中、飛ぶ雁を見上げて、孔子に関心のない様子であった。ここにおいて、孔子はついに衛を去り、やがて帰国を決意した。結局、孔子の諸国遍歴の旅は失敗に終わり、同行した弟子たちとともに帰郷することとなったのである。

仕官できなかった孔子は、自身、次のように述べている。「私は世に用いられなかったので、多芸である（吾試《もち》いられず、故に芸《げい》あり）」（『論語』子罕篇）と。そしてまた、自分を納得させるかのように、こう言った。「地位のないことは気にしないで、地位を得るだけの実力がないことこそ気にかけるべきだ。自分を認めてくれる人がいないことは気にしないで、人から認められるだけのことをしようと心がけることだ（位《くらい》無きを患《うれ》えず、立つ所以《ゆえん》を患う。己を知ること莫《な》きを患えず、知るべきを為《な》すを求むるなり）」（『論語』里仁篇）と。

晩年と祭祀

晩年の孔子は、郷里の魯で、弟子の教育にあたった。『易《えき》』を愛読し、竹簡をとじている横糸が何度も切れたという。熱心に読書する意味を表す「韋編三絶《いへんさんぜつ》」という言葉は、この故事にちなむ。また、孔子は、詩書礼楽を教え、弟子は三千人に達した。その内、六経《りくけい》（易・書・詩・礼・楽・春秋）に通じた者が七二人あったという。

孔子は七四歳で亡くなった。弟子や魯の人で孔子の塚のほとりに家を移す者が一〇〇軒あまりにのぼったので、そこを「孔里《こうり》」と呼んだ。魯はその後、代々、毎年の祭祀の時節に孔子の塚を祭り、また儒者たちも、その前で礼を講じ、郷飲酒《きょういんしゅ》の礼（郷学の優等生を国に推薦するときの礼）、大射《たいしゃ》の礼（弓術の技を競う礼）を行った。その堂は、後に孔子を祭る廟《びょう》となった。現在、ユネスコの世界遺産に登録されている孔子廟の始まりである。曲阜では、この孔子廟と、孔子直系子孫が代々住んだ「孔府《こうふ》」、そして孔家一族の墓所「孔林《こうりん》」の三つをあわせて「三孔《さんこう》」と呼んでいる。

2　孔子の思想

孔子の思想は、『論語』に記録された多くの言葉によって確認される。ただ、いずれも断片的な発言なので、実は、孔子の思想の体系的理解は意外と難しい。

強い政治性

しかし、孔子の生涯が示唆するように、その思想的特色としてまずあげられるのは、強い政治性である。孔子およびその弟子たちは、政治に並々ならぬ関心を持ち、諸国を遊説して儒家の理想を説き、みずからが高官として採用され、政治の場で活躍することを夢見た。そうした強い政治性を表す言葉の中で、最も有名なものの一つが次の

孔子墓（山東省曲阜「孔林」）

一文である。

斉《せい》の景公《けいこう》政を孔子に問う。孔子対《こた》えて曰く、「君君《きみきみ》たり、臣臣《しんしん》たり、父父《ちちちち》たり、子子《ここ》たり」。公曰く、「善《よ》いかな、信《まこと》に如《も》し君君たらず、臣臣たらず、父父たらず、子子たらずんば、粟《ぞく》有りと雖《いえど》も、吾得《え》て諸《これ》を食《くら》わんや」。（顔淵篇）

斉の景公が政治のことを孔先生におたずねになった。孔先生は答えて言われた、「君は君らしく、臣は臣らしく、父は父らしく、子は子らしくあることです」。公は言われた、「善いことだね。本当に、もし君が君らしくなく、臣が臣らしくなく、父が父らしくなく、子が子らしくなかったら、五穀（粟）があっても、わたしは（君主の地位を失って）どうしてそれを食べることができようか」。

これは、壮年の頃の孔子が魯の隣の強国斉に留学した時、斉の君主景公の下問に答えたものである。孔子は、君―臣、父―子という最も基本的な人倫関係を政治の基礎と考えた。景公も、それを理解し、そうした基礎的関係が崩れれば自らの地位を失うことになろうと応えた。

また、弟子の子貢《しこう》の質問にもこう答えている。

子貢《しこう》曰く、「如《も》し博《ひろ》く民に施《ほどこ》して、能く衆を済《すく》うもの有らば、何如《いかん》。仁と謂《い》うべきか」。子曰く、「何ぞ仁を事《こと》とせん、必ずや聖か。堯舜《ぎょうしゅん》も其《そ》れ猶《な》お諸《これ》を病《や》めるか。夫《そ》れ仁者《じんしゃ》は、己《おのれ》立たんと欲《ほっ》して人を立て、己達せんと欲して人を達す。能《よ》く近く譬《たと》えを取る。仁の方《みち》と謂うべきのみ」。（雍也篇）

子貢が言った、「もし広く民に恩恵を施し、民衆を救済することができるなら、どうでしょうか。仁と言えますか」。先生は言われた、「どうして仁どころのことだろう、それこそ聖であろうか。堯や舜でさえもそれを悩みとされたことであろう。そもそも仁者は、自分が立ちたいと思うときには他人をも立たせてやり、自分が到達しようと思うときには他人をも到達させてやる。（他人のことでも）身近な自分のことにひきあてて考える。それこそが仁の方法といえよう」。

もっと露骨に就職願望をぶつけてきたのは、弟子の子張《しちょう》である。これにも孔子は懇切に答えている。

子張《しちょう》禄《ろく》を干《もと》むるを学ぶ。子曰く、「多く聞きて疑わしきを闕《か》き、慎《つつし》みて其の余を言えば、則ち尤《とが》寡《すく》なし。多く見て殆《あやう》きを闕き、慎みて其の余を行えば、則ち悔寡なし。言に尤寡なく、行に悔寡なければ、禄其の中に在り」。（為政篇）

子張（『聖廟祀典図考』より）

子張が仕官して俸給を得る方法について学ぼうとした。先生は言われた、「ひろく聞いて疑わしいところはそのままにしておき、そうでないものを慎重に口にすれば、あやまちは少なくなる。ひろく見てあやふやなところはそのままにしておき、そうでないものを慎重に実行すれば、後悔は少なくなる。言葉にあやまちが少なく、行動に後悔が少なければ、俸給は自然にそこから生まれてくるものだ」。

このように、孔子も、また弟子たちも、強烈な政治参加の意欲を持っていた。その際、孔子が必要と考えたのは、基本的な人倫関係を確立させること、名分（名称と実態との関係）を正すこと、他者への思いやり（仁）を大切にすること、言葉や行動を適切にすること、などであった。

政治思想の有効性

そして孔子自身も、仮定ではあるが、「千乗《せんじょう》の国」（兵車千台を出すことのできる大国）を治める方法を次のように説いている。

子曰く、「千乗《せんじょう》の国を道《おさ》むるには、事を敬《つつし》みて信あり、用を節して人を愛し、民を使うに時を以《もっ》てす」。（学而篇）

先生が言われた、「諸侯の国を治めるには、慎重に事業を行って（民から）信頼され、費用を節約して人民をかわいがり、人民を使うにも（農繁期をさけて）適当な時をえらぶことだ」。

つまり、民から信頼されること、節約に努めること、民に過酷な労役を迫らぬことが大切だとするのである。では実際にこうした思索は、当時、有効な政策として機能したのだろうか。だが、孔子の理想とは裏腹に、当時の諸国は富国強兵に努め、まごころの大切さとか経費の節約などにはむしろ無関心であった。そうした時流に乗って登場してきたのが、法家《ほうか》の思想家であり、その代表は、戦国時代の中期に秦で改革を実現した商鞅《しょうおう》や、戦国時代の末期、秦王政《せい》（のちの始皇帝）に絶賛された韓非子《かんびし》であった。

したがって、孔子の政治思想は、その有効性という点において大いに疑問の残るところではあったが、孔子が追求した心の問題は、厳格な法治の欠点を補うものとして、その後も大切な意味を持ち続けた。

礼の思想

たとえば、「礼」である。孔子は幼い頃、俎豆《そとう》を並べて遊んだとされるが、これを反映するかのように、『論語』の中には、礼を重視する孔子の言葉が見える。

之《これ》を道《みちび》くに政《せい》を以てし、之を斉《ととの》うるに刑を以てすれば、民免《まぬか》れて恥《はじ》無《な》し。之を道くに徳を以てし、之を斉うるに礼を以てすれば、恥有りて且《か》つ格《ただ》し。（為政篇）

民を指導するのに政治的手段により、きちんとさせるのに刑罰によれば、彼らは刑罰を免れることばかり考えて、恥の意識をなくしてしまうであろう。これに対して、指導するのに道徳により、きちんとさせるのに礼によれば、彼らは恥の心を持ち、正しくなるであろう。

刑罰とは、国家が制定した法にもとづく制裁である。もともと法とは、人民に公布されるものではなかった。春秋時代に入り、世の中が乱れてくると、法の具体的な内容と、それを犯した場合の刑罰をあらかじめ人民に示すようになった。いわゆる実定法《じっていほう》の登場である。これによって、国家は思い通りに民を誘導しようとしたのである。だが、こうした手法には弱点があった。民は、その法の網の目をくぐりぬけようとする。これでは、いくら熱心に政治を行っても、民は決してついてこない。

孔子は、こうした世相と民の心とを推し量り、こう考えた。道徳で民を導き、礼で民を整えようと。礼とは、長い年月をかけて蓄積されてきた礼儀や慣習である。一定の拘束力を持つが、法のように明文化されておらず、刑罰のような強制力はない。礼を守るかどうかは、あくまでその人の品格の問題である。だが、為政者がこの礼を尊重することによって、民の心におのずから恥の気持ちが芽生えるというのである。少し遠回りではあるが、結局、これが人々を正道に導くための近道だと考えたのである。

このように、礼とは、それを実践することによって、人間に品格を与えようとするものである。言わば外側から人間を美しくするものであると言えよう。

こうした礼の機能を自覚しつつ孔子の思想を継承していったのが、子游《しゆう》・子夏《しか》のグループであり、後に、性悪説《せいあくせつ》を唱える荀子《じゅんし》は、儒家の中で最も礼を重視した思想家となった。

道徳の根本「孝」

これに対して、直接目には見えないが、内なる心として重視されたものがある。それが「孝」である。孝とは、まず、子に求められる家庭内の道徳として説かれる。

子曰《しいわ》く、弟子《ていし》入りては則《すなわ》ち孝、出《い》でては則ち悌《てい》。（学而篇）

孔子は、弟子（若者）に向かって、家庭の内では親孝行に、外では悌（年長者に従うこと）に努めよという。何よりもまず、子がよく親に仕えることが孝なのである。

子曰く、父在《い》ませば其の志《こころざし》を観《み》、父没《ぼっ》すれば其の行を観る。三年父の道を改むる無きは、孝と謂《い》うべし。（学而篇）

だから子は、父の存命中には、父に逆らってまで自己表現をすることはできない。そこで、ある人物を評価する時には、彼の隠れた意志をくみ取る必要がある。孝子であれば自分を抑《おさ》えているからである。そしてその父が亡くなり、自己実現ができるようになった後には、彼の実際の行いで評価する。しかし、父が亡くなったからといって、ただちにそのやり方を改めるのは不孝であり、父の死後三年、その道を改めないのが孝である。

このように、孝の実践は三年の喪《も》と密接な関係を持ち、親の死後にも求められる。次の孔子の言葉は、そのことをより明らかに説いている。

生《い》けるには之に事《つか》うるに礼を以てし、死すれば之を葬《ほうむ》るに礼を以てし、之を祭るに礼を以てす。（為政篇）

親が生きているときには、子は礼によって親に仕え、亡くなったときには礼によって葬り、また礼によって死後の祭祀を行う。生きている親にまごころをつくすことだけが孝ではないのである。

また、この孝は、すべての道徳の根本とされた。孔子の高弟有若《ゆうじゃく》はこう述べる。

孝弟《こうてい》なる者は、其れ仁の本為《もとた》るか。（学而篇）

『論語』の中で、最も多く語られる徳は「仁」（思いやり）である。その仁でさえ、孝が基本になっているというのである。思いやりという漠然とした道徳は、意外とわかりにくい。その具体的なあり方は、まず親に対する愛であり、年長者に対する敬意なのである。

礼が外側から人間を規制するものであるのに対し、孝は、人間の最も素朴な心情を、あらゆる道徳の基盤として重視するものである。

こうした人間の内面性を重視する孔子の思想を継承したのは、『孝経』の著者とされる曾参《そうしん》、『中庸《ちゅうよう》』の著者とされる子思《しし》（孔子の孫）、そして性善説を説いた孟子などである。

孔子の思想は、さまざまに分岐しながらも、後世の思想家たちに大きな影響を与え、中国思想史の根幹を形成していったのである。

3『論語』の成立と伝播

ところで、『論語』全二〇篇の成立については、実のところあまり詳しいことがわかっていない。弟子たちはそれぞれに孔子生前の言葉などを記録していたが、おおよそ孫弟子にあたる門人たちの時代に至って編纂作業が進められた、とするのが定説である。

孔子が亡くなったのは春秋時代の末。戦国時代にはすでに『論語』の原型のような文献ができていたのであろうか。近年出土した戦国時代の竹簡《ちっかん》資料には、『論語』の文言にきわめてよく似た語句がみられる場合がある。少なくとも秦漢帝国成立以前には、『論語』の素材はさまざまに流伝していたと考えられる。

ただ、当時、『論語』はあくまで儒家の内部文書であったと推測される。それが、天下に流布していくのは、漢代に入ってからである。漢帝国は儒教を国家教学として尊重した。政権の後ろ盾を得て、『論語』は広く普及していったのである。

定州漢墓竹簡『論語』と平壌簡『論語』

その様相の一端を示す新資料が、近年発見された。まずは定州《ていしゅう》漢墓《かんぼ》竹簡《ちっかん》『論語』である。一九七三年、河北省《かほく》定州市で発見された前漢の中山懐王《ちゅうざんかいおう》劉脩《りゅうしゅう》の墓から出土した竹簡に記されていた『論語』で、現存最古の『論語』抄本である。

竹簡は全六二〇余枚であるが、破損し残欠したものが多い。簡長は一六・二センチ（当時の七寸）、幅〇・七センチ、字数は一簡あたり一九〜二一字が記されている。総字数は七五七六字で、今に伝わる『論語』の二分の一弱の分量である。残存部分を現在の『論語』テキストと比較すると、両者がきわめてよく似ていることがわかる。

中山懐王劉脩は前漢宣帝《せんてい》の五鳳《ごほう》三年（紀元前五五）に亡くなっているので、この竹簡に『論語』が記されたのは、それよりも相当早い時期である。前漢高祖《こうそ》期頃に筆写された写本ではないかと推測されている。すでに当時、ほぼ現在のような内容を持つ『論語』が伝えられていたことが明らかになったのである。

今ひとつは、平壌簡『論語』である。これは、一九九〇年代初め、北朝鮮の平壌《へいじょう》（ピョンヤン）市楽浪《らくろう》区域統一街の貞柏洞《ていはくどう》三六四号墳から出土した『論語』写本である。墓は前漢時代のもので、同墓に副葬されていた戸籍簿に、元帝初元《げんていしょげん》四年（紀元前四五）の記載があったことから、前漢元帝・宣帝期以前の『論語』写本であると推測されている。

平壌簡『論語』は全三九枚と残簡五枚の計四四枚からなり、先進篇三三枚、五八九字。顔淵篇一一枚、一六七字。現在の『論語』先進篇・顔淵篇の約三分の一の量である。『論語』二〇篇のうち、わずか二篇が発見されたに過ぎないのであるが、前漢期にすでに楽浪郡という辺境地に『論語』が伝えられていたという事実を明らかにしたのである。

『論語』の普及

こうして『論語』は、すでに漢代初期には全国に普及し、孔子の思想は知識人や役人に広く知られるところとなっていた。

ただ、定州簡『論語』や平壌簡『論語』の記載から明らかなように、細かな字句の違いは多々あった。そうした違いを反映して、前漢時代には、何種かの系統を異にする『論語』が伝えられていたようである。そうした状況を整理したのが、魏《ぎ》の何晏《かあん》の『論語集解《しっかい》』である。これは、漢代の著名な学者たちの注釈を取捨選択して、さらに自説をも加えた詳細な注釈書であり、『論語』の決定版注釈書として大きな影響力を持った。

さらに、後世、製紙法の改良や印刷技術の発明、科挙制度（官吏登用試験）の確立などによって、『論語』はさらに多くの読者を獲得し、孔子の思想は中国第一の教えとして人々の信仰を集めていくことになる。

4 孔子の名言

人は学ぶことで成長する

我は生《う》まれながらにして之《これ》を知る者に非《あら》ず。古《いにしえ》を好み敏《びん》にして以《もっ》て之を求むる者なり。

我非生而知之者、好古、敏以求之者也。（『論語』述而篇）

【訳】私は生来の物知りではない。昔のことを愛好し、その中から敏感に何かを探し求めようとしている者である。

ひとことで言えば、「学」の重要性を説く言葉であろう。「温故知新」にも通ずる精神である。そもそも、『論語』は、次のような孔子の言葉で始まる。

学びて時に之を習う、亦《ま》た説《よろこ》ばしからずや。（学而篇）

これは孔子の発言ではあるが、同時に、弟子たちの思いも込められているであろう。孔子は、魯の高級貴族の出身ではない。一介の在野の人間である。その孔子が礼制や政治を学び、一時は魯の政界で活躍したとされる。当時は、下剋上の世ではあったが、人が成長し、しかるべき地位を得るために必要なもの、それが「学」であると『論語』は宣言しているのである。

また、今では日常語として使われている「上達」という言葉も、実は、『論語』の中で次のように「学」とともに使われる。

天を怨《うら》みず。人を尤《とが》めず。下学《かがく》して上達す。我を知る者は其《そ》れ天か。（憲問篇）

自分を理解してくれる者はいないと孔子は嘆き、「不遇であっても天を怨む気持ちがなく、人を咎《とが》める気持ちもない。身近なことから学んで、より高次なことに通じようと努める。私を理解してくれるのは天であろうか」と述べる。ここでも、「上達」の第一歩として「下学」が重視されている。

このように孔子は「学」を重視した。「学」によらなければ、人間の成長も就職もままならないと感じたのである。

こうした言葉の根底には、人間の持つ可能性に対する絶大な信頼がある。人は学習によって成長するものだという人間観である。これは、後の孟子の性善説《せいぜんせつ》にも、また、荀子《じゅんし》の性悪説《せいあくせつ》にも影響を与えた。人は本来的に可能性を持つ存在であり、また、学習によって成長をとげる、という孔子の考えの内、前者を限りなく強調していったのが孟子であり、後者の重要性を力説したのが荀子であったと言える。孔子の「学」は、後世の儒家思想の根源をなすものであった。

師の条件とは

故《ふる》きを温《たず》ねて新しきを知る。以て師為《した》るべし。

温故而知新、可以爲師矣。（『論語』為政篇）

【訳】故いものをたずねることによって、その中に新しさを発見する。それではじめて師と言える。

「温故知新」という四字熟語として有名な言葉である。

ただ、二つの点に注意を要する。一つは、「温故知新」自体の意味である。原文をよく見るとわかるように、この孔子の言葉は、「温故」と「知新」とが「而」という接続詞で結ばれている。つまり、故きを温ねることによって、その中に新しさを発見する、というのが本来の意味なのである。

ところが、四字の熟語として確立すると、「而」の存在が忘れられ、この言葉は、「温故」と「知新」とに分解されてしまう。つまり、故きを温ねるという後ろ向きの学問と、新しきを知るという前向きの学問の二つ、という意味に誤解されてしまうのである。それは一見、現代の文系と理系の学問の二つを指しているようでもあるが、恐らく孔子の真意からは外れた解釈であろう。古典と歴史を愛し、その中にこそ新しさを発見する、そういうしなやかな精神を求めているのである。

もう一つは、「温故知新」の直後に「以て師為るべし」という言葉が続いている点である。つまり、この言葉は「師」の条件を説いているのである。孔子とその弟子たちは、学団を形成していた。孔子という「師」と三千人とも言われる弟子たちとの集団である。その中で、孔子自身が「師」とは何かについて考えたに違いない。また、時に孔子の代理として門人たちを教える高弟たちの条件についても考えたであろう。それがこの言葉であると思われる。

孔子は、それまでの身分制秩序をある意味で打ち破った。一介の士が諸国を遊説し、君主に向かって国政を論ずるという革新性を持っていた。だが、その思想はむしろ保守的である。孔子は古代の聖人や文献や礼制を尊重した。「述べて作らず、信じて古《いにしえ》を好む」（古典を祖述して勝手に創作せず、昔のことを信じて愛好する）（『論語』述而篇）とも言っている。そうした古代を愛好する精神が、「師」の条件とされているのである。

いつの時代にも新しもの好きがいる。奇矯な言動で人気を得ようとする人がいる。そのような人々を孔子は「師」とは認めなかった。「知新」ばかりを追い求めても何の解決にもならないと言うのである。一見遠回りのようであっても、まずは故きを温ねることから始めよと主張するのである。

君子は道徳に敏感である

君子《くんし》は徳を懐《おも》う。　君子懐德。（『論語』里仁篇）

【訳】君子はみずからの道徳性に思いを致す。

この孔子の言葉は、古来、君子と小人《しょうじん》とを対比したものと理解されている。その全文は、「君子は徳を懐い、小人は土を懐う。君子は刑を懐い、小人は恵《けい》を懐う（君子懐徳、小人懐土。君子懐刑、小人懐恵）」。つまり、君子が内面的な道徳性に安らぎを感じるのに対して、小人は土地に安住する。また、君子が刑（社会的義務）を思うのに対して、小人は恩恵を受けることばかり考える。こうした対比的理解である。君子と小人との対比は、『論語』の中で数多く見られ、同じく里仁《りじん》篇に、「君子は義に喩《さと》り小人は利に喩る（君子喩於義、小人喩於利）」との孔子の言葉がある。これも、君子が正義に敏感であるのに対して、小人は利益に敏感である、との対比である。

これに対して、これら四句を二句ずつ因果関係にあるものとし、「君子は徳を懐えば小人は土を懐う。君子は刑を懐えば小人は恵を懐う」と読む理解もある。つまり、君子が道徳性を重視すれば小人はその土地に安住するが、君子が刑罰を重視すれば小人はお目こぼしを願うようになる、との解釈である。これは、南北朝時代の梁《りょう》の皇侃《おうがん》（四八八～五四五）の『論語義疏《ぎそ》』に見え、江戸時代の荻生徂徠《おぎゅうそらい》（一六六六～一七二八）『論語徴《ちょう》』もこの説を用いている。

その場合、この里仁篇の孔子の言葉は、『論語』為政篇の「之を道《みちび》くに政《せい》を以てし、之を斉《ととの》うるに刑を以てすれば、民免《まぬか》れて恥《はじ》無し。之を道くに徳を以てし、之を斉うるに礼を以てすれば、恥有りて且格《かつきた》る（道之以政、齊之以刑、民免而無恥。道之以徳、齊之以禮、有恥且格）」という主張に類似することとなる。これは、儒家思想の特徴である徳治《とくち》主義の主張である。儒家は、刑罰と恩賞を内実とする「法」による統治ではなく、君主の人徳が拡延しておのずから人々を教化していくという政治を理想とした。有徳の君主が政治を行えば、人々は自然と帰服し、その土地に安住するという。それを徳治主義という。里仁篇の言葉も為政篇の言葉も、そうした主張を背景としているという理解が可能となるのである。

なお、江戸時代の大坂学問所「懐徳堂《かいとくどう》」の名は、この言葉に由来するとされる。また、平成六年（一九九四）に東京大学の増築に伴う発掘調査で、旧加賀藩主前田侯爵邸西洋館の基礎部分が発見されたが、それは、大正一二年（一九二三）の関東大震災後、東京大学が迎賓施設として使っていたもので、その名を懐徳館という。

自分の力で成し遂げる

苟《いやし》くも我を用いる者有らば、期月《きげつ》のみにても可なり。三年にして成《な》す有らん。

荀有用我者、期月而已可也。三年有成。（『論語』子路篇）

【訳】もし私を用いてくれる人があれば、一年だけでも良い。三年もあれば、きっと成功してみせよう。

孔子のこの言葉は、政治参加への強い意欲を表している。また、孔子とその弟子たちによる集団的求職活動があったことをも示唆している。

孔子は、五〇代半ばを過ぎてから、弟子たちを引き連れて諸国遊説の旅に出る。その目的は、自己の理想を他国の君主に聞き入れてもらうことであり、より具体的に言えば、自分自身や弟子たちが為政者として採用されることであった。

かつて孔子は、魯の定公《ていこう》によって、中都《ちゅうと》（魯の町）の宰《さい》（長官）に任命され、一年で、周囲の村はみな孔子のやり方にならったという。また、魯と隣国斉《せい》とが夾谷《きょうこく》（斉の地）で会見を開いた際、孔子は定公の補佐役を務め、その危機を救う活躍をした。さらに、五六歳の頃、政治を乱した少正卯《しょうせいぼう》という人物を誅伐《ちゅうばつ》した。三ヶ月たつと、国政は大いに整った。商売する者は掛け値をせず、歩く者は男女道を別にし、道に落とし物があっても着服する者はなく、魯の国にやってきた外来者には、向こうから要求がなくても必要な物を与えて帰国させるようにしたという。

だが、ここから孔子の流浪の旅は始まった。そして、どの国にも受け入れてもらうことはできなかった。この

「期月のみにても可なり」という言葉には、そうした孔子の大いなる自信と切羽詰まった感じが同時に表れている。

同様に読み取れるのが、陽貨《ようか》篇の「如《も》し我を用うる者有らば、吾は其《そ》れ東周《とうしゅう》を為《な》さんか（如有用我者、吾其爲東周乎）」という言葉である。ある時、公山弗擾《こうざんふつじょう》という者が費《ひ》の町を拠点にしてクーデターを起こし、孔子を招聘した。孔子はそれに応じようとしたが、弟子の子路《しろ》が反対した。その時の言葉である。漠然と私を招く者などいようか。もし私を採用してくれる者がいれば、私はあの東周を再現してみせよう、と豪語したのである。「東周を為す」とは、周王朝初期の理想的な世界を再現するという意味で、これは本来、王やその宰相にしかできない大仕事である。それを孔子は自分の力で成し遂げようというのである。

これも、孔子の政治参加への強い意欲を示すとともに、儒家がどのような特質を持つ集団であったかを示唆しているであろう。つまり、彼らは政治に背を向けて読書に専念するような学者集団ではなかった。確かに、孔子を中心として詩書や礼楽を学んだとされるが、それは、純粋な学問研究ではなく、就職のために必須だったからであろう。彼らの最終目標は、孤高の学者になることではなく、現実の政治的世界で為政者として活動することであった。

詩は純粋である

詩三百、一言《いちげん》以《もっ》て之《これ》を蔽《おお》えば、曰《いわ》く、思い邪《よこしま》無し。　詩三百、一言以蔽之、曰、思無邪。（『論語』為政篇）

【訳】『詩経』の三百篇。その性格を一言で表せば、「思いに邪がない」ということである。

「詩三百」とあるが、今に伝わる『詩経』は正確には三一一首。ここは概数を言ったものであろう。「一言」とは、一文字、一句、一文など意味に幅があるが、ここでは一句（ひとこと）の意。「蔽」は、当てる、塞《ふさ》ぐ、蓋《おお》うなどの読みがあるが、いずれにしても、全体を概括すること。ただし、明治・大正期の漢学者黒本稼堂《くろもとかどう》の『造語解《ぞうごかい》』は、「蔽」は「屛」であり、屛とは、我が地を内と定めて周囲に屛障《へいしょう》をめぐらすことで、「さだむ」と読むべきであると説く。その場合は、「一言以て之をさだむれば」となり、より強く『詩経』の性格を規定する感じとなる。「思無邪」は、『詩経』魯頌《ろしょう》の駉《けい》篇の一句。

この言葉からは、孔子と『詩経』との強い関係が想起される。『詩経』は中国最古の詩集で、西周から東周にかけて（前九世紀～前七世紀頃）の歌謡を「風《ふう》（国別のうた）」「雅《が》（宴会・祭礼のうた）」「頌《しょう》（祭礼のとき祖先の徳を讃えるうた）」の三つに大別して収録する。伝承によれば、もと三千とも言われた多くの詩を孔子が三〇〇篇に編集したものであるという。また、儒家集団は、詩と書（『尚書』）とを教科書として学んでいたとされる。春秋時代には、知識人必読の教養書であった。後に、『詩経』は儒家経典「五経《ごきょう》」の一つとして絶大な権威を持つが、この孔子の言葉は、その『詩経』と孔子との関わりを印象づけるものとなっている。もっとも、五経がいつ頃から権威を持つようになったのかについては、これまではっきりしたことがわからなかった。

ところが、一九九三年に湖北省荊門《けいもん》市郭店《かくてん》一号墓から出土した戦国時代中期の竹簡「郭店楚墓竹簡《かくてんそぼちくかん》（郭店楚簡）」、およびその翌年に上海博物館が収蔵した「上海博物館蔵戦国楚竹書《そちくしょ》（上博楚簡《しゃんはくそかん》）」には、この点に関する重要な資料が含まれていた。

まず、郭店楚簡『六徳《りくとく》』は、夫婦・父子・君臣の六者の人倫関係を説く文献であるが、その中で、すでに詩・書・礼・楽・易・春秋の六つが明記され、経典視されている。また、上博楚簡『孔子詩論』は、今に伝わる『詩経』の内容と一部類似する点があり、要所要所に孔子の言葉が引用されている。孔子は詩について造詣《ぞうけい》が深かったと言いたげな文献である。郭店楚簡や上博楚簡は戦国時代中期、おおよそ紀元前三〇〇年頃の写本であるから、それ以前にこれらの文献を経典視する動きが儒家の内部であり、孔子と『詩経』との関係についても強く意識されていたことが明らかになったのである。

音楽は人々に感動を与える

図《はか》らざりき、楽《がく》を為《な》すことの斯《ここ》に至らんとは。　不圖為樂之至於斯也。（『論語』述而篇）

【訳】思いもよらなかった。音楽の美しさがこれほどまでであろうとは。

孔子は三〇歳の頃、周の都に留学し、伝統的な礼楽を学んだという。またその後、斉《せい》の国に行き、そこに伝わっていた古代音楽を耳にしたという。その時の言葉である。「子斉に在《あ》りて韶《しょう》を聞く。三月、肉の味を知らず。曰く、図らざりき、楽を為すことの斯に至らんとは（子在齊聞韶、三月不知肉味。曰、不圖爲樂之至於斯也）」とある。「韶」とは、古代の聖王舜《しゅん》の時の音楽。孔子は、それを斉で聴き、三ヶ月もの間、肉の味がわからないほど感動した。そして言った、「思いもよらなかった。音楽の美しさがこれほどまでであろうとは」と。

有名な「三月、肉の味を知らず」の出典である。さすが、大国の斉には古代の楽曲が脈々と伝えられており、またそれを演奏する楽器も整っていたのである。これに孔子は感動した。「三月」とは具体的な期日をいうのではなく、非常に長いというニュアンスを表すイメージ語である。

ただし、この述而《じゅつじ》篇の孔子の言葉については、別の読み方もある。「子斉に在りて韶を聞くこと三月。肉の味を知らず」。このように読むと、孔子が斉で韶の音楽を聴いた期間が三ヶ月で、その後、感動の余り、孔子は食事の味がわからなくなった、という意味になる。語法的にはどちらも成立する。ただ、孔子の音楽に対する感性を高く評価する立場から言えば、前者の読みがよいであろう。孔子が韶の演奏を聴いたのは、たった一回かもしれない。しかしそれでも孔子は深く感動して、その後、三ヶ月もの長い間、食事の味がわからなかったという意味になるからである。

しかし、いずれにしても、これをもって、孔子を音楽の天才と評するのはどうであろうか。孔子の伝記を精査しても、孔子が幼少期から豊かな音楽的環境の中で育ったという形跡はまったくない。『論語』のどこを探しても、孔子自身が音楽を作曲し、またすぐれた演奏を行ったという記述はない。孔子と音楽との関係は、常に、ある音楽に対する論評や感想という形をとるのである。

孔子は、作曲の才能も、調律の技術も、演奏の実績も、もちろんオーケストレーションの知識もなかったと言わざるを得ない。孔子にあったのは、せいぜい音楽を聴いて感動する能力だけであった。この孔子の言葉は、その感受性を示すものではあるが、決して音楽の創造性や天才ぶりを保証するものではない。

ただ、古代において音楽の重要性が我々の想像を絶するものであったことは間違いない。音は目には見えないが、人々に感動を与え、心を教化する。良くも悪くも、人々を誘導する力を持つのである。中国の音楽が純粋な芸術としてではなく、政治的世界の中で重視された理由は、ここにある。

参考文献

【一般的・入門的文献】

①　吉川幸次郎『論語』（朝日新聞社・中国古典選、一九五九年、のち一九七八年、同社より文庫版全三冊として出版）
＊『論語』を美しい現代日本語に訳した注釈書の定番。文庫版を経て、さらに一九九六年、朝日選書として復刊されている。

②　金谷治『論語』（岩波文庫、一九六三年、のち一九八二年、岩波クラシックス所収）
＊多くの『論語』テキストを対照し、その最善の文言を確定して提供しようとする点に特色のある注釈書。二〇〇一年には、ワイド版岩波文庫として刊行されている。

③　貝塚茂樹『論語』（中公文庫、一九七三年）
＊東洋史学の専門家が、『論語』の魅力を平易な現代語訳で提示する注釈書。二〇〇三年に中公クラシックスとして復刊されている。

④　加地伸行『孔子——時を越えて新しく』（集英社、一九八四年）
＊「中国の人と思想」シリーズ第一巻として配本された書。孔子の生涯を鋭く読み解く。一九九一年に集英社文庫として復

刊されている。

⑤　加地伸行『論語』（講談社学術文庫、二〇〇四年）

＊意欲的で懇切丁寧な注釈と臨場感あふれる現代語訳で綴られた注釈書。二〇〇九年に増補版が刊行された。

⑥　湯浅邦弘『論語』（中公新書、二〇一二年）

＊最新の出土資料の研究成果を踏まえて、『論語』の成立と伝来を解説し、また、『論語』の中の異質な章にも注目して、孔子や儒家集団の思想的特質を探る。

【専門的文献】

①　藤塚鄰『論語総説』（弘文堂、一九四九年）

＊『論語』の成立から主な注釈書、日本漢学との関係にまで説き及ぶ基礎的な研究書。一九八八年に、国書刊行会より復刊されている。

②　木村英一『孔子と論語』（創文社・東洋学叢書、一九七一年）

＊人間としての孔子と『論語』の原典に立ち返って、その真相を描き出そうとする研究書。著者自身の『論語』注釈は、講談社文庫『論語』（一九七五年）として刊行されている。

③　白川静『孔子伝』（中公叢書、一九七二年）

＊「儒」の源流に注目して孔子の真の姿に迫ろうとする画期的な孔子伝。二〇〇三年に中公文庫として復刊されている。

④　加地伸行『儒教とは何か』（中公新書、一九九〇年）

＊儒教の表層（礼教性）の裏に潜む宗教性を指摘した新しい儒教論。同著者の『沈黙の宗教――儒教』（ちくまライブラリー、一九九四年）によって、その理論がさらに展開されている。

⑤　浅野裕一『孔子神話――宗教としての儒教の形成』（岩波書店、一九九七年）

＊孔子を「聖人」とする見方を徹底的に排し、儒教という宗教運動の中で孔子神話が作られていく過程を追究した書。

⑥　橋本秀美『論語――心の鏡』（岩波書店、二〇〇九年）

＊漢代から近代に至る経学（伝統的な経書解釈）の中に『論語』を位置づけながら、時代・社会・人間を映し出す鏡として

の『論語』の意義を探る書。

▼コラム　新出土文献に見る孔子の言葉

今から二千数百年前の古代文献が次々に発見される。そうした劇的な事態が、この数年、中国で続いている。多くは古墓からの盗掘である。中国の農村部では、古代貴族の墓の副葬品を狙った盗掘が後を絶たないようで、盗掘の結果、古代文献である大量の竹簡が流出する。近年、最も注目されているのは、上海博物館が収蔵した戦国時代の楚《そ》の竹簡である。これを、上海博物館が収蔵した楚の竹簡という意味で、「上博《しゃんはく》楚《そ》簡《かん》」という。

一九九四年に、上海博物館は、香港の古玩市場に流出していた竹簡群を購入した。鑑定の結果、それらは、戦国時代の楚の文字で記された竹簡群で、全一二〇〇余簡、三万五千字からなる。

盗掘品であったため、明確な出土地がわからず、湖北省からの出土であるらしいという話が伝わっている程度である。また、年代も明らかでない。そこで、中国科学院上海原子核研究所による炭素一四の年代測定が行われ、二二五七±六五年前という測定値が公開された。これは、一九五〇年を定点とする国際基準に従えば、前三〇八±六五年、すなわち前三七三年から前二四三年となり、おおよそ戦国時代の中期から後期に属する年代である。まさに諸子百家全盛の時代の竹簡だったのである。

上博楚簡『顔淵問於孔子』

その内容は、儒家系の思想文献を中心に、道家、兵家、陰陽家などの文献、約百種からなる。中には、『論語』や孔子との関係が認められるものが、いくつか確認されている。

上博楚簡『顔淵問於孔子（顔淵《がんえん》孔子に問う）』という文

献は、特に興味深い。これは、弟子の顔淵が、孔子に「君子が国内の政治に従事する場合にどのような道がありますか」と問うもので、『論語』をはじめとするこれまでの文献には見えなかったものである。その孔子の答えは次のようなものであった。

孔子曰く、「敬《つつし》みて過ちを宥《ゆる》して有司《ゆうし》を先にし、老を老《うやま》いて幼を慈《いつく》しみ、絞を予して貧を収め、禄《ろく》足らざれば則《すわち》ち請《こ》い、余り有れば則ち辞す」。

孔子は言われた、「慎重に過失を許し、役人に率先してやらせ、老人を敬い幼児を慈しみ、徴税を猶予して貧困者を収容し、俸禄が不足していれば請求し、余裕があれば辞退する」。

非常によく似た言葉が、『論語』子路《しろ》篇に見える。子路篇では、弟子の仲弓《ちゅうきゅう》の問いに答えた孔子が、「有司を先にし、小過《しょうか》を赦《ゆる》して、賢才《けんさい》を挙《あ》げよ」と答えている。共通するのは、過ちを許すという寛大な精神と、役人に率先してやらせるという点であるが、その順番が『論語』とは異なっている。

この微妙な文言の違いは、孔子の言葉の伝承に、ある程度の揺らぎが生じていたことを示唆しているのではないか。孔子の言葉は、一直線に『論語』へと向かったのでなく、弟子門人たちのさまざまな編纂過程を経て、ようやく『論語』として完成を見たのであろう。

第二章　孟子——人の性は善なり

末永高康

仁義は自分の内にある

仁義に由りて行う、仁義を行うには非ざるなり。

由仁義行、非行仁義也。

（『孟子』離婁《りろう》下篇）

【訳】仁義によって行うのであって、仁義を行うのではない。

孟子（北京歴史博物館蔵）

（『週刊朝日百科　世界の文学』より）

1 生涯と政治思想

生　涯

戦国時代中期の思想家である孟子《もうし》。孟は姓、子は尊称で本名は軻《か》である。その正確な生没年はわからない。幼少期のエピソードは「孟母三遷《もうぼさんせん》」「孟母断機《もうぼだんき》」（ともに劉向《りゅうきょう》『列女伝《れつじょでん》』に見える）としてよく知られているものの、後世の創作に過ぎないであろう。その学問形成についても確かなことはわからない。『史記』の伝記では「業を子思《しし》（孔子の孫）の門人に受く」と言われるが、その師の名は『孟子』には現れない。また、青年期に斉《せい》に留学して稷《しょく》下《か》の学士たちと交わっていたようではあるが、それほどはっきりとした記録が残されているわけではない。われわれが確かに知ることのできるのは、その後半生、孟子が諸国遊説を始めてからのことである。

鄒孟軻母（孟母断機の図）
（『古列女伝』巻1より）

『孟子』の記述によれば、紀元前三二〇年頃、まずは梁《りょう》の恵王《けいおう》のところに向かっている。「吾が国を利せん」ことを期待する恵王に対して、「王、何ぞ必ずしも利をいわん、また仁義あるのみ」（梁恵王《りょうけいおう》上篇）と仁義を高らかに謳いあげる問答は、『孟子』の冒頭を飾るものであるが、孟子の思想的立場をよく示すものとして知られている。また、よく知られた故事成語「五十歩百歩」（同上）もこの恵王との問答の中から生まれたものである。恵王の没後（前三一八年）、孟子は斉へと赴く。武力で天下に覇をとなえようと考える宣王《せんおう》に対し、それは「木に縁《よ》りて魚を求むる」（梁恵王上篇）ようなものであると、言葉巧みに王道へといざなうが、その主張は王の受け入れるところとはならない。斉が北方の燕《えん》を混乱に乗じて併合するにおよんで、孟子はその地を立ち去っている（前三一二年頃）。後に、宋《そう》、薛《せつ》、鄒《すう》等を経て滕《とう》の文公《ぶんこう》に招かれるが（前三〇七年頃）、それも数年で辞し、最晩年は故郷の鄒（今の山東省鄒県）にもどって子弟の教育に専念している。

民とともに楽しむ

諸国を遊説しながら、各国の王に向かって、孟子は繰り返し語っている。「民と楽しみを同じくせよ」と。時は戦国の世である。王が自国の民を養うのも、国力を充実させ、強い軍隊を組織するためである。王の野望のために民が必要とされているのであって、民の生活のために王がいるのではなかった。そのような時代にあって、孟子は「民と偕《とも》に楽しむ」（梁恵王上篇）政治を王に求める。王ひとりが快楽を独占して、民をその犠牲とするのではなく、王が自ら「民の楽しみを楽しみ」、「民の憂いを憂うる」（梁恵王下篇）政治を行うこと、孟子が求める王道というのも、一言でいえばここに尽きる。

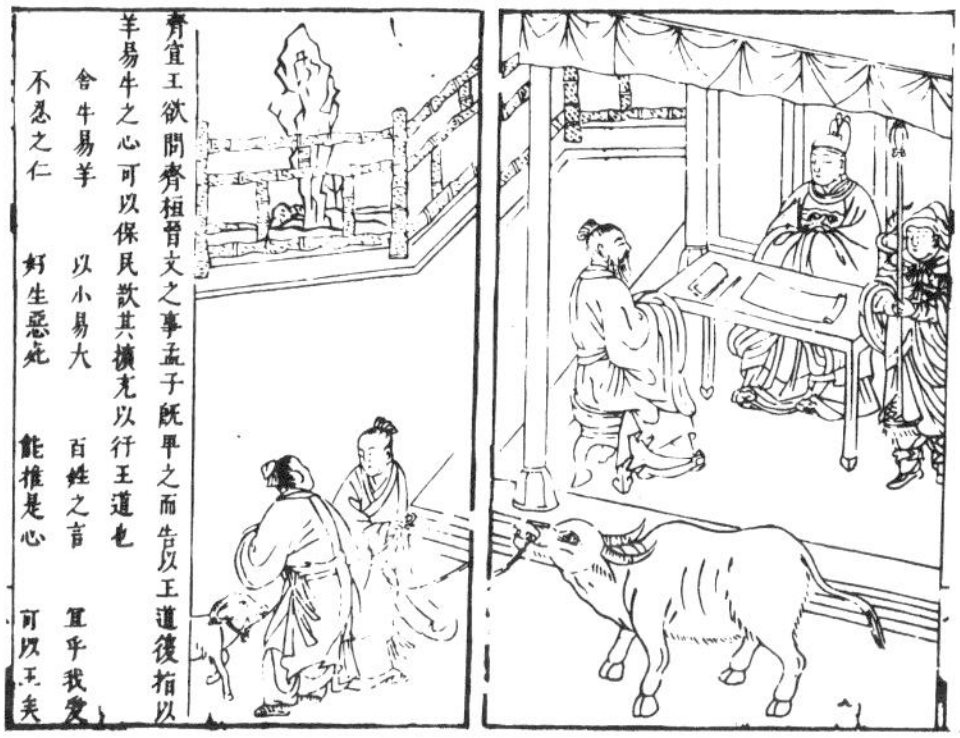

斉宣王にまみえる孟子（『孟子故事』より）

「民と偕に楽しむ」政治、これは単に民衆の生活を第一とした政治ではない。孟子が為政者に求めるのは、民の喜びを自らの喜びと感じてその喜びを少しでも多くしようとし、民の苦しみを自らの苦しみと感じてその苦しみを少しでも軽くしようとすることである。為政者が民の心を自らの心として行う政治であると言ってよいであろう。

このような政治が可能であることについて、孟子は斉の宣王との問答の中で一つのエピソードを取り上げる。犠牲の牛が牽かれていく姿を憐れんで、かわりに羊を犠牲とさせたという宣王自身のエピソードである。

犠牲として殺されていくことを思うのであれば、牛も羊もかわりはない。ともに助けるのが道理のはずである。牛は助けて羊を助けなかった宣王は思慮が足りなかったと言われてもしかたない。しかし、孟子は宣王を責めない。逆に「これすなわち仁の術なり。牛を見て未だ羊を見ざればなり」（梁恵王上篇）と言う。哀れな牛を眼の前にして動かされてしまったこの心こそが、仁の心であるとするのである。孟子が注目するのはこの心のはたらきである。

人に忍びざるの政

われわれは憐れむべき存在を眼の前にすると、どうしても心が動かされてしまうようにできている。ただ、同じ憐れむべき存在でも、宣王が羊に対してそうであったように、それを目の当たりにしない限りは割と平然としていられる。たとえば、現在でも世界のどこかで多くの子どもが飢えて亡くなっている。そのことをわれわれは間接的に知っている。知って、心が全く動かされないわけではないが、居ても立ってもいられなくなって直ちに何かをしようとする人は少ない。だが、ひとりの子どもが飢えて衰弱していくのを直接、目の前にしてしまったならば、誰もがすぐに手を差し伸べるはずである。憐れむべき存在を目の当たりにして動かされてしまう心、孟子はこれを「惻隠《そくいん》の心」（公孫丑《こうそんちゅう》上篇・告子《こくし》上篇）と呼ぶ。この心は誰もが持っている。

では、なぜ遠い世界の憐れむべき存在に対しては平然としていられるのか。それは心の感度が低いからである。孟子の伝えるところによれば、周《しゅう》の始祖である稷《しょく》などは、天下に飢えた人がいれば、あたかも自分自身が直接その人を飢えさせているかのように感じたという（離婁《りろう》下篇）。心の感度が非常に高くて、目の前にしていない不幸な人々に対しても惻隠の心が動かされてしまうのである。稷はすでに聖人と呼ばれる域に達している人であるが、惻隠の心それ自体は誰もが持っている。聖人との違いはただ心の感度にあるにすぎない。先の宣王にしても同じである。禽獣に対してでさえ惻隠の心を動かされるのであれば、その心の感度を上げていきさえすれば、「人に忍びざるの政」（公孫丑上篇・離婁上篇）——すべての人々の不幸を見捨てることのできない政治を実現することができるはずである。孟子はそう考える。この考えの根底には彼の性善説が横たわっている。

2 性善説とは何か

「すべし」と「したい」

孟子の性善説を理解するには、性悪説を語る荀子《じゅんし》と対比して考えるのがよいであろう。『論語』衛霊公《えいれいこう》篇に「身を殺して以て仁を成す」――自分の命をなげうってでも仁義をまっとうする場合があると言うが、なぜそうするのかについて、孟子と荀子ではかなり異なる説明を与えている。荀子の方がわかりやすい。「死にたいわけではないが、死をえらぶべきだと考えてのことだ」と説明する（『荀子』正名《せいめい》篇）。荀子は「したいか、したくないか」というレベルでの判断と、「すべきか、すべきでないか」というレベルでの判断を区別して、前者を「性」に属するもの、後者を「心」に属するものとする。荀子が性悪説を取り得るのは、この「心」の判断の方に期待を寄せるからである。

一方、孟子は「死ぬことよりも、不仁不義を行うことをより憎むからである」と説明する（告子《こくし》上篇）。「死にたくない」と「不仁不義を行いたくない」を秤《はかり》にかけて、後者が前者にまさるから、人は仁義のために死地に就くことがあると孟子は考えるわけである。孟子の場合は、「したいか否か」の判断のみがあらわれて、荀子のような「すべきか否か」の判断は持ち込まれない。したがって、仁義にしても、荀子にとってはこれが「なすべきもの」であるのに対して、孟子にとっては「したいもの」、人の心が「したい」と思って選ぶものであるにすぎない。

もっとも、誰もが常に仁義を選んでいるわけではない。それは孟子も認める。ただ、それは「思わざるのみ」（告子上篇）――自分が本当に「したい」ものについて「思わない」からであると孟子は言う。この「思う」については説明が必要であろう。これは「考える」よりは「思い悩む」に近い。人は自分が何を「したい」のかについてはっきりわかっているか、はっきりわかっていると思い込んでいる時は、思い悩みはしない。思い悩むのは、たとえば就職に際して「自分は〇〇をしたいのか、それとも××をしたいのか」と悩む場合のように、自分が本当に「したい」ことについてよくわかっていない時である。

聖人は思い悩まない。自分が何を「したい」のか常にわかっているからである。わかっていると思い込んでいる凡人も、その時は悩まない。ただ、後になって「本当にしたいのはこれではなかった」と後悔することになろう。それぞれの場面で、自分は本当は何を「したい」のかと思い悩みながら、心の奥から響いてくる声にすなおに耳を傾けるならば、人は仁義を選ぶはずだ。これが孟子の確信である。

人の生のありかた

したがって、孟子の考えにおいては、仁義とは本来、他人から教わるものではない。もともと自分で知っているものであり、自分でできるものである。学ばなくても知っていること、できること。これを孟子は「良知《りょうち》」「良《りょう》能《のう》」と呼ぶ（尽心《じんしん》上篇）。小さな子どもであっても、親を愛するし、やや長ずれば、兄を敬うようになる。「仁の実《じつ》は、親に事《つか》うることこれなり。義の実は、兄に従うことこれなり」（離婁《りろう》上篇）。誰が教えたわけでもないのに、この仁義を行っている。大人になるとかえってこれができなくなるのは、さまざまな思惑にとらわれて、この「赤子《せきし》の心（幼子《おさなご》の持つ純真な心）」（離婁下篇）を失ってしまうからである。だが、この心の本来の姿を失わない限りは、人は仁義を行うはずであり、これこそが人の「性」であると孟子は考える。

「性」はさまざまに説かれるが、孟子について言えば、「生のあり方」と考えるのがわかりやすい。「性」を「杞《き》柳《りゅう》（こぶやなぎ）」に、仁義を「桮棬《はいけん》（まげもの）」にたとえて、仁義は学習（加工）の結果にすぎないとする論敵の告子《こくし》に対して、孟子は言う。「そなたは杞柳の『性』に従って曲げものを作るのか、それとも杞柳の『性』をそこなって曲げものを作るのか。もし、後者であるならば、そなたは人の『性』をそこなって仁義を行わせるのか」

（告子上篇）。素材としての杞柳の性質はたしかに曲げものに適している。しかし、それは杞柳を切り倒して後《のち》の話である。杞柳の「生のあり方」には曲げものになることは含まれていない。もし、仁義を曲げものにたとえるならば、人を切り殺して、その「生のあり方」を否定して、仁義を行わせることになりはしないか、というのが孟子の批判である。孟子にとっては、仁義を行うことこそが、人としての「生のあり方」なのである。そうである以上、その善悪を問うならば、それは「善」とされる以外ない。

3 「天」の思想

「性」と「天」

人の「性」は「善」である。だが、これは何か先に「善」とされるものがあって、人の「生のあり方」がそれと合致するから、そう言われるわけではない。孟子の考えにしたがえば、人は究極的には同じものを「したい」と思うわけであるから、人に与えられた真の「生のあり方」は一つしかない。もっとも、各人の置かれる境遇は異なるから、その境遇に応じた数だけ、それぞれの人生はあるわけだが、まったく同じ境遇に置かれれば同じ「生のあり方」をするはずなのである。このように、真の「生のあり方」が一つしか与えられていない以上、人にとって「善」なるものはこれ以外には考えられない。もし、これ以外のものを「善」とするならば、それはこの「性」を与えたものを否定することになろう。

孟子と関係の深い『中庸《ちゅうよう》』の冒頭では、「天の命ずる、これを性と謂う」と明言されている。人に対してそのような「生のあり方」を命じて与えたのは「天」である。これは人に限らない。馬に対しては馬としての「性」を、犬に対しては犬としての「性」を「天」は与えている。そして、馬や犬は与えられた「生のあり方」を素直に受け入れて、その生を楽しんでいるように見える。ただ、人だけがその生を楽しまない。「夫れ仁は、天の尊爵《そんしゃく》なり、人の安宅《あんたく》なり」（公孫丑《こうそんちゅう》上篇）。馬や犬には与えていない仁（義）を「天」は特別に人にだけ与えている。仁（義）は、いわば「天」の与えた尊い爵位であり、人が安住できる住みかのようなものである。なのに、人はこの安住の地をすてて、荒野をさまよっている。なぜか。「天」から与えられた「生のあり方」への自覚がないからである。

「その心を尽くせば、その性を知る。その性を知れば、すなわち天を知る」（尽心《じんしん》上篇）。自分の心の奥底をのぞくことによって、自分が本当に「したい」ものを自覚する。そして、そこに示された「生のあり方」が「天」から与えられたものであることを自覚する。これが人として生きることの原点である。政治もまたこの原点から始められなければならない。

政治の根本

「人つねに言える有り。みな曰く『天下国家』と」（離婁《りろう》上篇）。政治と言えば、世の人々は大上段に天下国家から語り出す。しかし、「天下の本は国に在り、国の本は家に在り、家の本は身に在り」（同上）。その根本をたどっていけば、まず自らが人として与えられた「性」を生き抜くことに行きつく。そして、それは自分に最も近しい関係からはじまる。近しい関係においてさえ惻隠《そくいん》の心をはたらかせられないような人が、どうして天下の人々に対して「人に忍びざるの政」を実現することができよう。

孟子は繰り返し舜《しゅん》の孝を絶賛し、「堯舜《ぎょうしゅん》の道は孝弟のみ」（告子《こくし》下篇）とまで言いきっているが、親に対する「孝」にせよ、兄に対する「弟（＝悌）」にせよ、これが最も身近な人間関係の中で、「天」から与えられた「生のあり方」を自ら実現していくことに他ならないからである。まずはこの自分の足元からはじめなければならない。そして、それをより広い人間関係の中に拡充していく。「吾が老を老として、以て人の老に及ぼし、吾が幼を幼として、以て人の幼に及ぼす」（梁恵王《りょうけいおう》上篇）。そして、そのことによって、自らがその「性」を実現していくだけでなく、「天」から与えられた「生のあり方」を人々の間に回復させていく。これこそが、あるべき政治なのであり、天下を治めるものに課せられた使命なのである。

この使命を課したのは、他でもない、人にその「性」を与えた「天」である。よって、天下を誰が統治するかについても、究極的な決定権を持つのは「天」となる。「堯は天下を舜に与えた」という伝承に対し、孟子は「天子も天下を人に与えることはできない、天が与えたのだ」と言う（万章《ばんしょう》上篇）。もっとも「天はもの言わず」、言葉で直接にその意思を伝えるわけではない。孟子は『尚書《しょうしょ》』大誓《たいせい》篇の「天の視るところはわが民の視るところにより、天の聴くところはわが民の聴くところによる」を援引して、民の声がすなわち天の声であるとする（同上）。「天」は民にも同じ「性」を与えている。民の「生のあり方」を回復させ、民がよろこんで受け入れる者が天子となるのである。

逆に、天下を治める位にあるものがこの使命を放棄する時、孟子はもはやその者を天子として認めない。武王《ぶおう》が紂《ちゅう》を討伐したことについて、これを君主に対する反逆と見る宣王に対して、孟子は言う。「仁を賊《そこな》う者、これを賊《ぞく》と謂い、義を賊う者、これを残《ざん》と謂う。残賊の人、これを一夫《いっぷ》と謂う。一夫の紂を誅《ちゅう》するを聞くも、未だ君を弑《しい》するを聞かず」（梁恵王下篇）。仁義という「天」が与えた「生のあり方」を否定するものは、たとえ現実に天子の位にあろうとも「ただの人」にすぎない。よって、それが天意に沿う限りにおいて、孟子は革命を是認する。

この世に人を生みだしたのは「天」である。人は「天」が与えたその生を謳歌しなければならない。そのために民の上に君主が立てられるのである。その逆ではない。「民を貴しとなし、君を軽しとなす」（尽心下篇）。このひとことは、孟子がどこに視線を注いで思索していたのかをよく表していると言えるであろう。

『孟子』という書物

さて、以上は『孟子』の記述に従って、孟子その人の思想を再構成して駆け足で語ったものである。どの思想家についても、その概説は原典それ自体の魅力に及ばないが、『孟子』の場合はその傾向がより強い。『孟子』の面白

孟子卷第一　趙氏注
梁惠王章句上 梁惠王者魏惠王也魏國名惠謚也王號也時天下有七王皆僭號
者也猶春秋之時吳楚之君稱王也魏惠王居於大梁
故號曰梁王聖人及大賢有道德者王公侯伯及卿大
夫咸願以爲師孔子時諸侯問疑質禮若弟子之問師
也魯衞之君皆尊事焉故論語或以弟子名篇而有衞
靈公季氏之篇孟子亦以大儒爲諸侯所師是
以梁惠王滕文公題篇與公孫丑等爲一例也
孟子見梁惠王 孟子適梁魏惠王禮請孟子見之 王曰叟不遠
千里而來亦將有以利吾國乎 曰辭也叟長老之稱
也猶父也孟子去齊老而之魏故王尊禮之曰父不遠
千里之路而來至此亦將有可以爲寡人興利除害也
孟子對曰王何必曰利亦有仁義而已矣
孟子知王欲以富國彊兵爲利故曰王何必以利爲名
乎亦惟有仁義之道者可以爲名以利爲名則有不利
之患矣因爲王陳之 王曰何以利吾國大夫曰何以利
吾家士庶人曰何以利吾身上下交征利
而國危矣 征取也從王至庶人故言上下交爭各欲利其身必至於簒弒則國危亡矣論
語曰放於利而行多怨故不欲使王以利爲名也又言交爲俱也 萬乘之國弒其
君者必千乘之家 萬乘兵車萬乘謂天子也千乘兵車千乘謂諸侯也夷羿
之弒夏后是以千乘取萬乘也 千乘之國弒其君者必百乘

趙岐注『孟子』（続古逸叢書より）

さは、何といっても、その巧みな語りにあるからである。最後にこの書物について簡単に説明を加えておこう。

現行の『孟子』は七篇よりなる（通常は各篇をさらに上下に分ける）。この書に注釈を付けた後漢の趙岐《ちょうき》によれば、他に四篇があったとされるが、現在は伝わらない。各篇に付けられた「梁恵王《りょうけいおう》」、「公孫丑《こうそんちゅう》」等の名は、『論語』と同様、篇の頭の特徴的な二、三文字を取ったものであり、内容を示すものではない。七篇は、公孫丑《こうそんちゅう》や万章《ばんしょう》といった弟子たちが編纂したものと考えられ、必ずしも孟子自身の手になるものとは言えないが、孟子の言行をよく伝えている。特に冒頭に置かれた梁恵王篇は孟子の諸国遊説のようすが活写されていて、さながら上質のルポルタージュを読むような感がある。この篇を代表として前半の三篇では孟子の事跡をあわせ伝える文章が多いのに対し、後半の離婁以下の四篇は孟子の言葉のみを伝えるものが多く、内容的にも哲学的な議論の比重が高くなっている。もともとは諸子の書の一つであったが、次第に経としてあつかわれるようになり、特に、宋代に朱子《しゅし》が『論語』とともに四書《ししょ》の一つとして数えて以後、非常に重んじられるようになった。

4　孟子の名言

仁義は自分の内にある

仁義に由りて行う、仁義を行うには非ざるなり。

由仁義行、非行仁義也。（『孟子』離婁《りろう》下篇）

【訳】仁義によって行うのであって、仁義を行うのではない。

短いが仁義についての孟子の考え方をよく表している言葉である。前半の「仁義」は心の内からわきあがってそう「したい」と思う仁義のことであり、後半の「仁義」はきまりとして外から与えられる仁義のことである。

仁義のような規範は「なすべきもの」として外から与えられるとするのが普通の考え方であろう。それに対して孟子は「仁義礼智、外より我に鑠《とか》すに非ず、我、固よりこれを有するなり」（告子《こくし》上篇）と言う。仁義等は、外から型にはめられて身につけるものではない。もともと誰もが「したい」と思うものとして自分の内に持っていると考えるわけである。

仁義のうち、仁は愛情や憐憫《れんびん》（あわれみ）の情と関係が深いから、これを内なるものと考える思想家は孟子以前にもいたが、義を完全に内なるものとしてとらえるのは孟子独自の考えである。これを「義内説《ぎないせつ》」と呼ぶ。『孟子』の告子篇には、義を外なるものとして「義外説《ぎがいせつ》」をとなえる告子等と論争が残されていて、その義内の立場が明らかにされている。そこでは、年長者に対する礼（これを行うことは義の一つである）を中心として論戦が繰り広げられているのであるが、個々の礼の規定に踏み込んだ論争は必ずしも孟子に有利なものとはなっていない。

義内説をとる孟子にとって、礼とはあくまで内なる「敬」が形をとって外にあらわれたものでなければならない。しかし、個々の礼の規定がすべて「敬」のあらわれとして合理的に解し得るとは限らない。義外説論者が取り上げる一例は、宴席で酒を注ぐ順序である。敬意の順で考えるならば、自分の兄と、兄の一つ上の年長者であれば、自分の兄により敬意を覚えるのが自然である。しかし、礼の規定としては一つ上でも年長者に先に酌《しゃく》をしなければならないことになっている。これに対して孟子は「庸《つね》（＝常）の敬は兄に在り、斯須《ししゅ》（しばし）の敬は郷人（の年長者）に在り」（告子上篇）と答えているが、なんとも苦しい。

しかし、この場合でも、年長者により敬意を感じるという人々の心の傾向に従って、酌の順序が定められているはずである。礼を総体としてとらえるならば、それを内なる「敬」のあらわれであるとする孟子の考え方は誤っていないであろう。もし礼の背後にいささかの「敬」も存在していないならば、それは単なる形式に堕することになる。礼を単なる形式とせずにその精神を重視するのは孔子以来の儒家の伝統であるが、孟子の義内説はその考え方をさらに進めたものであると言えよう。

他人の目を気にする前に体が動く

惻隠《そくいん》の心無きは、人に非ざるなり。　　無惻隠之心、非人也。（『孟子』公孫丑《こうそんちゅう》上篇）

【訳】惻隠の心の無い者は、人ではない。

「惻隠の心」については、本文ですでに触れた。孟子はこの他に「羞悪《しゅうお》の心」（恥じ憎む心）、「辞譲《じじょう》の心」（譲りあう心）、「是非の心」を挙げて、それぞれ「仁」、「義」、「礼」、「智」の「端」（端緒）であるとする。これを「四端《したん》」と呼ぶ。「是非の心」というのがわかりづらいが、理不尽と感じては非難し、理があると感じては是認する心と考えてよいであろう。「惻隠」「羞悪」「辞譲」と並べられていることからも明らかなように、ここでの「是非」は理知的な判断というよりは、むしろ感情に近いものである。人は誰もがこの四端を持っているのであり、それを拡充していきさえすれば、誰もが仁義礼智を行えると孟子は考える。これが孟子の「四端説」である。

四端のうち、惻隠の心の存在を語るのに孟子が挙げるのが、井戸に落ちようとする赤子の例である。そのような場面に出くわせば誰もが惻隠の心を起こして赤子を助けるはずだとして、孟子は次のように加える。「そうすれば赤子の親との人間関係が円滑になるとか、そうすれば人から賞賛されるとか、そうしなければ人から非難されると考えてのことではない」（公孫丑《こうそんちゅう》上篇）。考える以前に体が動いて赤子を抱きとめているはずなのである。

もしこれが考えた上での行動であったならば、「仁の端」とは言われ得ない。仁とは人の心が「したい」と思って選ぶはずのものであるから、それは目先の人間関係や他人からの賞替非難への配慮とは関係ない。むしろそのような配慮は本当にしたいものを見失わせるだけである。世間体や人間関係ばかりを考えて就職先を選んでいては、本当にしたい仕事を見つけられないのと同じである。

普通の人は自分が本当にしたいことを知らない。だから、他人の評価を気にする。本当に自分がしたいことを知っている人は、他人の評価を気にしないし、目先の人間関係の利害も気にかけない。そのしたいことをするだけである。ただ、普通の人も自分が本当にしたいことがわかっている場合がある。上の赤子を助ける場合がその一つである。ただ助けたいのである。だから体が動く。

もっとも、赤子を助けない場合もあり得よう。行軍の最中で隊列から離れてはならないことをきつく命じられているような場合、誰もが隊列から飛び出して赤子を助けるとは限らない。しかし、その場合でも、赤子を見捨てたことについて悩みつづけることになろう。たとえ他人から非難されなくても、である。本当は赤子を助けたかったのである。そうである以上、やはり「惻隠の心、人皆これあり」（告子《こくし》上篇）と言わなければならないであろう。

国を治める者の最低限の責務

恒産《こうさん》無き者は、恒心《こうしん》無し。　無恒産者、無恒心。（『孟子』滕文公《とうぶんこう》上篇）

【訳】安定した生活基盤の無い者は、安定した心を持たない。

安定した職業、一定の収入が無くて生活のめどさえ立たないのに、人としての道を踏み外さないでいられるというのは難しい。生活さえ安定していれば罪を犯さなかったであろう人が、生活の苦を理由に罪を犯してしまったとすれば、その責任は誰にあるのであろうか。孟子はその責めを国を治める者に帰す。「仰《あお》ぎては以て父母に事《つか》うるに足り、俯《ふ》しては以て妻子を畜《やしな》うに足る」（梁恵王《りょうけいおう》上篇）。年老いた父母と年若い妻子を養うに足るだけの「恒産」

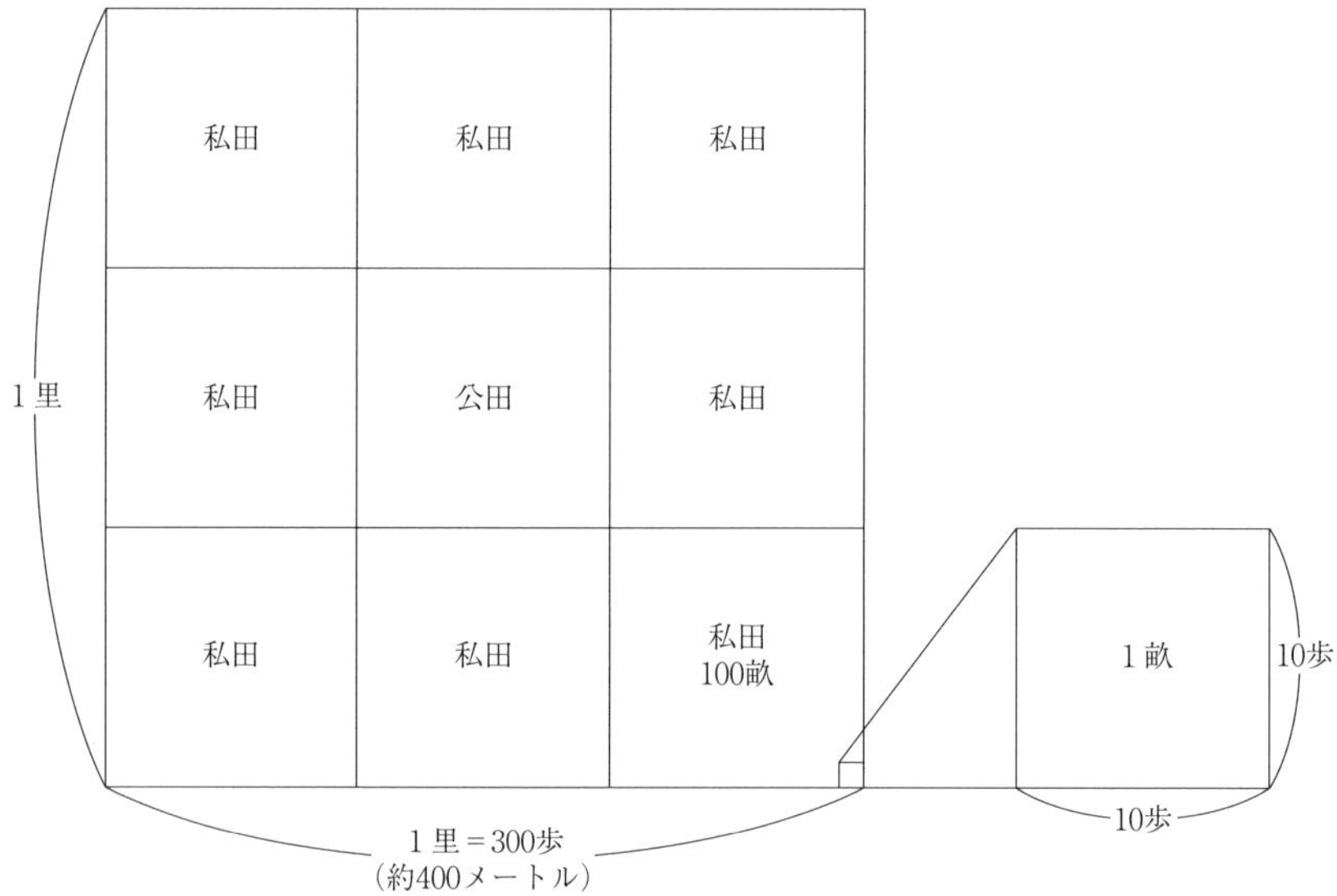

井田図（筆者作成）

を民に保障するのは、国を治める者の責務である。その責務を放棄しておきながら、罪を犯した民を刑に処するのは、「民を罔《あみ》（＝網）するもの」（民をわなにはめるもの）であると孟子は断言する（同上、また滕文公上《とうぶんこう》篇）。

では、どのようにして「恒産」を民に保障するのか。孟子の与えた解答は「井田制《せいでんせい》」として知られている。滕文公上篇に「方里《ほうり》にして井《せい》、井は九百畝《ほ》、其の中を公田と為す。八家皆な百畝を私《わたくし》し、同《とも》に公田を養ふ。公事畢《おわ》りて、然る後に敢て私事を治む」と記されているのがそのあらましである。ここで、一里は三〇〇歩《ほ》、一歩はふた足分の長さ（ちなみにひと足のことを「跬《き》」と言う）、畝は一〇歩平方。一里平方の土地を「井」の字型に九つに区切って、真ん中の区画を公有地として、のこりの八区画を八戸に分け与え、八戸で共同して優先的に公有地を耕して、その生産を納める税に当てるというものである。梁恵王上篇では「百畝の田、其の時を奪うなくんば、八口の家もって飢うることなかるべし」と言われているから、百畝の地は平均的な家庭が暮らしていくのに十分な広さである。生産に対する税の割合は九分の一。現在の税制から考えても高くはない税率である。
当時の民の大半が農民であったから、彼らに「恒産」を保障する方法もこのような土地制度に求められるのであって、これをそのまま現代に持ち込むことはできない。しかし、民に「恒産」を保障するのはいつの時代にあっても変わらない、民の上に立つ者の責務と言えるであろう。

力ずくで天下を治めることはできない

力を以て人を服する者は、心より服するには非ざるなり。

以力服人者、非心服也。（『孟子』公孫丑《こうそんちゅう》上篇）

【訳】力で人を従わせても、人は心から従うわけではない。

「心服」の語の典拠である。力で人を服従させることができるのは、一時的なことに過ぎない。「力贍《たら》ざればなり」。相手に対抗するだけの力が自分にないから、当面やむを得ず従っているだけである。その時がくれば、必ずや抵抗を試みるであろう。それをも押さえ込もうとするならば、さらに大きな力で押さえつけていかなければならない。

もっとも、現実の政治において、むき出しの暴力で相手をねじ伏せるのは最後の手段である。自国の民や周辺の小国に対しては力でのぞむ大国であっても、武力だけで天下のすべての国々を支配下におくことができるとは、ふつうは考えない。そこで、その支配下にはいることが、支配される国にとっても天下全体にとってもためになると主張して、正義の仮面をかぶることになる。「力を以て仁を仮《か》る者は覇たり」。強大な武力を背景に、正義の仮面をかぶって、天下に一時的な秩序を与える者、これを覇者と呼ぶ。覇者が天下に一時的な安定しかもたらさないのは、人々が心服して従っているわけではないからである。

真に天下を治めようと思うならば、天下の人々を心服させなければならない。これが孟子の考えである。「徳を以て仁を行う者は王たり」「徳を以て人を服する者は、中心より悦びて誠に服するなり」。天下の人々を心服させる者、これを王者と呼ぶ。この場合の「徳」とは、惻隠の心を発揮して人に忍びざるの政を行うことが、ほぼそれに相当しよう。

「徳を以て仁を行う」王者に対しては、その行いがすべて自分たち民衆のためのものであることを人々は知っている。だから、よろこんでその為すことに従う。「力を以て仁を仮る」覇者に対しては、その行いが果たして自分たちのためであるのかと人々は疑う。この疑う人々を従わせようと思うならば、その力を見せつけるしかない。「覇は必ず大国を有す。」そのよりどころが力である以上、覇者は強大な軍隊を持ち得る大国でなければならない。一方、王者は大国である必要はない。殷《いん》の湯王《とうおう》は七〇里、周《しゅう》の文王《ぶんおう》は一〇〇里四方（一里は約四〇〇メートル）の小国でありながら、天下の人々を心服させたと孟子は強調する（以上、公孫丑上篇）。このように王者と覇者を峻別して覇者をしりぞける考え方を「王覇《おうは》の弁《べん》」と言う。

武力を必要悪と考え、各国の力の均衡の上に和平を考えるのに慣れた現代のわれわれの目には、孟子の考え方はあまりに理想主義的に映る。しかし、力の均衡の上にしか存在しない和平がいかに危ういものでしかないのか、これは歴史が繰り返し示してきたものである。理想主義的に過ぎるとして、孟子の考え方を無視してしまうことはできないであろう。

正義の戦争とは何か

春秋《しゅんじゅう》に義戦なし。　　春秋無義戰。（『孟子』尽心《じんしん》下篇）

【訳】『春秋』に正義の戦いはない。

『春秋』とは魯《ろ》の国の年代記に孔子が手を加えて、そこに褒貶《ほうへん》の意を込めたとされるものである。『春秋』が記す魯の隠公《いんこう》元年（前七二二）から哀公《あいこう》一四年（前四八一）の約二四〇年は、諸侯たちが互いに覇を競って戦争を繰り返していた時代である。そのすべての戦争に対して孟子は断言する。「一つとして正義の戦争はない」と。

では、正義の戦争というものがあり得るのか。孟子はそれを殷《いん》の湯王《とうおう》や周《しゅう》の武王《ぶおう》の征伐に見る。湯王は服従しない国々に対して一一度も征伐を行ったが、東に向かって征伐を行えば、西の人々が、南に向かって征伐を行えば、北の人々が「なぜ我々のところを後にするのか」と怨んで、「民の之を望むこと、大旱《たいかん》に雨を望むが若《ごと》し」であったと孟子は言う（滕文公《とうぶんこう》下篇）。ここでも民の帰趨が基準とされる。征伐される側の民衆が渇望するものであってこそはじめて正義の戦争と言えるのである。

斉《せい》の宣王《せんおう》が武力で燕《えん》を併合しようとした時にも、孟子は言っている。「燕を併合して、燕の民が喜ぶのであれば、併合したらよろしい。武王がむかし行ったのがこれだ」（梁恵王《りょうけいおう》下篇）。人に忍びざるの政を行う者が、虐政に苦しむ民衆を忍びないとして行う征伐だけが、唯一、認められる戦争なのである。それ以外の戦争はいかに美名をかかげようともおのが利のためのものでしかない。

もっとも、歴史的事実として、湯王や武王の征伐がこのように理想的なものであったのかどうかは疑問である。武王が殷を伐った牧野《ぼくや》の戦いを記した『尚書《しょうしょ》』武成《ぶせい》篇には、「戦死者の流した血は楯をも浮かべるほどに大量であった」とあり、それが血みどろの戦いであったことを示している。この篇に対して孟子は言う。「尽く書を信ずれば、則ち書無きに如かず。吾、武成において、二三策《さく》（竹簡二三枚分の記述）を取るのみ」（尽心下篇）。『尚書』の記述をまるごと信じるのであれば、むしろ『尚書』など読まない方がよい。「仁人」の武王が、「至不仁」の紂王《ちゅうおう》を伐つのであるから、血みどろの戦いであったはずがないと孟子は言う。ここには歴史において事実よりも理念を優先させる孟子の態度があらわれているが、「仁人は天下に敵無し」（同上）とする以上、武成篇の記述を認めるわけにはいかないのである。だが、歴史的事実としては、湯王や武王の征伐もまた決して正義の戦争ではなかったであろう。ならば、われわれは「春秋に義戦なし」から一歩進めて、端的に「義戦なし」と言わなければならない。

そして正義の戦争を語る者に対しては常に疑いの目を向けていく必要があろう。

予、天民之先覺者也。（『孟子』万章《ばんしょう》上篇、下篇）

予《われ》、天民の先覚者なり。

【訳】わたしは民衆の先覚者である。

聖人と普通の人との違い

「先覚者」という語の典拠である。孟子が聖人と認めるひとり、殷《いん》の湯王《とうおう》に仕えた伊尹《いいん》の言葉である。この句の前には「天の此の民を生ずるや、先知をして後知を覚《さと》らしめ、先覚をして後覚を覚らしむ」とある。孟子の考え方においては、人は究極的には同じもの――すなわち仁義を「したい」と思うはずである。だが、現実には多くの人は仁義を行っていない。自分が本当に「したい」ことにまだ気づいていないからである。だが、これは気づいていないだけで、それに気づきさえすれば、誰もが仁義を行うはずである。聖人と普通の人を分けているのは、それに先に気づいているか、まだ気づいていないかの違いに過ぎない。よって、それに先に気づいた「先知」「先覚」の者に課せられた使命は、人々を目覚めさせて、同じ仁義を行うようにいざなうこととなる。伊尹は続ける。「予《われ》これを覚らすに非ずして、誰ぞや」。

孟子は自分のことを「先覚者」とは呼んでいないが、同じ自負を抱いている。孟子の歴史観では、この世は約五〇〇年の周期で「一治《いっち》一乱《いちらん》」（滕文公《とうぶんこう》下篇）を繰り返すと考えられていた。「堯舜《ぎょうしゅん》より（殷の）湯《とう》に至るまで、五百有余歳」、「湯より（周《しゅう》の）文王《ぶんおう》に至るまで、五百有余歳」（尽心《じんしん》下篇）、文王から孟子の時代まで、すでに「七百有余歳」（公孫丑《こうそんちゅう》下篇）、周期からすれば当然、聖王があらわれてよい時期である。かつ、世は戦乱の極みである。これほど聖王が待ち望まれる時代はない。にもかかわらず、聖王があらわれないのは、天がいまだ天下を平治することを望まれていないからであろう、と言って孟子は加える。「（天）もし天下を平治せんと欲せば、当今の世において、我を舎《す》（＝捨）てて誰ぞや」（同上）。

こう語る時、孟子の念頭にあるのは孔子である。天下を仁政によって平治する。これはまた孔子の望んでいたものであった。この孔子の望みを実現することが孟子の願いである。孟子の孔子に対する思いは熱狂的ですらある。上に引いた伊尹に伯夷《はくい》、柳下恵《りゅうかけい》を加えた三聖人を引き合いに出して、それを「集大成」（万章下篇）したものとして孔子の聖を位置づけ、「生民《せいみん》ありてよりこのかた、未だ孔子（の如き者）有らず」（公孫丑上篇）とまで語る。そして『孟子』を締め括るのは次の言葉である。「孔子よりこのかた今に至るまで、百有余歳。聖人の世を去ること、此《かく》の若《ごと》く其れ未だ遠からず」「然り而して（我これを）有《たも》つこと無くんば、則ち亦た有つこと無からん」（尽心下篇）。わたしがいまこの聖人の道を伝えるのでなければ、この道を伝える者はいないのだ、と強い口調で語るこの言葉は、孔子の道を継ぐ者としての孟子の自己規定を明確に示していると言えるであろう。

参考文献

【一般的・入門的文献】

① 金谷治『孟子』（岩波新書、一九六六年）

＊やや古いが現在でも孟子の入門書として最良のものと言えよう。戦国時代の現実が与える課題や対立する学派の主張に対して、孟子がどのようにして自己の思想を組みあげていったのかが、達意の文章でつづられている。

② 伊東倫厚『孟子――その行動と思想』（東洋人の行動と思想六、評論社、一九七三年）

＊遊説の士としての孟子の姿が、王道論と性善説に関する対話を軸として描写されている。また、他書では触れられることの少ない、後代における孟子評価についても、章を割いて詳しく記されている。

③ 加賀栄治『孟子』（人と思想三七、清水書院、一九八〇年）

＊孟子の思想形成が、諸国遊説以前の壮・中年期における、他学派との思想的闘争の内にあるとする。他学派の思想と戦いながら儒家の思想を再構築していく、闘う思想家としての孟子の姿が描き出されている。

④ フランソワ・ジュリアン（中島隆博・志野好伸訳）『道徳を基礎づける――孟子VSカント、ルソー、ニーチェ』（講談社現代新書、二〇〇二年）
＊現代フランスの哲学者による孟子論である。孟子と西洋の啓蒙思想家との思想的対話が試みられており、中国思想の枠組みだけで眺めていては気づきづらい孟子思想の特質が浮き彫りにされていて面白い。
⑤ 内山俊彦『荀子』（講談社学術文庫、一九九九年）
＊孟子の思想を正しく理解するには、荀子の思想と対比して考える必要があるが、本書は荀子の入門書として最良のもの。孟子と荀子の思想の相違点についてもわかりやすく記されている。

【専門的文献】
① 狩野直喜『論語孟子研究』（みすず書房、一九七七年）
＊著者が大正年間に京都帝国大学で行った講義原稿を後に整理したものである。後半が「孟子研究」にあてられている。文体はやや古いが、稀代の碩学が語る講義の内容は古さをまったく感じさせない。
② 金谷治『儒家思想と道家思想』（金谷治中国思想史論集中巻、平河出版社、一九九七年）
＊一般的・入門的文献①に挙げた著者の論文集の一つ。孟子を主題とする論考においては、『孟子』についての精確な原典批判を基礎として、孟子の事跡、思想が立体的に論じられている。
③ 板野長八『中国古代における人間観の展開』（岩波書店、一九七二年）
④ 内山俊彦『中国古代思想史における自然認識』（創文社、一九八七年）
＊近年の研究書においては、孟子が単独で取り上げられることはなく、思想史の流れの中に位置づけて孟子を論ずるものが主流となっている。③、④ともに孔子より前漢期に至るまでの思想史を取り扱ったものであり、孟子自体に割かれた紙幅はそれほど多くはないものの、ともに孟子思想を考える上で必読の文献である。
⑤ 梁濤『郭店竹簡与思孟学派』（中国人民大学出版社、二〇〇八年）
＊郭店竹簡を中心に近年の新出土資料をふまえて孔子、子思から孟子に至る思想史を全面的に論じなおした専著である。邦訳はまだなされていないが、今後、孟子思想を論じる上で避けて通れない研究である。

▼コラム　思孟（子思・孟子）の五行

『荀子』の非十二子《ひじゅうにし》篇では、戦国時代の思想家一二名が二人ずつペアにされて、それぞれに批評が加えられている。子思《しし》、孟子のペアに対しては、「彼らは『五行《ごぎょう》』と呼ばれる説を唱えているが、その説は非常に偏っていて体系がなく、難解を装っていて明晰さに欠ける。なのに、これこそが真に孔子の言であるなどとうそぶいている」と評されているのだが、ここに見える「五行」が何であるのかは長年の謎であった。「五行」と言えば、通常は「陰陽」と併称される「五行」、すなわち「木《もく》」「火《か》」「土《ど》」「金《ごん》」「水《すい》」のことを指す。しかし、『孟子』の中にはこの自然哲学的な「五行」を語る部分はない。子思の作とされる『中庸《ちゅうよう》』なども同様である。そこで、「仁」「義」「礼」「智」「信」の「五常《ごじょう》」がそれだとされたり、「父」「母」「兄」「弟」「子」のことであると言われたりしてきたのだが、これらを総称して「五行」と呼ぶ伝世の文献は存在しない。謎は解けないままであった。

ところが、一九七三年出土の馬王堆帛書《まおうたいはくしょ》（第三章参照）がこの謎を解決する大きな手掛かりを与えることになる。この新資料の内には、「仁」「義」「礼」「智」「聖」について、それを五つの「行」として論じる文献が含まれていたのである。かつ、『孟子』と密接な関係を持つ内容のものであった。帛書それ自体には文献の名は記されていなかったが、帛書の整理者はこれに『五行』の名を与え、一部の研究者はこれこそが『荀子』で批判されている思孟《しもう》（子思と孟子）の「五行」であろうと推定した。ただし、帛書の書写年代は漢初であり、思孟の時代とは大きく隔たっていて、両者の関係を疑う研究者も少なくなかった。

一九九三年出土の郭店楚簡《かくてんそかん》（第三章参照）がこの状況を大きく変える。帛書の『五行』は「経」と呼ばれる部分と、それを逐語的に解説する「説」と呼ばれる部分よりなるが、この「経」に相当する部分が郭店楚簡の内に含まれていたのである。それのみならず、その冒頭部分には「五行」とはっきり記されていて、この文献が当時から『五行』と呼ばれていた可能性が高いことを示している。しかも、郭店

郭店楚簡『五行』
（冒頭に「五行」とある。『郭店楚墓竹簡』より）

楚簡は紀元前三〇〇年頃のものと推定されていて、これは孟子の生時と重なり得る。「経」の部分が孟子に先だって成立していた可能性はきわめて高い。「説」の部分が孟子に先だって成立していたか否かについてはいまだ議論があるものの、現在ではこれら出土した『五行』がすなわち思孟の「五行」であろうと考えられている。

郭店楚簡には『五行』の他にも、子思と関係の深いと考えられる文献がいくつも含まれている。なかでも『性自命出』と名付けられた文献には、「性は命より出で、命は天より降る」と、本文にも引いた『中庸』冒頭とほぼ同じ考え方が示されている。これまでの研究においては、このように「性」と「命」をダイレクトに結び付ける考え方は戦国末期以後のものと推定され、『中庸』のこの部分の成立も孟子から大きく遅れると考えられてきた。それが、郭店楚簡の出現によって、孟子以前にすでにこのような考え方が存在していたことが知られるようになったのである。

このような新出土資料をもとに、孟子などの戦国時代の思想家の思想を再検討することは、現在、中国思想史研究の最もホットなテーマの一つとなっている。

第三章

老子——無為を説く謎の思想家

竹田健二

柔軟だからこその強さ

上善は水の若《ごと》し。

上善若水。（『老子』第八章）

【訳】最も優れたあり方は、水のようなあり方である。

老子（湖北省博物館）

1 「老子」という人物

道家の文献としてよく知られている書に、『老子』『荘子』『列子』がある。『道徳経』とも呼ばれる『老子』は特に有名で、古くから「老子」という思想家の思想を伝えるものとして読み継がれてきた。一般には、道家思想は老子から荘子・列子へと継承・発展したとされるが、実は思想家・老子の人物像は、古くから今日に至るまで深い謎に包まれている。

『史記』の列伝

老子についての最も古い伝記は、前漢・武帝期に活躍した司馬遷《しばせん》が著した『史記』の列伝であるが、そこには老《ろう》耼《たん》・老莱子《ろうらいし》・太史儋《たいしたん》という三人の記述がある。その中で最も記述が詳しいのは老耼である。老耼は、楚《そ》の苦県《こけん》厲《らい》郷曲仁里《きょうきょくじんり》（今の河南省とされる）の出身で、姓は李《り》、名は耳《じ》、字《あざな》は耼《たん》、周《しゅう》の図書室の役人であったとされ、司馬遷は関連する二つのエピソードを記している。一つは、儒家の開祖である孔子が老耼を訪ね、礼について質問したという「孔子問礼」である。この時老耼は、孔子が理想的な政治を行ったと仰ぐ古《いにしえ》の聖王は肉体も骨もすでに朽ち果て、今に伝わるのはその言葉だけであると指摘し、孔子に「子の驕気《きょうき》と多欲と、態色《たいしょく》と淫志《いんし》とを去れ（驕った気持ちと欲深さ、わざとらしさとみだらな心を捨て去れ）」と忠告した。老耼と別れた後、孔子は弟子に「吾、今日老子を見る、其れ猶《な》お龍のごときか（老耼は龍のごとき人ではないか）」と語ったという。

後漢時代に数多く作られた画像石《がぞうせき》（墓室の石に刻まれたレリーフ）には、しばしば老子と孔子の姿が描かれている。二人の対談が実際にあったかどうかはわからないが、後漢には歴史的事実ととらえられていたのであろう。

老耼に関するもう一つのエピソードは「老子出関《しゅっかん》」である。老耼は周王朝が衰退するのを見て、周の都を去った。関所に至った際、老耼は関令《かんれい》（関所の役人）である尹喜《いんき》の求めに応じて、五千言（五千文字）あまりからなる上・下二篇の書物を著し、そして関所を立ち去った。その後老耼がどこで亡くなったのかはわからないという。「老子出関」は、中国画や日本画の題材としても広く知られている。

老莱子と太史儋

『史記』が記す二人目の老子は老莱子である。老莱子も楚の人であり、孔子と同時代に活躍し、一五篇からなる書を著したという。隠者となって乱世を避け、楚王の招きにも応じなかったとしか『史記』には記されていない。

三人目は太史儋である。太史儋は周の歴史官で、孔子の死後一二九年に秦の献公と会見し、「始め秦と周と合し、合して五百歳にして離れ、離れて七〇歳にして霸王たる者出づ」との予言を行ったとされる。『史記』には、この太史儋こそが老子であるとする者もあれば、そうではないとする者もおり、どちらが正しいかわからないとも述べられている。

老子と孔子との対面（『石索』より）

要するに、司馬遷にも老子は誰なのかがわからなかったのである。三人についての『史記』の記述には、混同があるのではないかとも指摘されている。また、そもそも『老子』は特定の思想家の思想を伝える書物ではなく、格言集のようなもので、不特定の複数の作者がいると見るべきだとし、思想家・老子という人物の実在を疑う説もある。

確かに思想家・老子について確かなことはほとんど何もわからない。また『老子』の言葉に格言としての性格が認められることも否定はできない。しかし、『老子』という書物全体からは、ある一貫した思想を見出すことができ、『老子』をバラバラの格言をただ寄せ集めたような文献と見なすことはできない。『老子』には叙述の主体として「我」や「吾」との一人称が十数ヶ所登場することから考えても、『老子』という書物は、正体不明の「老子」という思想家の思想を伝えるものと見なしておくのが妥当であると思われる。

2 『老子』という書物――出土文献を中心に

通行本の『老子』

『老子』は古くから読み継がれ、そして多くの注釈書が作られた。『老子』の注として有名なのは、王弼《おうひつ》注と河《か》上《じょう》公《こう》注とである。この二つの注釈が付けられた『老子』の本文は、それぞれ王弼注本・河上公本と呼ばれる、通行本『老子』の代表的なテキストである。

王弼は三国時代の魏の人である。後漢の末から魏晋にかけて流行した「清談《せいだん》」と呼ばれる哲学的な議論に加わって活躍した人物として有名で、また『易』の注釈の著者としても知られている。王弼注は、特に宇宙の根源としての道や、有と無との関係といった、形而上学的な解釈に力点を置くところに特色があるとされる。

河上公は、前漢の文帝期の人物とされるが、実在した人物であるかどうか定かではない。また河上公注がいつ頃作られたのかもはっきりしない。後漢の後半とする説や、さらに遅く六朝期とする説もある。河上公注は、養生説を詳しく説くところに特色があるとされる。

『老子』の本文は、全体的に韻を踏んだ比較的短い文を連ねて構成されている。文字数は約五千数百字、老耼が関令の尹喜に残したとされる五千言と文字数が概ね一致する。

通行本は全体が上・下二篇、合計八一の章に区分されており、上篇は第一章から第三七章まで、下篇は第三八章から第八一章までである。上篇先頭の第一章は「道可道、非常道」（道の道とすべきは、常の道に非ず）、下篇先頭の第三八章は「上徳不徳」（上徳は徳ならず）という語から始まる。このため、それぞれ冒頭の句の一部を取り、上篇は「道経」、下篇は「徳経」とも称される。

『老子』の本文の特色の一つに、固有名詞が登場しないという点がある。一般に、ある書物の本文中に固有名詞が記されていれば、それはその書物の成立の事情をうかがう上での手がかりとなる。そうした手がかりを得られないことが、『老子』という書物と思想家「老子」との関係を、一層とらえ難くしている。

帛書本の出土

『老子』という書物がいつ、どのように成立したのかという問題は、未だ解明されていない。しかし、近年、重要な資料が相次いで出現している。それは地中から出土した文献、つまり出土文献である。古典として読み継がれてきた伝世文献のみにもとづく研究の行き詰まりを、出土文献という新たな資料が打ち破りつつある。

『老子』の出土は、以下の三例がある。第一は、一九七三年一二月、湖南省長沙《ちょうさ》市の馬王堆《まおうたい》三号漢墓からの出土

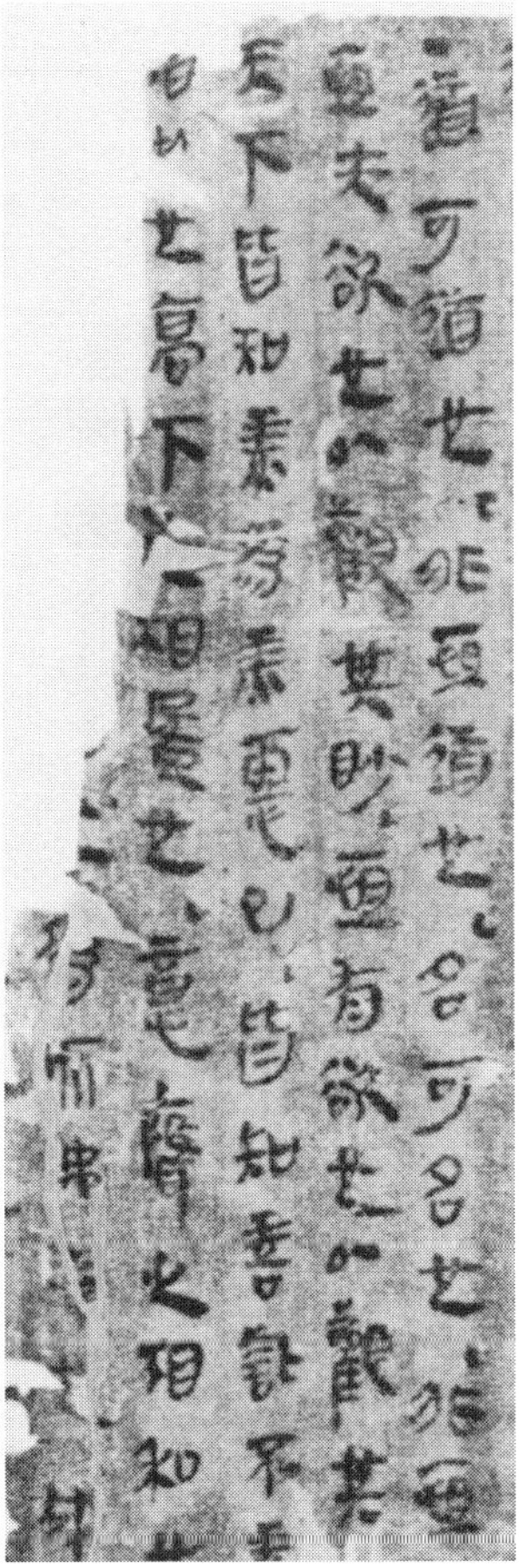

帛書本（甲本）**の一部**
（冒頭に「道可道也，非恒道也〔道の道とすべきは，恒の道に非ず〕」と見える。『馬王堆漢墓帛書〔壹〕』より）

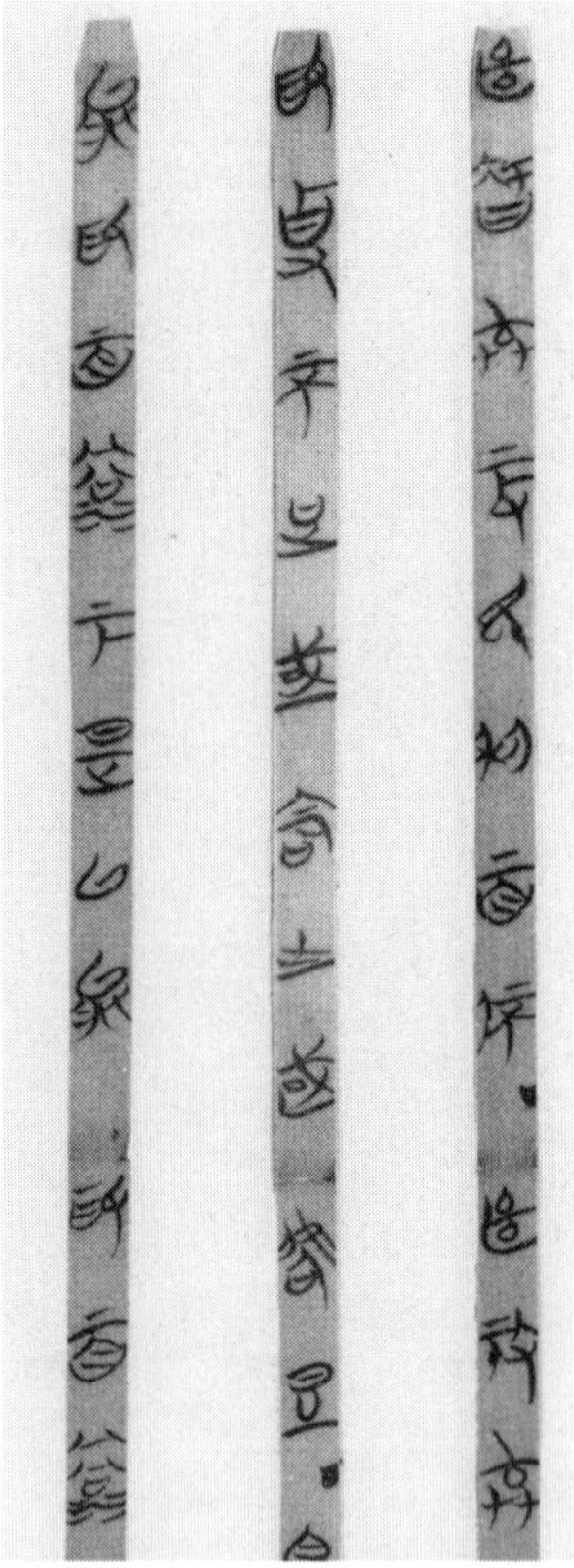

楚簡本（甲本）**の一部**
（冒頭に「絶智棄辯，民利百倍〔智を絶ち弁を棄つれば，民の利は百倍す〕」と見える。『郭店楚墓竹簡』より）

である。馬王堆三号漢墓からは大量の帛書《はくしょ》（絹織物に記された書物）が出土し、その中に二種類の『老子』（以下、帛書本と呼ぶ）の写本が含まれていた。二種類の帛書本は、便宜的に甲本・乙本と呼ばれている。

馬王堆三号漢墓の墓主は、長沙国の丞相・利蒼《りそう》の息子で、墓の造営時期は紀元前一六八年、前漢の文帝期と考えられている。副葬品のひとつである帛書本は、乙本『老子』中の「邦」の字が、前漢の高祖・劉邦の諱《いみな》（本名）を避けて「国」に書き改められていた（これを「避諱《ひき》」という）。これに対して、甲本にはそうした避諱が認められない。こうしたことなどから、甲本の書写の方が乙本よりも古く高祖没年（紀元前一九五年）以前、乙本の書写は高祖の没年以後、恵帝期から文帝の即位前と推測されている。

甲本と乙本とは、一部字句の異なる部分も認められるが、ほぼ同一の内容である。また帛書本と通行本とを比較すると、字句や章の配列に一部違いはあるものの、全体としてはやはりほぼ同じであった。ただし、通行本の上篇（道経）に当たる部分と下篇（徳経）に当たる部分との配列が、帛書本は甲本・乙本とも下篇・上篇の順になっていた。なお、乙本には、通行本の下篇にあたる部分に「徳」、上篇に「道」と、篇名が記されていた。

『老子』の成立時期について、帛書本が出土するまでは前漢末とする説もあった。しかし、帛書本の出土は、『老子』が漢初にはすでに存在したことを明らかにした。しかも、甲本と乙本との二本は、字句に異同のある異本の関係にあった。このことは、『老子』の原本が成立してから帛書本が書写されるまでに、書写が重ねて行われたことを示している。このため、『老子』の原本の成立が戦国時代に遡ることはほぼ確実と推測されるに至った。

楚簡本の出土

『老子』出土の第二例は、一九九三年一〇月の、中国湖北省荊門《けいもん》市の郭店《かくてん》一号楚墓からの出土である。郭店一号楚墓は、戦国時代の楚の都・郢《えい》の近郊に位置する。紀元前二七八年、郢は秦の将軍・白起《はくき》によって攻め落とされ、秦はこの地に南郡を置いた。楚は都を陳に遷し、以後郢の付近では、それまでの楚の様式とは異なる、秦の様式の墓が造営された。郭店一号楚墓は明らかに楚の様式であることや、出土した副葬品の様式などから、その造営時期は紀元前三〇〇年頃、つまり戦国時代の中期と推定されている。

郭店楚簡の数量は竹簡八〇〇枚余り、そのうちの七三〇枚に一八種類の文献が記されており、そこには三種類の『老子』（以下、楚簡本と呼ぶ）が含まれていた。三種類の『老子』は便宜的に甲本・乙本・丙本と呼ばれているが、それぞれが記されている竹簡の形制《けいせい》、つまり竹簡の長さや簡の端の形状（平らな形か、角を落とした形か）、竹簡を綴ったひも（編綫《へんせん》）の位置などが異なっていた。竹簡の形制が異なるということは、この三種類の楚簡本が同一の冊書に綴られていたものではない、ということを示している。

もっとも、甲本・乙本・丙本の三本を合わせても、楚簡本は通行本の約三分の一あまりに相当する三一章分しかない。また、三本とも分章（章の区分の仕方）や章の配列が通行本とかなり異なる。たとえば、甲本の内容は、通行本の第一九章・第六六章・第四六章の中段と下段・第三〇章の上段と中段・第一五章・第六四章の下段・第三七章・第六三章・第二章・第三二章……という具合である。

楚簡本の出現は、『老子』には戦国時代中期には確実に存在した部分が含まれていることを明らかにしたが、その分量が通行本の約三分の一しかなく、また分章や章の配列が通行本とかなり相違するという現象をどう理解するかをめぐっては、見解が対立している。

一つは、楚簡本が書写された時点で、すでに通行本とほぼ同じ内容の書物が成立しており、楚簡本はそれぞれそこから部分的に抜き書き（抄出）されたものとする見解である。これに従えば、『老子』は戦国中期には存在し、その成立はそれ以前に遡ることになる。

もう一つは、楚簡本は後に『老子』が成立する際の材料となった言葉が書き記されているが、それが書写された時点では、通行本のような『老子』はまだ成立していなかったとする見解である。この見解に従えば、『老子』の成立は戦国後期ということになる。ただし、甲本・乙本・丙本の中で、重複する部分は甲本と丙本とにある第六四章の後段だけであり、三本には『老子』の原初部分と見なすことのできる中核の部分が存在しないことになる。

漢簡本の出土

帛書本・楚簡本に続く『老子』の出土の第三例は、北京大学が収蔵した前漢時代の竹簡に含まれていた『老子』である。北京大学が「北京大学蔵西漢竹書」と呼ぶこの竹簡は、盗掘されていったん海外に流出した後、二〇〇九年一月に北京大学に寄贈された。竹簡の総数は残簡（破損している竹簡）を含めて三三四六枚であるという。「孝景元年」との年号（「孝景」は前漢・景帝の諡号《しごう》）の記された竹簡が含まれていたことや、書体の分析結果などから、竹簡の書写年代は前漢の武帝期と推測されている。

この竹簡に含まれていた『老子』（以下、漢簡本と呼ぶ）の竹簡数は、残簡を含めて二八〇枚であるが、残簡をつなぎ合わせて復元した結果、漢簡本のもともとの竹簡数は二一八枚だったと見られている。竹簡は長さが三二センチメートル、幅は一・四〜一・五センチメートル、編綫は三道（竹簡の三ヶ所がひもで綴られていたということ）、一枚の竹簡に記されている文字数は二八字（まれに二九字）、文字数の合計は五三〇〇字（重文を含む）である。

漢簡本について注目すべき点は、第一に、「老子上経」と「老子下経」という篇題が記されていた点である。楚簡本にも帛書本にも『老子』という書名は記されていなかった。書名として『老子』と明確に記されていたものの出土は、これが初めてである。

第二に、漢簡本の「上経」は通行本の下篇（徳経）に、「下経」は通行本の上篇（道経）にそれぞれ相当しており、帛書本と同じく、テキストの前半と後半との順序が通行本とは逆になっている点である。

第三に、漢簡本には分章の符号が存在し、章の区分が明確に把握できる点である。帛書本・楚簡本には明確な分章の符号が付されていなかったが、漢簡本は各章ごとに、分章を示す「・」の符号（黒い円形の点）が竹簡の最上部、第一編綫の上の部分に付されていた。なお、漢簡本の分章は、おおむね通行本と同じだが、一部異なるところがある。漢簡本の「上経」には、通行本の下篇（道経）と同じく合計四四の章が含まれているが、「下経」には三三章しかなく、通行本の上篇（道経）より四章少ない。

北京大学所蔵の漢簡を実見する筆者（右手前）ら

第四に、漢簡本の章の配列が、通行本と一致している点である。漢簡本は北京に運び込まれた時点で編綴がすでに断ち切られていた。このため、当初は章の配列が分からなかったのだが、後に文字の記されていない竹簡の背面に、右下に向けて斜めに浅い線が引かれていたことが判明した。この線を手がかりとして、章の配列を復元することが可能となったのである。

帛書本・楚簡本・漢簡本の相次ぐ出土により、『老子』の研究は、出土文献の研究成果を無視することができない状況となった。『老子』

という書物の成立・発展・定着の過程の解明は、今後も出土文献の研究が鍵を握っている。

3『老子』の思想

宇宙生成論

『老子』の思想についてまず注目すべき点は、この世界はどのようにして生まれたのかという、宇宙生成論が説かれているところである。春秋戦国時代に活躍した諸子百家の中で、儒家や法家、墨家などは、その主要な関心が、もっぱら当時の混乱した社会にどのように対応し、国家を治めて秩序を確立するか、という点にあった。このため、彼らは宇宙生成論を説くことはなかった。

もちろん、『老子』に人間社会に対する関心が無かったということではない。『老子』の思想は、理想的な統治のあり方を宇宙の根源と結び付けて説く点に特色がある。

『老子』における宇宙生成論は、基本的には、この世界のあらゆるものは宇宙の根源である「道」から生まれたとする、流出論的宇宙生成論である。第四二章では、「道 一を生じ、一 二を生じ、二 三を生じ、三 万物を生ず」と、道が一を、一が二を、二が三を、三が万物をと、順次生じていくと説かれている。

ここでは宇宙の根源が「道」と呼ばれているが、『老子』においては、それは宇宙の根源の本来の名前ではないとされる。第三二章には「道の常は名無し」、第四一章には「道は隠れて名無し」と、実は「道」には名前が無いと述べられている。また第二五章には、「天地に先だちて生ず」るところの「天下の母」たる宇宙の根源について、「吾《われ》、其の名を知らず、之に字《あざな》して道と曰い、強いて之が名を為して大と曰う」とある。「道」は宇宙の根源の「字《あざな》」（呼び名）でしかない、というのである。

「道」についての『老子』の叙述には比喩が多用され、きわめて婉曲的である。たとえば第四章には、「道は沖《ちゅう》にして之を用うるに盈《み》たざる或《あ》り。淵として万物の宗に似たり」（道はうつろで奥深く、万物のもとであるようだ）、また「吾誰の子たるかを知らず、帝の先に象《に》る」（私は道が誰の子どもなのかはわからない。上天・上帝の祖先のようである）と、「〜に似る」といった表現が多く用いられている。こうした表現が多いのは、人間が「道」を認識することは困難であると考えられていたからであろう。

無為の治

「道」が人間の認識能力を超えた存在であることを端的に示しているのが、第一章冒頭の「道の道とすべきは、常の道に非ず」との言葉である。これこそが道であると人間が定義することのできるような「道」は、恒常不変の「道」ではない。『老子』の思想には、基本的に人間の能力に対する不信がある。

また第一四章には、「之を視《み》れども見えず、名づけて微《び》と曰う。之を聴けども聞こえず、名づけて希《き》と曰う。之を搏《さす》るも得ず、名づけて夷《い》と曰う」とある。「道」は微（かすかで見えない）・希（しずかで聞こえない）・夷（たいらで触れてもわからない）であり、人間が視覚・聴覚・触覚によって明確に把握することはできないのである。そしてこの微・希・夷の三者は、「致詰《ちきつ》すべからず、故に混じて一と為す」と、突き詰めて解明することができず、それらを一体として「一」ととらえることしかできないとされる。絶対的存在で、宇宙の根源である母なる「道」は、人間の通常の認識の範囲を超えているのである。

『老子』においては、君主に対して、こうした「道」を根拠とした「無為」の統治を行うことが要請されている。「無為を為せば、則ち治まらざる無し」（第三章）と、「無為」を行えば治まらないということがない、というのである。

そもそも「道」は、「道之を生じ、徳之を畜《やしな》い、之を長じ之を育み、之を亭《さだ》め之を毒《やす》んじ、之を養い之を覆う。生じて有せず、為して恃まず、長じて宰せず」（第五一章。第一〇章にもほぼ同じ文がある）と、万物を生じ育むけれども、自らが生じた万物を保有したり、コントロールしたりはしない。宇宙の根源であるところの「道」は、「常に無為にして為さざる無し」（第三七章）と、「無為」であることによって、結局のところはすべてを成し遂げ、万物を余すところなく統《す》べ治める、とされる。

『老子』における理想的な君主は、こうした「道」のあり方に則り、「無為の事に処り、不言の教を行う」（第二章）者である。「為すこと無し、故に敗るること無し。執《と》ること無し、故に失うこと無し」（第六四章）と、君主が「無為」であれば、その統治は失敗しないのである。常識的には、君主は何か功績となることを為そうとする者であるが、『老子』は常識に反して君主に「無為」であれと説く。

『老子』が古典として読み継がれていったのは、こうした「無為」の思想が、君主ではないものにも広く当てはまり、処世訓として愛されたからといってよい。

4 老子の名言

『老子』は仁義を否定せず？

大道廃《すた》れて、仁義有り。　　大道廢、有仁義。（第一八章）

【訳】偉大なる道が失われてしまったために、仁義などというものが生じた。

『老子』の思想は従来、仁義を主張する儒家と対立するとされてきた。そうした理解の強い根拠の一つとなっていたのが、この第一八章の言葉である。

仁義にかなう行いは、常識的には良い行為として評価される。しかし、実は仁義などというものが生じたのは、あの偉大な宇宙の根源である道が失われてしまったためである。偉大なる道が失われていなければ、ことさらに仁義の重要性など説く必要はなかったのだ。この言葉はこのように理解され、『老子』においては仁義が強く否定されていると理解されてきた。

また第一九章には「仁を絶ち義を棄つれば、民は孝慈に復す（絶仁棄義、民復孝慈）」とあり、これも仁義を否定する言葉として理解されてきた。今や子が親に孝を尽くし、親が子を慈しむという理想的な親子のあり方は失われてしまった。一般的には、孝と慈とが行われる理想的な親子関係の実現には、仁義の実践が必要であると考えられている。しかし、実はそうではない。むしろ逆に、仁義を捨て去ってこそ理想的な親子関係は実現する。この言葉はおおむねこのように理解されてきた。

諸子百家の中で仁義の実践を説いたのは儒家であり、中でも戦国時代中期に活躍した孟子が仁義を強調した。そこで、仁義を強く否定する『老子』の成立は、孟子よりも後、戦国時代中期以降とする見方がこれまで通説となっていた。

ところが、現在はそうした見方が大きく揺らいでいる。そのきっかけは、楚簡本の発見である。楚簡本には、先に見た第一九章に相当する箇所が「偽を絶ち慮を棄つれば、民は孝慈に復す（絶僞棄慮、民復孝慈）」（甲本）となっており、否定されているのは人間の偽りや賢《さか》しらな知慮であった。また第一八章に相当する箇所も「大道廃れて焉《いずく》んぞ仁義有らん（大道廢焉有仁義）」（丙本）とあった。偉大な道が廃れてしまったならば仁義は存在しなくなってしまう、と説かれていたのである。

先に述べた通り、楚簡本と『老子』という書物の成立との関係については、楚簡本が書写された時点ですでに通行本とほぼ同じ内容の書物が成立しており、楚簡本はそれぞれそこから抄出されたものであるとする見方と、楚簡本が書写された時点では、通行本のような『老子』という書物はまだ成立しておらず、楚簡本は形成途上の『老子』であるとする見方とがあり、現時点では決着を見ていない。しかし、楚簡本が抄出されたものであるとするならば、『老子』の本文はもともと仁義を批判していなかったのであり、『老子』の本文は戦国時代後期あたりに修正が加えられ、その結果として儒家批判の要素が取り込まれた、との可能性が考えられる。

武器は不吉である

兵者、不祥之器。（第三一章）

兵とは、不祥《ふしょう》の器《き》なり。

【訳】武器というものは不吉なものである。

軍事力を行使して戦勝を得て、それによって自国の勢力を拡大しようとする君主は、古今東西を問わず、数多く存在する。そうした君主たちにとって、軍事力の強化は当然不可欠で、優先されるべき重要な国家的課題である。ところが『老子』においては、軍事行動に不可欠な武器そのものが不吉なもの、「君子の器に非」ざるものと位置づけられている。そして、「有道者は処らず」と、「道」に則り従う君主は、軍事力を積極的に行使しようとはしないと説かれている。

もっとも、この『老子』第三一章は、軍事力を「已《や》むを得ずして」用いることまで否定してはいない。『老子』においては、軍事力の行使自体が否定されたり、あるいは武装をすべて放棄することが主張されているわけではないのである。『老子』は君主に対して、軍事力を行使する際の姿勢として、「恬澹《てんたん》なる」こと、また「勝つも美とせず」との姿勢を保つこと、つまり、やみくもに勝利を追求することなく、戦勝をことさら価値の高いこととはしない、といった態度を要請しているのである。

『老子』がそうした要請をするのは、軍事力の行使が必然的に多くの「人を殺す」、つまり「死」をもたらすからである。戦勝を価値が高いこととする君主は「人を殺すを楽しむ」者であると『老子』は位置づけ、「人を殺すを楽しむ者は、則ち以て志を天下に得《う》べからず」と、戦勝によって勢力を拡大する姿勢の君主は、結果としてその志を実現することができない、と説く。

そして、軍事が必然的に多くの死をもたらすものであることを理解した上で、「已《や》むを得ず」軍事力の行使におよぶ君主は、「悲哀を以て之に泣《のぞ》み、戦いて勝つも、喪礼を以て之に処る」と、いざ戦闘に臨むに当たっても決して高揚した気分ではなく、「悲哀」の気持ちを抱き、また戦闘の結果勝利を収めた場合にも、浮かれた振る舞いなどすることなく、喪いの儀礼に従って行動する、とされる。

『老子』の思想には、現実を冷静に見つめ、そしてそこから常識に反する逆説的な主張を展開するといった面がある。この第三一章が示すように、『老子』における軍事に関する思考にも、そうした傾向がよく表れている。およそ軍事力の行使は、とかく勝利した場合に得られる成果に注目されるが、その裏側には常におびただしい人の「死」が存在する。このことは、今も昔も変わらない。武器は「不祥の器」であるとするこの言葉は、全人類へ向けての警告とも理解できる。

人間がとらえられないほどの偉大さ

大器晩成。（第四一章）

大器は晩成す。

【訳】大きな器は、その完成までに時間がかかる。

ことわざとしてよく知られているこの言葉は、『老子』第四一章に登場する。ことわざとしては、「大器」は偉大な人物の比喩であると理解され、偉大な人物は若くして出現するものではなく、晩年になってから世に現れる、という意味で一般に用いられている。『老子』におけるもともとの意味も、そうであったとする解釈がある一方で、本来の意味はそうではなく、「大器」は人間のことではない、とする解釈もある。

第四一章では、まず「道」が通常の人間の理解を超えた存在であり、一般には理解しがたいものであることが説かれる。「上士道を聞かば、勤めて之を行う。中士道を聞かば、存するが若《ごと》く亡《ほろ》ぶが若し。下士道を聞かば、大いに之を笑う。笑わざれば以て道と為すに足らず」。優れた士（官僚として君主に事《つか》えるもの）が「道」について聞けば、「道」の実践にいそしむ。並の士が「道」について聞けば、「道」というものが有るのか無いのかわからず、曖昧な態度をとる。劣った士が「道」について聞けば、大いに笑って、はなからまともに受け取らない。そのように笑われてしまうくらいでなければ、それは「道」とするに足らないものである、というのである。

これに続いて、「明道は昧《くら》きが若し」（本当は明らかな道は、人間の常識にとらわれた目で見ると暗いようである）、「進道は退くが若し」（本当は前に進んでいる道は、一見すると後ろに下がっているようである）、また「大方は隅《ぐう》無し」（この上なく大きな四角には角というものが無い）、「大音は希声」（この上なく大きな音は聞くことができない）、「大象は形無し」（この上なく大きな姿には形というものが無い）など、当時のことわざと思われる語が多数引用され、その中に「大器は晩成す」の語がある。

ここに引用されていることわざの類は、いずれも常識的なもののとらえ方を否定しているものであると見られる。前後の関係から判断すると、「大方」「大器」「大音」「大象」は、要するにいずれも「道」のようすを述べているのであり、偉大な「道」のあり方というものは常識に反しており、それをとらえることは通常人間には困難であるということを説いている、と考えられる。

このように理解するならば、「大器は晩成す」とは、通常の器であればすぐに完成し、人間はその器をすでに出来上がったものとしてとらえることができるけれども、この上なく大きな器というものは遅く完成する、つまりなかなか完成しないのであり、人間にはその器の完成した状態をとらえることができない、との解釈も考えられるのである。

理想的な国のあり方

小國寡民。（第八〇章）

小国寡民《かみん》。

【訳】理想的な国のあり方は、国自体が小さく、民も少ない国である。

『老子』における理想的な統治のあり方を表すこの言葉は、第八〇章の冒頭にある。同章では、以下続けて次のように述べられている。「什伯《じゅうはく》の人の器有るも用いざらしめ、民をして死を重んじて遠く徙《うつ》らざらしむ」。理想的な統治を行う君主は、人間の力を一〇倍にも一〇〇倍にもする便利な器具があっても、民がそれを用いることがないようにし、民が死をおそれて移住することがないようにする。「舟輿《しゅうよ》有りと雖《いえど》も、之に乗る所無く、甲兵有りと雖も、之を陳《つら》ぬる所無し。人をして復た結縄《けつじょう》して之を用い、其の食を甘しとし、其の服を美とし、其の居に安んじ、其の俗を楽しましむ」。そのため民は、移動に便利な船や車があってもそれに乗ることがなく、甲や鎧があってもそれを用いることがない。また民には縄に結び目を作ってしるしとさせ、民が自分の食べているものを味の良い食べ物であるとし、自分の着ているものを良い服とし、自分の住まいに安んじて、その暮らしぶりを楽しむようにする。「隣国相い望み、鶏犬の声相い聞こゆるも、民は老死に至るまで相い往来せず」。その結果、民は隣の国を遠くに望み、鶏や犬の鳴き声を聞いても、年老いて死ぬまでその隣国と行き来することはない。

このように、争いのない、民が平穏な暮らしを営む「小国」が、『老子』においては国家の理想的なあり方とされている。

『老子』には、「小国」に対する「大国」の語も登場する。第六〇章には、これも『老子』の統治論として有名な「大国を治むるは小鮮を烹《に》るが若《ごと》し」（大国を統治する場合は、小魚を煮る時のようにする。あれこれと細かいところをつつくと崩れてしまい、ダメになる）との語がある。また第六一章には、「大国は下流なり」と、大国は河の流れの下流と同じように、すべての物が流れ下ってくるところとされている。『老子』においては、「小国」や「大国」が入り交じった状態が、中国世界全体のあり方として想定されていると見てよい。

そうした世界の中で、大国ではなく、他の国々との間に人々の行き来がほとんどない状態の小国の中で、民が危険を避けて、取り立てて変化のない、穏やかな暮らしをあるがままに受け入れて営み続ける、という「小国寡民」のユートピアのような社会は、進歩や発展という言葉とは無縁であろう。現代社会は進歩や発展を追い求め続け、交通や通信をさらに増加させてグローバル化し、その一方でリスクをも増大させつつあるように見える。そうであるとするならば、果たして人は本当に幸せになったのだろうか。『老子』の言葉は、現代の問題を鋭くえぐり出しているようにも思える。

能力を隠して同化する

其の鋭を挫《くじ》き、其の紛を解き、其の光を和《やわ》らげ、其の塵を同じくす。

挫其鋭、解其紛、和其光、同其塵。（第四章・第五六章）

【訳】鋭さを挫き、乱れを解きほぐし、輝く光を和らげ、塵にまみれて同化する。

優れた能力があってもそれを発揮することなく包み隠して、俗世に交わることを指す「和光同塵《わこうどうじん》」のもととなった言葉である。『老子』の中では、第四章と第五六章との二ヶ所にほぼ同じ形で見られる。しかし、この二つの章はそれぞれ主題が異なっており、両章においてこの語句をまったく同じ意味で解釈することは困難である。

第四章においては、この句の直前に、宇宙の根源である「道」が奥深いものであり、「万物の宗」に似ているようだ（「淵として万物の宗に似たり」）と説かれている。したがって、続くこの句も「道」を主語として解釈するのが自然である。つまり第四章のこの句は、「道」は万物の鋭さを挫き、万物の乱れた状態を解きほぐし、万物が発しようとする光を和らげ、万物の塵にまみれるという意味で、万物の根源である「道」が万物に対して絶対的であることを説いている、と一応は考えることができる。

もっとも、そうした解釈には、いささか問題がある。第五一章においては、「道」は万物を生じて育むが、生じた後の万物に対してそれらを保有したり、自ら関わったりしないとされる（「道　之を生じ、徳　之を畜い、之を長じ之を育み、之を亭《さだ》め之を毒んじ、之を養い之を覆う。生じて有せず、為して恃まず、長じて宰せず」）。第四章のこの句が、「道」は万物の鋭さを挫き、万物の乱れた状態を解きほぐすということを述べているのだとすると、「道」が万物を直接コントロールすることとなり、整合しないように思われるからである。

そのため、第四章のこの語句は、錯簡（文字や文章の順序の乱れ。竹簡を綴ったひもが切れ、竹簡の配列が乱れたことにより生じたとされる）により誤って挿入された句であるとする説がある。また、そもそもこの句は『老子』のオリジナルの表現ではなく、『老子』が著された時にすでに格言として成立し、広く知られていた表現なのであり、その言葉が引用されているのだとする見方もある。

一方の第五六章では、この句の前に「知る者は言わず、言う者は知らず。其の兌《あな》を塞ぎ、其の門を閉ざし」とあり、また後に「是れを玄同と謂う」とある。ここでの主語は「道」ではなく、「知者」、もしくは「道」に則る理想的な君主であると考えられる。すなわち、理想的な君主というものは、己の鋭さを自ら挫き、自らの中の乱れもつれたものを解きほぐし、己の中から発する光を自ら和らげ、自ら塵にまみれる、との意味と解釈される。「和光同塵」の語は、後に仏教に取り込まれ、仏がその智徳を隠して、衆生を救うために人間界に現れることを指す言葉としても用いられた。

柔弱だからこその強さ

上善は水の若《ごと》し。　　上善若水。（第八章）

【訳】最も優れたあり方は、水のようなあり方である。

常識的な価値や積極的な行為を否定し、「無為」を説く『老子』の言葉は、君主ではない者にも当てはめて理解することが可能であり、いわば処世訓として応用されてきた。だからこそ『老子』は古典となり得たといえよう。たとえばこの第八章では、「上善は水の若し」と、最も優れたあり方というものは水のようだと説かれている。なぜ水のあり方は優れているのか。この言葉に続けて『老子』は、「水は善く万物を利して争わず、衆人の悪《にく》む所に処る、故に道に幾《ちか》し」と説く。つまり、水は万物に利益をもたらし、他者と争うことがない。しかも水は、人々の忌み嫌う低いところへと自ら流れ下る。そうした水のあり方は「道に幾《ちか》」く、だからこそ優れているのである。

『老子』においてこの言葉は、直接的には君主の統治のあり方の理想について述べていると考えられる。しかし、他者との争いを避けて、自ら進んで謙《へりくだ》ることこそ良いとの主張は、一般的な処世の知恵としても活用することのできる教えともなった。

厳しい競争社会である現代においては、およそ『老子』の説く水のような生き方では到底生き残れないようにも思える。しかし、一層混迷を深める現代社会をしたたかに生き抜くためには、実は常識に反するこうした『老子』的な生き方が有効なのかもしれない。

『老子』においては、第七八章にも「天下に水より柔弱なるは莫《な》し。而《しか》して堅強を攻むる者、之に能く勝る莫きは、其の以て之を易《か》うる無きを以てなり」と水が説かれている。天下で最も柔弱なものは水であるが、どんなに堅いものも水の力にはかなわない。そうした水の性質は何ものにも変えることができない。

柔弱である水こそが、実は堅強に勝《まさ》ると説くこの章も、『老子』においては、そもそも君主のあり方について述べるものである。この語に続けて、「国の垢を受く、是を社稷の主と謂う。国の不祥を受く、是を天下の王と謂う」、つまり国中の汚れや不幸をすべて引き受けるのが理想的な君主であるとの聖人の言葉が引用されている。その上で、「正言は反するが若し」と、真実の言葉というものは常識に反するようだ、と説かれている。

柔弱であるがゆえに強いものに勝る。『老子』の言葉は、常識に反した逆説の真理を説く。そこに人々を引きつける魅力がある。

参考文献

【一般的・入門的文献】

① 福永光司『中国古典選　老子』(朝日新聞社、一九六八年、一九七八年に改版の上、文庫版化)

＊日本を代表する道家思想研究者による『老子』全文の翻訳。詳細な解説が付されており、『老子』の思想の理解に役立つ。文庫本に改版された際に、通行本と帛書本との字句の異同について注記が追加された。

② 浅野裕一『諸子百家』(講談社、二〇〇〇年、後に講談社学術文庫、二〇〇四年)

＊一九九八年に公開された郭店楚簡など、出土文献の研究成果を積極的に取り入れ、道家・儒家・墨家・名家・陰陽家・兵家の合計一一人の思想家を取り上げて論じた諸子百家の概説書。

③ 蜂屋邦夫『老子』(岩波文庫、二〇〇八年)

＊『老子』の平易な訳文を原文・訓読文・注とともに示し、解説を付したもの。注や解説の中で楚簡本について詳しく触れている。巻末に『老子』の有名な語句を五十音順に示した索引がある。

④ 湯浅邦弘『諸子百家』(中公新書、二〇〇九年)

＊郭店楚簡の研究に加えて、一九九四年に上海博物館が収蔵し、現在公開が進みつつあった戦国楚簡の最新の研究成果にもとづき、諸子百家の中から儒家・墨家・道家・法家・兵家を取り上げた概説書。

【専門的文献】

① 島邦男『老子校正』(汲古書院、一九七三年)

＊字句の異同がかなり多い伝世文献の『老子』本文について、広く諸本を集めて校正したもの。また、老子の成立、老子の諸本、老子の注釈書などについて、詳細な解説が付されている。

② 浅野裕一『黄老道の成立と展開』(創文社、一九九二年)

＊道家思想の一派・黄老道の思想的特色や、その形成と発展を考察した書。黄帝書の思想的母体、および『老子』を形成する一つの祖型として、『国語』越語下篇における范蠡《はんれい》の思想に着目する。

③ 澤田多喜男『『老子』考索』（汲古書院、二〇〇五年）

＊一九七〇年代以降の『老子』に関する著者の論文をもとにまとめたもの。帛書本や楚簡本に関する論考を多数含む。著者は、帛書本に書名が付いていなかったことから、『老子』という書名は戦国時代には存在しなかったとする。

④ 神塚淑子『書物誕生　あたらしい古典入門　『老子』――〈道〉への回帰』（岩波書店、二〇〇九年）

＊『老子』がどのように読まれてきたのかについて、仏教と道教との関わりを含めて『老子』の誕生から唐代までを中心に解説し、さらに『老子』の思想を五つのテーマに分けて、それぞれ代表的な章を解説したもの。

▼コラム　道家の宇宙生成論

『老子』においては、「道」からすべてが生じるという宇宙生成論が説かれているが、道家の中にはそれとは異なるパターンの宇宙生成論を説くものが複数存在したことが、近年出土文献によって明らかになった。

その一つが郭店楚簡《かくてんそかん》の『太一生水《たいいつせいすい》』である。『太一生水』において説かれている宇宙生成論では、まず宇宙の根源である「太一」が水を生じ、次いで、水は「太一を輔《たす》け」て天を生成する。天は、やはり「太一を輔け」て地を生成する。続いて、天と地とから神と明とが、神と明とから陰と陽とが、陰と陽とから四時が、四時から滄《そう》（つめたいこと）と熱とが、滄と熱とから湿と燥とが、湿と燥とから歳《さい》（年間を通してのあらゆる事象）が、それぞれ順次生成され、そうして世界が完成する。また「太一」は、水の中に潜みかくれて、時空の隅々にまで行き渡り、万物生成のプロセス全体に関与する。「太一」は、天地や陰陽による関与を受けることのない、「万物の母」あるいは「万物の経《つね》」たる絶対的な存在なのである。このような、「太一」を宇宙の根源とし、また水を重視する『太一生水』の宇宙生成論は、郭店楚簡が出土するまで、その存在すらまったく知られていなかった。

もう一つが、一九九四年に上海博物館が収蔵した戦国時代の楚簡に含まれていた古佚文献の『恒先《こうせん》』である。『上海博物館蔵戦国楚竹書（三）』（上海古籍出版社、二〇〇三年）によって公開された『恒先』には、『老子』とも『太一生水』とも異なる、きわめてユニークな宇宙生成論が説かれていた。

『恒先』の宇宙生成論は難解だが、宇宙の始原は「無」であるところの「恒」であるとされている。「恒先」とは、「恒という始原の段階の時期」を指す。「恒」は無であるとされているのだが、実はその中に微少な「質・静・虚」が備わっている。この三者は、やがてそれぞれ増大して「自ら厭《あ》く」との悪感情を抱き、それを抑えることができなくなった結果、「或《わく》」なる世界が発生する。この時、「恒」なる世界から「或」なる世界への転換が起こる。

この「恒」なる世界から「或」なる世界への転換には、「気」の発生が伴うとされる。さらに、「気」の発生には「有」、つまり存在するということの発生が伴い、「有」の発生には「始」、つまり事物の始まりから終わりへの変化の発生が伴うと説かれる。また「始」の発生には「往者」、つまり事物が根源から遠ざかることの発生が伴う。すなわち、「恒」の世界から「或」なる世界への転換により、「気」「有」「始」「往者」が相次いで、おそらくほぼ同時に発生するのである。ただし、「恒は気の生ずるや、独《ひと》り与《あずか》ること有らざるなり」と、「恒」から「気」が生じたのではなく、両者は直接的な親子関係には無いとされる。

そして、「濁気《だくき》は地を生じ、清気《せいき》は天を生ず」と、まず天地がともに気によって生じ、その後気はさらにさまざまに運動して万物を生成する。こうして気によって生成された万物が「天地に盈《み》」ちて、世界全体が生成されるのである。

『老子』で説かれているような宇宙生成論以外に、『太一生水』や『恒先』のようなパターンの宇宙生成論も存在したということは、古典として読み継がれてきた伝世文献からはまったく知ることができなかった。中国古代思想史を解明する上で、出土文献研究がいかに重要であるかを明確に示している。

『太一生水』の一部（冒頭に，「太一生水（太一水を生ず）」とある。『郭店楚墓竹簡』より）。

第四章　荘子——夢と現実とのはざまで

藤居岳人

自分の運命を引き受ける

至人《しじん》の心を用うるは鏡の若《ごと》し。将《おく》らず迎えず。

至人之用心若鏡。不將不迎。

（『荘子』応帝王《おうていおう》篇）

【訳】至人の心の働きはちょうど鏡のようなものである。去るものは去るに任せ、来るものは来るに任せる。

荘子（『古聖賢像伝略』より）

1 荘子という人

荘子の生涯

荘子《そうじ》（名は周《しゅう》。字《あざな》は子休《しきゅう》。前三六五？〜前二九〇？）は孤高の人である。『史記《しき》』の荘子伝によれば、蒙《もう》（現在の河南《かなん》省商邱《しょうきゅう》県あたり）の漆《うるし》畑の管理人をしていた。蒙は彼が生きていた戦国時代中期には宋《そう》に属していた。宋は周《しゅう》国に滅ぼされた殷《いん》人の子孫の国で、周囲の国々とは異質な文化を保持していたらしい。そのような宋の人に対して、周囲はやや軽蔑の眼で見ていたようで、あかぎれ治療の薬で儲けそこねた宋の商人の説話（『荘子』逍遥遊《しょうようゆう》篇。以下、篇名のみの場合は『荘子』からの引用）などはその一例であろう。

荘子の生涯はよくわからない。『史記』では、楚《そ》の威王《いおう》が荘子を宰相に招こうとしたけれども、彼は「宰相の名声を得るよりも、私は一庶民として暮らす方が良いのです」と笑って答えて、使者を追い返したと言う。世の権威におもねらず、戦乱の世を低く見ていた荘子の立場がうかがえる。『荘子』に見える説話には古代の神話などを題材とするものがあり、荘子はその分野の学識が豊富だったようである。彼はそれを現実の世界に活かすことをあえてせず、一歩引いた立場から現実世界を眺めていた人だと言える。

荘子の生涯に関するエピソードは『荘子』中にもいくつか見え、彼に妻がいたらしいこと（至楽《しらく》篇）や戦国時代の魏《ぎ》の宰相だった恵施《けいし》（？〜前三一四？）と交流があったこと（後述）などがうかがえる。列御寇《れつぎょこう》篇には、荘子臨終の様子が描写されており、彼が死ぬ間際、手厚く葬りたいと願う弟子たちにそれを断って、「私は天地を棺桶としたい」などと述べて、世を去ったらしい。最期のときまで荘子は孤高の人だった。

荘子と恵施と

不明な点の多い荘子の生涯ではあるけれども、彼と同じ宋の出身で、魏の宰相も務めた恵施との交流は事実のようだ。後に恵施は諸子百家《しょしひゃっか》の中の名家《めいか》に分類される。名家は論理学に秀でた思想家のグループで、彼らは弁舌巧みに他人を論難する議論のための議論を展開した。恵施の学問の一端が天下《てんか》篇にも紹介されており、たとえば、「今日越《えつ》に適《ゆ》きて昔来《きのうきた》る」は時間概念の相対性を指摘する命題、「輪は地を蹍《ふ》まず」は円である車輪が一点で地面という線に接している場合、その車輪は地面を踏んでいないことになるという命題で、ほかにも現代の我々の眼から見ても興味深い命題が並んでいる。

荘子にとって、恵施は学問上のよきライバルだったらしく、恵施の名は『荘子』中に頻出する。たとえば、秋《しゅう》水《すい》篇に荘子と恵施とが濠水《ごうすい》に架かる橋のあたりで、川で悠々と泳ぎ回る魚の楽しみを他者である荘子が理解できるかどうか、荘子の考えを他者である恵施が理解できるかどうかなどについて問答を繰り広げる。このような論理の遊びに興じる両者のエピソードからも、荘子の論理が恵施からの大きな影響を受けていることがうかがえる。ただ、天下篇では、「人の口に勝つことはできても、人の心を従わせることはできなかった」と恵施ら名家の論理学を評しており、詭弁《きべん》に堕する名家の限界を指摘している。

荘子と恵施とは、学問的にはライバル関係にあったけれども、人間的には互いに共感できる間柄だったようである。『荘子』には、荘子の妻の死を恵施が弔問している記事（至楽篇）や荘子が恵施の墓に立ち寄った際、「恵施が亡くなって以来、ともに語り合える親友がいなくなってしまった」と述べる記事（徐无鬼《じょむき》篇）などが見え、二人の親密な関係をうかがうことができる。荘子にとって、恵施はいわば「莫逆《ばくぎゃく》の友」（親友の意。大宗師《だいそうし》篇に見える語）だったのかもしれない。

荘子と孔子と

『史記』の荘子伝には、荘子が孔子の徒をそしり、老子の術を明らかにしたとある。ただし、これは『史記』の記された漢代《かんだい》における評価である。漢代以降、儒家《じゅか》や道家《どうか》などの諸子百家の一員としてそれぞれの思想家の評価が類型化・抽象化されるようになり、その過程で思想家自身の個性的な真の姿が正しく反映されなくなった側面もある。実際のところ、荘子と孔子という源流にさかのぼれば、両者のあいだには多くの共通項が見られる。

たとえば、人間世篇《じんかんせいへん》に見える楚の狂者接輿《せつよ》の説話である。孔子が楚を訪れた際、狂気を装った接輿という隠者に会う。接輿は、「鳳よ鳳よ、何と徳の衰えたことよ」と世の衰退を嘆く歌をうたう。同内容の説話がさらにシンプルな形で『論語』微子《びし》篇にも見える。『荘子』と『論語』との楚狂接輿説話を比較すれば、『論語』の方が古いようで、恐らく荘子の後学が『論語』の説話を参照して手を加えたのだろう。『論語』微子篇は、『論語』の中では比較的よく隠者に言及しており、道家に近い雰囲気をもつ。確かに『荘子』には孔子を批判的に描く箇所もあるけれども、楚狂接輿説話に見える孔子のように必ずしもそうでない説話も多い。逆に、荘子と恵施との会話の中で、荘子は「私など孔子の足元にも及ばないよ」（寓言篇《ぐうげんへん》）と述べて、孔子に対する畏敬の念を表明する箇所も見える。

もともと儒教は喪礼などの宗教儀礼担当者の階層から出たと言われる。『荘子』には、「道は悪《いず》くにか隠れて真偽《しんぎ》有る。言は悪くにか隠れて是非有る」（斉物論篇《せいぶつろんへん》）のような対置法的な文章がいくつか見えており、これらは宗教儀礼担当者の表現に近い。このように儒教の源流と共通する雰囲気を荘子から読み取ることも可能である。荘子と孔子との関係について、今後もさらに考究してゆくべきであろう。

2　『荘子』の成立とその位置づけと

『荘子』の構成

現在、我々が見ている『荘子』のテキストが荘子自著の部分だけでないことはほぼ確かで、荘子の自著を核にして、荘子の後学が徐々に書き足していったものと考えられる。現在の『荘子』のテキストは約六万五千字だけれども、『史記』には「其《そ》の著書十余万言」とあるから、『史記』の書かれた漢代の武帝《ぶてい》期ごろには現在よりもかなり分量が多かったらしい。その後、編纂された『漢書《かんじょ》』芸文志《げいもんし》（漢代以前の図書分類目録）には「荘子五十二篇」と見えており、『荘子』のテキストにはある程度の整理が加えられた。この時点で五二篇のテキストには、すでに内篇・外篇・雑篇・解説といった区分があったようである。

南華眞經卷第一
郭象子玄註　陸德明音義
莊子內篇逍遙遊第一　夫小大雖殊而放於自得之場則物任其性事稱其能各當其分逍遙一也豈容勝負於其間哉○音義曰內篇內者對外立名說文云篇書也字從竹從艸者草名耳非也逍音銷亦作消遙如字亦作搖遊如字亦作游逍遙遊者篇名義取閒放不拘怡適自得夫音符場直良反稱尺證反當丁浪反分符問反
北冥有魚其名爲鯤鯤之大不知其幾千里也
化而爲鳥其名爲鵬　鵬鯤之實吾所未詳也夫莊子之大意在乎逍遙遊放无爲而自得故極小大之致以明性分之適達觀之士宜要其會歸而遺其所寄不足事事曲與生說自不害其弘旨皆可略之○北冥本亦作溟覓經反北海也嵇康云取其溟漠无涯也梁簡文帝云窅冥无極故謂之冥東方朔十洲記云水黑色謂之冥海无風洪波百丈鯤徐音昆李侯溫反大魚名也崔譔云鯤當爲鯨簡文同幾居豈反下同鵬歩登反徐音朋郭甫登反崔音鳳云鵬

『宋刊南華真経』
（『無求備斎荘子集成初編』より）

時代が下って唐《とう》の陸徳明《りくとくめい》の『経典釈文《けいてんしゃくもん》』によれば、『荘子』のテキストは以下の三種類が主である。まず、司馬彪《しばひょう》注の五二篇のテキストで、これは『漢書』芸文志に記される『荘子』をほぼ忠実に受け継いでいるようだ。次に崔譔《さいせん》注あるいは向秀《しょうしゅう》注の二七篇のテキストで、こちらは内篇・外篇の区分のみで雑篇はない。そして、西晋《せいしん》の郭象《かくしょう》（字は子玄《しげん》。二五二？〜三一二？）の注釈のある三三篇のテキストで、内篇・外篇・雑篇からなっており、これが現在我々の見ているものである。郭象はその『荘子注』

の序文に、テキストの中に荘子の意図とは相違する内容が含まれており、卑近な内容や荒唐無稽な内容を含む全体の一〇分の三を取り除いて三三篇に再編したと述べている。現存するのはこのテキストだけであり、そのほかのテキストは散逸していてその内容が不明であるから、我々は郭象注のテキストにもとづいて荘子の思想を見るほかはない。

内篇・外篇・雑篇の分類に従ってその内容について言えば、内篇に荘子自身の思想がほぼ尽くされており、外篇・雑篇には荘子後学の思想が多いとされる。内篇にも荘子の思想とはやや遠いと思われる内容（たとえば、養生主《ようせいしゅ》篇に見える養生思想など）も含まれており、一概には言えないけれども、この通説はおおむね正しいと認められる。

道家の中の『荘子』・『老子』

現在、『荘子』は『老子』とともに道家に分類されており、その思想は道家思想と言われる。また、両者の名前をとって老荘思想とも称されるから、『荘子』の思想は『老子』と共通する側面が多いと考えられている。確かに道の思想や常識に対する逆説的な言説、「無為にして、而《しか》も為さざる無し」（『老子』第三七章）の語からうかがえるような無を強調する思想などは両者に通じる性格であろう。なかでも、道の思想はその名称の由来になっていることからもわかるとおり、道家思想にとって核となるべきものである。『荘子』では、「道は通じて一為《た》り」（斉物論篇）と述べて、さまざまな相対的区別も道の立場から見ればすべてはひとしくひとつだと指摘したり（認識論的道）、「道は大に於《お》いて終わらず、小に於いて遺《のこ》さず。故に万物備わる」（天道《てんどう》篇）と道がすべてのものに遍在すると述べたり（存在論的道）、多様な表現で道に言及する。『老子』も同様に、冒頭の第一章から、「道の道とす可《べ》きは、常の道に非ず」の文章ではじまっており、道についてさまざまな角度から語っている。

しかし、両者がはじめから共通の性格をもつ同じ学派の思想と見なされていたわけではない。漢初の道家系思想家の作とされる天下篇は、戦国末の諸子を分類し、それぞれに批評を加えている。そこでは老聃《ろうたん》（老子）は関尹《かんいん》とともにひとつのグループとされ、その後に荘子の思想が論じられており、老耼と荘子とは別のグループの思想家と認識されていたことがうかがえる。現代の我々から見れば当然とも思える「老荘」の語も、漢の武帝期に成立した『淮南子《えなんじ》』に至ってはじめて見えるもので、実際に「老荘」の語が定着するのは魏晋《ぎしん》時代にまで下る。したがって、我々にとっては、まず『荘子』は『荘子』として『老子』は『老子』として読解した上で、両者に共通する側面を見てゆくことが必要であろう。

3 荘子の思想

荘子にとっての天

荘子の思想にはいくつかの特徴があるけれども、まずその中で天の重視を取り上げる。『荘子』を通読すれば、「聖人は由《よ》らずして之《これ》を天に照らす」（斉物論篇）、「内直き者は天と徒《と》為る」（人間世篇）など、「天」の語がよく出てくる。「天鈞《てんきん》」や「天倪《てんげい》」・「天遊」などの熟語としても天は頻出し、『荘子』ではそれらに従うべきことが説かれており、逆に、天に従わない者を「遁天《とんてん》の刑」（養生主篇）と批判する箇所も見える。

では、この天とは何か。後代の代表的な『荘子』注釈書に、上述の郭象注や唐《とう》の成玄英《せいげんえい》の疏《そ》（注に対するさらなる注釈）がある。それらの注釈では、天を「自然」や「天然」などと解するときが多い。そのほかの注釈書でも同様である。この「自然」の語は、すなわち道家が重んじる「自然」の概念である。それは『荘子』の中で「天」の語が「人」の語と対比的に取り上げられるときが多いことからも理解できる。たとえば、「人を以て天を滅ぼすこと无《な》かれ」（秋水篇）や「聖人は天に工《たくみ》にして、人に拙《つたな》し」（庚桑楚《こうそうそ》篇）などの本文に対して、郭象や成玄英の注釈では、天を自然、人を人為の意味に解している。荘子は、人為的なものを排して自然に随順することを理想としており、その自然を天と称していたと郭象や成玄英は考えたようである。そして、後にこの天は道家の道の思想と関連づけ

華嵒《かがん》「鵬挙図《ほうきょず》」(泉屋博古館蔵)
(『世界美術大全集　東洋編』より)

て理解されるようになってゆく。儒家の荀子《じゅんし》(前三四〇?～前二四五?)は荘子の思想を「天に蔽《おお》われて人を知らず」(『荀子』解蔽《かいへい》篇)と評している。これは、天人の分を唱える荀子の立場から見た荘子批判の言葉だけれども、天を重んじる荘子の立場から見ても、荀子の評価は当を得たものだと言える。

万物斉同の思想

斉物論篇に、「聖人は由らずして之を天に照らす。亦《ま》た是《ぜ》に因《よ》るなり」とある。この「是に因る」とは、彼此・是非・善悪などの相対的区別にとらわれず、ただひとつの是《ぜ》(『荘子』では「道枢《どうすう》」や「天鈞」、「天倪」などとも表現される)に従うこと、すなわち万物斉同《ばんぶつせいどう》の立場にいることである。

万物斉同が荘子の中心的思想だとするのは通説である。『荘子』は逍遙遊篇にはじまっており、その冒頭に位置するのが大鵬《たいほう》の飛翔説話で、万物斉同の思想を象徴する。鵬は九万里の高さにまで飛翔し、下界を見おろす。下界にはさまざまな生物が息づいているけれども、鵬の眼から見れば青一色に見えていることだろうと荘子は言う。彼は、鵬の眼から見た下界のように、大いなる道の立場から見れば、我々の世界に存するさまざまな相違はないも同然だと述べる。そこから人間の立場を離れれば、すべての価値は相対的なものとなり、彼此・是非・善悪などの区別は無意味になるという万物斉同の思想が浮かび上がる。

ただ、何をもって万物斉同とするかは論者によって見解が分かれる。二元論的に、我々の現実世界と別に道の存在を認めて、道の立場から見れば、現実世界の相対的区別は無意味となり、すべては同じ価値をもつことを指すという立場。あるいは、後の朱子学《しゅしがく》で説かれる理《り》のように、道が現実世界のすべてのものにひとしく遍在することを指すという立場。はたまた、一元論的に、我々の現実世界のみを想定して、その視点を高くすることによって目の前の区別が無視できるまでに消滅することを指すという立場など、さまざまな解釈がある。ともあれ、相対的区別の存在をある程度認めるにせよ、そうでないにせよ、いずれの立場であったとしても、儒墨《じゅぼく》の立場に代表されるような甲論乙駁《こうろんおつばく》の議論を超越して、荘子が万物斉同という絶対論的立場から世界を見ようとしていたことは確かである。

荘子の処世術

荘子は、高度な学識をもちながらも、一介の漆畑管理人の立場でその生涯を終えた人である。その処世術が政治の世界における出世主義とは正反対のものだったことはむしろ当然だろう。そして、彼の処世術は、万物斉同の思想を踏んで、人生に起こるさまざまな事象をすべて肯定的に受け入れようとするものになっている。

確かに、人生は山あり谷ありで楽しいことばかりではないことが荘子にもわかっていた。彼自身、「人の生くるや、憂えと倶《とも》に生く」（至楽篇）と述べているところからもそれはうかがえる。しかし、人生を否定的にとらえ、世をすねているだけでは良くないと彼は考えていた。荘子は、長梧子《ちょうごし》なる人物に、聖人は「万物尽《ことごと》く然《しか》りとして、是《ぜ》を以て相《あ》い蘊《つつ》む」（斉物論篇）と語らせて、すべてを是《ぜ》として受け入れようとする。この是とは是非の是ではなく、是非双方を包みこむ是である。また、聖人の処世術を「夭《わか》きを善《よ》しとし、老いを善しとし、始めを善しとし、終わりを善しとす」（大宗師篇）と述べている。普通は誰もが若い方が好ましく、年老いて衰えるのは嫌だけれども、単純にそう言えるのだろうか。若いときにも嫌なことはあり、年老いても好ましいことはある。その好悪も相対的区別だとすれば、それに一喜一憂してとらわれる必要はない。むしろ好は好として、悪は悪として素直に受け入れる方が良いかもしれない。「物と春を為す」（徳充符《とくじゅうふ》篇）とあるように、春のような心で人生のすべてを包みこむとい

横山大観「游刃有余地」（東京国立博物館蔵，Image: TMN Image Archives）

う処世術が荘子の理想であった。

このような荘子の処世術を消極的な因循《いんじゅん》主義と見ることはふさわしくない。むしろ一九世紀のドイツの哲学者ニーチェが人生に起こるすべてに「これが、生きるということだったのか。よし、それならば、もう一度」と応えた運命愛の精神にそれは近い。ニーチェの運命愛のように人生を肯定的に受け入れる精神的強さを荘子も有していたのである。

技を究めて道に至る

荘子にとって、天、すなわち自然に従うことが究極の目標だったから、その精神が処世術に反映されていることは当然である。その自然に従う処世術は、さまざまな技芸や勝負事に特化されて、技を究めてそれぞれの分野における最高の境地に至った達人の説話として『荘子』の中で語られるようになる。その最高の境地は道と称される。たとえば、養生主篇に料理人の丁（庖丁《ほうちょう》）の説話がある。彼の料理ぶりはまことに鮮やかな上に、同じ刀を一九年間使用しても未だに刃こぼれひとつしない。これは「臣の好む所の者は道なり」という庖丁の言葉からもわかるとおり、彼が道を会得しているからである。

このような無心の技ははじめから得られるわけではなく、長年の修練を経てはじめて可能になる。誰でもはじめは無心の状態だけれども、次第に心の中に雑念が湧き出てくる。その雑念は、いわば有心《うしん》である。その有心の状態を克服して無心の境地に達することができれば、その無心ははじめの無心と変わらないように見えても、水準の高い無心、すなわち有心を究めた無心（この無心は、無心にもこだわらない無心である）になる。

『荘子』には、ほかにも地面に落ちている物を拾うようにたやすく蟬をとる男の説話、神業《かみわざ》のように巧みに船を操る渡し守の説話（ともに達生篇《たっせいへん》）など、無心の境地を究めた達人の例が多く見えており、そこに独特の名人芸の世界が展開されている。

荘子の思想の展開

魏晋《ぎしん》時代になると、『荘子』の受容はさまざまな様相を見せはじめる。実際に同じ道家思想（老荘思想）の書として『荘子』が『老子』とともに盛んに議論の題材とされるようになったのはこの時代であり、たとえば、魏《ぎ》の王弼《おうひつ》（字は輔嗣《ほし》。二二六〜二四九）の『老子注』も、『荘子』によって『老子』を解する傾向がある。この時期には『老子』・『荘子』・『周易《しゅうえき》』の学を三玄《さんげん》の学と称して、それらに通じることが教養人の証とされていた。竹林《ちくりん》の七賢《しちけん》で著名な清談《せいだん》がそれである。なかでも竹林の七賢のひとり阮籍《げんせき》（字は嗣宗《しそう》。二一〇〜二六三）は、「達荘論《たっそうろん》」を著して『荘子』に対する讃美の意を示している。

また、魏晋時代は同時に中国に仏教思想が定着した時期でもある。特に東晋《とうしん》時代に仏教思想の理解が進んだと言われており、その導入に力を添えたのは道家思想である。たとえば、道家の「無」の概念で仏教の「空《くう》」を理解するなど、道家思想の術語によって理解された仏教を格義仏教《かくぎぶっきょう》と言う。ことに『荘子』については禅の思想との親近性が指摘できる。たとえば、知北遊《ちほくゆう》篇に見える荘子と東郭子《とうかくし》とのやりとりである。東郭子が「道はどこにあるか」と聞くと荘子は「どこにでもある」と答える。その後、荘子は道が螻《けら》や蟻《あり》にもある、稊《のびえ》や稗《ひえ》にもある、瓦《かわら》や甓《しきがわら》にもある、果ては屎溺《しにょう》（大便や小便）にもあると述べて、東郭子を絶句させてしまう。両者のやりとりは、禅の公案《こうあん》（禅の問答）の内容を彷彿させるものがあり、『無門関《むもんかん》』（禅の公案集のひとつ）に、ある僧が雲門文偃《うんもんぶんえん》に「仏とは何ぞや」と質問して、雲門和尚が「乾屎橛《かんしけつ》（乾いたクソの塊におられるよ）」と答えるのと似た内容である。荘子は、常識はずれのように見える言い方をしつつ、実はそこに事の本質を見出すような方法をとることが多く、それは禅の公案の精神に通じるものがある。このような共通する精神の土壌があったからこそ、禅が中国に広まっていったと考えられる。

4 荘子の名言

常識にとらわれない

知らず　周の夢に胡蝶《こちょう》と為《な》るか、胡蝶の夢に周と為るかを。

不知周之夢爲胡蝶與、胡蝶之夢爲周與。（『荘子』斉物論篇《せいぶつろんへん》）

【訳】いったいわたし荘周が夢の中で胡蝶になったのか、胡蝶が夢の中で荘周になったのか、自分にはわからない。

これは有名な「胡蝶の夢」の一節である。荘子が居眠りをして、自分が胡蝶になってひらひらと楽しく飛び回っている夢を見た。そのときは自分が荘周だという意識はまるでなかった。しかしはっと目覚めると、元のままの自分だった。そのときの荘子の述懐である。

この一節だけを見れば、荘子が夢を見ていることと胡蝶が夢を見ていることとのあいだに区別などなく、ともに自分であることには変わりはないと言っているようであり、荘子の万物斉同《ばんぶつせいどう》の思想を象徴する文章とされている。ただ、注意すべきは、掲出した名言に続く「周と胡蝶とは、則ち必ず分《ぶん》有り。此れを之物化《これぶっか》と謂《い》う」の一節である。ここでは荘周と胡蝶とのあいだにはっきりと区別があると述べた上で、それを物化と言っている。この「分有り」の解釈が論者によって分かれているのである。

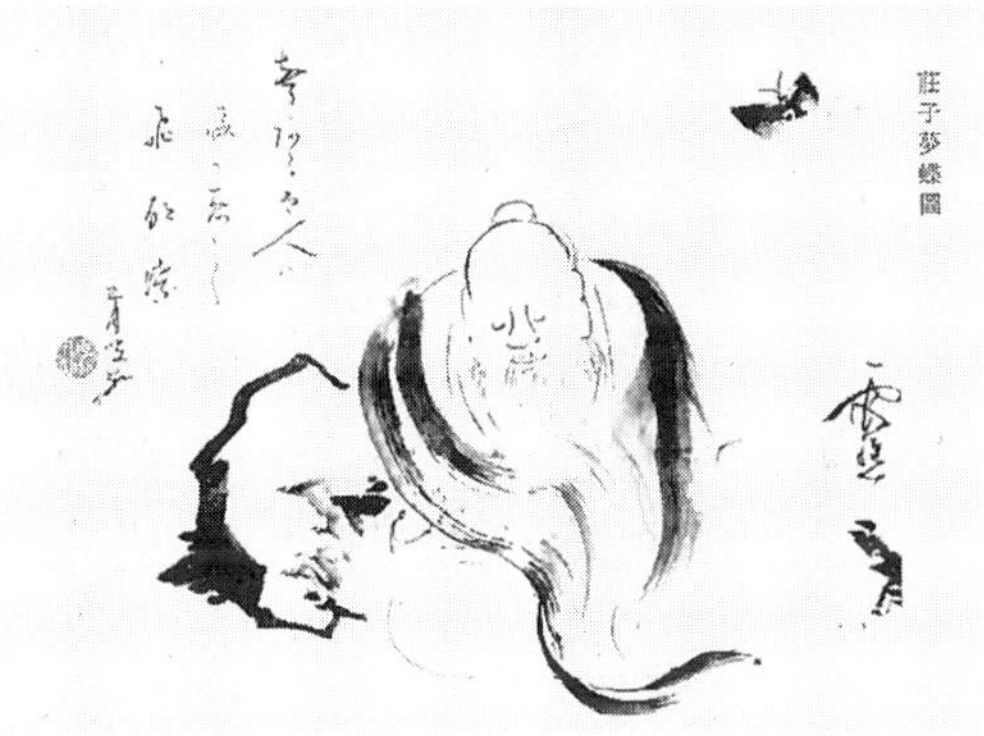

池大雅「荘子夢蝶図」(『池大雅作品集　作品篇』より)

通説では、上述のように荘子が見た胡蝶の夢と現実の荘子との区別は確かにあるのだけれども、大いなる天の立場から見ればともに自分であり、区別なくひとしいとする。すなわち、荘周と胡蝶と、あるいは現実と夢との両者は区別すべきものではなく、ともに斉同なるものだととらえている。これは逍遥遊《しょうようゆう》篇冒頭の大鵬《たいほう》の飛翔説話において、九万里の高さから見おろした大鵬の眼からは、さまざまな相違をもつ地上のものすべてが青一色に見えているに違いないと言われている視点と同じである。

それに対して、郭象《かくしょう》の『荘子注』のように、現実と夢とを区別した上で、それぞれの立場が同一の価値をもつという斉同を主張する解釈も存した。郭象は、現実であるときには現実の世界、夢であるときには夢の世界を謳歌すべきだと考えていたようである。先の大鵬説話の郭象注では、地上近くを飛ぶ蜩《ひぐらし》や小鳩が九万里の高みに飛翔する大鵬をあざ笑う内容の本文に対して、大鵬が偉そうにふるまう必要もなく、小鳥が大鵬をうらやむ必要もない。それぞれの立場の相違はあっても、逍遥するという点は同一なのだと説く。

ただ、いずれの解釈にせよ、世間的な大小・美醜・善悪などの区別にとらわれて一喜一憂している我々自身に対して、常識的な見解にとらわれず、反省を迫ろうとする荘子の見解には傾聴すべき側面があることは確かであろう。

無用によって得られる幸福

人皆《みな》有用の用を知るも、无用《むよう》の用を知ること莫《な》きなり。

人皆知有用之用、而莫知无用之用也。(『荘子』人間世《じんかんせい》篇)

【訳】人はみな有用のものが役に立つことを知っているけれども、無用のものが役に立つことは知らない。

人間世篇の最後に配された文章である。山に生える木は、材木として役立つために伐られてしまい、ともしびの油は、照明として役立つためにみずからを焼きこがしてしまい、肉桂《にっけい》は、食用として役立つために切られてしまい、漆《うるし》は、塗料として役立つために切りさかれる。すべて役立つものだからこそ、その天寿をまっとうすることができなかった。とするならば、天寿をまっとうするには無用であることこそが必要だという論理が成り立つ。このような逆説的論理は荘子の得意とするところである。

人間世篇には、無用だからこそ天寿をまっとうできるという類の説話が多く、その一例は大工の石（匠石《しょうせき》）が斉《せい》で見かけた櫟社《れきしゃ》（櫟《くぬぎ》を神木とした社《やしろ》）の大木の説話である。その内容は、その木で舟を造れば沈んでしまい、棺桶を作れば腐ってしまうという役立たずの木だけれども、だからこそ長寿をまっとうして大木になることができた。それに対して、果実のうまい木は実をもぎ取られ、材木になるような木は人間のために切り倒され、その天寿を遂げられないというものであり、この櫟社の大木こそ無用の用の象徴である。

ところで、人間世篇の説話に見えるような、役に立たないものと役に立つものとではどちらが幸福なのだろうか。現代に生きる我々にしても、自分のいる世界の中での成功を夢見てあくせくと働き、ついには思うとおりにならないことが多いまま、自分を慰めつつその人生を終えてゆく。それに比べれば、周囲から何と言われようと、はじめから泰然《たいぜん》自若《じじゃく》と無用の地位にどっしりと構えて世をわたってゆく方が実は悠々とその生を味わうことができているのではないだろうか。我々はときにこのようにみずからの人生を省みる必要がある。荘子の言う無用の用は、そのことを考えさせてくれる。

なお、『荘子』に見える無用の用には、たとえば、「其《そ》（足）の蹍《ふ》まざる所を恃《たの》みて、而《しか》る後に善《よ》く博《ひろ》きなり」（徐《じょ》无鬼《むき》篇）とあるように、踏む足の幅だけの大地の背後に、足に踏まれない無用に見える広い大地があってはじめて安心して大地を踏みしめることができるというような、有用を有用にするための無用の用も見える。ただ、こちらの無用の用は、有用を補完するための無用、すなわち有用があってこその無用であり、無用それ自体が価値のあるものだという櫟社の大木の無用とはやや性格を異にする。櫟社の大木説話のような無用の用こそ荘子の思想の神髄に近いと言えよう。

自分の運命を引き受ける

至人《しじん》の心を用うるは鏡の若《ごと》し。将《おく》らず迎えず。　　至人之用心若鏡。不将不迎。（『荘子』応帝王《おうていおう》篇）

【訳】至人の心の働きはちょうど鏡のようなものである。去るものは去るに任せ、来るものは来るに任せる。

全文は、「至人の心を用うるは鏡の若《ごと》し。将《おく》らず迎えず、応じて蔵せず。故に能く物に勝《た》えて傷《そこ》なわず（至人之用心若鏡。不将不迎、應而不藏。故能勝物而不傷）」である。至人とは、荘子にとっての理想像である。富貴・禍福・美醜・死生など、人生上に起こるさまざまな相違は相対的なもので、より極端に言えば、ひとしいと言っても過言ではない。これが万物斉同の思想であり、それを処世術に応用すれば、映るものを無心に映す鏡のように、起こった出来事に対する喜怒哀楽のこだわりはなくなり、良いように見えることが起こってもいたずらに喜ぶことなく、逆に悪いように見えることが起こってもいたずらに嘆き悲しむこともない。すべての物に応じつつ、自分の身を傷つけることもないのである。

このような荘子の処世術を「長いものには巻かれろ」式の因循《いんじゅん》主義と見ることも可能である。しかし、むしろみずからの運命を引き受け、さまざまな限界があることを知っているにもかかわらず、人生に積極的に対処しようとするところに彼の本意がある。荘子を自由人ととらえる見解があるけれども、その自由とは何ものにもとらわれないということではなく、人生におけるさまざまな制約の中で自分らしさを発揮するという自由である。掲出した名言は、ドイツの哲学者ニーチェの運命愛のように、人生でどのようなことが起ころうとも肯定的に受け入れようとする荘子の精神的強さをよく表している。

とは言え、人生の理不尽に悩み苦しむ人が多いのも事実であり、その最大の苦しみは何と言っても自分の死を迎えることである。特に、荘子は死生について語ることが多く、死生に対しても「将らず迎えず」の態度を貫こうとする。たとえば、「莫逆《ばくぎゃく》の友」で有名な子祀《しし》・子輿《しよ》・子犂《しり》・子来《しらい》の四人に、「孰《だれ》か死生存亡の一体なるを知る者ぞ。吾《われ》之《これ》と友たらん」と言わせて、そのうちの子来が病を得て死に瀕したときに、子来は、「吾《わ》が生を善《よ》しとする者は、乃ち吾が死を善しとする所以《ゆえん》なり」（以上、大宗師《だいそうし》篇）とうそぶいている。同じく大宗師篇の「古《いにしえ》の真人《しんじん》は、生を説《よろこ》ぶことを知らず、死を悪《にく》むことを知らず」の言葉からも死生をひとしく見る荘子の立場がうかがえる。その死を厭《いと》わないという考えをさらに極端に推し進めれば、一見死の世界への讃美ともとれるような主張へとつながってゆく。実際、『荘子』には髑髏《どくろ》に死の世界讃美を語らせる箇所（至楽《しらく》篇）も見えるけれども、死生をひとしく見る荘子本来の思想からは外れているようである。

平常心を保つことの難しさ

之《これ》を望むに木雞《もっけい》に似たり。其の徳全《まった》し。

望之似木雞矣。其徳全矣。（『荘子』達生《たっせい》篇）

【訳】遠くからこれ（訓練した闘鶏用の鶏）を見ると、まるで木彫りの鶏のようだ。自分の生まれつきもつ能力が完全に発揮できる状態になった。

紀渻子《きせいし》なる人物がある王（一説に斉《せい》の王あるいは周《しゅう》の宣王《せんおう》とされる）のために闘鶏用の鶏を訓練することになった。一〇日経って、王が「もう闘鶏に使えるか」と彼に尋ねても、鶏はむやみに意気ごむばかりとの回答。次に一〇日経っても、まだ相手の声や姿に反応して向かってゆく状態とのこと。次に一〇日経っても、まだ相手をにらみつけて意気盛んな状態だとの返事。さらに一〇日経ってはじめて、もう十分に訓練できたとの答え。そうなると、ほかの鶏が鳴いても、もう動じる気配がなくなり、遠くからこれを見ると、まるで木彫りの鶏のような様子で、ほかの鶏は相手になろうともせず、背を向けて逃げてしまうようになったと言う。つまり、その鶏に力がついて自信が備わるほどに周囲の状況に惑わされなくなり、平常心を保って自分のもつ力をすべて発揮する準備が整う。その雰囲気は自然に周囲に伝わり対戦相手がかえって臆することになり、相手は自分の力を発揮できなくなる。

「技を究めて道に至る」の項で取り上げた無心と木雞の平常心とは同じことである。勝負事に関わるとき、無心や無欲あるいは平常心を保つことが最も必要だと言われる。これは、勝ちたいという意識が強ければ強いほど、平常心を保つことは難しいものである。しかし、無心や平常心を保つことは難しいものである。

ここで言う無心や平常心とは、ただの無心や平常心ではない。実際、勝負事の場合、勝ちたいと思うからこそほかのやりたいことを我慢し、一所懸命に苦しい練習を積んで努力する。木雞の無心とは、勝ちたいと思いつつその欲にとらわれず、自分の力を十分に発揮できるようになってはじめて実現できるものである。つまり、この無心は、勝負に対する雑念を超えたところに現れる「有心《うしん》を究めた無心」の境地である。

勝負に対して一所懸命でなく、勝負へのこだわりのまったくない無心を第一段階とするならば、勝利欲にとらわれて有心の生じた段階が第二段階、その有心を超えて得られた無心（この無心は、有心にも無心にもとらわれない無心である）の境地が第三段階である。第一段階と第三段階とを比較すればともに無心の状態で変わりがないように見えても、その内実は大きく相違する。往年の名横綱双葉山《ふたばやま》が自身の六九連勝を安芸《あき》ノ海《うみ》に止められたときに、「ワレイマダモッケイタリエズ」と友人に連絡したエピソードは有名である。双葉山をもってしても第三段階の水準の高い無心にまで進むのは至難の技だったのである。

言葉は真実をとらえるか

筌《せん》は魚に在る所以《ゆえん》なり。魚を得て筌を忘る。　筌者所以在魚。得魚而忘筌。（『荘子』外物《がいぶつ》篇）

【訳】筌は魚をとるためのものである。したがって、魚をとれば筌のことは忘れてしまう。

全文は、「筌は魚に在る所以なり。魚を得て筌を忘る。蹄《てい》は兎《うさぎ》に在る所以なり。兎を得て蹄を忘る。言は意に在る所以なり。意を得て言を忘る（筌者所以在魚。得魚而忘筌。蹄者所以在兎。得兎而忘蹄。言者所以在意。得意而忘言）」である。筌は魚、蹄は兎をとるためのわなである。言葉も意味する内容をとらえるための道具であるから、その内容がわかれば、言葉も忘れ去られてよい。言葉よりもその意味する内容を重んじる荘子の思想がここからうかがえる。

そもそも、言葉は正確にその意味する内容、すなわち真実在《しんじつざい》をとらえることができるのだろうか。斉物論篇において、言葉は口から出るただの音ではないはずだけれども、不要な是非の対立を生じるだけで、その本来の働きを果たしていないと荘子は述べる。このような言葉に対する不信感は『荘子』の随所に見ることができる。その一例が応帝王《おうていおう》篇末尾の渾沌《こんとん》説話である。そこでは中央の帝たる渾沌が儵《しゅく》と忽《こつ》というほかの帝によってその身体に穴をうがたれ、最後には死んでしまう。この渾沌とはまさに真実在である。荘子にとっては、むしろ「言わざれば斉《ひと》し」（寓言《ぐうげん》篇）、すなわち、言葉を使わなければ、真実在は真実在のままで存在することができて万物も斉同である。しかし、我々が普段何気なく使うような言葉を発すれば、そこに相対的区別が生じ、真実在の生命は失われる。ただ、言葉を使わなければ自分の言いたい内容の意味は伝わらない。そこでやはり言葉が必要になってくる。斉同なる万物を言い表す言葉、言葉を使用しながらも真実在を限定して損なってしまわない言葉はないものだろうか。荘子にとってそのような言葉が卮言《しげん》である。

寓言篇において、荘子はみずからの使用する言葉として寓言・重言《じゅうげん》・卮言をあげている。寓言は他事に託して説いた言葉、重言は古人の言葉にことよせて重みをつけた言葉である。そして、卮言とは、「日に出て、和するに天倪《てんげい》を以てす」るものとされ、日々に言葉を使用しながらもその言葉にとらわれることなく、天倪、すなわち自然の境地にのっとった変幻自在の言葉を指す。荘子は、卮言にしてはじめて言葉がその本来の働きをまっとうできると考えていた。彼は、言葉に対する不信感を表明しながら、結局、根本的に言葉を信じていなかったわけではなく、卮言という言葉を通じて、自己の思想を展開しようとする。その立場は、不立文字《ふりゅうもんじ》（悟りの境地は文字では表現できないという禅の教え）を掲げながら、実際には公案《こうあん》（禅の問答）に明け暮れていた禅と同じである。ここに荘子と禅との共通する側面をうかがうことができよう。

にじみ出る心情こそ真である

眞悲无聲而哀。（『荘子』漁父《ぎょほ》篇）

真《しん》の悲しみは声无《な》くして哀し。

【訳】真の悲しみは声を出さなくても悲しみが伝わるものである。

漁父篇は、道の体得者として登場する漁師の老人とその教えを請う孔子とのあいだの会話を中心に構成されている。掲出した名言は、漁師の老人と孔子との会話の中で、漁師が答える言葉の一部で、全文は、「真の悲しみは声无くして哀しく、真の怒りは未だ発せずして威《い》あり、真の親しみは未だ笑わずして和す。真内に在る者は、神《しん》外に動く。是れ真を貴ぶ所以《ゆえん》なり（眞悲无聲而哀、眞怒未發而威、眞親未笑而和。眞在内者、神動於外。是所以貴眞也）」である。掲出部分以外を訳せば、真の怒りは怒気を表に出していなくても人を恐れさせるものである。真の親しみは笑顔を見せなくても人を和ませるものである。真がその内にある者は、霊妙な働きが外側に表れるものである。これが真をとうとぶ理由だ、となる。ここでは、人の心情は表面的な形式に表れるのではなく、むしろその形式を超越するところににじみ出ることを述べている。

道家にとって、儒家の形式主義は恰好の批判の対象だった。たとえば、外物《がいぶつ》篇に親分の儒者と子分の儒者とが詩の文句をうたったり、礼に従いながら墓を掘って盗みを働く様子が描写されている。この儒者らがどれほど表面的に儀礼に従っていたとしても、その実践が盗掘だったとすれば、何をか言わんやであろう。

このように形式よりも心情を重んじる思想は、通説では、荘子後学に至って道家思想本来の立場から儒家思想に接近して以降の立場だとも評される。確かに心情重視の姿勢は、孔子以来の儒家思想に近い。たとえば、『論語』陽貨《ようか》篇に、「礼と云《い》い、礼と云う。玉帛《ぎょくはく》を云わんや」とある。みずからの敬意を示すための道具として玉やそれを包む絹布があっても、礼においては、そのような形式よりも敬意という心情の方が重要だという孔子の主張である。このような心情重視の姿勢が孔子本来の思想的立場だったとすれば、心情重視から形式重視に流れていった孔子後学の姿勢に対して、もし孔子が生きていてその様子を目の当たりにすれば厳しく批判したかもしれない。つまり、ここに孔子自身の立場と孔子後学たる儒家の立場とのあいだにずれが生じているのである。

荘子後学から見て形式主義に流れる儒家を批判する眼は、実は孔子から見て自分自身の後学たる儒家を批判する眼と重なる。したがって、この漁父篇では孔子が漁師の老人に教えを請う形だけれども、実は漁師は孔子自身かもしれない。この説話は、道家的な思想が徐々に儒家的な色合いを帯びるようになったとも解釈できようし、また、孔子のころの儒家本来の精神が漁父篇の内容に受け継がれているという見解も成り立ちうるだろう。

参考文献

【一般的・入門的文献】

①　福永光司『荘子――古代中国の実存主義』（中公新書、一九六四年）
＊ヨーロッパの実存主義と同じく人間の個別的主体的自由を追究する哲学者として荘子をとらえ、その思想を読み解いている。著者自身の『荘子』に対する思い入れも熱く語られており、『荘子』の入門書として恰好の書。

②福永光司『荘子　内篇』（朝日新聞社・中国古典選、一九六六年、のち二〇一一年、講談社学術文庫所収）

＊数ある『荘子』の訳注書の中で、自由な訓《よ》み方による書き下し文や詳細な注釈など、独自の特徴をもつ。著者は荘子を「中国民族の生んだ鬼才」と称し、『荘子』の文章に体当たりで挑んでいる。著者の外篇・雑篇の訳注も必読。

③森三樹三郎『老子・荘子』（講談社、一九七八年、のち一九九四年、講談社学術文庫所収）

＊『老子』・『荘子』について、それぞれの思想・生涯・書の成立・訳文と解説、さらには老荘思想のその後の展開まで視野に入れ、老荘思想全般にわたる内容を懇切に解説した書。特に老荘思想と仏教との関係を詳細に論じている。

④白川静『孔子伝』（中央公論社、一九七二年、のち二〇〇三年、中公文庫ＢＩＢＬＩＯ所収）

＊中国古代文字学に造詣が深い著者による孔子の伝記。孔子を宗教儀礼担当の卑賤な階層出身と喝破し、それまでの聖人孔子像を打ち砕いた書としても著名だけれども、荘子を孔子晩年の思想の継承者と位置づける見解も独自であり、従来の荘子像に一石を投じている。

⑤加地伸行編『老荘思想を学ぶ人のために』（世界思想社、一九九七年）

＊老荘の人と書物・老荘思想の歴史・出土資料と老荘思想研究などの項目ごとの老荘思想概論に加え、老荘思想と儒教・道教・仏教との比較研究を分担執筆によって解説した入門書。重要語解説や文献案内も充実している。

【専門的文献】

①武内義雄『武内義雄全集』第六巻、諸子篇一（角川書店、一九七八年）

＊文献学者として著名な著者による諸子思想研究のうち、『老子と荘子』や「荘子攷」など、道家思想に関わる研究を中心に集めた書。著者の厳密な実証的研究は、中国思想史研究の方法論を会得する上でも大いに参考になる。

②大濱晧『荘子の哲学』（勁草書房、一九六六年）

＊『荘子』をロゴスとパトスの交錯した美しい渾沌と評し、分析を拒否する生きた芸術作品ととらえながらも、生動する思想を殺すことなく、斉物論を基幹とする『荘子』の思想体系をたてようとする。荘子の創造性を高く評価する著者の思いが伝わる好著。

③赤塚忠『諸子思想研究　赤塚忠著作集』第四巻（研文社、一九八七年）

＊『全釈漢文大系　荘子』（集英社）の訳注者による、道家思想を中心とした諸子思想研究を集成した書。道家思想の発生から展開に至る著者の分析は、必ずしも通説に従わない創見も多いけれども、著者の明晰な解釈は説得力をもつ。

④池田知久『道家思想の新研究――『荘子』を中心として』（汲古書院、二〇〇九年）

＊『荘子』を中心に、歴史性に配慮しつつ、中国古代の道家思想史上に現れたさまざまな側面の体系的総合的解明を通じて、時代を越えた道家思想の真実の姿を明らかにしようとする。著者の道家思想研究の集大成とも言える大著。

⑤中島隆博『書物誕生　あたらしい古典入門　『荘子』――鶏となって時を告げよ』（岩波書店、二〇〇九年）

＊『荘子』の思想を言語思想や他者論など五つの観点から分析した『荘子』研究の書。特に、物化に関する見解は興味深い。日本や中国の『荘子』研究だけでなく、欧米の『荘子』研究の動向も取り上げている点は斬新である。

▼コラム　日本における『荘子』の受容

日本において、はじめて道家思想（老荘思想）が受け入れられた時期はよくわからないけれども、日本ではじめて編まれた漢詩文集『懐風藻《かいふうそう》』の越智広江《おちのひろえ》の詩に「荘老我が好む所……」と見えたり、『万葉集』巻一六に「むかうのさと」（逍遙遊《しょうようゆう》篇の「無何有の郷」を踏む）の語が見えたりしていることから、奈良時代にはすでに『荘子』が読まれるようになっていたらしい。その後も鎌倉時代の吉田《よしだ》兼好《けんこう》『徒然草《つれづれぐさ》』第一三段に「文は文選《もんぜん》のあはれなる巻々、白氏文集《はくしもんじゅう》、老子のことば、南華《なんげ》の篇（『荘子』）」とあったり、室町時代の五山《ござん》の禅僧のあいだで郭象《かくしょう》注の『荘子』が読まれたりしており、継続的に『荘子』が読まれていたことがわかる。ただ、『荘子』思想の理解はまだ深くなかったようである。

『荘子』読解の様相がある程度詳細に明らかになるのは、江戸時代以降である。俳諧《はいかい》の世界では松尾芭蕉《まつおばしょう》が有名で、彼の『笈《おい》の小文《こぶみ》』冒頭には、「風雅におけるもの、造化《ぞうか》にしたがひて四時を友とす」「造化にしたがひ、造化にかへれとなり」と大宗師《だいそうし》篇に見える「造化」の語を使用している。芭蕉の場合、その思想自体にも禅とともに『荘子』が大いに影響を与えていると言われている。

江戸時代の学術界では、多くの儒者が『荘子』研究を進めた。たとえば、荻生徂徠《おぎゅうそらい》の蘐園《けんえん》学派では、古文辞《こぶんじ》研究の一環として、儒教の経書だけでなく『老子』や『荘子』などの道家の文献も研究対象になっている。江戸時代初期の老荘学の特徴として、『老子』は政治への関心があり儒教の精神と一致する点があるとされてまだ尊重されるのに対して、『荘子』は寓言虚誕の書として排斥される傾向が強かったとされる。徂徠にしても、「老荘は一なりと謂《い》う者は、非なり」(『蘐園七筆』)と述べており、老荘は区別される傾向にあった。ただ、徂徠の弟子の太宰春台《だざいしゅんだい》らは『荘子』の寓言に一定の意義を認め、通俗的教訓を主意とする談義本《だんぎぼん》に『荘子』が用いられる道を開いた。

蘐園学派のほかにも、江戸期の儒者には多くの『荘子』に関係する著述があり、尾張《おわり》の宇津木昆台《うつぎこんだい》『解荘《かいそう》』、大坂の中井履軒《なかいりけん》『荘子雕題《そうじちょうだい》』、豊後《ぶんご》の帆足万里《ほあしばんり》『荘子解《そうじかい》』などが著名である。ただ、中井履軒『荘子雕題』にしても、『荘子』を読むときは『荘子』をもって解すべきだと独自の見解を示しつつも、なお文中に見える「聖人」の語を儒教的な意味の聖人に解するなど、今日の学術的研究とは相違した立場である。

江戸時代の文芸の世界では、『荘子』や『老子』の名前を冠した一連の談義本がある。それは佚斎樗山《いっさいちょざん》著『田舎荘子《いなかそうじ》』にはじまる。『田舎荘子』は「雀蝶変化《じゃくちょうのへんか》」「木兎自得《もくとのじとく》」など、動物や植物の会話などを通して、封建体制の中でみずからの身分や地位をわきまえるべきだという安分思想にもとづいた教訓的内容を説いている。したがって、いったん現実世界の枠組みを肯定した上で、さらにそれを超越しようとする『荘子』本来の思想の理解にまでは十分に至っておらず、いわゆる道家思想の儒教的解釈に止まっている。そのような意味で、学術的なものにせよ、文芸的なものにせよ、江戸時代の『荘子』理解は、まだ道半ばであった。

明治以降、江戸時代の注釈の流れを継ぐ岡松甕谷《おかまつおうこく》『荘子考《そうじこう》』や新たに全体的に和文の注釈を施した牧野謙次郎《まきのけんじろう》『荘子国字解《そうじこくじかい》』などの研究が見えるけれども、新興の西洋哲学の方法論を用いた『荘子』研究も見られるようになってきた。なかでも前田利鎌《まえだとかま》「荘子」(『宗教的人間《しゅうきょうてきにんげん》』所収)が出色である。彼は西洋哲学の素養を核として、みずからの参禅経験も踏みつつ、『荘子』全篇の眼目を体験重視ととらえてその思想を解説する。その「荘子」に対する認識論的分析は現在でも一読に値する。その後、武内義雄《たけうちよしお》や津田左右吉《つだそうきち》らの道家思想研究が出て、今日に続く学術的研究への道が開かれるようになった。

第五章　韓非子――法家思想の大成者

金城未来

現実に見合った対処をせよ

因《よ》りて其の耒《らい》を釈《す》てて株を守り、復た兎を得んことを冀《こいねが》う。

因釋其耒而守株、冀復得兔。（五蠹篇）

【訳】そこで、たまたま切り株にぶつかった兎を得た者は、鋤《すき》を捨てて切り株を見守り、再び兎が得られることを切望した。

韓非子（『中国古代著名哲学家評伝』より）

1 韓非子の生涯

「人主の患《うれ》いは人を信ずるに在り。人を信ずれば則ち人に制《せい》せらる」（『韓非子』備内篇《びないへん》）。これは、法家の大成者として知られる韓非子《かんぴし》の言葉である。人を信じようなどという軟弱な考えを持てば、逆に他人に制御されることになる。そこには、韓非子の鋭い人間観察と時世への強い危機感とが見受けられる。

韓非子の生きた時代

このような鬼気迫る言葉を残した韓非子《かんぴし》（前二八〇?～前二三三）は、戦国時代末期に活動した思想家である。はじめ「韓子《かんし》」と称されていたが、後に唐代の学者・韓愈《かんゆ》（七六八～八二四）が「韓子」と呼ばれるようになると、それと区別するために「韓非子」と通称された。

周王朝が全土を安定的に統治していた時代とは異なり、韓非子の生きた戦国時代は、相継ぐ戦乱の時世であった。『史記』には、韓非子について、韓の末流《まつりゅう》の公子と記されている。韓は、もともと春秋五覇の一人である文公《ぶんこう》（在位前六三六～六二八）の治めた晋《しん》国の卿《けい》（貴族）であったが、紀元前四五三年に趙《ちょう》・魏《ぎ》とともに晋を滅ぼして自立した。これより後、力を持った諸侯が乱立し跋扈《ばっこ》する戦国の世が始まるのである。『韓非子』亡徴《ぼうちょう》篇には、「凡そ人主の国小にして家大に、権軽くして臣重き者は、亡《ほろ》ぶべきなり。……大心にして悔ゆること無く、国乱るれども自ら多とし、境内の資を料《はか》らずして、其の鄰敵を易《あなど》る者は、亡《ほろ》ぶべきなり。……」と、国家滅亡の兆候が箇条書き形式で列挙されている。韓非子はこのように、いつ自国が他国に滅ぼされるかもしれない緊張感の中、激動の時代を生きたのである。

また、韓には地理的な問題もあった。『韓非子』存韓《そんかん》篇に「夫《そ》れ韓は小国なり。而《しか》も以て天下の四撃《しげき》に応じ、主

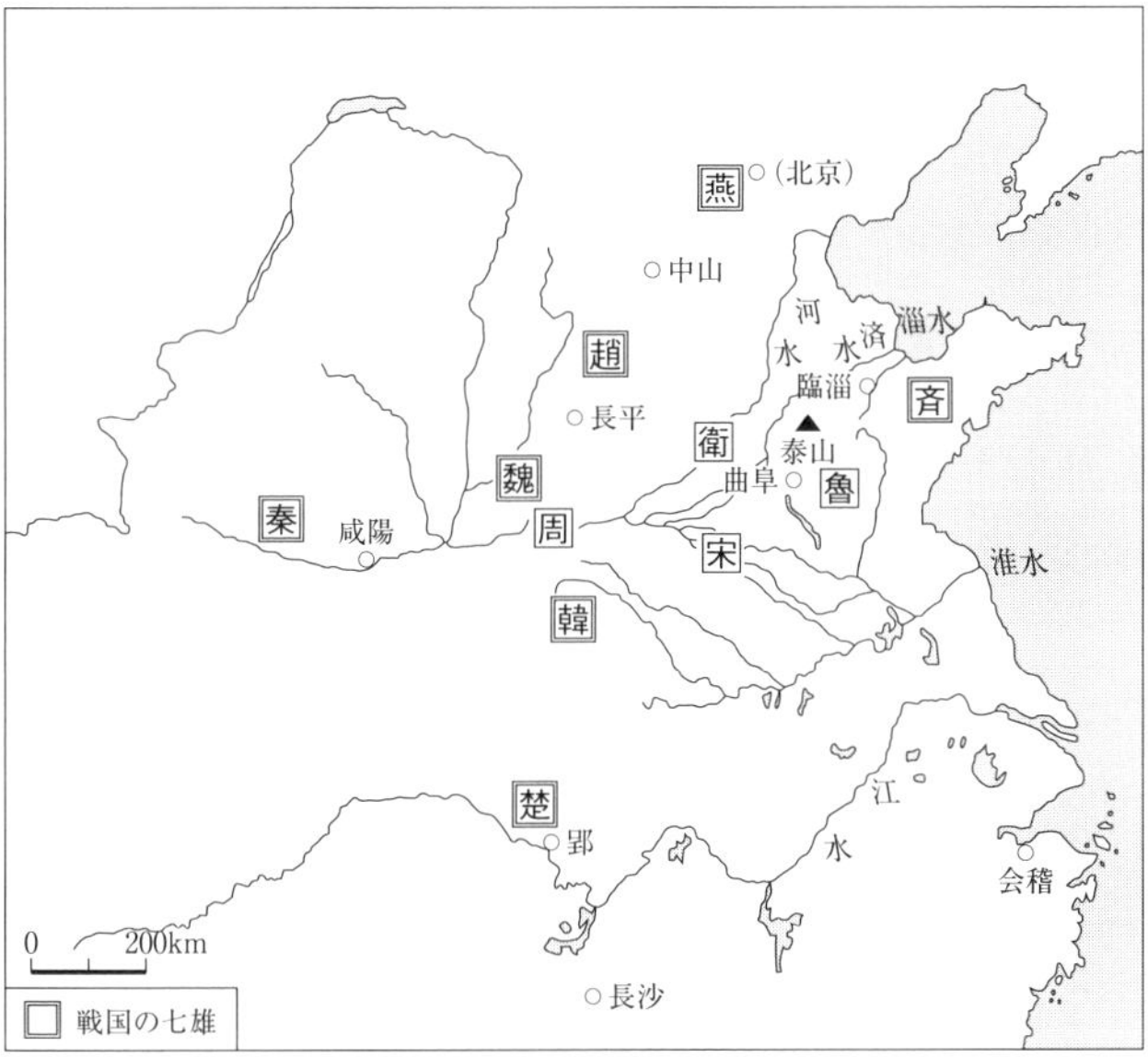

戦国時代の中国

は辱《はずかし》められ臣は苦しみ、上下相《あ》い与《とも》に憂《うれ》いを同じくすること久し」とある。「四撃」とは「四方からの攻撃」の意であり、具体的には近隣の秦《しん》・楚《そ》・趙《ちょう》・魏《ぎ》の進撃を指す。韓は小国でありながらも、四方の国々からの攻撃に対応した。そのため君主は恥辱を受け、臣下は辛苦したのである。この文から、韓の君臣が、他国の圧力や攻撃を長期にわたり憂慮していた状況をうかがうことができるだろう。

韓非子は、下剋上《げこくじょう》の風潮《ふうちょう》が高まる不安定な時代、しかも秦や楚といった大国に立ち向かわねばならぬ小国に生まれた。それゆえ、強固な統治体制の確立を目指し、己の信ずる厳しい法治主義を唱えたのである。

『史記』に見える韓非子

韓非子についての主な記録は、『史記《しき》』老子韓非列《ろうしかんぴれつ》伝《でん》に見える。『史記』によれば、韓非子は「刑名法《けいめいほう》術《じゅつ》」の学を好み、その学説は黄老《こうろう》思想（黄帝と老子を冠した思想。道家思想に法家思想を融合したもの）にもとづいていたという。「刑名」とは「形名」とも書き、臣下の発言（名）と実際の行動（刑）とが一致するか

始皇帝（『三才図会』より）

否かを見極め、一致すれば賞し、異なれば罰するという考え方である（刑名参同《けいめいさんどう》ともいう）。「法術」とは、法律で国を治める方法を指す。名実《めいじつ》が正しく合致しているかを厳格に法に照らして審議するという韓非子の思想が、そもそも黄老思想にもとづいていたと考えられていたことには、注意を要する（本章第二節参照）。

また『史記』には、韓非子がもともと吃音《きつおん》（言語障害の一種）であり、流暢《りゅうちょう》に話すことができなかったとある。しかし、その一方で文才に恵まれ、荀子《じゅんし》（第Ⅱ部参照）のもとでともに学んだとされる李斯《りし》（？～前二〇八）にも一目置かれる存在であったと語られている。

祖国韓の衰退を憂えた韓非子は、たびたび書物を著《あらわ》したが、韓王がそれを用いることはなかった。ところが、韓非子の孤憤《こふん》篇・五蠹《ごと》篇を目にした秦王（後の始皇帝《しこうてい》）は、その書に感銘を受け、韓非子を韓から呼び寄せた。始皇帝は「この人を見、この人とつきあうことができたならば、たとえ死んでも悔いはない」とまで称讃したという。

しかし、秦の宰相となった李斯と秦の臣下の姚賈《ようか》が韓非子の才能を妬み、始皇帝に彼を殺すよう讒言《ざんげん》した。始皇帝は李斯らの考えに従い、役人に韓非子を取り調べさせた。そこで、李斯は人づてに毒薬を送り、韓非子を自殺に追い込んだのである。始皇帝は、後になって韓非子を殺すのが惜しくなり、彼を許そうと考えたが、韓非子はすでに非業《ひごう》の死を遂げていた。

2 韓非子の思想——統一帝国秦への影響

法・術・勢

それでは、秦の始皇帝を感嘆させた韓非子の思想とは一体どのようなものであったのか。まず『韓非子』姦劫《かんきょう》弑臣《ししん》篇にある、「法」に関するエピソードを見てみよう。

古《いにし》えの秦の俗は、群臣 法を廃して私《わたくし》に服《つ》く。是《ここ》を以て国乱れ兵弱くして主卑《いや》し。商君 秦の孝公に説くに法を変じ俗を易《か》え、而して公道を明らかにし、姦を告ぐるを賞し、末作《まっさく》を困《くる》しめて本事を利するを以てす。

昔の秦の習俗としては、群臣は法を無視して身勝手に振る舞っていた。そのため、国は乱れ、兵力は弱まり、君主の地位も低かった。商君は秦の孝公に説き、法律を変え、習慣を見直し、そうして公正な道理を明らかにして、悪事を告げるものを賞し、商工業を規制し、農業を奨励するように勧めた。

ここでいう「商君」とは、戦国時代中期の秦の孝公に仕えた商鞅《しょうおう》（第Ⅱ部参照）のことを指す。秦では、はじめ法を犯しても許され、特に功績がなくとも重用されるという認識があった。しかし、商鞅は法を犯す者には徹底して罰を与え、悪事を告げる者には賞を厚くした（「商鞅《しょうおう》変法《へんぽう》」）。韓非子はこれを「至治《しち》の法術 已《すで》に明らかなり（最上の統治手段である法術は、すでに明白である）」（姦劫弑臣篇）と評している。ここから、韓非子が商鞅の法を重視し、統治の根底に厳格な法治制度を据えていたことがうかがえるだろう。

また、定法《ていほう》篇には次のようにある。

今、申不害《しんふがい》は術《じゅつ》を言い、而して公孫鞅《こうそんおう》は法を為す。術は、任に因りて官を授け、名に循《したが》いて実を責め、殺生の柄を操りて、群臣の能を課する者なり。此れ人主の執る所なり。法は、憲令 官府に著《あらわ》し、刑罰 民心に必《ひっ》し、賞は法を慎しむに存して、而して罰は令を姦《おか》すに加うる者なり。此れ臣の師とする所なり。君 術無ければ則ち上《かみ》に弊《おお》われ、臣 法無ければ則ち下《しも》に乱れん。此れ一も無かるべからず、皆 帝王の具なり。

今、申不害《しんふがい》は術を説き、公孫鞅《こうそんおう》は法を論じた。術とは、役目や仕事に応じて君主が臣下に官職を授け、臣下の発言に従ってその実際の働きを見きわめ、賞罰の権限を使って、群臣の能力をはかるものである。これは君主の握るべきものである。法とは、法令が役所に明瞭にされ、刑罰が民心に必ず正しく行われると認識されることで、賞とは法を慎み深く守る者に与え、罰とは命令を犯す者に加えるものである。これは臣下が手本とするものである。君主は術がなければ、上にいて一人耳目を覆われ、臣下は法がなければ、下に混乱するだろう。これらはどちらもなくてはならぬものであり、みな帝王に不可欠な道具である。

申不害は紀元前四世紀に韓で活躍した思想家であり、公孫鞅とは先述した商鞅の意である。ここでは、「法」に加え「術」の重要性が説かれている。法は臣下にとって模範となるものであり、術は君主が群臣を統治するために必須の手段である。そのため韓非子は、「法」や「術」を、帝王に欠かすことのできない大切な道具と位置づけたのである。

さらに、韓非子は統治者にとって、もう一つ重要なものがあると主張する。それは戦国中期頃、斉に活動した慎《しん》到《とう》（第Ⅱ部参照）の唱えた「勢《せい》」である。

世の治者は中《ちゅう》に絶えず。吾《わ》れ勢を言うを為す所以の者は、中なり。中とは、上は堯《ぎょう》・舜《しゅん》に及ばずして、下は亦た桀《けつ》・紂《ちゅう》為《た》らず。法を抱き勢に処《お》らば則ち治まり、法に背《そむ》き勢を去らば則ち乱る。（『韓非子』難勢《なんせい》篇）

世の統治者は、中程度の者が続いている。私が勢について語ろうというのは、この中に位置する君主についてである。中とは上は聖人である堯《ぎょう》・舜《しゅん》には及ばず、下は暗愚の王とされる桀《けつ》・紂《ちゅう》ほどではない者のことである。（このような中程度の君主でも）法を遵守《じゅんしゅ》して権勢《けんせい》の位におれば国家を統治でき、法に背いて権勢の位を去るならば国家は乱れるのである。

ここでは、統治者を堯や舜のような聖王ではなく、また桀や紂のような暴虐な王でもない、世の中に数多く存在する平凡な人物と仮定している。韓非子は、聖王や暴虐な王の存在が稀なことを知っていた。そのため、そのような千年に一度現れるか否かという稀有な存在を前提とし、聖王の技量や徳によって国家を治めるのではなく、人々のいかなる言動をも禁じることのできる王の勢（権勢）によって統治する必要性を説いたのである。

このように韓非子の思想の中心には、法・術・勢があった。彼は、法の明示・施行と術を使った臣下の統制、王位の権勢を十分に活用して、王自らが孤高の存在となり国家を運営する「帝王の統治論」を主張したのである。

君主のあり方

では、統治者である君主は、具体的にいかなる態度で振る舞い、臣下に接すれば良いと考えられていたのであろうか。それは儒家のように先王を称《たた》えて仁や義を重んずるのではなく、ひたすら法を重視し、臣下をうまく操るという方法をとる必要があった。荀子《じゅんし》の性悪説《せいあくせつ》を受けた韓非子は、人の本性を利己《りこ》的なものと考えた。そのため、二柄《にへい》篇には君主の重要な統治法について「人臣為《た》る者は、誅罰《ちゅうばつ》を畏《おそ》れて慶賞を利す。故に人主は自ら其の刑・徳を用いれば、則ち群臣其の威を畏れて其の利に帰す（人臣はみな刑罰を畏れて褒賞を喜ぶ。そのため人主が自身でその刑罰や恩賞を与える権限を用いれば、群臣はその刑罰の威力を恐れ、その褒賞の利益へと向かう）」と説かれている。ともすれば利益の追求に走りがちな群臣に対し、王が賞罰の権限をしっかり握り統制することにより、群臣は王を畏れ、また王に気に入られようと王を重んずるようになる。賞罰の権限は、決して臣下に譲り渡してはいけないものなのである。

また、内儲説上《ないちょぜいじょう》篇には、君主の心得ておかねばならない臣下の統制法「七術《しちじゅつ》」が挙げられている。そこには、群臣の言動を逐一《ちくいち》観察し、言行一致を確認したり、罪する者は必ず罰し、功績のある者には必ず恩賞を与え、さらに意図的に臣下を惑わすような命令を出したり、知っていることについて、知らないふりをして問いかけるなど、群臣統治に関するさまざまな術策が示されている。

このような韓非子の思想は、商鞅変法《しょうおうへんぽう》を断行し、富国強兵を推進していた秦に、大きな影響を与えた。また韓非子の思想が、法に加え、術や勢の理論を含んでいたことも重要であった。なぜなら、法と術・勢とを併用することにより、君主の力がより増大することは明白であり、ここに秦は自国がさらに強大となる道を見出したと考えられるからである。そこで、始皇帝は韓非子の思想に感嘆し、彼に面会したいと考えたのであろう。

しかし、秦帝国はその後、わずか一五年で滅亡した。そして、漢代に入ると次第にその国策の中心は、法治から儒教の徳治へと移っていった。けれども、決して法による規制が廃されたわけではない。徳治による規制だけでは、やはり国は正常に機能しないのである。漢代以降も、表面上は儒教による徳治を掲げながら、その裏では時代に即した法律による統制が行われてきた。法は今日に至るまで国家統治の重要な規範として受け継がれているのである。

『老子』と『韓非子』

『韓非子』の中には、老子《ろうし》（第Ⅰ部第三章参照）に関わる主道《しゅどう》・揚権《ようけん》・解老《かいろう》・喩老《ゆろう》の四篇が含まれている。これは、韓非子の思想が「黄老思想《こうろうしそう》にもとづく」（『史記《しき》』老子韓非《ろうしかんぴ》列伝）と評されたことと関連するものと思われる。しかし実際には、これらの篇は後代に付加された内容ではないかと長年にわたり多くの研究者から指摘されてきた。なぜなら、秦が短命に亡んだ後、漢が天下を統一した当初は、秦代に行われていた厳しい法制統治の反動で、黄老思想が流行していた。そのため、『韓非子』などの法家の書も黄老思想の影響を受け、後人により少しずつその内容が取り入れられた結果、これら四篇が成立したと考えられたためである。

ところが、一九七三年、中国の湖南省《こなんしょう》長沙市《ちょうさし》の馬王堆漢墓《まおうたいかんぼ》から出土した帛書《はくしょ》（絹に書かれた文献）には、『老子』と同時に、これまでその存在すら知られていなかった『経法《けいほう》』『十六経《じゅうろっけい》』『称《しょう》』『道原《どうげん》』という黄帝書《こうていしょ》に関わる文献が含まれていた（『黄帝四経《こうていしけい》』）。漢墓は前漢初期のものと推定されており、その使用された文字や内容から、帛書に記された文献は秦以前に成立していたことが、ほぼ確定的となっている。

中でも、『経法』道法《どうほう》篇の冒頭には「道は法を生《しょう》ず」とあり、道家と法家の思想を兼ね備えた観念を有する。このことにより、『韓非子』に見える四篇も、韓非子の生きた戦国末期に、『黄帝四経』のような文献との影響関係の中で生まれ、発展した可能性が考えられるようになったのである。

それでは、『韓非子』と『老子』が結びつけられたのは一体なぜか。それは、一つには、『韓非子』解老篇中に道家思想の重要概念である「道」を詳説する箇所が見受けられること、また一つには、主道篇・揚権篇中に、韓非子の形名参同の術が老子の「道」と関連づけられて説かれていることによると考えられる。『韓非子』の主道篇には「形名参同せば、君は乃ち事無く、之を其の情に帰す」とある。これは、臣下の発言とその後の実績を対照すれば、君主は何も行わなくとも臣下を統制できるという意であり、『老子』の「道は常に無為にして、而《しか》も為さざる無し」（第三十七章）と類似する思考であると言える。この類似点こそが、『韓非子』と『老子』とを結びつけた要因であろう。

なお、「術」や「勢」で韓非子に影響を与えた申不害《しんふがい》や慎到《しんとう》も、黄老思想を有していたとされている。このように、さまざまな思想家が多くの論説を繰り広げた戦国期において、韓非子はそれらの学説を取り入れつつ、法家の思想を集大成したのである。

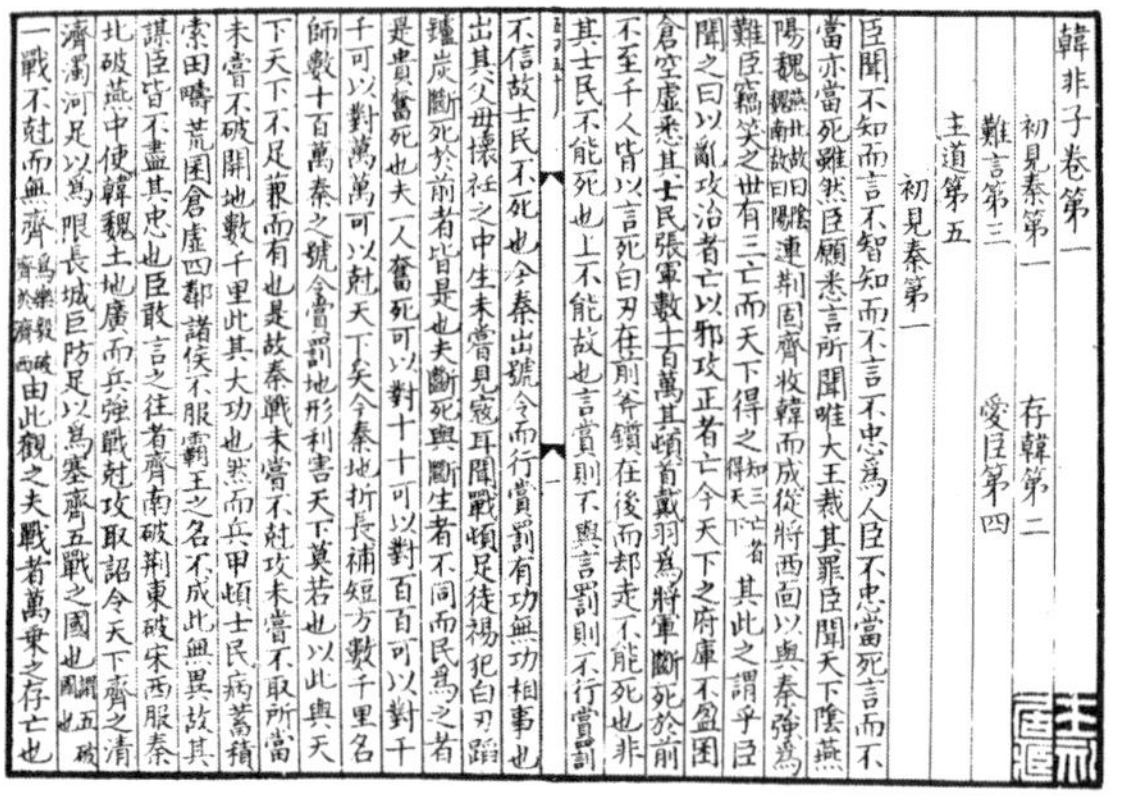
韓非子卷第一
初見秦第一　存韓第二
難言第三　愛臣第四
主道第五
初見秦第一
臣聞不知而言不智知而不言不忠爲人臣不忠當死言而不
當亦當死雖然臣願悉言所聞唯大王裁其罪臣聞天下陰燕
陽魏燕北故曰陰魏南故曰陽連荊固齊收韓而成從將西面以與秦強爲
難臣竊笑之世有三亡而天下得之知三亡者得天下其此之謂乎臣
聞之曰以亂攻治者亡以邪攻正者亡今天下之府庫不盈囷
倉空虛悉其士民張軍數十百萬其頓首戴羽爲將軍斷死於前
不至千人皆以言死白刃在前斧鑕在後而却走不能死也非
其士民不能死也上不能故也言賞則不與言罰則不行賞罰
不信故士民不死也今秦出號令而行賞罰有功無功相事也
出其父母懷衽之中生未嘗見寇耳聞戰頓足徒裼犯白刃蹈
鑪炭斷死於前者皆是也夫斷死與斷生者不同而民爲之者
是貴奮死也夫一人奮死可以對十十可以對百百可以對千
千可以對萬萬可以尅天下矣今秦地折長補短方數千里名
師數十百萬秦之號令賞罰地形利害天下莫若也以此與天
下天下不足兼而有也是故秦戰未嘗不尅攻未嘗不取所當
未嘗不破開地數千里此其大功也然而兵甲頓士民病蓄積
索田疇荒囷倉虛四鄰諸侯不服霸王之名不成此無異故其
謀臣皆不盡其忠也臣敢言之往者齊南破荊東破宋西服秦
北破燕中使韓魏土地廣而兵強戰尅攻取詔令天下齊之清
濟濁河足以爲限長城巨防足以爲塞齊五戰之國也
一戰不尅而無齊爲樂毅破齊於濟西由此觀之夫戰者萬乘之存亡也

『韓非子』テキスト（四部叢刊）

3　法家集大成の書『韓非子』

構成と内容

『史記《しき》』老子韓非列伝《ろうしかんぴれつでん》によれば、韓非子は「孤憤《こふん》・五蠹《ごと》・内外儲《ないがいちょ》・説林《ぜいりん》・説難《ぜいなん》、十余万言を作」ったとされている。また、後漢・班固《はんこ》（三二～九二）の作成した現存最古の図書目録『漢書《かんじょ》』芸文志《げいもんし》には、法家の欄に「『韓子』五十五篇」とある。『漢書』芸文志は、前漢末に活動した劉向《りゅうきょう》・劉歆《りゅうきん》父子の『別録《べつろく》』や『七略《しちりゃく》』をもとに編まれた目録であるため、少なくとも前漢末には韓非子の著作物と考えられた文献が、ほぼ現在と同じ篇数（五五篇）で存在していたことになる。

ただし、これらすべてが韓非子の手になるものであったかと言えば、そこには疑問が残る。なぜなら、冒頭の初見秦《しょけんしん》篇は、ほぼすべて『戦《せん》国策《ごくさく》』（戦国の游子《ゆうし》が諸国に遊説《ゆうぜい》した策謀の辞を国別に集めた文献）秦一《しんいち》篇に縦横家《しょうおうか》（戦国時代に、外交政策を説いた諸子百家の一つ）である張儀《ちょうぎ》の話として見える内容と同一であり、さらにそこには、秦が韓非子の祖国韓を亡ぼし、天下統一することを容認する内容が述べられているからである。これは続く『韓非子』存韓《そんかん》篇と相反する内容であると考えられる。おそらく、初見秦篇は韓非子自身を話中に登場させて、その立場を述べる序章のような位置づけであったのではなかろうか。実際、商鞅《しょうおう》の著とされる『商君書《しょうくんしょ》』も、冒頭に商鞅の伝記を掲げる体裁をとっている。『韓非子』が五五篇という大部な書に編纂され、さらにそれがそのまま現代にまで受け継がれていることを考えれば、やはりそこには後学の存在を想定せざるを得ないであろう。

その他、『韓非子』にはその思想の中心をなすと考えられる能力主義や刑名参同《けいめいさんどう》・信賞必罰《しんしょうひつばつ》などを主張し、儒家・墨家の学説を批判した五蠹《ごと》篇や顕学《けんがく》篇などがあり、これらは韓非子の自著である可能性が高いとされている。また、『韓非子』には、多くの故事や伝説を示し、彼の思想を敷衍《ふえん》して解説する説林《ぜいりん》篇や内儲説《ないちょぜい》篇・外儲説《がいちょぜい》篇なども含まれており、後代における研究者からは、その文章の明解さや比喩の巧みな点が、名文として評価されている。『韓非子』は、後漢の王充《おうじゅう》（『論衡《ろんこう》』非韓《ひかん》篇）や南宋の朱子《しゅし》（『朱文公文集《しゅぶんこうぶんしゅう》』巻二一）、明末の李贄《りし》（『焚書《ふんしょ》』巻五）や清の盧文弨《ろぶんしょう》（『抱経堂文集《ほうけいどうぶんしゅう》』巻一〇）など、各時代の学者たちによってさまざまに評価され、解釈されてきた。『三国志《さんごくし》』で有名な諸葛孔明《しょかつこうめい》も、『申子《しんし》』（申不害の書）・『六韜《りくとう》』（古代兵書）と並んで、『韓非子』を書写したと伝えられている。日本においても、八九一年頃に藤原佐世《ふじわらのすけよ》が編纂した『日本国見在書目録《にほんこくげんざいしょもくろく》』に「『韓子』十巻」と記されており、平安時代にはその内容が伝播《でんぱ》していたことがうかがえる。このように、非情な帝王学と言われ、歴史の表舞台から姿を消したかに見える『韓非子』であるが、実際には各時代を通して、政治の手引書・統治者の必読書として、読み継がれてきたのである。

『韓非子』のテキスト

『韓非子』のテキストの内、最も代表的なものは、四部叢刊本《しぶそうかんぼん》『韓非子』（台湾商務印書館《たいわんしょうむいんしょかん》、一九七九年）である。本書は南宋の乾道本《けんどうぼん》を底本とするもので、資料的価値が高い。この他、入手しやすいテキストとしては、浙江書局《せっこうしょきょく》二十二子本《にじゅうにしぼん》『韓非子』（中文出版、一九八二年）や道蔵本《どうぞうぼん》『韓非子』（芸文印書館、一九七七年）などがある。

訳注書には、清代の王先慎《おうせんしん》『韓非子集解《かんぴしっかい》』（一八九六年刊。現在、新編諸子集成《しんぺんしょししゅうせい》所収）や陳奇猷《ちんきゆう》『韓非子集釈《かんぴしっしゃく》』（中華書局、一九五八年）が文字の校訂や解説に詳しく、最も一般的に使用されている。しかし、これより以前、我が国の江戸時代には、多くの『韓非子』に関する訳注書が出版されていた。とりわけ良本と言われるのが、化政期（一八〇四～三〇）に福山藩に勤めた太田方《おおたほう》の『韓非子翼毳《かんぴしよくぜい》』（初版は一八〇八年刊。現在、漢文大系第八巻所収）である。

本書は、内容的にも高い水準に達しており、中国の研究者にも大きな影響を与えた。

4 韓非子の名言

「矛盾」のルーツ

子《し》の矛《ほこ》を以て、子《し》の楯《たて》を陥《とお》さば、何如《いかん》。　以子之矛、陥子之楯、何如。（難一《なんいち》篇・難勢《なんぜい》篇）

【訳】あなたの矛《ほこ》であなたの楯《たて》を貫けば、どうなるのだろう。

この言葉は、現在においても、「矛盾《むじゅん》」という成語で頻繁に使われている。そして、その出典として次のような小話がよく知られている。

楚《そ》国の人で、楯《たて》と矛《ほこ》とを売る者がいた。楯を誉めていうには「私の楯の堅いことと言ったら、貫くことのできるものはない」と。またその矛を誉めて言うには「私の矛の鋭いことと言ったら、貫けないものはない」と。そこで、ある人が言った。「それでは、あなたの矛であなたの楯を貫けば、どうなるのだろう」と。その商人は答えることができなかった。

「楯」は「盾」と同義。「何ものにも貫かれぬ楯」と「何でも貫く矛」とは、決して同時には存在し得ない。この部分だけを見ると、まるでつじつまの合わないことを自信たっぷりに語る商人の姿が滑稽《こっけい》にも見え、『韓非子』にも皮肉な笑いのタネがあったのかと少々意外に思ってしまうかもしれない。

しかし、韓非子が本当に主張したかったことは、そのような笑い話ではない。この話には前後に続きがある。話は次のとおりである。

ある儒者が舜《しゅん》の行いの立派なことを述べた。農民が田の範囲を争っている所に舜《しゅん》が行けば、一年の内に田の境界は正しく定まり、また漁師が中洲《なかす》を争っている所へ舜が行けば、一年後には漁師たちは年上の者に譲るよう行動するようになったという。さらに、もろい器しか作ることのできなかった東夷《とうい》（東方に住む異民族）の器も、舜が出かけて行けば、しっかりと堅固《けんご》なものとなった。これを儒家の祖と言われる孔子が称讃した。「どの行為も舜の本業ではないのに、わざわざ自ら出向いて争いを解決した。舜はなんと仁者ではないか。まさに聖人の徳は人々を感化するというわけである」と。しかし、ある人が儒者に質問した。舜に禅譲《ぜんじょう》（帝王が位を有徳者に譲ること）したという堯《ぎょう》は、その時どうしていたのだろうと。そして、「矛盾」の例え話が始まるのである。

確かに、「ある人」の主張するとおり、聖王と言われる堯が位についているのであれば、舜がわざわざ自ら出向き争いを解決するまでもなく、世の中は治まっているはずである。逆に、舜を聖人とするのであれば、争いの原因を作った堯の徳性が否定されねばならない。この話において、二人の聖人の徳性は、同時には成立しないのである。韓非子はこの点の「矛盾」をまさに指摘したかったのである。

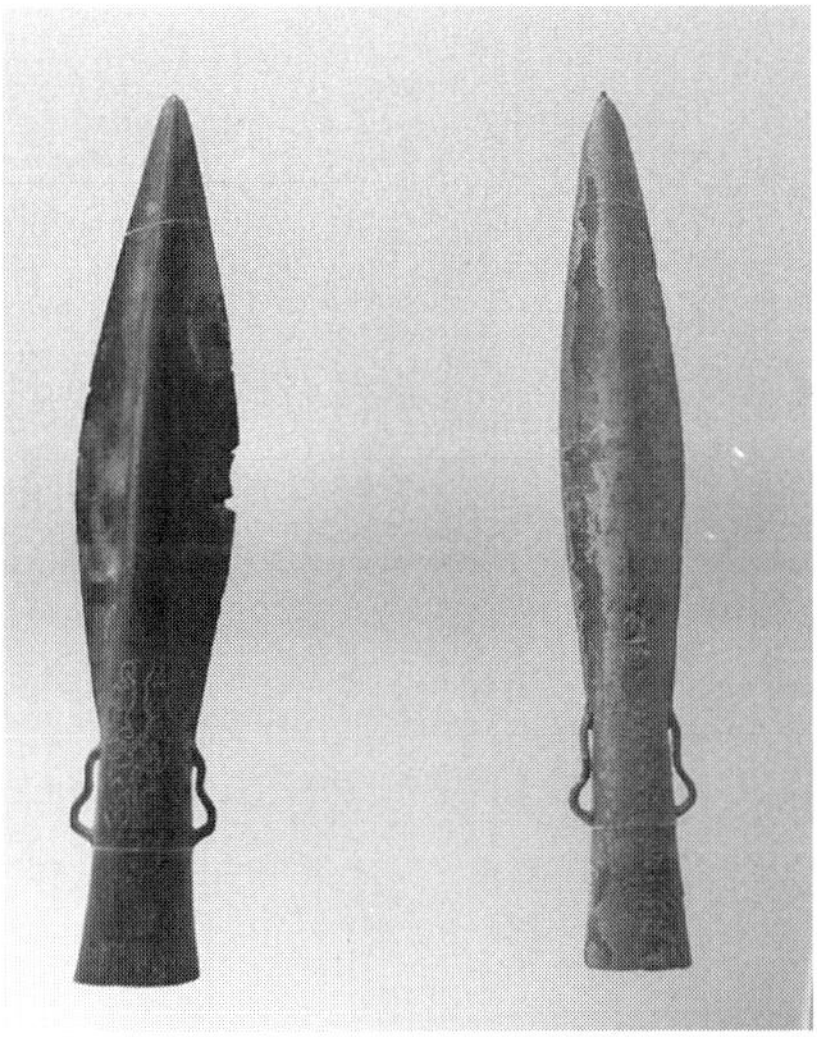

矛（上海博物館蔵）

さらに、「矛盾」の話の後には、次のような内容が続いている。そもそも徳の高い舜が一年に一つの過ちしか正すことができないのであれば、凡庸《ぼんよう》な君主にはそれすら難しいだろう。そのため法律や権勢を使って、大勢を一度に統治する必要があるのであると。韓非子は、聖人の存在を否定していたわけではない。しかし、その稀有《けう》な存在を頼みとするよりも、より現実的で、効率よく治められる方法を提示するのである。

現実に見合った対処をせよ

因《よ》りて其の耒《らい》を釈《す》てて株を守り、復《ま》た兎を得んことを冀《こいねが》う。　因釋其耒而守株、冀復得兔。（五蠹《ごと》篇）

【訳】そこで、たまたま切り株にぶつかった兎を得た者は、鋤《すき》を捨てて切り株を見守り、再び兎が得られることを切望した。

「守株《しゅしゅ》」や「株《かぶ》を守る」などで有名なこの言葉は、北原白秋《きたはらはくしゅう》作詞・山田耕筰《やまだこうさく》作曲の唱歌「待ちぼうけ」の題材になったことでも知られている。話の内容は次のとおりである。

宋《そう》の国の人で田を耕す者がいた。田の中には切り株があり、そこへ兎が走ってきて切り株に激突し、首を折って死んでしまった。この事態に味をしめた宋人《そうひと》は、鋤《すき》を捨てて株を見守り、また兎が来て、その切り株にぶつかることを願った。しかし、兎は二度と得られず、その人は宋国の笑い者となった。

宋とは、殷王朝の遺民を集めて建てられた国であり、宋人は他国から「亡国の民」として罵《ののし》られ軽視《けいし》されていた。『韓非子』に収録されたこのような宋人を小馬鹿にする類のエピソードは、『孟子《もうし》』公孫丑上《こうそんちゅうじょう》篇にも、苗の育成を手助けするつもりで、苗の芯を引き抜き、逆に枯らせてしまった話（「助長《じょちょう》」）として見受けられる。

しかし、ここで韓非子が述べたかったことは、宋人の愚かさや働かずに利益を得ようとする精神への戒めではなく、古いしきたりに固執《こしつ》して現実の世に見合った策をたてられぬ儒家への批判である。つまり韓非子は、「堯《ぎょう》・舜《しゅん》・禹《う》・湯《とう》・武《ぶ》の道を当今の世に美《ほ》むる者有らば、必ず新聖の笑いと為《な》らん（古の聖人である堯・舜・禹・湯・武の道を、今の世に賛美する者がいたのなら、必ずその人は新しい聖人の笑い者となるだろう）」とし、「是《ここ》を以て聖人は脩古《しゅうこ》を期せず、常可《じょうか》に法《のっと》らず、世の事を論じて、因りてこれが備えを為《な》す（したがって、聖人は昔の習わしを頼りにせず、定まった基準に従わず、時代の実情をよく考えて、それに応じた対策を立てる）」べきだと主張するのである。事実、「守株」

の小話は「今、先王の政を以て当世の民を治めんと欲するは、皆『株を守る』の類なり（今、古の聖王の政策を使って現代の民を統治したいと考えるのは、まったく『株を守ること』と同じ類の話である）」と締め括られている。

喩え話の得意な韓非子は、自著の中にさまざまな故事を引用し、自らの真意をわかりやすく為政者に伝えようと試みている。そこには、韓非子自身が説難《ぜいなん》篇で述べるように、当時は君主への諫言《かんげん》が、非常に困難な行為であったという背景があった。多数の佞臣《ねいしん》（君主に媚《こ》びへつらう臣下）によって惑わされることの多い君主に対して、自らの意見をわかりやすく的確に主張するためには、このような小話は欠かすことのできない技術であったのだろう。

韓非子に影響を与えた商鞅《しょうおう》も、変法《へんぽう》（連座制《れんざせい》の採用や戦功による爵位の授与など）を唱え、時代に即した改革を断行した。もちろん、それらが朝令暮改《ちょうれいぼかい》（朝出した法令が夕方には改められるという、命令や方針が絶えず訂正され、定まらないこと）であってはならないが、目まぐるしく変化する情勢の中では、大切に株（古の聖人の道）を守っているだけでは、国を治めること、ましてや天下を治めることなどできなかったのである。

触れてはならぬ怒り

人主《じんしゅ》も亦《ま》た逆鱗《げきりん》有り。

人主亦有逆鱗。（説難《ぜいなん》篇）

【訳】人主にもまた、逆鱗がある。

目上の人を激怒させた時に使う「逆鱗に触れる」という言葉も、韓非子から生まれた成語の一つである。この言葉を述べるために、韓非子はまず次の話を語っている。

昔、衛《えい》の国に弥子瑕《びしか》という者がおり、君主に寵愛されていた。衛の国の法律では、許可なく君主の車に乗る者は、足斬りの刑に処《しょ》せられることになっていた。ところが、弥子瑕の母が病気にかかった際、彼は君命と偽《いつわ》って君主の車に乗って出かけた。君主はこれを聞き、「なんと孝行なことではないか、弥子瑕は母のために足斬りの刑にあうことも忘れたのだ」と言った。また別の日、弥子瑕は君主と果樹園で遊んでいたが、桃を食べて美味だと思い、それを半分残して君主に食べさせた。君主は、「弥子瑕は私を愛しているのだ。桃が美味《うま》いことも忘れて、私に食べさせてくれるのである」と言った。しかし、やがて弥子瑕の容貌が衰えると、君主の愛情は薄れていき、咎《とが》めを受けることとなった。君主が言うには「こいつは以前、偽《いつわ》って私の車に乗り、また食べかけの桃を私に食べさせたのだ」と。このように、弥子瑕の行為は初めとまったく変わらないのに、以前は良いとされたことで、後に罰を受けるのは、君主の愛憎が変化したためである。

可愛がっている者の行為であれば、痘痕《あばた》も靨《えくぼ》、どんな無礼な行動でも気にさわりはしない。しかし、一度その親密な関係が崩《くず》れてしまえば、やることなすこと気にくわなくなってくる。これが現代の話なら、相手に受け入れられなくなればいったん距離を置いて、相手の怒りがおさまるのを待てばよい。しかし、韓非子の生きる戦国時代には、一度の失敗が致命的な結果をもたらすことになる。そのため、諫言《かんげん》を行う者は、自分が君主に愛されているか否かをはっきりと見きわめた上で弁論する必要がある。そこで、韓非子は君主を竜にたとえて、次のように述べるのである。

夫れ竜の虫為《た》るや、柔狎《じゅうこう》して騎《の》るべきなり。然れども其の喉下《こうか》に逆鱗径尺《げきりんけいしゃく》なるもの有り。若《も》し人之に嬰《ふ》るる者有らば、則ち必ず人を殺す。人主も亦た逆鱗有り。説く者能く人主の逆鱗に嬰《ふ》るること無くんば、則ち幾《ちか》からん。

そもそも竜という動物は、人が慣らして乗ることもできる。しかしながら、その喉元《のどもと》には直径一尺（約二二・五センチメートル）の鱗が逆さに生えた部分（逆鱗）がある。もし、だれかこれに触れる者があれば、竜は必ずその者を殺してしまう。君主にもまた、逆鱗がある。君主に説く者が、君主の逆鱗に触れることがなければ、その口説は成功するだろう。

古くから竜は、皇帝を象徴する神聖な生き物とされてきた。『史記《しき》』高祖本紀《こうそほんぎ》においても、蛟竜《こうりゅう》（鱗のある竜）が劉邦《りゅうほう》（漢の初代皇帝）の母の上に降り立ち、その後、劉邦の母は身ごもり劉邦を生んだとある。気に入られれば、重用され政策に入れられるが、触れてはならぬ怒りに触れれば、死を覚悟しなければならない程、恐ろしい存在。韓非子の説く法術の士にとって、君主とはまさに竜に喩うべき畏敬の対象であったのだろう。

道徳ではなく法に尽くす

治を為《おさ》むる者は、衆を用いて寡《か》を舎《す》つ。故に徳に務めずして法に務む。

為治者用聚而舎寡。故不務徳而務法。（顕学《けんがく》篇）

【訳】政治を行う者は、多数が従う方法を用いて、少数のみが従うような方法は取らない。そのため、道徳には尽力せずに、法令に尽くすのである。

韓非子が、人の利己的な面を指摘する言葉に、次のようなものがある。

鱣《せん》は蛇に似、蚕は蠋《しょく》に似たり。人 蛇を見れば則ち驚駭《きょうがい》し、蠋を見れば則ち毛起《もうき》す。然り而して、婦人 蚕を拾い、漁者 鱣を握る。利の在る所は、則ち其の悪《にく》む所を忘れ、皆 孟賁《もうほん》と為る。（内儲説上篇〔説林篇にも見える〕）

海蛇《うみへび》（あるいは鰻《うなぎ》）は、蛇に似ており、蚕《かいこ》は芋虫《いもむし》に似ている。人は蛇を見れば驚き、芋虫を見れば身の毛もよだつ。しかし、婦人は蚕を拾い上げ、漁師は海蛇を手で握る。利益があるとすれば、嫌なことも忘れて、すべての人は孟賁《もうほん》のような勇士となるのである。

孟賁《もうほん》とは、戦国時代の人であり、竜や虎に立ち向かってゆくほどの勇士であったという。その勇士に喩えられるくらい剛胆な態度で、利益を求める人々は行動する。そして、それはごく少数の人間に止まるものではない。世の中の大多数の人間がそのように行動するのである。そうなれば、これらの人々に対して、いちいち説教し、人の生きる道とはなんぞやと説いたとしても、ほとんど効果はないだろう。

そこで、韓非子は次のように語るのである。

夫れ聖人の国を治むるは、人の吾《わ》が為《ため》に善なるを恃《たの》まずして、其の非《ひ》を為すを得ざるを用うるなり。人の吾が為に善なるを恃むや、境内《きょうない》に什《じゅう》もて数えず、人の非を為すを得ざるを用うれば、一国も斉《ひと》しくせしむべし。治を為《おさ》むる者は、衆を用いて寡を舎《す》つ。故に徳に務めずして法に務む。

そもそも聖人が国を統治するには、人々が自分のために善良であることを頼りにせず、人々が悪事を行えないような方法を用いる。人々が自分のために善良であることを頼りにすれば、そのような者は国内に一〇人もおらず、人々が悪事を行えないような方法を用いれば、国中の者を一斉に統治できる。政治を行う者は、多数が従う方法を用いて、少数のみが従うような方法は取らない。そのため、道徳には尽力せずに、法令に尽くすのである。

ここでは道徳と法令とが対比されている。両者を対比した有名な言葉としては、孔子の「人民を導くのに法制や刑罰を用いれば、人民はその網目をかいくぐって恥じることがない。一方、人民を導くのに道徳や礼節を用いれば、人民は恥を知りその身を正すようになる」（『論語《ろんご》』為政《いせい》篇）という語がある。韓非子の生きた時代は、戦国の乱世。滅ぼすか滅ぼされるかという緊張感の中で、孔子のような悠長なことを言っている余裕はなかったのである。

言行不一致は罰

官を侵《おか》すの害は、寒きより甚《はなは》だし。　侵官之害、甚於寒。（二柄《にへい》篇）

【訳】官職を侵す害悪は、寒いこと以上に重大である。

韓非子は、臣下の発言と実際の行動とを照らし合わせて判断する「刑名参同《けいめいさんどう》」の術を重んじた。もし、臣下の発言と行動とが食い違っていた場合にはどうなるのかと言えば、次のようである。

昔者《むかし》、韓の昭侯《しょうこう》酔いて寝《い》ぬ。典冠《てんかん》の者 君の寒きを見るや、故に衣を君の上に加う。寝《しん》より覚めて説《よろこ》び、左右に問いて曰く「誰《たれ》か衣を加うる者ぞ」と。左右 対えて曰く「典冠なり」と。君 因りて兼ねて典衣と典冠とを罪す。

昔、韓の昭侯が酔っぱらってうたた寝をした。そこで冠係《かんむりがかり》が君主の寒そうなのを見て、衣を君主の上にかぶせた。うたた寝から目覚めて昭侯は喜び、近臣に尋ねて言った。「誰が私に衣をかぶせてくれたのだ」と。すると近臣が答えて言うには、「冠係でございます」と。昭侯は、そこで合わせて衣裳係と冠係の者を罰した。

王は寒さを嫌がらなかったわけではないが、このように職分を越えて臣下が行動することの方が、より重大な問題であったのだと韓非子は言う。臣下は、自分の職分を越えて功績をあげてはならず、また発言したことと異なる行動を取ってはならない。つまり、発言したこと以下の働きしかしない者はもちろんのこと、たとえ発言したこと以上の働きをした者でも、自らの言に違《たが》う行いをしたことに変わりはないと判断されるのである。そのため、官職を越えて行動すれば死刑となり、発言と行動とが合致しなければ罰せられる。韓非子はこのように統制することで、「臣下が自らの職分を守り、臣下の話す内容が正確に行われるのであれば、彼らは互いに徒党《ととう》を組んで助け合うこともない」としている。

それならば、群臣がみな沈黙を保ち、君主がその言葉と行動の照合を行えないようにすれば、罰せられることもなく、その地位も脅《おびや》かされないのかと言えば、そうではない。『韓非子』南面《なんめん》篇には、臣下が発言しないことに対しても、責任を追及すべきとする記述がある。

主道なる者は、人臣をして必ず言の責《せき》有らしめ、又《また》言わざるの責有らしむ。言に端末《たんまつ》無く、弁に験《けん》する所無き者は、此れ言の責なり。言わざるを以て責を避け、重位を持する者は、此れ言わざるの責なり。

君主としての方法は、臣下に必ず発言の責任を持たせ、また発言しない場合もその責任を追及するというものである。言葉の初めと終わりに一貫性がなく、その弁論の証拠をあげられないことが、発言の責任である。発言しないことで責任を避けて、その地位を保持しようとすることが、言わざる責任である。

つまり、君主は臣下に必ず発言させ、沈黙を許さない。発言と行動の合致を厳密に判断するのである。そうすることにより、臣下は自らの発言に責任を持つようになり、沈黙し続けるということもなくなる。

『礼記《らいき》』曲礼上篇《きょくらいじょう》には、「礼は庶人に下《くだ》さず、刑は大夫《たいふ》に上《のぼ》さず（礼儀作法は庶民に求めず、刑罰は大夫に課せず）」という言葉が見える。これは、庶民には罰則を科すが、礼儀を理解できる高級官僚には刑罰は与えないという、大夫（天子や諸侯に仕えた高級官僚）以上の役人に対する、一種の特例措置を表しているものと考えられる。

しかし、韓非子は大夫が法を犯せば大夫を罰し、卿《けい》（大夫の上位の役人、大臣）が規律に反すれば卿を裁くべきだとする。そこには、役人だからと言って決して例外を認めぬことで、法の絶対性を保とうとした法家の姿が如実《にょじつ》に表れているものと言える。

不死の薬を飲んだ臣と王

客は不死の薬を献ずるに、臣之《これ》を食らいて王臣を殺さば、是《こ》れ死の薬なり。

客獻不死之藥、臣食之而王殺臣、是死藥也。（説林上《ぜいりんじょう》篇）

【訳】客人が不死の薬を献上したにもかかわらず、臣《わたくし》がこれを食べて王が臣を殺したなら、これは死の薬ということになりましょう。

諸子百家は、重用されることを目指して諸国に遊説した。その際、多くの小話《しょうわ》や寓話《ぐうわ》を語り、諸侯の心を摑《つか》む必要があった。『韓非子』説林《ぜいりん》篇には、そのような弁舌に役立つ説話が集められている。その中の一つに、次のような話がある。

不死の薬を荊王《けいおう》に献ずる者有り。謁者《えっしゃ》之を操《と》りて以て入るに、中射《ちゅうしゃ》の士問いて曰く「食らうべきか」と。曰く「可なり」と。因《よ》りて奪いて之を食らう。王大いに怒りて、人をして中射の士を殺さしめんとす。中射の士人をして王に説かしめて曰く「臣謁者に問うに、曰く『食らうべし』と。臣故に之を食らう。是臣に罪無くして、罪は謁者に在るなり。且つ客は不死の薬を献ずるに、臣之を食らいて王臣を殺さば、是《こ》れ死の薬なり。是《こ》れ客の王を欺《あざむ》くなり。夫《そ》れ無罪の臣を殺して、人の王を欺くを明らかにするや、臣を釈《ゆる》すに如《し》かず」と。王乃ち殺さず。

不死の薬を荊（楚）王に献上する者がいた。取り次ぎの役人がこれを持って奥へ入ると、宮中警備の役人が「食べられるのか」と尋ねた。取り次ぎの者は「食べられます」と答えた。そのため、警備の役人は不死の薬を奪い取って食べた。王は激怒し、人を使って警備の役人を殺させようとした。役人は人づてに王に対して弁解した。「私が取り次ぎの者に尋ねた際、『食べられます』と言いました。そのため、私は仙薬を食べたのです。

この事態を振り返ってみますに、私に罪はなく、罪は取り次ぎの者にあるのです。それに、客人が不死の薬を献上したにもかかわらず、私がこれを食べて、王が私を殺したなら、これは死の薬ということになりましょう。これでは、客人が王を欺いたことになります。そもそも罪もない私を殺して、客人が王を欺いたことを大っぴらにするよりは、私をお許しになられた方がよろしいでしょう」と。この話を聞き、王は警備の役人の処罰を取り止めた。

一見、中射の士（警備の役人）の主張は正鵠《せいこく》を射ているようでありながら、実はやはりおかしい。他人からの許可を得て頂きものの薬を食べただけなので、自分に罪はないとする言い分は、まるで子どもではないか。しかし、「不死の薬」を食したことで処刑されるのであれば、それは「不死の薬」ではなく「死の薬」となってしまうという屁理屈《へりくつ》はうまい。自らの身にいかなる災難が降りかかってこようとも、遊説の士は自らの口述によって、その危機を回避せねばならなかったのである。

一方、皇帝はいつ、どのような時世にあっても不死を切望したもののようである。韓非子の厳格な法治主義に強く共感した始皇帝も、もちろんその例外ではなかった。『史記《しき》』秦始皇本紀《しんしこうほんぎ》や封禅書《ほうぜんしょ》には、始皇帝が方術《ほうじゅつ》の士（神仙の術を行う者）を頼り、不死の薬のあるという蓬萊《ほうらい》・方丈《ほうじょう》・瀛州《えいしゅう》（三神山）を探し求めた記事が見える。天下を統一し、強大な権力と財力を手に入れた皇帝にとって、あとは死のみが恐怖の対象なのである。皮肉なことに、法制度の完備を目指し、全土を厳しく統制した始皇帝も、一方では死の恐怖から逃れることはできなかったのである。

参考文献

【一般的・入門的文献】

① 貝塚茂樹『韓非』（人類の知的遺産一一、講談社、一九八二年）

＊韓非子の活動した歴史背景や、韓非子の伝記・思想についての概説書。始皇帝陵の出土物や馬王堆帛書などの新資料を活用し、様々な角度から解説が加えられている。巻末に「韓非関係年表」と「索引」とを附す。

② 片倉望・西川靖二『荀子・韓非子』（鑑賞 中国の古典第五巻、角川書店、一九八八年）

＊荀子・韓非子に関する概説書。一部、訳註も掲載する。韓非子については、西川氏が担当。巻末に関係論文や参考文献一覧、関係地図を収録する。二〇〇五年には、本書の「韓非子」部分を、さらに入門者向けに改訂したものが、角川ソフィア文庫より刊行された。文庫の巻末には「主要語句索引」を附す。

③ 加地伸行ほか著訳『韓非子――「悪」の論理』（中国の古典、講談社、一九八九年）

＊韓非子や法家についての解説（加地伸行）、『韓非子』の日本語訳、韓非子に関する論考（寺門日出男・滝野邦雄・竹田健二）よりなる概説書・研究書。日本語訳は、九〇のエピソードを計一五名の研究者が翻訳している。

④ 金谷治『韓非子』（岩波文庫、一九九四年）

＊『韓非子』全五五篇の訳註書。全四冊。巻頭の「解説」部分には、韓非子の生涯やテクストに関する内容が簡潔に紹介されており、その思想についても概観することができる。巻末には「語句索引」と「人名索引」とを附す。

⑤ 湯浅邦弘『諸子百家』（中公新書、二〇〇九年）

＊儒家・墨家・道家・法家・兵家について、新出土文献を取り入れ解説を加えた入門書。法家「韓非子」については、第六章に見える。新資料である睡虎地秦墓竹簡《すいこちしんぼちっかん》を取り上げ、秦の統治が二重構造を呈していた可能性を指摘する。

【専門的文献】

① 太田方《おおたほう》『韓非子翼毳《かんぴしよくぜい》』（漢文大系第八巻、冨山房、一九一一年）

＊江戸時代の注釈書。初版は一八〇八年（文化五）刊。『韓非子』全五五篇を校訂・注釈している。善本と言われ、中国の陳啓天《ちんけいてん》『韓非子校釈《かんぴしこうしゃく》』（中華書局発行所、一九四〇年）や陳奇猷《ちんきゆう》『韓非子集釈《かんぴししっしゃく》』（中華書局、一九五八年）などに引用さ

れる。

② 銭穆《せんぼく》『先秦諸子繫年《せんしんしょしけいねん》』（銭穆先生全集〔新校本〕、九州出版社、二〇一一年）

＊先秦諸子の伝記や先秦代の紀年について考証した書。一九三五年、商務印書館《しょうむいんしょかん》より初版が刊行され、一九五六年には、香港大学出版社より増訂版が発刊された。本書は、それにさらに校訂が加えられ出版されたものである。

③ 木村英一『法家思想の研究』（アジア学叢書四一、大空社、一九九八年）

＊法家思想の発生や各時代における法家の動向について検討した研究書。内容は、著者が一九四二年から四三年まで京都大学・立命館大学で行った講義をもとに作成されている。本書は弘文堂書房（昭和一九年）刊の復刻版で、巻末に参考資料として森秀樹「韓非と荀況《じゅんきょう》――思想の継蹤《けいしょう》と断絶」を附す。

④ 田中耕太郎『法家の法実証主義』（福村書店、一九四七年）

＊法律哲学者である著者が、法家思想について、西洋哲学との関わりにも言及しつつ、考察を加える研究書。巻末に、法家と比較・対照する上で重要であるとして、儒家関連の論文「支那社会の自然法秩序に就て」を載録する。

⑤ 浅野裕一『黄老道の成立と展開』（創文社、一九九二年）

＊先秦代から漢代に至るまでの黄老思想の展開を、法家思想や儒家思想との関連に注目しながら論じた研究書。伝世文献に加え、新出土文献の馬王堆帛書「老子乙本巻前古佚書」も活用し、新たな知見を提示する。巻末に書名・人名・事項の索引を附す。

▼コラム　始皇帝の運用した法律

韓非子の思想に魅了された始皇帝は、法治政治を展開し、一大帝国を築きあげた。しかし、近年に至るまでその具体的な統治政策については、多く不明な点が残されていた。

韓非子の主張する信賞必罰《しんしょうひつばつ》や刑名参同《けいめいさんどう》などの思想は、果たして秦の統治にどのように反映されていたのであろうか。

一九七五年、中国湖北省雲夢県《こほくしょううんぼうけん》睡虎地《すいこち》で約千枚の竹簡《ちっかん》（竹の札に記された文献）が発見された。これらの竹簡群は、以後、睡虎地秦墓竹簡《すいこちしんぼちっかん》（または睡虎地秦簡《すいこちしんかん》）と称され、多くの研究者によって検討されることとなる。そこには、律文集《りつぶんしゅう》である「秦律十八種《しんりつじゅうはっしゅ》」や「效律《こうりつ》」「秦律雑抄《しんりつざっしょう》」が見えるほか、法律の意図やその用語の意味を問答体形式で解説した「法律答問《ほうりつとうもん》」などが含まれており、秦で行われていた法の具体的な内容を看取できる。

さらに注目すべきことに、睡虎地秦簡の中には、南郡（旧楚領）の長官である騰《とう》が、治下の県や道（郡の下の行政単位）に、中央の法令を遵守するよう促す次のような文献「語書《ごしょ》」も含まれていた。

今、法・律・令 已《すで》に具われり。而るに吏民《りみん》用いる莫《な》く、郷俗《きょうぞく》・淫泆《いんいつ》の民 止まず。是れ即ち主の明法を廃《はい》するなり。

今、法・律・令は、すでにそろい整っている。しかし下級役人や民はそれを用いず、郷里の習俗に染まり、遊興にふける民は後を絶たない。これは王の素晴らしい法を廃するものである。

この文献は、秦の法令を守らぬ地方の吏民に対して、警告を発すると同時に、法の徹底を促している。天下を統一し、強大になった秦帝国であるが、実は異なる習慣を有する各地の吏民を併せて統治することに、心を砕いていた様子がうかがえる。

また、睡虎地秦簡には「為吏之道《いりのみち》」と呼ばれる秦国政府が期待する地方役人の心構えを記した文献も見える。その冒頭には、

凡《およ》そ吏為《た》るの道は、必ず精潔正直《せいけつしょうじき》にして、慎謹堅固《しんきんけんご》、審悉《しんしつ》にして私《わたくし》無く、微密《びみつ》に纖察《せんさつ》し、安静にして苛《か》毋《な》く、審《つまび》らかに賞罰に当たれ。

総じて吏（役人）として行うべき振る舞いは、常に清《せい》廉潔白《れんけっぱく》で偽《いつわ》りなく、慎み深く厳格にし、詳細に調べ私心を持たず、綿密に調査して明白にし、落ち着いていて苛立つことなく、念入りに賞罰を決定せよ。

とあり、ここに韓非子のいう刑名参同《けいめいさんどう》や信賞必罰《しんしょうひつばつ》の考え方が含まれていたことがわかる。地方の統治にもこのように韓非子の政策が活かされていたのである。

ただし、「為吏之道」には、他に儒家の徳目を示す箇所や道家的思想を有する箇所も見受けられる。この点は、「語書」が強く法治を主張する内容であることと異なっており、①始皇帝の行った統治は、実は法家一辺倒ではなく、「為吏之道」のようにさまざまな思想の混ざり合う緩やかなものであったのではないか。②逆に、「語書」の内容が記された頃から、次第に厳格な法治へと転換していったのではないか。③表面では秦の法治を採用しながら、その裏

では地方の実情を鑑《かんが》みた統治法が行われていたのではないか、など諸研究者によってさまざまな見解が出されている。

　近年、「為吏之道」と類似する内容として注目を集めている文献に、岳麓書院蔵秦簡《がくろくしょいんぞうしんかん》（岳麓秦簡《がくろくしんかん》）『為吏治官及黔首《いりちかんきゅうけんしゅ》』と、北京大学蔵秦簡《ぺきんだいがくぞうしんかん》（北大秦簡《ほくだいしんかん》）『為吏之道《いりのみち》』がある。

　岳麓秦簡とは、二〇〇七年一二月に湖南大学岳麓書院《こなんだいがくがくろくしょいん》が香港で購入し収蔵した竹簡群である。中には、『奏讞書《そうげつしょ》』『秦律雑抄《しんりつざっしょう》』『秦令雑抄《しんれいざっしょう》』といった秦の具体的法令に関する文献も含まれている。『為吏治官及黔首』については、計八〇枚余りの竹簡が見つかっており、すでに図版・釈文が出版されている（朱漢民・陳松長主編『岳麓書院蔵秦簡〔壹《いち》〕』上海辞書出版、二〇一〇年一二月）。

　また、北大秦簡とは、二〇一〇年一月に香港の馮燊均《ひょうしんきん》国学基金会の出資により購入され、北京大学に寄贈された竹簡群である。そこには、算術書や医学書、または文学書から占書に至るまでさまざまな文献が含まれていた。『為吏之道』は、女性に対して社会と家庭における道徳的な行動の規範を説く「善女子之方《ぜんじょしのほう》」と合本になっており、全部で六一簡あるという。

　どちらの秦簡も睡虎地秦簡「為吏之道」の内容と基本的には同一であるが、一部巻末には、各々、異なる内容の文章が附されていると報告されている。今後は、これらの文献を併せて検討することにより、より体系的な秦の統治体制が明らかとなるであろう。

第六章 孫子——戦わずして勝つ

草野友子

敵を欺くことが戦いの基本

兵は詐《さ》を以《もっ》て立ち、利を以て動き、分合《ふんごう》を以て変《へん》と為《な》す者なり。

兵以詐立、以利動、以分合爲變者也。

（『孫子』軍争篇）

【訳】戦争は敵を欺《あざむ》くことを根本とし、利益のあるところに従って行動し、分散と集合を用いて巧みに変化するものである。

孫武（銀雀山漢墓竹簡博物館蔵）

1 孫武の伝承

今から約二五〇〇年前、戦争について深く考察した人物がいた。その思想は『孫子《そんし》』という書物にまとめられ、世界的にも有名な兵書として現在まで読み継がれている。そうした書物が誕生するに至った背景は、どのようなものであったのか。

中国古代における戦争形態

春秋時代、統一王朝であった周王朝が衰退し、各地の諸侯が独立して互いに対立するようになった。それは次第に激化し、ついには自国の存亡をかけて戦うようになる。元々、周代の戦争は、両軍の戦車が日時を決めて平原に布陣し、開戦の合図とともに戦いを始めるというものであった。総兵力は数百から最大で数万、軍隊は士（貴族戦士）によって構成され、兵士たちは弓・戈《か》・戟《げき》・剣などの兵器を用いて戦った。戦闘期間は数時間から数日、勝敗が決まると軍隊を撤収し、金銭の譲渡や領土の割譲などによって講和が結ばれ、終戦を迎えるというのが通常の形態であった。

ところが、春秋時代末期（紀元前五世紀頃）に、長江流域の呉《ご》と越《えつ》とが親子二代にわたる長期戦を繰り広げたことを契機に、従来の戦争形態は一変する。総兵力は数十万規模となり、構成員として国民が招集され、大部隊が編成されるようになった。軍隊構成の主力は歩兵・騎兵となり、主な兵器として弓・戈・戟・剣に加えて弩《ど》（機械仕掛けの大弓）が用いられるようになったことで、殺傷能力がいっそう高まった。また、戦車による正面対決ではなくなったため、地形の特質を利用し、多彩な用兵・戦術が展開されるようになった。戦闘期間は数年から数十年におよぶ長期持久戦となり、まさに国家の存亡をかけた大規模戦争となったのである。

孫武の名声

このように戦争形態が一変した春秋時代末期に登場するのが、孫武《そんぶ》すなわち孫子である。孫武は斉《せい》の国（現・山東省）の出身で、春秋時代末期の呉王闔廬《ごおうこうりょ》（？～前四九六）を補佐し、楚《そ》や越《えつ》を破って闔廬を覇者の地位まで押し上げた兵法家である。孫武については、司馬遷《しばせん》『史記《しき》』孫子呉起列伝《そんしごきれつでん》に次のような伝承が記されている。

あるとき孫武は、呉王闔廬に謁見《えっけん》する機会が設けられることとなった。闔廬は孫武に対して、「あなたが記した一三篇の兵法はすべて目を通した。そこで今回、兵を整えて実際に指揮をして見せてほしい」と頼み、宮中の美女一八〇人を練兵として差し出した。孫武はそれを二隊に分け、王が寵愛する姫二人を隊長に任命し、軍令を繰り返し説明して、違反した場合の罰則も明示した。そしていよいよ軍令を下したところ、婦人たちは笑うばかりで言うことを聞かない。孫武はそれを指揮官の罪であるとして、再び軍令を説明したが、婦人たちはやはり笑って従わない。それに対して孫武は、指揮官の説明に従わないのは隊長の責任であるとして、隊長である姫二人を斬刑にしようとした。驚いた闔廬は、斬刑を止めるように孫武に言うが、孫武は「将軍は軍中にあるときは主君の指示でも従わないことがあるものです」と言って、姫二人を斬って見せしめにした。そして、あらためて隊長を任命して再度軍令を下したところ、婦人たちはきびきびと行動した。このように、孫武は厳格な軍令にもとづく用兵術を実演し、闔廬はその能力を認めて、呉の将軍に採用した。その後、呉は楚を破り、斉や晋を脅かして、その実力を天下に示した。

以上が『史記』に記されている孫武の伝承であるが、実は孫武の生涯などの詳細についてはわかっていない。しかし、呉王闔廬が「春秋《しゅんじゅう》の五覇《ごは》」（春秋時代の有力な五人の覇者、諸説あり）の一人とみなされるようになった背景には、孫武の活躍があったと推測される。

戦国時代後期にはすでに孫武の名声が天下に鳴り響いていたこと、そして孫武の思想を記した『孫子』が古典としての地位を確立していたことは、「孫《そん》・呉《ご》も之《これ》を用いて天下に敵無し（孫子も呉子《ごし》〔呉起《ごき》〕もその兵法を用いて天下に敵がいなかった）」（『荀子』議兵篇）、「孫《そん》・呉《ご》の書を蔵する者は家ごとに之《これ》有り（孫子・呉子の兵書は家ごとに蔵されていた）」（『韓非子』五蠹《ごと》篇）といった記述からうかがえる。また、『史記』孫子呉起列伝には、「世俗の師旅《しりょ》（軍事）を称する所、皆孫子十三篇・呉起兵法を道《い》う」とあることから、戦国時代末期から漢代初期には、現在伝わってるような『孫子』一三篇のまとまりで世間に流布していたと考えられている。

2 『孫子』一三篇とその思想

現行本『孫子』は、計《けい》・作戦《さくせん》・謀攻《ぼうこう》・形《けい》・勢《せい》・虚実《きょじつ》・軍争《ぐんそう》・九変《きゅうへん》・行軍《こうぐん》・地形《ちけい》・九地《きゅうち》・火攻《かこう》・用間《ようかん》の全一三篇で構成されている。以下、その具体的な内容と思想をそれぞれ見ていきたい。

開戦前の心得

『孫子』のはじめの三篇、計篇・作戦篇・謀攻篇に共通するのは、開戦前にすべきことや、その心得について説かれている点である。計篇は、戦争に対する基本的な考えと、開戦前に行う周到な準備の重要性について説く総論的な一篇であり、まさに冒頭にふさわしい篇となっている。

孫子曰《いわ》く、兵《へい》とは国の大事《だいじ》なり。死生《しせい》の地、存亡《そんぼう》の道、察《さっ》せざるべからざるなり。故に之《これ》を経《はか》るに五事を以《もっ》てし、之を校《くら》ぶるに計を以てして、其の情を索《もと》む。（『孫子』計篇）

孫子は言う、戦争とは国家の重大事である。人の死生が決まるところで、国家の存亡を左右するわかれ道であるから、深く洞察しないわけにはいかない。だから五つの事柄でよくよく検討し、（七つの）計で比較計算し、敵味方の実情を求めるのである。

孫子が前提とする戦争は、数十万の軍隊によって構成された国家総動員の戦争であり、地形の変化を巧みに利用して、機動的に軍隊を展開し、兵站《へいたん》（後方支援部隊）を確保しつつ長距離侵攻作戦を繰り返し行うというものである。それゆえ、戦争は国家の存亡を左右する重大事であると述べられている。

孫子はそこで、「五事七計《ごじしちけい》」という戦略思想を提示する。五事とは、「道」（教化・政治）、「天」（自然条件）、「地」（地理的条件）、「将」（将軍の能力）、「法」（軍の制度）の五つの主要項目。七計とは、「主」（どちらの君主が優れているか）、「将」（どちらの将軍が有能か）、「天地」（自然条件はどちらが有利か）、「法令」（どちらがきちんと行われているか）、「兵衆」（軍隊はどちらが強いか）、「士卒」（どちらがよく熟練しているか）、「賞罰」（どちらがより明確にされているか）といった七つの具体的な指標である。

また、孫子は、「兵は詭道《きどう》なり」（『孫子』計篇）と述べ、戦争の本質は「詭道」（だましうち）にあると指摘する。そして、敵兵力との直接的な対峙を避けた、戦略・外交・奇策の重要性を力説している。そこで重視されるのが、「廟算《びょうさん》」である。「廟算」とは、戦争を始める前に廟（祖先の霊をまつる堂）の前で図上演習を行うことを指す。企画の段階で「五事七計」をもとに情報を分析し、勝算があるかどうかを比較計算することで、実際に戦闘を行う前に勝敗を知ることができると孫子は説く。つまり、情報分析と比較計算とが自軍を勝利に導く鍵となるのである。実は、孫子の生きた時代は、戦場に昇る雲気《うんき》の観望や占いによって勝敗を予測するというのが一般的な思考方法であった。しかし、孫子はそれに従わず、勝敗はすべて計略と人智によって決するとして、人為と権謀による兵学思想を展開した。前者は後に「兵陰陽《へいいんよう》」、後者は「兵権謀《へいけんぼう》」と呼ばれるようになる。

続く作戦篇では、戦争を開始するにあたって、必要となる軍備と国家経済との関係を述べた篇である。戦争には多大な軍備と食糧が必要となり、国家経済に大きな打撃を与えることとなる。そのため、開戦の判断は慎重に行うべきであり、開戦に踏み切った場合も、できるだけ迅速に切り上げるべきだと主張する。

謀攻篇は、謀略による攻撃について説いた篇であり、開戦となった場合には、自軍の戦力を温存しつつ、謀略によって勝利を収めることが重要であるとされている。また、謀攻によって敵の兵力を保全したまま勝利を得よとも述べている。直接的な軍事力の行使ではなく、「戦わずして勝つ」ことを主張するこの篇は、『孫子』の兵法の真髄を説く一篇ともみなされている。

軍隊の態勢と戦局への対応

形篇・勢篇・虚実篇は、軍隊の態勢づくりや戦いの主導権を握る方法などについて論及した篇である。形篇は、必勝をもたらすための軍の態勢（形）について説く。また、攻撃と守備との関係や、軍事における計量的思考の重要性についても述べられている。この形篇と密接に関係する勢篇は、態勢から生じる軍全体の「勢」（エネルギー）について説き、大規模戦争では、個人の武勇や奮闘ではなく、組織としての圧倒的な力が勝利をもたらすと指摘している。虚実篇では、敵の充実したところ（実）を避け、手薄なところ（虚）を撃つという戦術が説かれ、こちらの虚をさらさないように、無形の軍隊、無声の軍隊を形成することが理想とされている。

有利に戦いを進め、戦局において適切に対処する方法を説いたのが軍争篇と九変篇である。軍争篇は、戦場に先着する軍の機動について述べ、敵軍の機先を制して有利な態勢をとるためには、柔軟な変化が必要であると説かれている。九変篇は、戦争における局面を九つに分類し、それぞれの対処法を述べた篇であり、戦局に応じた変化の重要性について説く。ここでは、一つの現象に対して、常に総合的な判断を下すこと、そして柔軟な態度をとることが強調されている。

また、『孫子』においては、地形に合わせて軍隊を運用する方法や、地形を生かした戦法・戦術がたびたび説かれる。行軍篇は、進軍・停止など、実際の行軍に際しての方法を説き、地形に配慮し、敵情を察知することの重要性を強調している。地形篇は、計篇の「五事」の三番目に重視されている「地」を論じた篇であり、地形に応じた戦術の選択や、軍の統率法について述べている。さらに九地篇は、戦闘を行う地勢を九つに分類し、それぞれに応じた戦術を説く。前篇の地形篇は、行軍の際に留意すべき地形について広く説いているのに対し、九地篇は、敵との戦闘が行われる地点の形勢について具体的に論じている。

火攻めと情報戦

火と間諜《かんちょう》（スパイ）を適切に使用すれば、戦局は一変する。火攻篇・用間篇は、それらを効果的に用いるために行うべき準備や方法について説く篇である。火攻篇は、火攻めという特殊技術について説く。火という攻撃手段を使えば、敵陣を一瞬にして焼き払うことができる。ただし、最適な天候や風向きなどの条件を整えて計画的に進める必要があり、条件が揃わないと味方にも甚大な被害があるという危険性もはらんでいる。

『孫子』一三篇最後の篇である用間篇は、「間諜」すなわちスパイの活用と情報戦について論じている。用間篇は、固有名詞や具体的な戦史を説かない『孫子』の中で、唯一例外的に、殷の伊尹《いいん》や周の太公望《たいこうぼう》の名を間諜の成功例としてあげている。

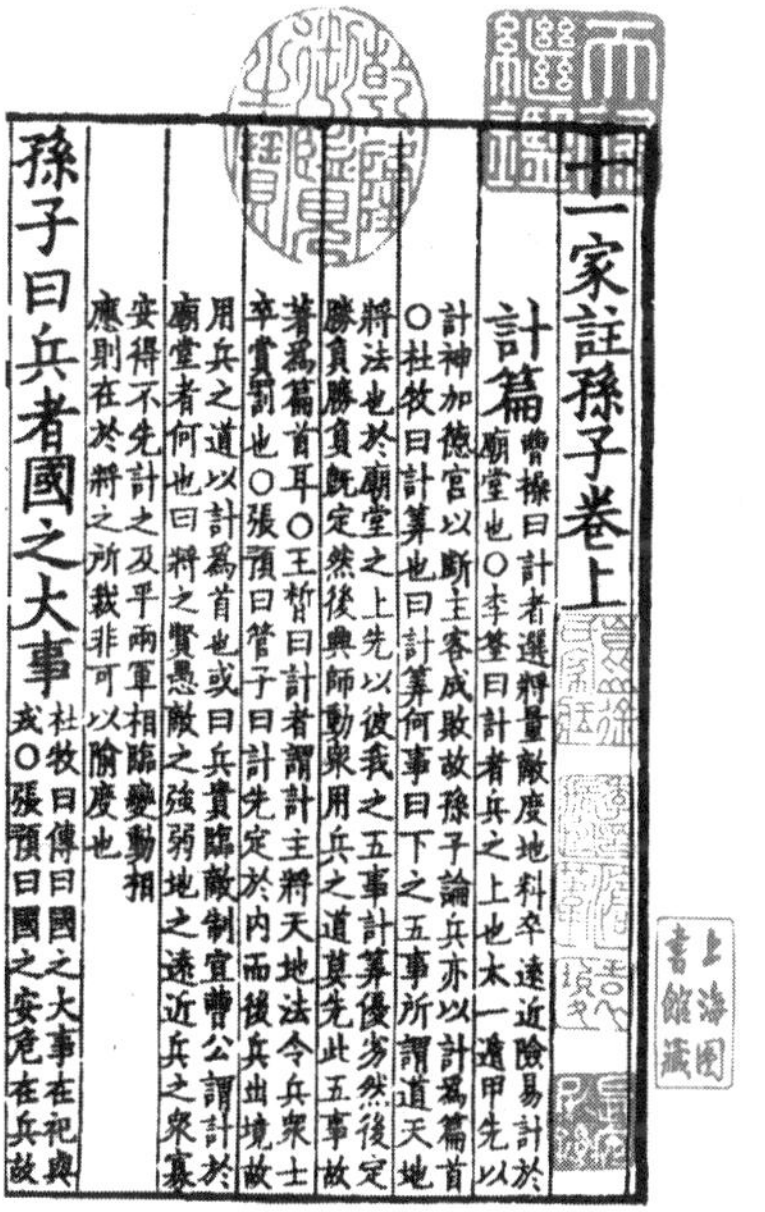
十一家註孫子卷上
計篇　曹操曰計者選將量敵度地料卒遠近險易計於廟堂也○李筌曰計者兵之上也太一遁甲先以計神加德宮以斷主客成敗故孫子論兵亦以計爲篇首○杜牧曰計算也曰計算何事曰下之五事所謂道天地將法也於廟堂之上先以彼我之五事計算優劣然後定勝負勝負既定然後興師動衆用兵之道莫先此五事故著爲篇首耳○王晳曰計者謂計主將天地法令兵衆士卒賞罰也○張預曰管子曰計先定於内而後兵出境故用兵之道以計爲首也或曰兵貴臨敵制宜曹公謂計於廟堂者何也曰將之賢愚敵之強弱地之遠近兵之衆寡安得不先計之及乎兩軍相臨變動相應則在於將之所裁非可以隃度也
孫子曰兵者國之大事　杜牧曰傳曰國之大事在祀與戎○張預曰國之安危在兵故

『十一家注孫子』

この用間篇は、情報収集を重視する『孫子』の締めくくりの篇とみなされてきた。ところが、一九七二年に山東省の銀雀山《ぎんじゃくざん》より出土した竹簡本『孫子兵法《そんしへいほう》』（後述）では、一二番目の火攻篇と一三番目の用間篇の順序が逆になっている。つまり、竹簡本では、火攻篇こそが『孫子』の末尾の篇とされているのである。確かに火攻篇の最後の一節は、戦争がいかに重大事であるかを述べ、「此《こ》れ国を安《やす》んじ軍を全《まっと》うするの道なり（これこそが国家を安泰にし軍を保全する方法である）」と締めくくられており、冒頭の計篇のことばと呼応していると考えられる。

しかしながら、『孫子』一三篇は、現行本の順序で長らく理解されてきた。『孫子』の代表的な注釈としては、三国時代の魏の武帝《ぶてい》・曹操《そうそう》（一五五～二二〇）が注釈をつけた「魏武帝注孫子」や、それを含む一一人（魏の曹操、梁《りょう》の孟氏《もうし》、唐《とう》の李筌《りせん》・杜牧《とぼく》・杜佑《とゆう》・陳皞《ちんこう》・賈林《かりん》、宋の梅堯臣《ばいぎょうしん》・王晳《おうせき》・何延錫《かえんし》・張預《ちょうよ》）の注釈をまとめた「十一家注孫子《じゅういっかちゅうそんし》」などがある。また、宋代に兵学の教科書として編纂された「武経七書《ぶけいしちしょ》」は、中国の代表的な兵書として『孫子』『呉子《ごし》』『尉繚子《うつりょうし》』『六韜《りくとう》』『三略《さんりゃく》』『司馬法《しばほう》』『李衛公問対《りえいこうもんたい》』の七つを収録し、『孫子』を筆頭に配置している。これは、『孫子』が兵学第一の書としての地位を常に保ち続けてきたことを示すものである。

一方、日本では、八世紀の平安時代に吉備真備《きびのまきび》が中国から『孫子』を持ち帰ったのが初めとされている。その後、戦国武将たちにも愛読され、江戸時代には林羅山《はやしらざん》・山鹿素行《やまがそこう》・荻生徂徠《おぎゅうそらい》など多くの学者が『孫子』の注釈を著した。

3 二人の「孫子」——銀雀山漢簡の発見

孫武と孫臏

実は、「孫子」と呼ばれる人物は、一人ではない。春秋時代の孫武が活躍してから約一〇〇年後、もう一人の「孫子」すなわち孫臏《そんぴん》が登場する。孫臏は、戦国時代中期に活動した兵法家であり、『史記《しき》』孫子呉起列伝《そんしごきれつでん》には孫臏に関する伝記も記されている。

孫臏はかつて龐涓《ほうけん》とともに兵法を鬼谷子《きこくし》という人物に学んだとされる。龐涓は魏の恵王に仕えて将軍となるが、孫臏の実力を妬《ねた》み、無実の罪を着せて足斬りの刑に処した。「孫臏」の「臏」とは足斬りの刑のことを指す。孫臏はその後、斉の威王《いおう》（在位、前三五六～前三二〇）に仕え、将軍田忌《でんき》から才能を認められて、客分として待遇された。

前三五三年（顕王一六）、斉軍と龐涓率いる魏軍とが激突した桂陵《けいりょう》の戦いで、孫臏は斉を勝利に導いた。前三四一年（顕王二八）、馬陵《ばりょう》の戦いでは、孫臏の「減竈《げんそう》の計」により、斉軍は魏軍を破った。この戦いで孫臏は、勇猛果敢な魏の兵士の気風を逆手に取った。孫臏は魏の領内に攻め込んだ斉軍に、はじめは一〇万個の竈《かまど》を作らせ、翌日には五万個、翌々日には三万個と徐々に数を減らすように命じた。それを見た龐涓は、斉の兵士に逃亡者が続出していると思い込んで大いに喜び、これを機に斉軍を殲滅《せんめつ》しようと考えた。そして、主力部隊である歩兵を置き去りにして騎兵のみを率い、昼も夜も休まずに斉軍を追いかけた。龐涓の行程を予測した孫臏は、馬陵の狭い谷間の道に斉の伏兵を潜伏させ、魏軍が馬陵に至った際に一斉に弓を射た。魏軍は大いに乱れて壊滅し、龐涓は自害した。

この戦いで孫臏は一躍有名となり、その兵書は世間に流布したとされる。現に、中国の現存最古の図書目録、『漢書《かんじょ》』芸文志《げいもんし》の兵権謀家《へいけんぼうか》類には、「呉孫子兵法《ごそんしへいほう》八十二篇」と「斉孫子兵法《せいそんしへいほう》八十九篇」の二種の「孫子兵法」が記録されている。しかし、孫臏の兵法の実態を伝える書物は後世に残らず、現存するのは『孫子』一三篇のみであったため、二種の「孫子兵法」の全容や関係性については謎に包まれていた。また、孫武の名が『春秋左氏伝《しゅんじゅうさしでん》』などの文献に見えないことから、その存在自体が疑われるようになった。その結果、現行本『孫子』一三篇は孫武に関わる兵書なのか、孫臏《そんぴん》に関わる兵書なのか、後人が偽作したものなのかといった疑問が長らく持たれるようになる。ところが、新資料の発見によって、状況は一変する。

孫臏（銀雀山漢墓竹簡博物館蔵）

よみがえる兵法

一九七二年、山東省臨沂《りんぎ》県の銀雀山《ぎんじゃくざん》から前漢時代

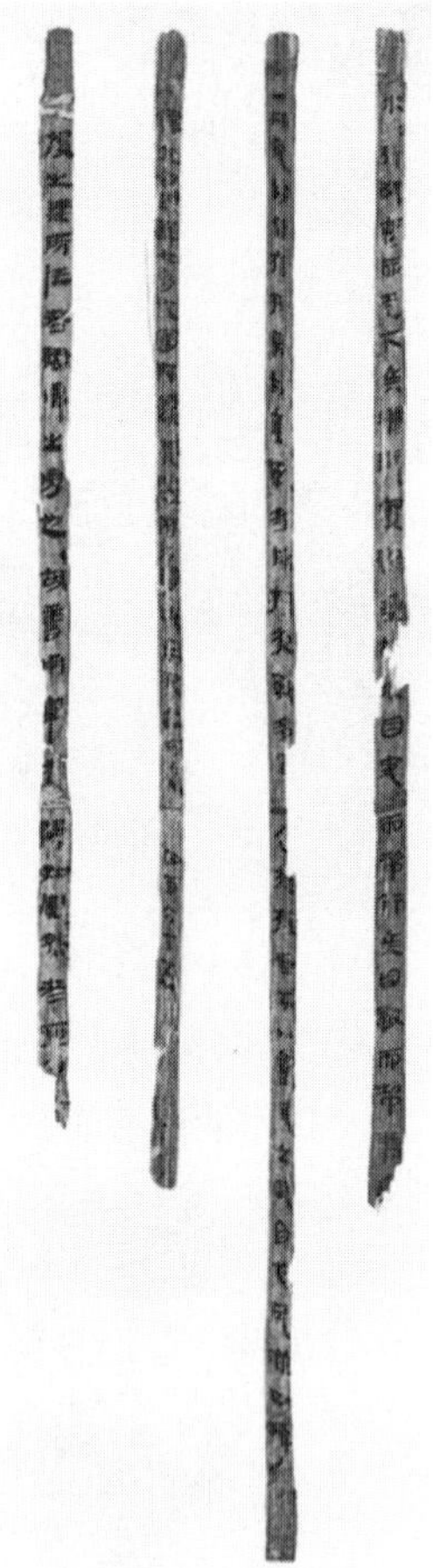

銀雀山漢簡『孫子兵法』

初期の墓が発見され、その副葬品の中に大量の竹簡が含まれていた。これを「銀雀山漢墓竹簡《ぎんじゃくざんかんぼちっかん》」（銀雀山漢簡《ぎんじゃくざんかんかん》）と呼ぶ。銀雀山漢簡は民間人によって手荒く搬出されたため、竹簡の損傷がひどく、その多くが断裂した。その後の整理と解読の結果、総数は約七五〇〇枚、そのうち文字が確認できる竹簡は約五〇〇〇枚であった。字体は隷書《れいしょ》に属し、前漢の文帝《ぶんてい》、景帝《けいてい》の頃から武帝《ぶてい》初期に至るまでに書写されたものと推定されている。竹簡の内容は、『孫子《そんし》兵法《へいほう》』『孫臏兵法《そんぴんへいほう》』『尉繚子《うつりょうし》』『六韜《りくとう》』などの古代兵書をはじめ、『晏子《あんし》』『管子《かんし》』といった諸子に関する書や、陰陽《いんよう》雑占《ざっせん》などの佚書《いつしょ》（古代に散佚し、その存在すら知られていなかった文献）も含まれていた。兵書を多く所有していたことから、墓主は軍事家であったと推定されている。

銀雀山漢簡の中でとりわけ注目を集めたのは、『孫子兵法』と『孫臏兵法』であった。なぜなら、銀雀山漢簡『孫子兵法』は現行本『孫子』一三篇とほぼ対応する兵書であり、銀雀山漢簡『孫臏兵法』は斉の孫臏に関わる兵書であることが明らかになったからである。

銀雀山漢簡『孫子兵法』には地形篇のみ現存しないが、篇名が記された木牘《もくとく》（木の札）が同時に出土しており、そこには九地篇の前に「□形」とある。□部分は木牘が欠損していて判読できないが、おそらく地形篇を指しているとみられ、元々は一三篇すべてが揃っていた可能性が高い。また、一三篇以外に孫武や『孫子』に関係する篇が五篇あり、その中には『史記』に見える宮中の美女の練兵についての記述もある。

一方、銀雀山漢簡『孫臏兵法』には、「孫子」すなわち孫臏と、斉の威王《いおう》や斉の将軍田忌《じんき》との問答が記されている。その内容は、計謀と情報の重視、虚と実との見きわめ、奇策の運用、軍事における気と勢の思想など、孫武の兵法の特質を受け継いだものであった。また、『孫臏兵法』陳忌問塁《ちんきもんるい》篇には、「孫氏の道を智《し》る者は、必ず天地に合《がっ》す」という記述があり、ここで言う「孫氏の道」とは、孫武以来の兵法が「孫氏」の家学として継承されていたことを示すものである。ただし、孫武と孫臏の間には一〇〇年以上の時間差があり、その間に戦争はさらに大規模化していたことから、戦争の正当性の追究や、特別部隊の編成といった孫臏独自の新たな思索が見られる。

このように、銀雀山漢簡『孫子兵法』『孫臏兵法』の発見によって、現行本『孫子』一三篇の孫臏著作説や後人偽作説は成り立たないことが立証された。現行本『孫子』一三篇はやはり春秋時代の孫武に関わる兵書であり、『漢書』芸文志に見える「斉孫子兵法」とは、まさしくこの『孫臏兵法』を指す可能性が高い。銀雀山漢簡の発見は、現行本『孫子』一三篇の成立事情や孫臏の兵法の実態を解明する上で、有力な手がかりを提供したのである。

4 孫子の名言

将軍の資質

将《しょう》とは、智《ち》・信《しん》・仁《じん》・勇《ゆう》・厳《げん》なり。

将者、智・信・仁・勇・厳也。（『孫子』計篇）

【訳】将軍が備えるべき能力は、智（智恵）・信（信頼）・仁（思いやり）・勇（勇気）・厳（厳格）である。

智とは、情報を的確に分析し、常に冷静な判断を下すことができる才知。信とは、国家に忠誠を尽くし、君主からも士卒からも信頼を得ることができる誠信。仁とは、士卒の生命を尊重し、思いやる仁慈の心。勇とは、敵を恐れず常に最前線で指揮をとり、時には敵中を突破するといった困難に立ち向かう勇気。厳とは、私情に溺れることなく、軍律を維持できる厳格さ。将軍にはそういった資質が求められる。

さらに、将軍として犯してはならない五つの禁忌として、次のように述べる。

将に五危《ごき》有り。必死《ひっし》は殺され、必生《ひっせい》は虜《とりこ》にせられ、忿速《ふんそく》は侮《あなど》られ、廉潔《れんけつ》は辱《はずかし》められ、愛民《あいみん》は煩《わずら》わさる。凡《およ》そ此《こ》の五者は、将の過《あやま》ちなり、用兵《ようへい》の災《わざわ》いなり。軍を覆《くつがえ》し将を殺すは、必ず五危を以《もっ》てす。察《さっ》せざるべからざるなり。（『孫子』九変篇）

将軍には五つの禁忌がある。はじめから必死の覚悟でいる者は殺され、生きのびることだけを考えている者は捕虜になり、短気で怒りに任せて行動を起こす者は侮られ、過度に清廉潔白な者はそれを逆手に取られて辱められ、民を慈しむ気持ちが過ぎる者はそれに煩わされて戦闘に集中できない。この五つは、将軍の過失であり、用兵のわざわいとなる。軍隊を覆滅させ、将軍を死に追いやるのは必ずこの五つの禁忌による。だから深く洞察しなければならない。

つまり、将軍としての資質を備えていても、それが度を超え、他の資質とのバランスを欠くと、将軍の欠点となってしまうのである。

将軍については、「夫《そ》れ将《しょう》とは、国の輔《ほ》なり。輔周《しゅう》なれば則ち国必ず強く、輔隙《げき》あれば則ち国必ず弱し」（『孫子』謀攻篇）とあるように、軍の最高指揮官であるだけでなく、国家の補佐役とみなされている。補佐役が注意深く周到な人物であれば、その国は必ず強くなり、隙だらけの人物であれば、その国は必ず弱体化する。また、「将能《のう》にして君御《ぎょ》せざる者は勝つ」（『孫子』謀攻篇）とも述べ、将軍が有能であり、君主が将軍に干渉しないことが、勝因の一つとされている。政治と軍事の最高責任者は君主であるが、いったん軍が出動すれば、現場の最高指揮官である将軍が全権を握る。戦争に勝つためには、君主と将軍の信頼関係も重要となるのである。
将軍として備えるべき資質があること、そして、君主との信頼関係を築いていること、これらは戦いを勝利に導くために必要な条件なのである。

短期決戦が大切

兵は拙速《せっそく》なるを聞くも、未《いま》だ巧久《こうきゅう》なるを睹《み》ざるなり。

兵聞拙速、未睹巧久也。（『孫子』作戦篇）

【訳】戦争では、まずい点があっても迅速に切り上げることはあるが、長引いてうまくいくというのは見たことがない。

『孫子』は、戦争が長期化することで国家の利益になったことはないと述べ、速やかな勝利こそが理想であるとする。戦争が長引けば長引くほど、兵士たちの士気は衰え、国力は消耗し、国家が衰退していくことになるからである。孫武が経験したとされる春秋時代の呉越戦争は、数十年にわたる長期戦であった。呉と越は国家の存亡をかけて戦い、親子二代にわたる戦争の末、呉は滅亡、越もやがて楚に吸収された。そういった時代背景も踏まえた一節であると考えられる。

また、「兵は勝ちを貴《たっと》び、久しきを貴ばず。故に兵を知るの将《しょう》は、民の司命《しめい》、国家安危《あんき》の主《しゅ》なり（戦争は勝利を尊重するが、長期戦になることを良しとしない。だから戦争を熟知した将軍は、民衆の死生を左右する司令塔であり、国家の存亡を握る主宰者である）」（『孫子』作戦篇）とあり、ここでも長期戦が否定されている。戦争がもたらす国家経済への圧迫を考慮すれば、長期戦は絶対に避けなければならない。こうした戦争の本質を熟知した将軍のみが、民衆の死生と国家の存亡をその身に託されることになるのである。

速さを重視するという点では、「兵の情は速を主《しゅ》とす。人の及《およ》ばざるに乗じて、不虞《ふぐ》の道に由《よ》り、其の戒《いまし》めざる

「知己知彼，百戦不殆」（山東省恵民・孫子故園）

所を攻むるなり（軍隊の実情は、迅速であることを第一とする。敵の隙につけこんで、予測されていない手段を用い、敵が警戒していないところを攻撃するのである）」（『孫子』九地篇）とも述べ、スピードが敵の不意をつき、勝利をもたらすと言っている。単にスピードが速いだけではなく、組織的に行動することでさらに勢いが増し、大きな力を生み出すことができる。同じ兵力数でも、速やかに行動している場合と、ぐずぐず駐屯を繰り返してなかなか行動しない場合とでは、明らかに前者が有利となり、勝利を得ていくことになるのである。

現代語で「拙速」は「できはよくないが、仕事がはやいこと」を指し、悪い意味で使われることも多い。しかし、『孫子』においては決してそうではなく、その速さが高く評価されている。有名な「兵は拙速を尊ぶ」という言葉はこの一節を踏まえているのである。

情報収集の重要性

彼《かれ》を知り己《おのれ》を知れば、百戦して殆《あや》うからず。　　知彼知己、百戰不殆。（『孫子』謀攻篇）

【訳】敵軍の実情を知り、また自軍の実態を知っていれば、百たび戦っても危ういことはない。

「彼を知らずして己を知れば、一勝一負《いっしょういっぷ》す。彼を知らず己を知らざれば、戦う毎《ごと》に必ず殆《あや》うし（敵軍の実情を知らないが、自軍の実態を知っていれば、勝ったり負けたりする。敵軍のことを知らず、また自軍のことをも知らないのであれば、戦うたびに身を危険にさらすことになる）」（『孫子』謀攻篇）と続く。

ここでは、情報収集の重要性が述べられており、勝算は自軍と敵軍の戦力の比較によって明らかになっていくことを指摘している。『孫子』の中に、間諜《かんちょう》（スパイ）の活用と情報戦について説いた用間篇があるのも、そういった理由からであろう。

この節が見える『孫子』謀攻篇の冒頭には、軍隊を運用する際の原則として、次のように述べる。敵国を保全したまま勝利するのが最上の策であり、敵国を撃破して勝利するのは次善の策である。敵の「軍」（周代の軍隊編成では、一軍は一二五〇〇人）を保全したまま勝利するのが最上の策であり、敵の軍を撃破して勝利するのは次善の策である。敵の「旅」（五〇〇人編成）を保全したまま勝利するのが最上の策であり、敵の旅を撃破して勝利するのは次善の策である。敵の「卒」（一〇〇人編成）を保全したまま勝利するのが最上の策であり、敵の卒を撃破して勝利するのは次善の策である。敵の「伍」（五人編成、軍の最小単位）を保全したまま勝利するのが最上の策であり、敵の伍を撃破して勝利するのは次善の策である。だからこそ、「百戦百勝は、善の善なる者に非《あら》ざるなり。戦わずして人の兵を屈するは、善の善なる者なり」、すなわち百たび戦って百勝するのは最善ではなく、戦わずに敵の兵力を屈服させることこそが最善の策である。

しかし、毎回都合良く最善の策を行えるわけではない。そこで、次に優先されるのは外交交渉である。それでもうまくいかなければ野戦、最悪の事例は城攻めである。なぜなら、城攻めには敵の一〇倍の兵力を必要とするからである。このように優先順位をつけているのは、たとえ勝利しても敵軍を壊滅させれば、戦後の復旧に多大な時間と経費を要すること、勝利を求めた結果、国力が消耗して経済破綻を招くことになるということを考えてのことである。

直接的な軍事力の発動はできるだけ避け、謀略の段階で勝利する、すなわち「戦わずして勝つ」こと。これこそが『孫子』において最善の策であり、「謀攻《ぼうこう》」なのである。

なお、「知彼知己（彼を知り己を知る）」は、現代中国語では「知己知彼」という語順の成語として広く使われている。相手のことを知るだけでなく、自分のことをも知る、これは戦場以外の場面でも十分通用する示唆に富む一節である。

水のように変化せよ

夫《そ》れ兵の形《かたち》は水に象《かたど》る。　夫兵形象水。（『孫子』虚実篇）

【訳】そもそも軍の形は水の姿を理想とする。

その理由として、次のように続く。

水の行は、高きを避けて下に趨《おもむ》く。兵の形は、実《じつ》を避けて虚《きょ》を撃つ。水は地に因《よ》りて流れを制し、兵は敵に因りて勝ちを制す。故に兵に常勢《じょうせい》無く、水に常形《じょうけい》無し。能《よ》く敵に因りて変化して勝ちを取る者、之《これ》を神《しん》と謂《い》う。（『孫子』虚実篇）

水の流れは、高い所を避けて低い所へ向かっていく。軍の形も、敵の「実」（充実した陣）を避け、「虚」（手薄な陣）を攻撃するべきである。水は地形に従って流れを決め、軍は敵の態勢に応じて勝ちを制するのである。だから軍には一定の勢いというものはなく、水にも決まった形はない。敵の態勢に応じて巧みに変化して勝利を収める者、これを「神」と言う。

『孫子』は、情勢の変化や地形に柔軟に対応し、「水」のように変化せよと説く。水のように巧妙に動くことができる軍隊は、姿のない無形の軍隊として敵に恐れられることになるからである。

理想の姿を「水」にたとえる例としては、道家の老子《ろうし》があげられる。『老子』には、「上善《じょうぜん》は水の若《ごと》し」（『老子』第八章）とあり、最上の善は水のようであるとしている。また、「天下に水より柔弱《じゅうじゃく》なるは莫《な》し」（『老子』第七八章）と述べ、水以上に柔弱なものはないが、どんなに堅くて強いものも水には勝てないと説く。

兵学における水の思想は、戦国時代中期に成立したとされる兵書『尉繚子《うつりょうし》』にも引き継がれている。

勝兵《しょうへい》は水に似たり。夫れ水は至りて柔弱なる者なり。然れども触るる所は丘陵《きゅうりょう》も必ず之《これ》が為《ため》に崩《くず》る。異無きなり。性専《もっぱ》らにして触るること誠なればなり。（『尉繚子』武議篇）

勝利を収める軍隊というのは、水のようである。水はこれ以上なく柔弱なものである。しかし水が触れるところは、巌《いわお》や丘さえも必ず崩れさせる。特別な理由はない。そのひたすらな性格でただ誠実に触れているだけなのである。

『孫子』は戦況に応じて自在に変化する軍隊を「水」にたとえ、『尉繚子』では「柔弱」な「水」が讃えられている。生命に欠かせない「水」は、兵学でも尊重される存在だったのである。

敵を欺くことが戦いの基本

兵は詐《さ》を以《もっ》て立ち、利を以て動き、分合《ぶんごう》を以て変《へん》と為《な》す者なり。

兵以詐立、以利動、以分合爲變者也。（『孫子』軍争篇）

【訳】戦争は敵を欺《あざむ》くことを根本とし、利益のあるところに従って行動し、分散と集合を用いて巧みに変化するものである。

この箇所に続く文は、「風林火山《ふうりんかざん》」という四字熟語として広く知られている。

故に其《そ》の疾《はや》きこと風の如《ごと》く、其の徐《しず》かなること林の如く、侵掠《しんりゃく》すること火の如く、動かざること山の如く、知り難《がた》きこと陰《かげ》の如く、動くこと雷震《らいしん》の如くして、郷を掠《かす》むるに衆《しゅう》を分かち、地を廓《ひろ》むるに利を分かち、権《けん》を懸《か》けて動く。迂直《うちょく》の計を先知《せんち》する者は勝つ。此《こ》れ軍争の法なり。（『孫子』軍争篇）

だから迅速に行動するときは風のように、静かに姿を隠すときは林のように、侵略するときは火のように、動かずに防御するときは山のように、実態をわかりにくくさせるときは暗闇のように、動き出すときは雷が震《ふる》うようにして、村里から掠奪《りゃくだつ》するときには兵士を分散させて効率よく収奪し、土地を奪って拡大するときには利益となる要地に兵士を分けて守らせ、はかりにかけて（臨機応変に）行動する。迂回路《うかいろ》を近道に変える手段を敵より先に察知する者は勝つ。これこそが軍争の法である。

『孫子』は、戦争の基本的性格は「詐」（いつわり）であるとして、巧妙な計略によって敵を欺くことを根本とし、「利」（利益）に合致するかどうかが行軍の際の判断基準になると説く。また、軍隊の運用には「分」（分散）と「合」（集合）を用いるべきであると述べている。「分」とは、部隊を複数に分け、それぞれ別ルートを進撃させることであり、敵を挟み撃ちにする場合などに有効な戦法である。「合」とは、兵力を分散させずに一点に集中させることであり、敵の主力部隊を一気に突き崩す場合などに有効な戦法である。

さらに重要なのは、「分」と「合」とを巧みに組み合わせ、戦況に応じて変幻自在に行動することである。これを実際に行うことができる軍隊は俊敏で力強く、臨機応変にその姿を変えることができる。これが本篇の篇題である「軍争」そのものを表している。

なお、版本によっては、「不動如山（動かざること山の如く）」と「難知如陰（知り難きこと陰の如く）」の順序が逆に記されている場合がある。日本の戦国武将、武田信玄《たけだしんげん》の軍旗は「風林火山」の順となっている版本の前四句を採用したものと考えられている。

組織を団結させる方法

善《よ》く兵を用いる者は、譬《たと》えば率然《そつぜん》の如《ごと》し。率然とは、常山《じょうざん》の蛇《へび》なり。

善用兵者、譬如率然。率然者、常山之蛇也。（『孫子』九地篇）

【訳】うまく軍隊を運用する者は、たとえるならば「率然《そつぜん》」のようなものである。率然とは常山《じょうざん》にすむ蛇のことである。

ここでは、組織を団結させ、戦うエネルギーを生み出す方法が問答形式で説かれており、「常山蛇勢《じょうざんだせい》」や「呉越《ごえつ》同舟《どうしゅう》」という故事成語の出典としても有名な箇所である。

其《そ》の首を撃てば、則ち尾至る。其の尾を撃てば、則ち首至る。其の中を撃てば、則ち首尾倶《とも》に至る。敢《あえ》て問う、兵は率然《そつぜん》の如くならしむべきか。曰く、可なり。夫れ呉人と越人と相悪《あいにく》むや、其の舟を同じくして済《わた》りて風に遇《あ》うに当たりては、其の相救《あいすく》うや、左右の手の如《ごと》し。（『孫子』九地篇）

その首を撃てば、尾がそりかえって反撃する。その尾を撃てば、首がかみついて反撃する。体の中心部を撃てば、首と尾の両方が襲ってくる。あえておたずねしよう、軍隊も率然のようにすることはできるのか。孫武は言う、できる。そもそも呉の国の人とその隣国の越の人とは互いに憎しみ合う関係であるが、同じ船に乗って河を渡る際、強風にあって船が転覆しそうになると、互いに助け合い、その様子はまるで左右の手のようである。

「常山蛇勢」は、この蛇の様子から、前後左右のどこにも死角・欠点がないという意味で使われる。「常山」と記されている山は、現在の河北省曲陽県の西北にある山で、五岳の一つに数えられる名山である。この「常山」は、銀雀山漢簡『孫子兵法』では「恒山《こうざん》」と表記されている。これは、もとは「恒山」で、後世、「常山」に改められたことを示している。「恒」が「常」に改められた理由は、前漢の文帝・劉恒《りゅうこう》の諱《いみな》を避けたからである。古代中国では、皇帝の実名（諱）を記すことを避ける「避諱《ひき》」という慣習があった。その方法としては、ほぼ同じ意味の別字に改める（「常」「恒」は、ともに「つね」の意）、同じ音の別の字に改める、その漢字の最後の一画を欠いたままにするなどがある。この山の名も、避諱によって「恒山」から「常山」へと表記が変わったのである。

「呉越同舟」は、仲の悪い者同士が同じ所に居合わせたり、一緒に行動したりするという意味で使われることが多いが、本来は、敵同士でも困難なときには助け合うという意味である。「呉越同舟」の部分以下は、厳しい環境の下で発揮される兵士各人の奮闘について述べられている。生き延びられる見込みのない窮地に兵士を追い込めば、兵士は危険を恐れなくなり、一致団結するようになる。ゆえに、あえて戦うしかない状況に陥らせるのも手段の一つであるとされている。

なお、「臥薪嘗胆《がしんしょうたん》」（目的を果たすために努力し苦労するという意味）や「会稽《かいけい》の恥《はじ》」（敗戦の恥辱《ちじょく》を表す語）も、呉と越の戦いがもとになった故事成語である。

参考文献

【一般的・入門的文献】

① 金谷治『新訂　孫子』（岩波文庫、二〇〇〇年）

＊一九六三年に刊行された『孫子』の訳注書（『宋本十一家注孫子』を底本とし、各種版本との校勘が行われている）に、竹簡の新資料との校勘をあわせた新訂版。原文・訓読・現代語訳・注釈からなり、冒頭には孫子の解説、巻末には『史記』の孫子伝（孫武・孫臏）の現代語訳と、重要語句索引を付す。

② 町田三郎『孫子』（中公文庫、二〇〇一年）

＊訓読・現代語訳・注釈で構成されている訳注書。『宋本十一家注孫子』を底本とし、各種版本との校勘が行われている。二〇一一年に「中公クラシックス」（中央公論新社）として、湯浅邦弘の解説が付されて刊行された。

③湯浅邦弘『よみがえる中国の兵法』（大修館書店、二〇〇三年）

＊中国の兵法を現代的視点から解説したもの。『孫子』だけでなく中国の代表的な兵書を取り上げており、銀雀山漢墓竹簡などの新資料によって得られた研究成果を豊富に盛り込みつつ、古代兵法の実態を明らかにしている。また、兵書中の名言名句を取り上げてテーマごとに再編し、その意味と現代的意義を解説している。

④湯浅邦弘『孫子・三十六計』（角川ソフィア文庫、二〇〇八年）

＊『孫子』と『三十六計』（中国兵法の教えの重要な部分をわかりやすく三六の計謀にまとめた書）とを収録した初心者向けの訳注書（『孫子』は抄訳）。原文・訓読・現代語訳と解釈で構成され、要所要所にコラムが盛り込まれている。

⑤湯浅邦弘『孫子の兵法入門』（角川書店、二〇一〇年）

＊『孫子』に代表される中国の兵法を、作戦立案やスパイ活用法などのテーマに分け、平易に解説した入門書。時代ごとに変遷する中国兵法の系譜を追っているところに特色がある。兵法の用語や兵書名を簡潔にまとめた「中国兵法小事典」が付されている。

【専門的文献】

①浅野裕一『孫子』（講談社学術文庫、一九九七年）

＊一九八六年に出版された『中国の古典　孫子』（講談社）を再刊行したもの。従来、多く用いられている宋代のテキストではなく、銀雀山漢簡『孫子兵法』を底本とした訳注書。現代語訳・訓読・原文・注釈・解説で構成され、巻末には『孫子』に関わる事柄を広く解説している。

②湯浅邦弘『中国古代軍事思想史の研究』（研文出版、一九九九年）

＊春秋戦国時代から漢代に至るまでの中国の軍事思想の展開・変遷について論じており、中国の戦争観や平和観の特質を明らかにしている。銀雀山漢簡を含む、中国古代軍事思想史の先行研究もまとめられており、研究事情の詳細がわかる。

③岳南著、加藤優子訳、浅野裕一解説『孫子兵法発掘物語』（岩波書店、二〇〇六年）

＊銀雀山漢簡の出土・解読・考証にあたった当時の関係者に取材し、発掘時の裏側をドラマチックに描いた歴史ドキュメンタリー。発掘当時の状況とその後の経過や、『孫子兵法』『孫臏兵法』の内容などについて詳細に解説している。

④湯浅邦弘『戦いの神——中国古代兵学の展開』（研文出版、二〇〇七年）

＊中国古代の戦争神の変容を追いながら、古代中国における戦争観・平和観の特質について考究している。また、戦争神の行方と密接に関係する中国的文武観や、唐宋時代の主要兵書についても考察を加えている。

⑤金谷治『孫臏兵法——もうひとつの『孫子』』（筑摩書房、二〇〇八年）

＊一九七六年刊行の『孫臏兵法』（東方書店）をもとに再編。原文・訓読・注釈・現代語訳で構成される。うち一五篇は、刊行当時は『孫臏兵法』の一部とみなされていたため、「『孫臏兵法』下編」として収録されている。

▼コラム　古代兵法に学ぶリーダーシップ

孫子は、将軍が備えるべき能力として、智《ち》（智恵）・信《しん》（信頼）・仁《じん》（思いやり）・勇《ゆう》（勇気）・厳《げん》（厳格）の五つをあげる。しかし、果たして将軍たちは、この孫子の理想に沿って、軍隊を統率する能力を身につけていたのであろうか。

それを解明する手がかりとして、一九七二年に山東省で発見された銀雀山漢墓竹簡《ぎんじゃくざんかんぼちっかん》（銀雀山漢簡《ぎんじゃくざんかんかん》）の文献に注目してみたい。銀雀山漢簡には、『孫子』より後に展開された兵法を記した文献が含まれており、その中には将軍を主題とした文献がある。ここでは、『将敗《しょうはい》』という文献を取り上げてみよう。『将敗』では、将軍の素質上の欠点を次のように列挙する。

自分には能力がないのに能力があると考える、驕《おご》り高ぶる、地位に貪欲である、財物に貪欲である、軽々しい、行動が遅い、勇気が足りない、勇気があっても力は弱い、信条が足りない、決断力がない、しまりがない、なまける、人に害を加える、自分勝手である、自分から乱れる。

この文献は竹簡に欠損があるため、いくつかの項目を読むことはできないが、将軍の欠点を実に簡潔に記している。そして最後には、「欠点が多い者は失敗も多い」と締めくくられている。将軍に欠点が多いために失敗するということは、敗戦にもつながる非常に深刻な問題であり、軽々しくとらえることのできない言葉である。

注目すべきは、欠点の内容が決して解決困難なものではなく、人としてごく基本的な項目ばかりである点である。こうした内容があえて述べられているということは、理想と現実との乖離が常に問題としてあったことを暗に示している。つまり、孫子の理想どおりには、なかなかいかなかったのである。

　このような欠点の事例は、軍隊の将軍に限らず、集団を指揮・統率するリーダーに置き換えても十分通用するものであり、現代においても教訓として生かすことができる普遍的なものである。

　銀雀山漢簡の中には『将敗』以外に、将軍が作戦を失敗する状況を説く『将失《しょうしつ》』、将軍が備えるべき徳について述べる『将徳《しょうとく》』、将軍が備えるべき素質を提示する『将義《しょうぎ》』などがあり、これらはいずれも箇条書き風に簡潔に記されている。こうした文献が執筆された背景には、やはり将軍としての立場の難しさを痛感し、試行錯誤が繰り返されていたという状況が考えられよう。

　なお、これらの文献は当初、孫臏《そんぴん》（孫武の約一〇〇年後の子孫）の兵法を説いた、『孫臏兵法《そんぴんへいほう》』の一部と考えられていた。しかし、文献の中に「孫子」の名称が見えないことや、『孫臏兵法』の一部と断定できる根拠が不足しているといった理由から、現在では『孫臏兵法』とは別のものではないかとの判断がなされている。

　銀雀山漢簡には、これらの文献以外にも箇条書き風の文献が多く含まれている。これは深刻な戦時状態を背景として、そのポイントをマニュアル化しようという意図があったためであると推測される。ただし、その内容は決して『孫子』の基本的精神を逸脱するものではなく、あくまで『孫子』をベースに書かれたものであることは注目しておきたい。

第七章　司馬遷——正史の創始者

寺門日出男

君主と臣下の信頼関係

士は己を知る者の為に死し、
女は己を説《よろこ》ぶ者の為に容《かたちづく》る。

士爲知己者死、女爲說己者容。
（『史記』刺客列伝《しかくれつでん》）

【訳】男は自分を理解してくれる者のために命を捧げ、女は自分を気に入ってくれる者のために身だしなみを飾る。

司馬遷（『三才図会』より）

1 司馬遷の生涯

生い立ち

司馬遷《しばせん》の伝記としては、『史記』太史公自序《たいしこうじじょ》（以下、「自序」と略称）と、『漢書』司馬遷伝とがある。前者は自伝であり、後者は「自序」にもとづいてはいるが、司馬遷が友人・任安《じんあん》に宛てた手紙（以下、「報任安書」と略称）が加えられたものである。いずれも司馬遷の生年について記載がないが、現在のところ紀元前一四五年生まれとする説が有力である。その生涯は前漢王朝（前二〇六～紀元八）の絶頂期・武帝（在位前一四一～前八七）の治世にほぼ重なる。出生地は河陽県竜門《かようけんりゅうもん》（現在の陝西省韓城市）で、都長安から約二〇〇キロメートル東北の地である。そこで農耕・牧畜に従事する幼少期を送る。

建元四年（前一三七）、父の司馬談《しばだん》が太史令《たいしれい》に任ぜられる。太史令がどの程度の官職であったかについては諸説あるが、歴史記録・暦法などを職掌とする史官で、それほど高い地位の官ではなかったようである。父の任官を機に司馬遷も上京し、長安郊外の茂陵《もりょう》に移り住む。「自序」に、「十歳にして則ち古文を誦す（暗誦した）」とあるが、彼は孔安国《こうあんこく》（孔子一一世の子孫）について『書経』を、董仲舒《とうちゅうじょ》からは『春秋』を学ぶ。『書経』・『春秋』はいずれも五経（儒教の教典）の一つであり、歴史書でもある。また、孔安国と董仲舒の二人は、それぞれの経書については、いずれも当代きっての大学者である。司馬遷一〇歳の年は、ちょうど五経博士が置かれた年でもある。父親が若い頃に学んだ学問は道家系のものが中心であったが、おそらく時代の流れを察知し、将来息子が史官として活躍できるよう、また、宮廷で出世できるようにと、当時望みうる最高の教育を受けさせたのであろう。

青年時代

元朔《げんさく》三年（前一二六）、司馬遷は国内をめぐる旅へと出発する。この旅行の目的が何だったのか、よくわかっていない。その期間や旅程についても、正確なことはよくわからない。しかし、気ままな自由旅行などではなく、将来のために見聞を広める目的だったのではないかと考えられる。当時、一般人が旅行を楽しむという習慣はなく、道路も宿泊設備も整っていなかった。そのため、大変な苦労を伴う旅行であったようである。「自序」には、「鄱《は》・薛《せつ》・彭《ほう》（いずれも当時の地名）で大変な困難に出遭った」という司馬遷自身の言葉が残されている。それでも、今までに自分が見たこともない、未知の世界を巡る旅が、二〇歳の多感な青年に与えた影響は、相当に大きかったと思われる。『史記』中には、この時の見聞や体験が、ところどころ記されている。

旅行を終えた時期は不明だが、司馬遷は都に戻ると郎中《ろうちゅう》という官に任命される。この官は高位ではなかったが、皇帝に近侍する役職であり、出世コースの第一段階ともいえるものであった。その後、司馬遷がどのような官職を歴任していったのか、一切記録がなく、詳細は不明だが、「自序」には、武帝の地方巡幸に随行したことや、勅命で「巴《は》・蜀《しょく》（現在の四川省あたり）以南に西征」したといった記述があり、武帝の信任を得て忙しく働いていた様子がうかがえる。

元鼎《げんてい》七年（前一一〇）、武帝は封禅《ほうぜん》の儀式を挙行する。封禅とは、泰山の頂上に祭壇を築き、天下が太平であることを天地の神に報告・感謝する儀式で、これまで伝説時代の帝王を除いては、秦の始皇帝しか挙行したことがないという、一大行事である。太史令であった父・司馬談も、この儀式に参加するため、武帝に従って長安を出発する。伝説の儀式を直接目にし、ぜひともそれを記録しなければという使命感に燃えていたであろう。以前から司馬談は、歴史記録を収集整理して一書にまとめることが、史官としての務めであると考えていた。

ところが、理由はよくわからないが、司馬談は途中の洛陽に留められ、儀式に参加することはできなかった。司馬談は無念のあまり病床に臥し、そのまま洛陽で死を迎える。この頃、司馬遷は西南夷に出張していたが、その帰途洛陽に立ち寄り、何とか父の最期を看取ることができた。司馬談は息子の手をとって封禅の儀式に参列できなかった無念の思いを述べるとともに、自分が執筆途中の歴史書『史記』を完成させて司馬家の名を上げるよう、遺言する。司馬遷は涙を流しながら、その完成を誓った。

李陵の禍

元封《げんぽう》三年（前一〇八）、司馬遷は父の後を継いで太史令となる。就任後も武帝の地方巡幸に従ったり、新しい暦の作成を命ぜられるなど公務に追われていたが、その一方で父との約束を果たすため、資料収集や執筆を続ける、多忙な、しかし充実した毎日であったと思われる。そんな彼を突如襲ったのが、いわゆる「李陵《りりょう》の禍」である。

天漢《てんかん》二年（前九八）、武帝は大規模な匈奴《きょうど》討伐軍を派遣する。李陵は別動隊として五千の歩兵を任され、匈奴の大軍を相手に善戦していた。しかし、味方の裏切りのため敗れ、匈奴に生け捕りにされてしまう。中国では、敗れた軍の司令官は、自殺するべきであると考えられていた。李陵がこともあろうに敵に降伏したという報告を受けると、それまで連戦連勝の李陵を称えていた宮廷の群臣は、一斉に李陵を非難・罵倒する。司馬遷だけが敢然と李陵を弁護するが、武帝の逆鱗に触れ、死刑を宣告されてしまう。

この時代、死刑宣告をされてなお、生き延びる方法が二つあった。一つは五〇万銭を納めて処刑を免れる方法である。身分は庶民に落とされるが、刑罰は受けなくてすむ。だが、これは莫大な金額で、「家貧しくして財賂《ざいろ》以て自ら贖《あがな》うに足らず」（「報任安書」）というように、司馬遷には到底払えるものではなかった。もう一つの方法が、死刑の代わりに宮刑《きゅうけい》（去勢する刑罰）を選択することであった。しかし、この方法は司馬遷のような儒教教育を受けた人間にとっては、到底受け入れがたいものであった。

そもそも、士大夫階級の人間は、「刑は大夫に上さず（執行しない）」（『礼記』曲礼篇）とあるように、本来、刑罰を受けないのである。『孝経』（儒教の教典の一つ）にも、自分の身体は親から頂いたものであるから、決して損傷しないことが孝の基本である、という教えがあった。したがって万一、刑の宣告を受けた時には、刑を執行される前に自殺するのが士大夫としての常識であった。とりわけ生殖機能を失う宮刑に対しては、強いタブー意識があった。司馬遷にとっても、自殺を選択する方が精神的には、はるかに楽であったろうと思われる。しかし、それでは父の遺命である『史記』を完成させることはできなくなる。やはり『孝経』に、立身出世して名を後世に残し、それによって父母の名前を有名にすることが、孝の最上のものであるという教えがある。宮刑を選択することは孝の基本から外れることになるが、『史記』を完成させれば、最上の孝を成し遂げることができる。結局、司馬遷は後者を選ぶ。処刑後も、すぐに自由の身にはならず、しばらくは獄中に留まることとなった。

発憤著書

太始元年（前九六）、司馬遷は大赦によって出獄し、やがて中書令《ちゅうしょれい》に任ぜられる。この官職は、皇帝の側近にあって上奏文《じょうそうぶん》を取り次ぐ、かなり高位のものである。おそらく武帝は、かつて腹立ち紛れに死刑を言い渡したことを後悔し、有能な官僚・司馬遷を身近に置きたいと考えたのであろう。しかし、宮廷への復帰は、新たな精神的苦痛をもたらす。服を着ても、宮刑を受けた者はそれとわかるからである。すなわちホルモンバランスが崩れるため、ひげが抜け（本章扉参照）、体型も丸みを帯びてくる。かつて中国の男性が皆、ひげを生やしていたのは、自分が宮刑を受けていないことを明らかにするためでもあった。出獄後の自身の状況について、「一日に九回、腸がねじれる」ような苦しみを味わい、屈辱を思い返すたびに「汗が背中を流れ落ちる」（「報任安書」）、と述べていることから推察すると、復帰した司馬遷を待っていたのは、人々の好奇の眼差しと嘲笑であったのだろう。こうした屈辱にまみれながらも、司馬遷は全精力を『史記』執筆に傾けたのである。

『史記』の完成は征和四年（前八九）頃と推定されている。その二年後の後元二年、武帝が崩御する。司馬遷の没年もほぼ同じ頃であろうとされている。

2 司馬遷の思想

儒教の影響

「自序」には、父親の司馬談が、当時の主要な六つの思想家（陰陽家・儒家・墨家・名家・法家・道家）について論評した、「六家要旨《りっかようし》」と言われる論文が引かれている。その中で各思想家それぞれの長所短所が挙げられているが、道家についてだけは長所しか書かれていない。司馬談は若い頃に道家系の学問を中心に学んでおり、また、前漢初期は道家思想が重んじられていたため、そのような評価をしたのであろう。

一方、司馬遷は、『春秋』・『書経』を中心に学んでおり、儒家思想の持ち主であったといえる。もっとも当時は儒教が国教になったばかりの頃であり、国教としての地位が不動のものとなって以降の儒家思想とは、若干異なる。具体的には、自身が学んだ儒家思想だけに固執することなく、「百家の雑語を整斉」（「自序」）、すなわち諸子百家の長所を取り入れることで、独自の思想を完成させようとしていたのである。そのため、後の儒家的価値観とは相容れないところが、『史記』には見られる。たとえば、司馬遷は遊侠（やくざ）列伝、貨殖《かしょく》（大金持ち）列伝といった伝を立て、彼らを論評して一定の評価を与えている。

これに対し、後漢の班彪《はんぴょう》（三～五四年）は、遊侠列伝を「守節を賤《いや》しめて俗功を貴ぶ」もの、貨殖列伝を「仁義を軽んじて貧窮を羞《はづかし》める」ものであると、厳しく非難している（『後漢書』班彪伝）。ちなみに班彪は、『史記』を読んで感動し、その後の歴史を書き継ごうとした人物であるが、その非儒教的側面だけは許容できなかったのである。その子・班固は、父の遺業を引き継いで『漢書』を執筆した人物として名高いが、父と同様、司馬遷の史書編纂の考え方は聖人の意図に反すると批判している（『漢書』司馬遷伝）。

『史記』が、従来の史書と端的に異なる点は、人間・国家の運命について追究しようとしていることである。古来、中国では天人相関説《てんじんそうかんせつ》という思想が、一般には信じられていた。たとえば『老子』にも「天網恢々《てんもうかいかい》、疏にして失わず（天の網の目は、一見粗く見えるけれど、洩れることがない）」（第七三章）とあるように、天とは善人には賞を、悪人には罰を与える、神のような存在であると考えられていた。だが現実には、聖人孔子は不遇の生涯を送り、一方、伝説の悪人盗跖《とうせき》は悪事の限りを尽くしながら、天寿を全うしている。このように、現実には善人が報いられず、逆に悪人が栄える例が少なくない。司馬遷自身、李陵を弁護したことを曲解されて宮刑を受けなければならなかった。こうした事例や自らの体験を通して湧き上がってきた天人相関説に対する疑問が、『史記』執筆の動機のひとつであったことは疑いない。はたして人はその行いに応じて、相応の賞罰が与えられるのだろうか。国家レベルで考えた場合、良い政治を行う国は栄え、悪い君主の国はいずれ滅ぶのか。もしそうでないなら、興亡の原因はどこにあるのか。司馬遷は個々の伝を書くことを通して、この問いの答えを探していたのである。

『史記』と中国文学

司馬遷が後世の文学思想に多大な影響を与えたものとして、いわゆる発憤著書説がある。司馬遷が宮刑を受けて絶望のどん底にある時、過去の不遇な人物に思いを巡らす。すると、文王《ぶんのう》は羑里《ゆうり》に捕らわれて『易経』を著し、孔子は陳《ちん》・蔡《さい》で苦難にあって『春秋』を著し、韓非《かんぴ》は秦《しん》に捕らえられて「説難《ぜいなん》」・「孤憤《こふん》」（いずれも『韓非子』の篇名）を書いたというように、いずれも著作を著してそこに自己の志を表現し、その著作によって後世に名を残すことができたというのである。「報任安書」にも、これと同様の文があることから、発憤著書説は、司馬遷の精神を支える大きな柱であったと言えるだろう。

ちなみに、陳・蔡での苦難と『春秋』の成立とに因果関係があるとは思われないし、「説難」・「孤憤」を含む著作によって、秦は韓非を危険人物と考え、捕らえて殺害するに至るのであって、司馬遷の認識は事実とは異なるところが多々ある。しかし、この考え方は、後の文人たち、特に社会的に不遇な生涯を送った人物に受け入れられていった。

たとえば杜甫《とほ》もその一人である。李白が流罪にあったと聞き、その身を案じる詩で、「文章は命の達するを憎む（文学は文学者の栄達を憎み嫌うものだ）」（天末にて李白を懐う）という句は、李白の不遇を嘆くとともに、辺境の地をさまよう杜甫が、自身に言い聞かせるものでもあったのだろう。

3 『史記』と中国史

『春秋』と『史記』

司馬遷が最も強い影響を受けた歴史書は、儒教の経典『春秋』である。この書は魯国の隠公《いんこう》元年（前七二二）から哀公《あいこう》一四年（前四八一）に至る編年体（時代順に記事を書く形式）の歴史書である。誰が書いたのかは不明である。ただ、魯国が孔子の出身地であり、また、記述の下限が孔子の没年（前四七九）に近いことから、古来、孔子が編纂したものと信じられてきた。

『春秋』の文は簡略な歴史記録で、一見素っ気なく見える文章であるが、孔子が書いている以上、実は深遠な意図が込められているに違いないと考えられていた。『孟子』に、「孔子『春秋』を成して乱臣賊子《ぞくし》懼《おそ》る」（滕文公《とうぶんこう》下《か》篇《へん》）とあるように、歴史上の事件・人物などの記述で、一見何気ない言葉遣いに見えても、その裏に倫理的観点からの批判が隠されているというのである。

具体的にはどういうことであろうか。楚《そ》国（長江中流域にあった国）の呼称を例に説明する。古来、長江流域の諸国は、中原《ちゅうげん》（黄河中流域。黄河文明発祥の先進地域）諸国から軽蔑されることが多かった。楚国も同様で、『春秋』前半部では、正式な国名ではなく「荊《けい》・荊人」などと、地方の名で記されるのが通例であった。ところが、文公九年の記事になって、「楚子《そし》（子は子爵の意。楚は周王から子爵の位を与えられていた）」という正式の呼称で書かれるようになる。なぜこのように表記が変えられたのかといえば、楚が国家体制を整え、中原諸国と同レベルになってきたからだという（『春秋公羊伝』の解説による）。

この解釈が果たして適切なのか。そもそも『春秋』を著した人物に、そのような意図があって書き分けられたのか、よくわからない。ただ、古来、儒教的知識人の多くが、『春秋』がそのような意図によって書かれたものであると理解していたのであり、他ならぬ司馬遷もその一人であった。「自序」に司馬遷自身の言葉として、孔子が『春秋』を著したこと、同書が是非善悪を明らかにしたものであることなどが、記されていることでも、それがうかがえる。

『史記』は『春秋』のような用字法を継承しているとは、考えられていない。ただし、『史記』各巻の冒頭もしくは末尾に「太史公（司馬遷または父・司馬談の自称）曰く……」で始まる論評（論賛《ろんさん》と呼ばれる）がある点が、従来の史書には無かった新しい形式である。そこでは、歴史上の人物に対して、時に厳しい批判が加えられており、『春秋』の精神を引き継いだものと言うことができる。

司馬遷は、その構成においても、『春秋』とは異なる、独自のものを創出した。中国の歴史書は、従来、時代順に記す形式（編年体）で記されることが一般的であった。『春秋』もまた、編年体で書かれたものである。それに対し、『史記』は本紀《ほんぎ》（帝王・王朝の歴史）一二巻、表（年表類）一〇巻、書（文化制度史）八巻、世家《せいか》（諸侯の伝記）、列伝（個人の伝や、朝鮮・匈奴などの外国の伝）七〇巻の五部門から構成される、斬新なものであった。おそらく、国家や人間の運命の問題について検討する目的に対し、従来の編年体は適切ではないと考えたからであろう。

後世への影響

『史記』は、司馬談・司馬遷父子による私的な著作であったことから、しばらくの間世に出ることはなかった。『史記』が世に現れ、高い評価を受けるようになったのは、後漢王朝（二五〜二二〇年）初期の頃といわれている。

その後の正史は『史記』の形式にならって作られる。表・書・世家の三部門については採用しないものもあるが、本紀（「紀」とするものもある）と列伝（「伝」とするものもある）は、すべての正史が採用していることから、この形式を紀伝体《きでんたい》と呼んでいる。

後世、『資治通鑑《しじつがん》』（北宋・司馬光《しばこう》撰）・『続資治通鑑』（清・畢沅《ひつげん》撰）など、編年体で著された歴史書も編纂されたが、中国の正史が紀伝体で書かれ続けたことが、いかに『史記』が人々によって支持されていたかを示している。

しかし、司馬遷の批判精神は、必ずしも継承されたとは言い難い。唐代以降、皇帝が史館を設置し、そこに集められた学者が共同で編纂し、宰相が監修するという形式で正史は編纂されるようになる。こうした形態で書かれたものは、当然のことながら当たり障りのない記述が中心となる。北宋の欧陽脩《おうようしゅう》（一〇〇七～七二）が、『史記』の精神を復興することを意図して著した『新五代史』を除いて、『史記』の批判精神が正史編纂に生かされることはなかった。

『史記』の構成に影響を受けたのは中国国内だけにとどまらない。朝鮮の『三国史記』（一一四五年成立）は、新羅・高句麗・百済の三国鼎立時代から統一新羅末期までを記した、紀伝体の歴史書である。日本では『日本書紀』以来、正史は編年体で記されていたが、徳川光圀《とくがわみつくに》が編纂した『大日本史』は、『史記』にならって紀伝体で執筆された。同書では南朝が正統であることが主張されていて、幕末の思想に大きく影響した。

4 司馬遷の名言

言論弾圧がもたらす災難

民の口を防ぐは、水を防ぐよりも甚《はなは》だし。

防民之口甚於防水。（『史記』周本紀《しゅうほんぎ》）

【訳】人民の言論を弾圧することでもたらされる災難は、水をせき止めた結果、起きる災害よりもひどい。

周の臣・召公《しょうこう》の言葉。周の第一〇代の厲王《れい》（在位前八五七?～八四二?）は暗君であった。自分にへつらう臣下ばかりを重用して暴虐な政治を行い、人民に重い税を課す一方、自分は贅沢三昧をつくしていたので、周の人々は厲王を非難した。召公（周の大臣。姓は姫《き》、名は虎《こ》）がそのことを告げると、厲王は怒って自分をそしる者を摘発し、次々と殺した。その結果、王の悪口を言う者はいなくなり、人々は道で行き会っても、互いに目で合図をするだけになった。厲王が「人民の悪口を止めることができた」と自慢したのに対し、召公が言った言葉が、表記のものである。

はたして三年後、反乱が起きて厲王は亡命する。反乱軍は残された太子（後の宣王《せん》）を殺害しようとするが、召公は我が子を身代わりに立てて守り抜く。まさに、周王朝を滅亡の一歩手前まで追い込む、深刻な災難であった。この反乱を契機に、周は王政から宰相たちが合議して行う政治（共和制）へと変わっていく。

なお、我々日本人にとっても水害は身近な存在であるが、中国のそれは日本とは比べものにならない。新中国になって、三門峡《さんもんきょう》ダム建設など近代的な治水政策が実施されるようになるまでは、河北地方は頻発する水害に悩まされ続けていた。「黄色い暴れ竜」と呼ばれていた時代の黄河の洪水は、我々の想像を絶する規模である。黄河は丘陵地帯を抜けて河北平原に出ると水勢がおとろえ、上流から運んできた大量の土砂を堆積させる。川底が上がると、その分、順次堤防をかさ上げしていくしか方法がなかったので、黄河は典型的な天井川となる。やがて黄河は、土台ごと崩壊し、大水害を引き起こす。いったん堤防が決壊すれば、川底のほうが周囲より高いため、水は行き場を失って数ヶ月も引くことがなく、深刻な被害をもたらす。たとえば一九三八年、日本軍の侵攻を阻止するため、蔣介石軍が、黄河の堤防をわざと決壊させた。これは人為的なものであったが、五四〇〇〇平方キロメートル（九州と四国をあわせた面積に相当）にもおよぶ地域が水没し、数十万人にのぼる死者を出したと言われている。

この例でもわかるように、中原地方では、水害は天災の中で最も恐ろしいものと考えられていたのである。こうした風土の違いを念頭に置いて、召公の言葉は理解すべきであろう。

凡人に大物の志はわからない

燕雀《えんじゃく》安《いず》くんぞ鴻鵠《こうこく》の志を知らんや。
燕雀安知鴻鵠之志哉。（『史記』陳渉世家《ちんしょうせいか》）

【訳】燕や雀（凡人のたとえ）には、鴻鵠（白鳥などの大型の鳥、大人物をたとえたもの）の大志はわからない。

陳勝《ちんしょう》（?～前二〇八）の言葉。陳勝は陽城（現在の河南省方城県）の人で、字は渉《しょう》。陳勝は若い頃、雇われて農耕していた。ある日、農作業の合間に雇い主にむかって「もし富貴（地位が高く、財産があること）になっても、お互いに忘れないようにしましょう」と言ったところ、雇い主は「お前のような日雇いの者が、どうして富貴になれようか」とあざ笑った。陳勝はため息をついて「ああ、燕雀安くんぞ鴻鵠の志を知らんや」と言ったという。

前二一〇年、始皇帝が亡くなると、翌年、各地で反乱が起こり、やがて秦帝国は崩壊する。陳勝はその反乱の口火を切った人物として名高い。反乱を呼びかける演説で、「王侯将相寧《いず》くんぞ種有らんや（たとえ王侯や将軍・大臣であっても、どうして生まれつきの血統で決まるはずがあろうか）」と、仲間に呼びかけた言葉も、やはり陳勝の名言として有名である。

当初、陳勝の反乱は、秦の圧政に不満を持つ人々が次々に集結して、順調であった。わずか数日で数十万の兵力を有し、「張楚《ちょうそ》」という国の建国を宣言し、みずから王に即位する。しかし、日雇いの頃の仲間を裏切ったりしたことで人心が離れ、また、急激に膨張した反乱軍をコントロールできず、陳勝の勢力は急激に衰退していく。決起からわずか半年後、陳勝軍は秦軍に大敗し、陳勝は逃亡の途中、自分の部下に殺されてしまう。

陳勝のあっけない末路を見ると、果たして陳勝が「鴻鵠」と呼ぶにふさわしい存在だったのか、という疑問がでてくる。そもそも、日雇い時代のこの名言を、本当に陳勝が言ったのかということも疑問である。この時点では陳勝はまったく無名の存在である。仮にこの種の発言をしたとしても、誰も記憶に止めたりはしなかったであろう。相手（雇い主）に聞き取れないようにつぶやいたとすれば、その発言が後世に伝えられることは、ほとんど不可能である。

ここは史実と考えるよりも、「人間えらくなると、若い頃のエピソードがあとからこしらえられる……（中略）……『燕雀いずくんぞ鴻鵠の志を』なんて日雇い百姓のセリフじゃない」（高島俊男『中国の大盗賊　完全版』）と考える方が、はるかに自然である。

『史記』に限らず、中国の歴史書に書かれていることは、すべてが真実というわけではない。陳勝の伝のように、語り継がれていく過程で面白いエピソードがさまざまに作られ、史実に肉付けされたものが、中国人にとっての「歴史」だったのである。こうした歴史に対する意識は、日本にも少なからず影響をおよぼしている。

良薬は口に苦し

忠言は耳に逆らえども行いに利あり。毒薬は口に苦けれども病いに利あり。

忠言逆耳利於行、毒薬苦口利於病。（『史記』留侯世家《りゅうこうせいか》）

【訳】忠言を聞くと不快に思うけれども有用であり、毒薬（効き目の強い薬）は飲みにくいけれど病気によい。

漢王朝創設の功臣・張良（?～前一八六）の言葉。『孔子家語《こうしけご》』・『説苑《ぜいえん》』にもほぼ同意の言葉が載っているが、それらには「毒薬」ではなく「良薬」と書かれている。

張良の家はもと韓（戦国時代、黄河中流域にあった国）の大臣の家柄であった。母国を亡ぼした秦の始皇帝に復讐するため、暗殺を謀るが失敗する。逃亡先で不思議な老人に出会い、太公望呂尚《たいこうぼうりょしょう》（軍師として周王朝創始に貢献）の兵法書を授けられる。張良はこの兵法書を熱心に研究した。前二〇九年、陳勝の乱が起こると、各地で反乱軍が蜂起する。張良も若者百人あまりを集めて移動している途中、留《りゅう》（現在の江蘇省北部）で沛公《はいこう》（後の漢の高祖）に出会う。沛公には「天授」の素質があることを見抜き、以後、張良はその麾下《きか》に属する。

前二〇六年、沛公は反乱軍の先陣を切って秦の都咸陽《かんよう》に攻め込んだ。宮殿に入った沛公は、秦が保有していた財宝と美女に目を奪われ、留まって歓楽にふけろうとする。しかし、沛公軍よりはるかに強大な勢力の項羽《こうう》軍が、関中盆地の入り口、函谷関《かんこくかん》（秦の東の関所）にせまっている。咸陽の財宝に手出しすれば、項羽に攻撃の口実を与えることになる。初めに樊噲《はんかい》が諫めて、咸陽の宮殿から出て野営するべきだと説くが、聞き入れられない。そこで、張良は「忠言は……」と言い、樊噲の諫言に従うように説得する。函谷関に到達した項羽は、「沛公は咸陽の財宝を独り占めしている」という曹無傷《そうむしょう》（沛公の部下）からの密告を聞いて激怒し、沛公軍を攻撃しようとするが、諫言に従っていたおかげで、何とか窮地を逃れることができたのである。

その後も、張良は幾度も沛公（高祖）の危機を救う。天下平定後、高祖が最も憎んでいる雍歯《ようし》を侯に取り立てて臣下たちを安心させたり、皇太子（後の孝恵帝《こうけいてい》）を廃《はい》そうとするのを思い止まらせたのも、いずれも張良の功績であった。

高祖は張良を評して、「籌策《ちゅうさく》（計略）を帷帳《いちょう》（部屋のカーテン）の中に運《めぐ》らし、勝ちを千里の外に決するは、吾は子房《しぼう》（張良の字）に如かず」と言っている。前述の太公望の兵法書のエピソードとあわせ、張良には天才軍師のイメージが強い。

確かに戦功を挙げた記録も残ってはいるが、すでに見たように、『史記』留侯世家に描かれている張良は、高祖や群臣たちの心理や性格、周囲の状況などを的確に理解した上で、絶妙の舵取りをする補佐役の姿である。この名言は、こうした張良の人物像を象徴している。

君主と臣下の信頼関係

士は己を知る者の為に死し、女は己を説《よろこ》ぶ者の為に容《かたちづく》る。

士爲知己者死、女爲說己者容。（『史記』刺客列伝《しかくれつでん》）

【訳】男は自分を理解してくれる者のために命を捧げ、女は自分を気に入ってくれる者のために身だしなみを飾る。

春秋時代末、晋の予譲《よじょう》（?～前四五三）の言葉。当時の晋国は、国君は有名無実の存在で、家老の范《はん》・中行《ちゅうこう》・智《ち》・韓《かん》・魏《ぎ》・趙《ちょう》の六氏が覇権を争う時代であった。予譲は初めに范氏、ついで中行氏に仕えたが、まったく評価されなかった。しかし、智伯《ちはく》（智氏の当主）に仕えると、その才能を認められて重用された。ところが、智氏は韓《かん》・魏《ぎ》・趙《ちょう》の連合軍に攻め滅ぼされる。趙襄子《ちょうじょうし》（趙氏の当主）は以前、智伯に厳しく攻められたことがあり、深く怨んでいた。智伯の頭蓋骨は趙襄子によって漆塗りの酒樽（一説に便器）にされてしまう。山中に逃れた予譲が復讐を誓って述べた言葉が、表記のものである。

たとえ趙襄子暗殺に成功したとしても、智氏は滅んでいるため、成功報酬は一切期待できない。それでも予譲は智伯の仇討ちにすべてをかける。結局、仇討ちは失敗に終わるが、趙襄子から衣を譲り受けてこれに斬りつけ、「これであの世の智伯様に報告できる」といって自殺する。

刺客列伝には予譲のほか、春秋～戦国末にかけての四人（曹沫《そうばつ》・専諸《せんしょ》・聶政《じょうせい》・荊軻《けいか》）の刺客の伝が載せられている。この列伝は、単に暗殺者の伝が列挙されているだけではない。君主と臣下の信頼関係が、一貫したテーマである。たとえば、聶政は人を殺して他国に逃れる。逃亡先で身を潜めていたが、厳仲子《げんちゅうし》（もと韓の高官）に認められ、仇討ちの依頼を受ける。聶政は厳仲子に感謝しながらも、老母の面倒を見なければならないので断る。やがて母が亡くなると、聶政は厳仲子が自分に情けをかけてくれたことを思い出す。その際の聶政の言葉は、「将に己を知る者の為に用いられん」というものであり、予譲のそれに類似している。聶政もまた、成功報酬などの見返りを一切求めることなく、死地へと赴いていく。

この名言とほぼ同内容のものが、「報任安書」にも見える。すなわち、「士は己を知るものの為に用いられ、女は己を説ぶものの為に容る」のが人間である。しかし、自分は刑罰を受けて肉体を損傷している。このような自分は何をしても、もはや嘲笑される存在にすぎない、というのである。刺客列伝を執筆しているときの司馬遷の思いは、自分も予譲や聶政のように「己を知る」君主に出会い、存分に力を発揮したかったという無念が込められているのかもしれない。

小さくとも組織のトップの方がよい

寧《むし》ろ鶏口《けいこう》と為るも、牛後《ぎゅうご》と為る無かれ。　　寧爲雞口、無爲牛後。（『史記』蘇秦列伝）

【訳】鶏の口になる方が、牛の尻になるよりはましだ。

大きなものに従っているよりは、小さくとも組織のトップに居る方がよいという意。戦国時代後期の遊説家・蘇《そ》秦《しん》（?～前二八四）の言葉。

蘇秦は東周（現在の洛陽市付近）の人。野望を抱いて東の斉に赴き、鬼谷《きこく》先生（戦国時代の策略家）について学問を学んだ。数年後、蘇秦が困窮して帰ってくると、まともな仕事に就かないから貧乏するのだと、家中の者にあざ笑われる。彼は発憤し、一年間部屋にこもって太公望呂尚の兵法書を研究し、独自の弁論術を考案する。

そこで、自分を売り込むために、各国を遊説する。当時の中国の状勢は、秦が商鞅《しょうおう》（?～前三三八）の政策によって最強国となっており、戦国の七雄と並び称されていた他の六国（楚・燕・斉・韓・魏・趙）は、次第に秦に圧倒されつつあった。蘇秦の弁論は、初めの内は相手にしてもらえなかったが、燕の文侯に認められ、趙国に同盟を申し入れる使者となる。蘇秦は趙の粛侯《しゅくこう》（趙の国君）に対し、秦に対抗するには、六国が同盟する方法（合従《がっしょう》の策）が最善であると説き、交渉を成功させる。その後、韓・魏・斉・楚の各国を訪れて説得し、ついに六ヶ国の同盟を成し遂げる（前三三四年）。この功績によって、蘇秦は六国の宰相を兼務するに至る。秦は、この同盟のために一五年間、函谷関から出兵できなかったという。

だが、六国の同盟関係は永続することはなかった。やがて六国は離反し、秦が次第に他国を侵略し、天下統一へと進んでいく。しかし、蘇秦の活躍はこの大きな歴史の動きを、しばらくの間ではあるが、押しとどめる効果があったのである。

「寧ろ鶏口と為るも……」という言葉は、蘇秦が韓の宣《せん》王を説得する際の言葉。韓は秦の東隣にあり、当時、最も強く秦から圧迫されている国であった。悲観的になっている宣王の自尊心をくすぐり、六国の同盟に引き込もうとする、巧妙な弁論術である。

なお、蘇秦のこの言葉は、現代中国の価値観にも通じるところがある。現代中国では、「中国人は一人は龍だが、三人寄れば豚になる」という慣用表現がある。つまり、中国人の個人個人の能力は、他国の人間よりもずっと優れている。だが、チームや企業といった集団レベルになると、それぞれが「鶏口」になろうとして統制が取れなくなり、日本のようなチームワークを重んじる国に負けてしまうというのである。蘇秦の言葉は、こうした中国人の特性を理解した上でのものだったといえよう。

優れた人物も用が済むと邪魔になる

狡兎《こうと》死して良狗《りょうく》亨《に》られ、高鳥《こうちょう》尽きて良弓《りょうきゅう》蔵《おさ》めらる。

狡兎死良狗亨、高鳥盡良弓藏。（『史記』淮陰侯列伝）

【訳】すばしっこい兎が殺されると、良い猟犬も用済みになって煮て食べられ、空高く飛ぶ鳥が射落とされると、良い弓であっても用が無くなり、しまわれる。

優れた人物も、用がなくなるとかえって邪魔になり、殺されるという意。漢王朝創設の功臣・韓信《かんしん》（?～前一九六）の言葉。

韓信といえば、「韓信の胯《また》くぐり」の故事が最も有名である。韓信は淮陰《わいいん》（現在の江蘇省清江市あたり）の人。若い頃は貧しく、乞食同然の生活をしていた。不良青年にからまれ、「自分を刺してみろ。できないなら胯の下をくぐれ」と侮辱されたが、黙って胯をくぐり、街中の笑いものとなった。

やがて秦に対する反乱軍が各地で蜂起する時代になった。そのひとつ、項梁《こうりょう》（項羽の叔父）軍が淮陰付近を通過したとき、韓信もそれに加わる。項梁が戦死して項羽がその軍を引き継ぐと、そのままそれに従った。何度か項羽に策を提案したが、まったく相手にされなかった。そこで項羽を見限って、劉邦《りゅうほう》の下に身を寄せた。ここでも初めは認められなかったが、蕭何《しょうか》（後の漢の宰相）だけはその才能に気づいていて、韓信は「国士無双（国中で並ぶ者がいない、優れた人材）」で、天下平定に不可欠な人物であると推薦され、大将に抜擢される。

その後、韓信は戦場で絶大な功績をあげる。わずか数万の兵で二〇万の敵軍と戦った時、あえて川を背にして退路を断ち、兵士の気力を奮い立たせて勝利した「背水《はいすい》の陣」は、特に有名である。しかし、項羽を滅ぼした翌年、謀反を疑われて捕らわれる。そのときの言葉が、表記のものである。この時は降格されるに止まったが、四年後、謀反に加担していたことが発覚して捕らえられ、一族皆殺しにされる。

なお、同じ淮陰侯列伝の中で、蒯通《かいとう》という遊説家が「野獣已《すで》に尽きて猟狗烹《りょうくに》らる（野の獣たちが取り尽くされると猟犬は煮られる）」と、ほぼ同じ意味の発言をしている。また、越王句践世家《えつおうこうせんせいか》にも、越の功臣・范蠡《はんれい》の「蜚《ひ》鳥（飛鳥に同じ）尽きて良弓蔵められ、狡兎《こうと》死して走狗《そうく》烹らる」という、類似の言葉がある。したがって、韓信が創出した名言と言うよりは、古くからの慣用表現であったと考えられる。

中国の歴史では、王朝が交替して政権がひとまず安定すると、建国に貢献した功臣が抹殺される場合が少なくない。彼らの勢力が強いほど、自分たちの地位を脅かす存在になり得るからである。前漢では、韓信に続いて彭越《ほうえつ》・鯨布《げいふ》という強い武将たちが、相次いで殺されている。韓信の「狡兎死して……」という言葉は、中国の歴史を貫く真実を見透した「名言」といえるだろう。

参考文献

【一般的・入門的文献】

① 青木五郎・中村嘉弘編『史記の事典』（大修館書店、二〇〇二年）
＊司馬遷と『史記』、名場面五十選、人物百選、故事・名言、人物小事典、『史記』年表、の六部から構成されている。『史記』の著名なエピソード・人物などが平易に解説された、読む事典。
② 加地伸行『「史記」再説』（中公文庫、二〇一〇年）
＊司馬遷は何を考えて『史記』を書いていったのか。その生い立ちから、宮刑の屈辱と苦しみに耐えて『史記』の完成に至るまでを、時代背景とともにたどる。『史記――司馬遷の世界』（講談社現代新書、一九七八年）を加筆修正したもの。
③ 藤田勝久『司馬遷とその時代』（東京大学出版会、二〇〇一年）
＊司馬遷親子の生涯を、現地踏査をもとにたどり、『史記』に託されたメッセージを読み解こうとする。最新の研究成果にもとづいた、新たな司馬遷像を描こうとしている。
④ 竹内康浩『「正史」はいかに書かれてきたか』（大修館書店、二〇〇二年）
＊『春秋』・『史記』に代表される中国の歴史書が、どのような思想で執筆され、歴史をどのように記述してきたかを読み解き、歴史記述における「事実と価値判断」という問題を考察したもの。

【専門的文献】

① 滝川亀太郎『史記会注考証』（東方文化学院東京研究所、一九三二～三四年）
＊南朝劉宋・裴駰の《集解》、唐・司馬貞の《索隠》、唐・張守節の《正義》から成る三家注に、それ以降の研究の成果を踏まえて書かれた《考証》がつけられたもの。現時点で最善の『史記』校注本とされている。
② 水沢利忠『史記会注考証校補』（史記会注考証校補刊行会、一九五七～七〇年）
＊日本には『史記』の古鈔本《こしょうぼん》・刊本などが多数残されている。これらを①と対照し、本文および三家注の文字の異同を網羅した研究書。第九巻「史記之文献学的研究」は、『史記』の鈔本・刊本についての研究。
③ 吉田賢抗他『史記』（明治書院、一九七三年～）

＊原文・書き下し文・口語訳・語釈すべてを備えた注釈書。丁寧な語釈が付けられている点は、非常に参考になる。全一四冊（内一冊は未刊）。

④ 野口定男他『史記』（平凡社、一九五八年～五九年）

＊原文が付いておらず、語釈も少ないが、『史記』の完全な訳として、現在最も入手しやすいもの。《中国の古典シリーズ》として、一九七二年に同社から再刊された。

▼コラム　日本人の『史記』注釈

日本では中国の古典を読むだけでなく、すぐれた注釈書が数多く著されてきた。『史記』についても、多くの注釈書が残されており、資料的価値の高いものが少なくない。中でも、江戸時代、大阪の儒者・中井履軒《りけん》（一七三二～一八一七）が著した『史記雕題《ちょうだい》』は、優れた注釈として、日本はもとより中国においても高く評価されている。ここでは、有名な「鴻門《こうもん》の会」における注釈から、その具体的な例を見てみたい。

「鴻門の会」は、『史記』中屈指の名場面として知られている。項羽《こうう》と沛公《はいこう》（後の漢の高祖）は二手に分かれ、秦の都・咸陽を目指していたが、最も強力な項羽軍よりも先に、沛公軍が咸陽を陥落させ、函谷関（咸陽の東の関所）を占拠して項羽軍を阻む。項羽は激怒して、沛公軍を攻めようとする。それを聞いた沛公はあわてて項羽の陣営（鴻門）に謝罪に訪れ、なんとか項羽の怒りを鎮めることができた。

その後、両者が仲直りの宴席につくときの様子は、『史記』では次のように書かれている。「項王（項羽）・項伯（項羽の叔父）東嚮《とうきょう》（東向き）して坐し、亜父《あふ》南嚮して坐す。亜父とは范増（項王の軍師。七〇歳を越える老人であったため、父に亜《つ》ぐ存在として、こう呼ばれた）なり。沛公北嚮して坐し、張良西嚮して侍る」。

この席次をどう解釈したらよいのかが、従来疑問とされてきた。中国では古来、席の上下については、『易経《えききょう》』に「聖人南面して天下を聴く（聖徳のある天子は南方を向いて座り、天下を治める）」とあるように、南向きに座るのが最上位と考えられてきた。日本でも、京都御所の正殿である紫宸殿《ししんでん》は南向きに建てられているように、中国の影響を受けていた。しかも、中国では席の上下関係は非常に厳格で、適当に座ると言うことは、まず考えられない。

本来ならば、将軍の項羽が一番上座に座るべきである。それなのに、南向きではなく東向きに座ったのはどうしてなのか。あるいは老人の范増を尊んで一番上座に座らせたのか。しかし、いくら年長者でも将軍より部下が上座に座ってもよいものだろうか。中国では古来、おびただしい『史記』注釈が著されてきたが、どれも明確な説明がされてこなかった。

この問題を解決したのが、中井履軒『史記雕題』の注釈である。履軒は次のような注を著している。「堂上の位、堂下に対する者、南嚮尊《たっと》しと為す。堂下に対せざる者、唯《ただ》東嚮のみ尊し」。つまり、目上の者が南向きに座るのは、表御殿（堂）の中にいて御殿の屋外北側の臣下と対する場合であり、「鴻門の会」の時のように同一平面上にある場合は、東向きが最上位になるというのである。この注釈によって、「鴻門の会」の記述は、何ら矛盾なく理解できるようになり、履軒の注釈が定説となった。

『史記雕題』は長い間出版されなかったため、限られた人物しか読むことが出来なかったが、滝川亀《たきがわかめ》太郎《たろう》（一八六五～一九四六）が『史記会注考証』（現在、最善の『史記』注釈書として、世界的に利用されている）に多数引用したことで広く知られるようになった。現在は、日本の注釈書はもとより、中国で出版されているものでも、この「鴻門の会」の注をはじめとして履軒の注が複数引用されている。

第八章　王充——「虚妄《きょもう》を疾《にく》」んだ実証主義者

井ノ口哲也

運命は変えられない

凡《およ》そ人《ひと》命《めい》を受《う》くるは、父母《ふぼ》気《き》を施《ほどこ》すの時《とき》に在《あ》り、已《すで》に吉凶《きっきょう》を得《う》。

凡人受命、在父母施氣之時、已得吉凶矣。
（『論衡《ろんこう》』命義《めいぎ》篇）

【訳】人が命を受けるのは、父母が気をおよぼす時のことであり、その時にすでに吉凶の運命が決まっている。

王充（『於越先賢像伝賛』より）

1 経歴と著作

王充の先祖

王充《おうじゅう》、字は仲任《ちゅうじん》は、後二七年（建武《けんぶ》三）、会稽郡《かいけいぐん》上虞《じょうぐ》（今の浙江省上虞市《せっこうしょうじょうぐし》）に生まれた。その先祖は、もと魏郡《ぎぐん》元城《げんじょう》（今の河北省《かほくしょう》）の人で、軍功によって会稽に封じられ、農業に従事した。しかし、ある年、凶作で世の中が混乱すると、祖父の王汎《はん》は銭唐《せんとう》（今の浙江省杭州市《こうしゅうし》）へ移り住み、商売で生計を立てた。王汎には蒙《もう》と誦《しょう》という二人の子がいた。このうち、王誦が王充の父親である。しかし、王蒙も王誦も、先祖譲りの義侠心《ぎきょうしん》がわざわいして地元の権勢家の怨みを買い、一家は上虞へ移り住んだ。こうして上虞の地で王充が誕生したのである。

王充の修学

王充は、幼時から周りの子がする遊びを好まず、父から奇特だとされた。六歳で学習を開始し、「礼」と「敬」が身について、両親や地元の人々から責められることがなかった。八歳で書館（書物を習う学校）に通い、そこでも失敗すらなかった。王充は「少《わか》くして孤《みなしご》」（『後漢書《ごかんじょ》』王充伝《おうじゅうでん》）になったと伝えられるが、それはおそらくこれ以降のことであろう。王充は自らの出自を「細族孤門《さいぞくこもん》（社会的地位のひくい一族の出身）」（『論衡《ろんこう》』自紀篇《じきへん》）と称しているが、これは、先祖以来の一家の境遇と身寄りのない自らの身の上をふまえて表現したものであろう。

その後、『論語《ろんご》』『尚書《しょうしょ》』を修め、やがて都の洛陽《らくよう》へ出て、当時の最高学府である太学《たいがく》に学び、扶風《ふふう》（今の陝西省《せんせいしょう》）の班彪《はんぴょう》（後三～五四）に師事した。四四年（建武二〇）、一八歳の王充は、班彪の子で当時一三歳の班固《はんこ》（三二～九二）について「この子はきっと漢の事跡を記すでしょう」と班彪に告げたという。この発言からは、のちに『漢書《かんじょ》』となるものの一部を班彪がすでに記し始めていたこと、『漢書』が膨大なものであり班彪一代では記し終える

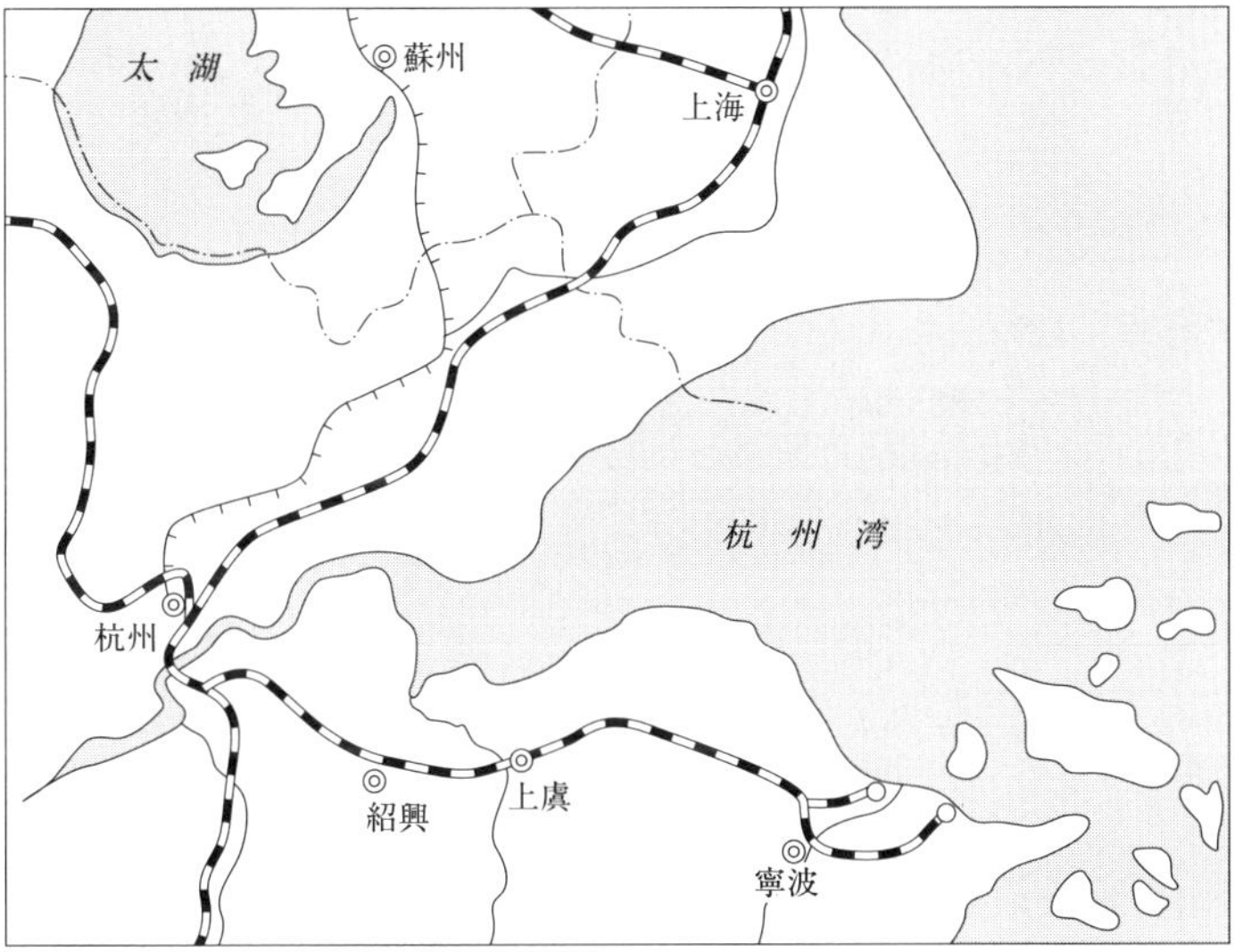

現在の上虞市周辺略図

ことができないものであろうことを、王充が知っていたのではないかと思われる。

洛陽で学んでいた頃、王充は博覧《はくらん》を好み、代々の師によって受け継がれてきた章句《しょうく》（経書解釈《けいしょかいしゃく》の伝統的な文言）を固守《こしゅ》しなかった。当時、貧しくて書物を所有しておらず、つねに洛陽の書店へ出かけ、売られてある書籍に目を通してはそれらを記憶し、諸学派の言説に通じたという。「経明《けいあき》らかに徳就《とくな》り、師《し》を謝《しゃ》して門《もん》を専《もっぱ》らにす（経書に通じて人格ができあがり、先生のもとを巣立ってその学問を探究した）」（『論衡』自紀篇）と王充自ら記しているのは、この頃のことではないか、と思われる。

執筆生活と晩年

王充は帰郷し、門弟を教える一方で、郡の功曹《こうそう》（人事課長）などの官職に就いたが、上官としばしば意見が合わず、不遇の官吏生活に甘んじた。論説を好み、世俗の言説の虚偽を憂慮して、自宅にこもり慶弔《けいちょう》の交わりを絶つ日常の中で、窓際や壁際に筆記用具の刀筆《とうひつ》を準備して、約三〇年をかけて、代表作『論衡』を執筆した。八六年（元和《げんわ》三）に揚州《ようしゅう》で刺史《しし》（州の長官）の董勤《とうきん》によっ

王充の墓

て州従事《しゅうじゅうじ》（刺史の補佐官）にとり立てられ、後に治中《ちちゅう》（州の文書管理官）となったが、八八年（章和《しょうわ》二）に辞職した。この後に、老齢の自らの健康を思って『養性《ようせい》』一六篇を書いたとされる。永元《えいげん》年間（八九～一〇五）に家で没したと伝えられるが、『論衡』自紀篇の記述内容から推測すると、一〇〇年頃に没したものと思われる。

王充の故郷である浙江省上虞市には王充の墓があり、浙江省人民政府によって一九六三年三月一一日付で浙江省重点文物保護単位（浙江省の文化遺産）に指定されている。

『論衡』について

王充の著作は、『論衡』のほかに『六儒論《りくじゅろん》』『譏俗節義《きぞくせつぎ》』『政務《せいむ》』『養性』といった著作や、章帝期に郡の長官に受け入れられなかった「備乏《びぼう》」「禁酒」と題した意見書があったとされるが、現在伝わるのは『論衡』のみである。

『論衡』には須頌《すしょう》篇に「能聖《のうせい》」「実聖《じっせい》」、答佞《とうねい》篇に「覚佞《かくねい》」、対作《たいさく》篇に「盛褒《せいほう》」という佚篇《いっぺん》（散逸《さんいつ》した篇）名が記されているほか、『論衡』の佚文《いつぶん》（散逸した文章）も多数あることが確認されており、『論衡』はもと一〇〇篇近くあったらしい。しかし、現在では八五篇が伝わり、このうち第四四篇の招致《しょうち》篇は篇名のみが存し、実質は八四篇である（以下、『論衡』からの引用は篇名を示す）。

『論衡』は、後漢後期、蔡邕《さいよう》（一三二～一九二）が『論衡』を入手して「談助《だんじょ》（話の種）」としたと伝えられるが、孔子《こうし》や孟子《もうし》の言説を検討し批判している問孔《もんこう》篇・刺孟《しもう》篇を含んでいることもあって、儒教体制下の清末《しんまつ》までは、

『論衡』は異端の書とされ、まともに採りあげる知識人はほとんどいなかった（ただし、内容の面白さから、水面下では多くの読者がいたようである）。本格的に王充思想の研究が行われるようになってきたのは、民国期以降である。

２　気の思想家——自然・必然・偶然

「気」と「自然」

王充の思想の特徴は、この世界の森羅万象《しんらばんしょう》を気《き》によってとらえた点である。これを人について、見てみよう。王充は、人について、「人 気を天より稟《う》け、気成りて形立つ（人は気を天からうけ、気のはたらきが備われば人の形ができあがる）」（無形篇《むけいへん》）と、人は天からうけた気によってその形ができあがることを述べている。これは、まだ母胎にいる時の人の様子を説明したものである。では、人を構成することになった気は、どのように作用するのであろうか。これについて、王充は、「人 気を稟けて生まれ、気を含みて長ず（人は気をうけて誕生し、気を含有《がんゆう》して成長する）」（命義篇《めいぎへん》）と、人は自らを構成する気によって誕生し成長する、と説明している。気によって誕生し成長するとは、どういうことであろうか。実は、気それ自体にエネルギーがあるのであり、王充は、このことを「気 自《みずか》ら変ず」（自然篇《しぜんへん》）すなわち、気はそれ自身に内在するエネルギーで自律的に変化する、と説明している。

人で考えるばあい、人を構成する気それ自体に自己展開するエネルギーがあるのであり、人はその自己展開するエネルギーによって誕生し成長し老化し死滅する、という過程をたどるのである。そういうわけで、王充は、人を含むさまざまな生物について、「諸《もろ》もろの生息の物は、気絶ゆれば則ち死す（さまざまな生物は、気のはたらきがなくなれば死ぬ）」（道虚篇《どうきょへん》）と述べている。

このように王充の考えでは、人は自己展開する気のエネルギーによって誕生する、とされた。そのことを別の角度から説明している次の文章を見てみよう。

天の動行するや、気を施すなり。体動き気乃《すなわ》ち出で、物乃ち生ず。由《な》お人気を施し、体動いて気乃ち出で、子も亦た生まるるがごとくなり。夫れ人の気を施すや、以て子を生まんと欲するに非ず、気施されて子自《みずか》ら生まれる。天動いて以て物を生ぜんと欲せずして、物自《みずか》ら生ず、此れ則ち自然なり。気を施すは物を為さんと欲せずして、物自《みずか》ら成る。此れ則ち無為なり。天の自然無為を謂う者は何ぞや。気なるは恬澹《てんたん》無欲《むよく》、無為《むい》無事《むじ》なる者なり。老聃《ろうたん》は得て以て寿《いのちなが》し。（自然篇）

天の運動とは、気をおよぼすことである。天の形体が動くと気が出て、物が生まれる。それはあたかも、人が気をおよぼすことが、人体が動いて気が出て、子が誕生する、ということであるかのようである。そもそも人が気をおよぼすのは、意図的に子を生むためでなく、気がおよぼされて子が独力で誕生するのである。天の動きは物を生み出そうとしていないが、物は独力で誕生する。これこそ自然《しぜん》である。天が気をおよぼすことは物をつくろうとしていないが、物は独力でできあがる。これこそ無為《むい》である。天が自然無為であるというのはなぜか。気がさっぱりとして欲が無く、必要以上の余計なはたらきかけをしないからであり、老聃はこの気をとりいれて長寿であった。

これによると、人は独力で誕生する、という。すなわち、人を構成する気自体にエネルギーがあり、その独自の力で誕生するのである。これが「自然」である。この「自然」は、それ自身の力でそのような状態になることを意味し、訓読するばあい「みずからしかり」という訓《よ》みに限定される。気はおよぼされ、そこに物を生み出そうという働きかけがないものの、物は独力で誕生する。これが「無為」である。この「無為」は、必要以上の余計なはたらきかけをしないことを意味する。より詳しく言えば、必要最低限のはたらきかけはするがそれ以外のことは一切しないことである。人を含む生物は、他者の力を借りることなく、自らを構成する気の「自然」の力によって独力で誕生するのである。

「命」と必然

この、それ自身の力でそうなるという「自然」の考え方を用いて、王充は「命《めい》」という概念について、次のように説明している。

命は、吉凶《きっきょう》の主なり、自然の道、適遇《てきぐう》の数にして、他気旁物《たきぼうぶつ》の厭勝感動《えんしょうかんどう》し、之《これ》をして然《しか》らしむる有るに非ざるなり。（偶会篇《ぐうかいへん》）

命とは、吉凶の主宰者であり、それ自身の力でそういう状態になる在り方であり、たまたまそうなるめぐりあわせであり、ほかからの気やよそからの物が屈服させたり作用しあったりしてそういう状態にさせているのではない。

王充によれば、「命」は先天的に賦与《ふよ》され、人の後天的努力によってその内容を改変することができない（一八五頁を参照）。人の一生において、先天的に賦与された「命」の内容のとおりに「命」が発現することについて、地位とお金に恵まれる人を例に挙げ、王充は「自然」ということばを用いて、次のように説明する。

人生まれながらにして性命の富貴に当たる者は、初めに自然の気を稟け、養育長大して、富貴の命効《いた》す。（初稟篇《しょひんへん》）

人が先天的に性や命が将来富貴になるようになっているばあい、人としての最初にそれ自身の力でそのような状態になるというはたらきをもつ気をうけ、育って成長すると、富貴になる命が発現するのである。

すなわち、「命」の内容は、気の自律的なはたらきによって発現するが、後天的努力によっても自らの命運を改変不可能であると知る時、人は必然という概念に思い至ることになる。自らの運命は、必ずそうなるようになってしまっているのだ、と。

必然と偶然

では、王充のこのような考え方において、人の運命が必ずそうなるようになってしまっているのであれば、世の中のできごとは、みな必然性あるいは因果関係によって説明できてしまうのであろうか。王充の次の文章を見てみよう。

世に謂う、子胥《ししょ》の剣に伏し、屈原《くつげん》の自ら沈めしは、子蘭《しらん》 宰嚭《さいひ》 誣讒《ぶざん》し、呉《ご》 楚《そ》の君之《これ》を冤殺《えんさつ》するなり、と。偶《たま》たま二子の命絶ゆるに当たり、子蘭 宰嚭 適《たま》たま讒《ざん》を為して、懐王《かいおう》 夫差《ふさ》 適たま姦を信ずるなり。君適たま明ならず、臣適たま讒を為し、二子の命 偶たま自《みずか》ら長からず、二偶三合して、之《これ》有るが若《ごと》くに似たれども、其の実は自然にして、他為に非ざるなり。（偶会篇）

世の人々は、（楚の武将だった）伍子胥《ごししょ》が自刃《じじん》し、（楚に仕《つか》えた詩人の）屈原が水中に自ら身を沈めたのは、（楚の総理大臣の）子蘭《しらん》や太宰（呉の総理大臣）の伯嚭《はくひ》が讒言《ざんげん》を行い、呉王《ごおう》の夫差《ふさ》や楚《そ》の懐王《かいおう》が濡《ぬ》れ衣《ぎぬ》を着せて殺したからである、と言っている。（しかし、そうではなく、）伍子胥と屈原二人の生命はたまたま終わることになっていたのであり、子蘭と太宰の伯嚭はたまたま讒言を行ったのであり、そして懐王と夫差はたまたま邪悪な意見を信じたのである。君主がたまたま愚かであり、臣下がたまたま讒言を行い、伍子胥と屈原二人の生命がたまたまそれ自体長くなかったのであり、複数のめぐりあわせが入りまじり、このようにさせているものがあるような感じがするのであるが、実際は（個々の事）それ自体がそのような状態になったのであり、他のもののしわざではないのである。

これによれば、世の中のすべてのできごとは、みな偶然の産物である。ここに引用した事例では、個人の行動は他の人の行動といっさい関わりをもたないのである。なぜであろうか。実は、一つ一つの行動それぞれは、「自然」のはたらきによって自己完結しており、他と関わりのない現象だからである。

このように、『論衡』では、「自然」の考え方を軸にして、必然（運命論）と偶然（個々の現象の自己完結）が説かれているのである。

3 「虚妄を疾む」人――「論」の立場

『論衡』の方針

王充は、自著『論衡』について、次のように記している。「詩三百、一言《いちごん》以て之を蔽《おお》えば、曰わく、思い邪《よこしま》無し、と。論衡は篇十を以て数う、亦た一言するや、曰わく、虚妄を疾む、と（『詩』三百篇は、一言で言うならば、「心に邪悪な点がない」である。『論衡』は、数十篇であるが、やはり一言で言うならば、「うそでたらめをにくむ」である）」（佚文《いつぶん》篇）。

この「虚妄を疾む」という『論衡』を貫く方針は、「是の故に論衡の造らるるや、衆書の並びに実を失い、虚妄の言の真美に勝つに起こるなり（そういうわけで『論衡』がつくられたのは、多くの書籍がのきなみ真実をうしない、うそでたらめの言説が本当のことや立派なことに勝っていることに起因する）」（対作《たいさく》篇）という『論衡』執筆の意図を記した文章や、「今論衡は世俗の書に就き、其の真偽を訂《ただ》し、其の実虚を辯じ、……（いま『論衡』は世俗の書籍について、その真偽をただし、うそかまことかを明らかにするものであって、……）」（対作篇）という『論衡』執筆の目的を記す文章とつき合わせてみても、よく理解される。

賢者の自覚

こうした方針の王充の著書について、対作篇では、次のような「ある人」の意見と王充の回答が記されている。

或るひと曰わく、聖人は作り、賢者は述ぶ。賢を以てして作るとは、非なり。論衡 政務は、作と謂う可き者なり、と。曰わく、作に非ず、述に非ず、論なり。……、と。

ある人が言った。「聖人は創作し、賢者は祖述しますが、あなた自身が賢者という立場で創作するというのは、あやまりです。あなたの『論衡』『政務』は、創作というべきものです。」と。（王充が）答えて言った。「創作ではありません、祖述でもありません、論評なのです。……。」と。

ここの「ある人」の会話部分に示されるとおり、聖人とは創作する立場、賢者とは聖人の創作した著作を祖述する立場とされていた当時、王充は、自分自身を賢者であると自覚していた。この自覚の前提として、王充には自らのモデルとした人物がいた。桓譚《かんたん》（前二四〜後五六）である。王充が「君山《くんざん》（桓譚の字《あざな》）は漢の賢人」（定賢《ていけん》篇）と評する桓譚には『新論《しんろん》』という著作があるが、「桓君山の『新論』、鄒伯奇《すうはくき》の『検論《けんろん》』は、論と謂う可し（桓君山の『新論』、鄒伯奇の『検論』は、論評と言ってよい）」（対作篇）と、王充自身、『新論』に「論」の立場の先駆《せんく》を見ており、

又た新論を作り、世間事を論じ、然否を辯証し、虚妄の言、偽飾の辞は、証定せざるは莫し。（超奇《ちょうき》篇）

（桓譚は）さらに『新論』をつくって、世の中のことを論評し、そうであるかないかを明らかにし、うそでたらめの言説や、うわべばかりのことばについては、証拠を示して一定させないものはない。

と、実証主義で「虚妄を疾む」姿勢は、王充の執筆の姿勢と共通するものである。

すなわち、王充は、桓譚という先駆者《せんくしゃ》を自らのモデルとし、従来型の「述」べる賢者ではなく、あくまで「論」

じる賢者という自覚のもと、『論衡』を執筆したのである（一九一頁を参照）。

4　漢王朝讃美の論理

太平の根拠

『論衡』では、数篇にわたって、太平を実現した漢の皇帝を聖帝《せいてい》すなわち聖人たる皇帝として讃《たた》えている。漢代の状況について、王充は、

漢一世の年数已に満ち、太平立てり。……。況《いわ》んや今に至るまで且に三百年ならん、未だ太平ならずと謂うは、誤りなり。且つ孔子の所謂《いわゆる》一世は、三十年なり。漢家三百歳、十帝徳を耀《かがや》かす。未だ平ならずして如何せん。（宣漢篇《せんかんぺん》）

漢は一世の年数がすでに達しており、太平の条件がととのっている。……ましてや（漢の始まりから）今に至るまで三〇〇年になろうとしており、まだ太平が実現されていないと言うのは、あやまりである。孔子がおっしゃった一世とは、三〇年である。漢王朝は三〇〇年であり、十人の皇帝が徳を輝かせている。どうしてまだ太平でないことがあるだろうか。

と述べ、漢代を太平の時代とした上で、現今の状況についても、「実は、天下已に太平なり（本当は、世の中はすでに太平なのである）」（宣漢篇）と述べ、太平を実現した漢の皇帝（高祖《こうそ》から章帝《しょうてい》まで）をすべて聖帝であるとした。また、太平であることの証拠に、安定した治世と庶民の安楽を挙げ、「能く太平を致す者は、聖人なり（太平を実現できる者は、聖人である）」（宣漢篇）と述べている。すなわち、世の中に太平が実現されている時には、聖人が存在す

るということである。実は、聖人が存在することの条件は、次の文章のとおり、気にあった。

夫れ天地の気和すれば、即ち聖人を生ず。（斉世篇《せいせい》）

そもそも天地の気が和した時に、聖人を生み出すのだ。

気が和した時に生み出されるのは、聖人だけではない。「瑞物は皆な和気より起こりて生ず（めでたい物はいずれも和気《わき》によって生じる）」（講瑞篇《こうずい》）とあり、「陰陽和すれば、則ち万物育てらる。万物育てらるれば、則ち奇瑞出《い》づ（陰の気と陽の気が和すと、万物が育てられる。万物が育てられると、すぐれためでたいしるしが出現する）」（宣漢篇）とあるように、瑞祥《ずいしょう》（めでたいしるし）が和気の時に出現する、という。和気の時には、聖人と瑞祥とが同時に出現するのであり、さらに王充の気の思想によれば、両者は必然的に偶然的な遭遇《そうぐう》をするのであるから、両者はお互いの存在をそれぞれ証明していることになる。言いかえれば、王充にとっては、瑞祥が聖人存在すなわち太平実現の判断材料の一つになっているのである。

王充は、このほか、自らをも含めて多くの文人が輩出していることも、聖人の存在を証明するものとして挙げている（一八七頁を参照）。

王充の使命

王充が漢代をこれほどまでに讃美しているのは、なぜであろうか。それは、王充自身、彼の生きた時代が文字どおり太平であることを実感したからであろうが、その大きな理由としては、やはり『論衡』を貫く「虚妄を疾む」という方針が関係していると思われる。

王充にとって解決すべき課題は、虚偽でおおわれた世界から人々を救うことであった。このことが、王充の使命であった。「論」の立場で執筆に励み、この世の虚偽をあばき、真実を追究すること、それが徹底されてこそ、漢代に太平が実現されていないという誤解をも払拭《ふっしょく》されるのであり、漢代のすばらしい治世がより具現化するはずである、と王充は考えたのではなかろうか。王充は、不遇の官吏生活を送ったが、それは上官に向けた彼一流の批判精神が原因であった。実際の政治の世界では、王充は自らの考えを実行に移すことはできなかったが、彼はそれを自らの書物の中で存分に発揮した。徹底的に世の中の虚偽をあばき、真実を追究したその先にあると考えたのが、太平が実現されている聖帝の治世を真の意味で享受することではなかったか。それこそが、王充にとって、漢代に文人として生きた確かな証《あかし》なのであるから。

5 王充の名言

人の力でどうにもならぬこともある

賢不賢《けんふけん》は、才《さい》なればなり。遇不遇《ぐうふぐう》は、時《とき》なればなり。

賢不賢、才也。遇不遇、時也。（『論衡』逢遇篇《ほうぐうへん》）

【訳】賢いか賢くないかは、才能による。好機《こうき》にめぐりあうかあわないかは、時による。

私たちは、日常生活において、努力をすれば、所期《しょき》の目的を必ず達成することができる、と思うことが少なからずあるであろう。しかし、その一方で、どんなに努力をし、どんなに優秀な才能を発揮したとしても、人の力では到底実現不可能であることがこの世に存在することもまた知っている。一個人の力では実現できないことに出くわした時、人はあきらめの境地に達するのではないか。ここに挙げた王充のことばは、それをよく表している。すなわち、優秀な才能を備えている人だからといって好機にめぐりあえるかどうかはわからず、才能の無い者であっても好機を得ることもあるのである。ここの「遇」すなわち好機とは、具体的には、君主にめぐりあって登用されるラッキーチャンスを指しているが、「遇」か「不遇」かは、まさに一個人の力ではどうすることもできない領域の事柄である。

実は、この「遇不遇」論は、『論衡』に始まったことではない。古くは、戦国時代の一次資料に見えている。『荀《じゅん》子《し》』宥坐《ゆうざ》篇に「夫《そ》れ遇不遇なる者は、時なればなり。賢不肖なる者は、材なればなり」とあり、一九九三年に湖北《こほく》省荊門市《しょうけいもんし》で出土した郭店楚墓竹簡《かくてんそぼちっかん》の『窮達以時《きゅうたついじ》』に「遇不遇は、天なればなり」とある。その後、前漢時代にも、『韓詩外伝《かんしがいでん》』巻七や『説苑《ぜいえん》』雑言《ざつげん》篇にこれとほぼ同じ文言が見え、『論衡』と同時期に著された『漢書』の揚雄伝《ようゆうでん》上には「遇不遇は、命なればなり」と見えている。このように類例が多く存することからは、『論衡』の当時、「遇不遇」は、もはや常套句《じょうとうく》となっていたものと思われる。また、「天」「時」「命」と、ことばは異なるけれども、「遇不遇」が人為ではどうすることもできない領域の概念で説明されていることも、大きな特徴である。

同じ逢遇篇で、王充は、「遇」の定義を次のように説明している。

且つ夫れ遇や、能預《あらか》じめ設けず、説宿《あらか》じめ具えず。邂逅《かいこう》して喜びに逢い、上の意に遭触す、故に遇と謂う。主に准じ説を調え、以て尊貴を取るが如きは、是れ名づけて揣《し》と為し、名づけて遇と曰わず。

遇とは、才能は前もって準備されず、見解はあらかじめ用意されない。ひょっこりめぐりあって喜ばれ、期せずして君主の考えに合うので、遇という。君主に照準を定めて見解を調節し、そうして高い地位を得るようなこと、これを揣摩《しま》といい、遇といわない。

不遇の官吏生活を送った王充がたどり着いた結論、その一つが「遇不遇」論であった。

運命は変えられない

凡《およ》そ人《ひと》命《めい》を受《う》くるは、父母《ふぼ》気《き》を施《ほどこ》すの時《とき》に在《あ》り、已《すで》に吉凶《きっきょう》を得《う》。

凡人受命、在父母施氣之時、已得吉凶矣。（『論衡』命義篇）

【訳】人が命を受けるのは、父母が気をおよぼす時のことであり、その時にすでに吉凶の運命が決まっている。

人はみな幸せをもとめて日々生きているものであろう。人は、どうすれば幸せになれるのか。幸せとは何か。もし幸せになるか不幸せになるかが決まっているとしたら、人の一生の吉凶《きっきょう》禍福《かふく》は、いつの時点で決まっているのであろうか。あるいは、努力を積み重ねる人のもとに幸せは訪れ、努力しない人は不幸せの境遇に至ってしまうのであろうか。

王充は、こうした人間の普遍的な問いに対し、人の吉凶禍福は、両親が交合した時点ですでに決まっている、と説明した。すなわち、誕生前からその人には「命《めい》」が賦与《ふよ》されている、ということになる。一七七頁でも述べたように、王充によれば、賦与された「命」の内容は、気の「自然」のはたらきによって発現する。そのことを別の文章で確認してみよう。

命 貧賤に当たれば、之を富貴にすと雖も、猶お禍患に渉り、〔其の富貴を失う。〕命 富貴に当たれば、之を貧賤にすと雖も、猶お福善に逢い、〔其の貧賤を離る。〕故に命の貴なるは賤地従《よ》り自《みずか》ら達し、命の賤なるは富位従り自《みずか》ら危うし。（命禄《めいろく》篇）

稟受《ひんじゅ》した命が将来貧賤《ひんせん》になるようになっていれば、その人を富貴《ふうき》の状態に置いたとしても、やはりわざわいにあって、その富貴の状態をうしなう。稟受した命が将来富貴になるようになっていれば、その人を貧賤の状態に置いたとしても、やはり幸せになるのであって、その貧賤の状態をはなれる。そういうわけで将来身分がたかくなる命をうけた人はひくい身分からその人自身の力で栄達《えいたつ》するし、将来身分がひくくなる命をうけた人はゆたかな地位からその人自身の力で危うい状態におちいる。

王充によれば、賦与された「命」の内容と逆の立場に強制的に置かれたとしても、最終的にさだめられた方向へ進み、然《しか》るべき居場所に定着する。これこそ、「自然」のはたらきによる「命」の発現である。しかし、こんなことなら、人は幸せになる努力をしても、報われないではないか、と思いたくもなる。

「自然」のしくみの中にある自らの命運が改変不可能であることを知る時に、人は、人為と「自然」との差異を認識し、「自然」との折り合いをつけることになる。その折り合いのつけかたは、王充のばあい、「自然」をよく理解し、そこへ人為をどこまで組み込ませることができるか、という「自然」の中での人為のギリギリの有効性を追究した積極的なものであった。「然るに自然と雖も、亦た有為の輔助を須《もと》む（自然とはいっても、やはり有為《ゆうい》という補助を必要とするのだ）」（自然篇《しぜん》）と。

天は自然で無為である

夫天道、自然也、無爲。（『論衡』譴告篇《けんこく》）

夫《そ》れ天道《てんどう》は、自《みずか》ら然《しか》るなり、為《しわざ》無《な》し。

【訳】そもそも天の在り方は、自然であり、無為である。

この文章は、このあと、「如《も》し人《ひと》に譴告《けんこく》すれば、是《こ》れ有為にして、自然に非《あら》ざるなり」と続く。篇名や続きの文中に出てくる譴告ということばは、地上の統治者が政治的・倫理的に悪いばあい、天が地上に災害をもたらすことによって、統治者に悔い改めるよう注意を与えることを意味する。この考え方の代表が、前漢時代の董仲舒《とうちゅうじょ》の天《てん》人相関説《じんそうかんせつ》である。

董仲舒の天人相関説では、天は人（統治者）の政治・倫理の善悪によって瑞祥《ずいしょう》や災異《さいい》を下す有意志の存在であるとされる。すなわち、天には意志（人格）があり、天にこの世界に対する主宰性を認めるという考え方である。

しかし、王充は、天をそのようにはとらえなかった。王充は、「天は体なり（天は物体である）」（変虚《へんきょ》篇・談天《だんてん》篇・祀義《しぎ》篇）と述べている。天が物体であるとの王充の理解は、天と対《つい》の関係にある地の状態からの類推によるものであるが、その類推から、結局のところ、「天地は含気の自然なり（天と地は、気を含有《がんゆう》する自然物である）」（談天篇）と、気の思想家・王充は、天すらも、気で構成される物体であると考えたのである。天が気で構成される物体である以上、天に意志や人格があることなど、到底考えられない。王充にとって、天とは、気の「自然」のはたらきで自律的な運動を行う、人に対して譴告などすることのない無意志の物体でしかなかったのである。すなわち、人と関わりのない天である。

王充のこの天の理解は、中国思想史上に重要な役割を果たすことになった。『荀子』天論《てんろん》篇や郭店楚墓竹簡『窮達以時』で説かれた、天が人とは独立した別個の存在で人と関係することがないとする「天人《てんじん》の分《ぶん》」という戦国時代の考え方を、それとは異なる王充独自の論理によって復活させたのである。

天は、自らの気の「自然」のはたらきで運動する物体であるので、「自《みずか》ら然《しか》るなり」とされる。天の運動については、一七六頁で引用した自然篇の文章を参考にしてほしい。ここに、天が「自然」であり「無爲」であることが明確に説かれている。必要以上の余計なはたらきかけをしない「無爲」の天は、ただ気を及ぼすだけなのであり、人を譴告することなどあり得ないのである。

優秀な文人は国の誇り

文人之休、國之符也。（『論衡』佚文篇）

文人《ぶんじん》の休《きゅう》は、国《くに》の符《ふ》なり。

【訳】文人が立派であることは、国家のめでたいしるしである。

超奇《ちょうき》篇によると、王充は、鴻儒《こうじゅ》—文人《ぶんじん》—通人《つうじん》—儒生《じゅせい》—俗人《ぞくじん》という知識人の差等《さとう》を考えていた。このうち、鴻儒はずば抜けてすぐれていてめったにいないとされる。文人は、せいぜい意見書レヴェルの著作どまりであるが、通人とは違って文の作成能力を有している。

この文人について、よく記されているのが、佚文篇である。佚文篇では、張覇《ちょうは》・楊終《ようしゅう》・董仲舒《とうちゅうじょ》・班固《はんこ》・賈逵《かき》・侯諷《こうふう》・司馬相如《しばしょうじょ》・揚雄《ようゆう》・桓譚《かんたん》・陸賈《りくか》・班彪《はんぴょう》ら漢代の多くの文人の論著への評価を交える中で、

漢は今盛んなりと為す、故に文繁湊《はんそう》するなり。……。鴻文の国に在るは、聖世の験なり。……。国君聖にして文人聚《あつ》まれり。

漢代はいま栄えているので、文が盛んに書き記されているのである。……。すぐれた文が国家にあることは、聖世の証拠である。……。国家の君主が聖人であるから文人があつまるのだ。

と、多くの文人が輩出していることが聖人の存在を証明する、としている。これは、王充の漢王朝讃美の根拠の一つとなっている。

実は、王充は、佚文篇の末尾で文人の役割を述べ、最後に自らの『論衡』を登場させ「虚妄を疾む」著作であることを述べて篇を締め括《しくく》っている。なぜ王充は自著『論衡』を佚文篇の末尾に置いたのであろうか。それは、文人が大勢輩出しすぐれた文が盛んに書き記されている漢代という聖世に、確かに生きて文筆活動を行っている自らも、文字どおりその末席に列なっていることを表明したい、という意識からくるものであろう。言いかえれば、王充は、佚文篇の末尾に『論衡』を置くことによって、少なくとも自らを漢代の文人の一人として位置づけたのである。そして、それによって、以下のとおり、文人の役割が示されたのである。

文人の筆は、独り已《はなは》だ公なり。賢聖は意を筆に定む。筆集まりて文を成し、文具わりて情顕わる。後人之を観

て、以て正邪を見る。安《いずくん》ぞ宜しく妄《みだ》りに記すべけんや。

文人の筆は、特に甚だ公正なものである。賢者や聖人は考えを筆に込める。筆が集まって文ができあがり、文がそなわると実情が表出する。後の人がそれを読んで、正しいか間違っているかを理解するので、どうしていい加減に記すことができようか。

知識を得るには学問に励め

人才《じんさい》に高下《こうげ》有《あ》り、物《もの》を知《し》るは学《がく》に由《よ》る。之《これ》を学《まな》べば乃《すなわ》ち知《し》り、問《と》わざれば識《さと》らず。

人才有高下、知物由學。學之乃知、不問不識。（『論衡』実知《じっち》篇）

【訳】人の才能に上下があるが、知識を得るのは学問による。学問すれば知るが、学問しなければ理解できない。

この文章は、実は、王充の聖人観の一端をうかがうための資料である。実知篇には、以下のような儒者の聖人論が掲載されている（以下の引用はすべて実知篇から）。

前は千歳を知り、後は万世を知り、独見の明 独聴の聡を有す。事来たらば則ち名づけ、学ばずして自《みずか》ら知り、問わずして自《みずか》ら暁《さと》る、故に之を聖と称す。聖は則ち神なり。

千年の前のことを知り、万世の後のことを知り、だれにも見えないものを見る能力やだれにも聞こえないものを聞く能力をもっている。できごとが起こるとそれに命名し、学ばなくとも自力で知り、問わなくても自力で理解するので、これを聖という。聖とは神《しん》（人知では測り知れないずば抜けた能力）である。

これによれば、儒者の考える聖人とは、生まれながらにして何事をも知り理解する能力をそなえている存在、ということになる。しかし、王充は、儒者のこの聖人論を「虚《きょ》（うそ）」であるとして容赦なく切り捨て、儒者の言う神や聖について、こう述べている。

所謂神なる者は、学ばずして知り、所謂聖なる者は、学を須《ま》って以て聖なり。

いわゆる神とは、学ばなくても知ることである。いわゆる聖とは、学んだことによって聖なのだ。

王充は、聖とは神である、すなわち、聖人とは人知では測り知れない超能力の持ち主である、という儒者の考えを否定した。このことは、学ぶことに励めば、どんな人でも聖人になれる可能性を示した意味をもつ。では、聖人は、どうやって将来のことを知ることができるのであろうか。王充によれば、それは、ずば抜けた視聴能力があるわけではなく、ものごとの兆しや形跡をうかがって、類推しているのである。そして、学ばなくても自力で知り、問わなくても自力で理解する存在は、未だかつていない、とするのである。

知ることのできることと、知ることのできないこと。この境界を知るには、聖人であってもそうでなくても、ひたすら学問を積むしかない。このことは、現代を生きる私たちにとっても、普遍《ふへん》の真理《しんり》である。

「論」を通じての正しさの希求

論衡《ろんこう》なる者《もの》は、論《ろん》の平《へい》なり。

論衡者、論之平也。（『論衡』自紀篇）

【訳】論衡とは、論評の天秤という意味である。

これは、書名の意味を示している文章でもあり、また王充の「論」の立場を端的《たんてき》に言い表している文章でもある。「平」とは、天秤《てんびん》・はかりの意味である。そして、「衡」もはかりを意味することばである。王充が、「論」の天秤にかけたのは、世の中の虚《きょ》と実《じつ》であった。「論」について述べている王充の文章を見てみよう。

論じれば則ち之を考えるに心を以てし、之を効すに事を以てし、浮虚の事は、輒《すなわ》ち証験を立つ。（対作篇《たいさく》）

論評するばあいは心で考察し、事実によって明らかにし、うわべばかりのうそに対しては、一つ一つに証拠を立てるのである。

王充は、「論は是を貴びて華を務めず（論評は正しいことを重んじるがうわべのことを気にかけない）」（自紀篇）とも述べている。王充の使命は、「論」を通じての正しさの希求であった。「平」は、「論」のはかりにかけた時の証拠主義にもとづく公平性の「平」でもある。

一八〇頁で記したように、王充には賢者の自覚があった。そして、それは、「述」べる賢者ではなく、あくまで「論」じる賢者という自覚であった。王充は、佚文篇《いつぶん》で、「五経六藝」「諸子伝書」「造論著説」「上書奏記」「文徳之操」という五種の文のうち、「造論著説」の文が、とりわけすぐれたものとすべきである、とする。それは、「造論著説」が、心中の考えを発揮し、世俗の事柄を論じるからであり、経書の文章を暗誦し継承していくだけの営為とは異なるからである。「論」が心中から発揮されるのは、「五経六藝」を解説する人ができることではないのである。

経書の文言を師に教わったとおり一字一句間違えないように解説し次の世代に伝えていくのが「述」（祖述《そじゅつ》）であるが、祖述自体に心中の考えを発揮することはほぼ皆無にちかい。賢者は経書の文言を祖述する立場の者と考えられてきた当時、王充は、「述」べる賢者よりも能力的に上である「論」じる賢者を自覚し、そのことを執筆活動を通じて表明することに積極的な意義を見出したのである。

なお、後漢時代には、前漢時代までとは違い、桓譚《かんたん》の『新論《しんろん》』、王充の『論衡』、王符《おうふ》の『潜夫論《せんぷろん》』、崔寔《さいしょく》の『政《せい》論《ろん》』、鄭玄《じょうげん》の『六藝論《りくげいろん》』、徐幹《じょかん》の『中論《ちゅうろん》』など、「論」字を書名に冠《かん》する著書が多く登場した。このうち、『論衡』

に見られる王充の「論」に関する見解は、中国思想史上、「論」について具体的かつ詳細に説明した最初の例である。

参考文献

【一般的・入門的文献】

① 木村英一「論衡」（東京大学中国文学研究室編『倉石博士還暦記念　中国の名著――その鑑賞と批評』勁草書房、一九六一年）
＊王充思想を概説した文章である。王充の言論に一種の経学《けいがく》批判を含むことについて、「経書や経説の中にも、事実らしくないこと、理屈に合わぬことが含まれている点を、忌憚なく衝いたところにある」と、王充思想の核心をズバリと述べている。

② 小野澤精一「王充」（東京大学中国哲学研究室編『宇野哲人博士米寿記念論集　中国の思想家』上巻、勁草書房、一九六三年／一九八七年、新装版）
＊王充思想を概説した文章である。王充の伝記に始まり、『論衡』の大まかな内容説明が続き、そして「王充の偶然論、運命論と気の哲学」「王充の天人感応思想批判と漢王室の賛美」の二節にわたって、その思想的特徴を論じている。

③ 大滝一雄『論衡――漢代の異端思想』（平凡社、一九六五年）
＊現代日本語による『論衡』の抄訳《しょうやく》である。原文や書き下し文は示されない。『論衡』で末尾に位置する自紀篇が本書では冒頭に置かれている。都合一四篇の翻訳が掲載され、最後に訳者の解説が附されている。

④ 綿貫誠『論衡』（明徳出版社、一九八三年）
＊現代日本語による『論衡』の抄訳である。訳者の解説のあと、王充の運命論の諸篇（逢遇《ほうぐう》篇・累害《るいがい》篇・命禄《めいろく》篇・気寿《きじゅ》篇・幸偶《こうぐう》篇・命義《めいぎ》篇・偶会《ぐうかい》篇・初稟《しょひん》篇）について、原文・書き下し文・現代日本語訳が掲載されている。

⑤ 池田秀三「実事求是の批判哲学――王充」（橋本高勝編『中国思想の流れ（上）　両漢・六朝』晃洋書房、一九九六年）
＊王充思想を概説した文章である。『論衡』はさまざまな矛盾やあいまいな点を抱えている一方で、経験的事実にもとづく

実証性や各論の体系性がそなわっていることを指摘する。命定論の構造を解析している点に特長がある。

【専門的文献】

① 重澤俊郎『漢代における批判哲学の成立』（大東文化研究所、一九五七年）

＊わずか三二頁の薄い冊子だが、戦後の本邦初のまとまった王充研究の報告書である。昭和三〇年代、大東文化研究所は『論衡』研究の拠点として、本書のほか、『論衡事類索引』（一九六〇年）と『論衡固有名詞索引』（一九六一年）を刊行した。

② 山田勝美『論衡』（上・中・下三巻、明治書院、一九七六年・一九七九年・一九八四年）

＊『論衡』すべての原文、書き下し文、通釈《つうしゃく》（現代日本語訳）、校異《こうい》、語釈《ごしゃく》が掲載されている。現代日本語による全訳本は、今のところ、本書が唯一であり、そういう意味で貴重である。

③ 佐藤匡玄『論衡の研究』（創文社、一九八一年）

＊王充の事績や学問的立場・『論衡』の制作や篇数などの経歴と著作、さらに偶然論・性命論　自然論・大漢論などの各論、そして中国思想史上の王充の位置を考察している。本書は、専門的な研究書として、日本の王充・『論衡』研究をながく牽引《けんいん》してきた。

④ 戸川芳郎『漢代の学術と文化』（研文出版、二〇〇二年）

＊著者が一九六〇年代から一九八〇年代にかけて発表した王充の命定論・人格論・文儒論や『四庫全書総目提要《しこぜんしょそうもくていよう》』の『論衡』の訳注など、王充・『論衡』に関する論考六篇を掲載する。巻末に井ノ口哲也編「王充・『論衡』関係研究論著目録」を載せる。

⑤ 大久保隆郎『王充思想の諸相』（汲古書院、二〇一〇年）

＊著者は四〇年以上にわたり王充の思想を研究対象に数多くの論考を発表してきた。それらのうち一八篇の論考をまとめたものが本書である。内容は、桓譚《かんたん》から王充への思想的継承、王充の古典籍批判・習俗批判・頌漢論《しょうかん》・人材論など多岐にわたっている。

▼コラム　「通」という評価

ある特定の分野のことを知り尽くしている状態または人物を、われわれは「通《つう》」ということばを用いて表現することがある。たとえば、「あの人は『万葉集』に精通《せいつう》している」とか「食通《しょくつう》」「情報通《じょうほうつう》」というように、である。

「通」は、先秦《せんしん》時代から前漢時代にかけては、『荀子《じゅんし》』栄辱《えいじょく》篇に「栄える者は常に通じ、辱《はずかし》めらるる者は常に窮《きゅう》す。通ずる者は常に人を制し、窮する者は常に人に制せらる」とあり、『荘子《そうじ》』秋水《しゅうすい》篇に「我《われ》窮を諱《い》むこと久し、而《しか》れども免《まぬ》かれざるは命なり。通を求めること久し、而《しか》れども得ざるは時なり。堯舜《ぎょうしゅん》に当たりて、天下に窮人《きゅうじん》無きは、知の得たるに非ざるなり。桀紂《けっちゅう》に当たりて、天下に通人《つうじん》無きは、知の失えるに非ざるなり。時勢適《じせいたま》たま然ればなり」とあり、『易《えき》』繋辞上伝《けいじじょうでん》に「往来窮《おうらいきわ》まらざる、之《これ》を通《つう》と謂《い》う」とあり、その他諸文献中に「通窮」「窮通」ということばが散見するように、一般に「窮」ということばと対《つい》にされてきた。これらの例の「通」は疎通《そつう》すること・栄《えい》達《たつ》の意、「窮」は行《ゆ》き詰《づま》ること・困窮《こんきゅう》の意である。

後漢前期には、後七九年（建初《けんしょ》四）に挙行された白虎《びゃっこ》観《かん》会議での議論の記録『白虎通《びゃっこつう》』が『漢書』の中心撰者《せんじゃ》として知られる班固《はんこ》（三二〜九二）によって編纂され、そして桓譚《かんたん》（前二四〜後五六）の『新論《しんろん》』に識通《しきつう》篇があり、王充の『論衡』に別通《べっつう》篇がある、というように、「通」字を用いた書名や篇名が多く現れるようになった。これは、「通」という語を後漢前期の知識人がかなり意識していたことを表している。また、後漢時代について知るための基本文献である范曄《はんよう》『後漢書《ごかんじょ》』には、卓茂《たくも》・杜林《どりん》・賈逵《かき》・李《り》育《いく》・馬融《ばゆう》・鄭玄《じょうげん》といった人たちが「通儒」または「通人」と記され、桓譚・潁容《えいよう》・張玄《ちょうげん》は「多通」、曹褒《そうほう》は「疎通」と記されている。これらの知識人たちに共通するのは、複数の経書ないしは学問を修めている、という点である。すなわち、「通」とは、経書を含む複数のテキスト（たとえば、『詩』と『尚書』、あるいは『易』と『老子』の組み合わせでも可）をマスターした状態を指したのである。実は、前漢時代は、一つの経書に精通していることが学問の基本とされ、政治にも一経専門の知識人（今文《きんぶん》派）が起用された。しかし、前漢末から後漢前期にかけて、この一経専門の知識人たちを凌駕《りょうが》しようとする別の勢力（古文《こぶん》派）が現れ、この人たちは複数のテキストに精通することによって一経専門の知識人たちに対抗したのである。その結果、複数のテキストに精通することが当たり前のこととなり、部首で引く中国最古の字書『説文解字《せつもんかいじ》』を著した許慎《きょしん》のように「五経《ごきょう》無双《むそう》」（范曄『後漢書』許慎伝）と言われるほど五つの経書のすべてをマスターした知識人も現れるようになったのである。

ただ、後漢前期の王充『論衡』に見える「通」は、該博《がいはく》な知識を有するもののそれを充分に発揮できない状態を指していたが、後漢後期の応劭《おうしょう》が著した『風俗通《ふうぞくつう》』に見える「通」は、典籍から獲得した知識を発揮して現実的な諸問題に対処できる状態を指すようになった。これに伴い、『風俗通』では、『論衡』に見られた「通」と同様の状態を「俗」ということばで表現し、「通」の対義語《たいぎご》とされた。すなわち、『論衡』から『風俗通』へと時間が経つうちに、言いかえれば、後漢前期から後漢後期へと時が流れる間に、「通」の意味内容自体がレヴェルアップし、その結果、「通」は「俗」の対義語となったのである。

このように、「通」は時代によって意味内容を変えていったのであり、そのために「通」のとらえかたも、現在でも、研究者によってまちまちである。しかし、そのような情況にあっても、ただ一つ言えることは、中国において、「通」という評価が積極的に知識人に与えられるようになるのは、後漢時代になってからのようである、ということである。

第九章 諸葛孔明——臥龍の思想的背景

渡邉義浩

成果よりも信義を大切にする

吾 武を統《す》べて師を行《や》るに、大信を以て本と為す。原《げん》を得て信を失ふは、古人の惜む所なり。

吾統武行師、以大信爲本。得原失信、古人所惜。

（『三国志』巻三五 諸葛亮伝注引郭沖『五事』）


【訳】吾《わたし》は軍事を統べ軍隊を動かすのに、大いなる信を根本としている。原城《げんじょう》を手に入れるために信を失うことは、古人の惜しんだところである。

諸葛孔明（『集古像賛』より）

1　荊州学を修める

青年期の志

諸葛孔明《しょかつこうめい》は、名を亮《りょう》という。孔明は字《あざな》（呼び名）である。諸葛亮は、名よりも字の孔明で呼ばれることが多いため、本書でも孔明を用いよう。孔明は、徐州《じょしゅう》琅邪郡《ろうやぐん》陽都県《ようとけん》の出身で、光和《こうわ》四年（一八一）に生まれた。父の珪《けい》は、泰山郡《たいざんぐん》の丞《じょう》（次官）に至った。「世々二千石《よよにせんせき》」（代々郡太守《ぐんたいしゅ》を輩出する）と称された、琅邪郡を代表する豪族《ごうぞく》（大土地所有者）の出身である。一四歳で父を亡くした孔明は、荊州牧《けいしゅうぼく》（荊州の行政長官）の劉表《りゅうひょう》と係わりがあった伯父の玄《げん》に連れられ、荊州《けいしゅう》に赴く。しかし、一七歳の時に玄も卒した。孔明は弟の均とともに、襄陽郡《じょうようぐん》の隆中《りゅうちゅう》で晴耕雨読の暮らしをしながら、梁父《りょうほ》の吟《ぎん》を口ずさみ、勉学に励んだという。

梁父の吟は、春秋《しゅんじゅう》時代の斉《せい》の宰相晏嬰《あんえい》の智謀を称《たた》えた詩で、孔明が智謀により混乱の芽を摘んだ郷里の先達である晏嬰の政治的手腕を慕ったことがわかる。やがて孔明は、自らを管仲《かんちゅう》と楽毅《がくき》に準《なぞら》えるようになる。管仲も斉の宰相で、桓公《かんこう》を輔佐して最初の覇者《はしゃ》とした。楽毅は、戦国《せんごく》時代の燕《えん》に仕え、斉の多くの城を攻め落とした名将である。孔明は、儒教を学ぶ知識人が等しく目指した「出《い》でては将、入りては相」として活躍する儒将《じゅしょう》を志した。具体的には、相として晏嬰・管仲を、将として楽毅を目標としたのである。

荊州学の特徴

孔明が学んだ荊州では、劉表の保護のもと、宋忠《そうちゅう》と司馬徽《しばき》を中心に荊州学《けいしゅうがく》と呼ばれる新しい儒教が生まれていた。荊州学は、『周礼《しゅらい》』『儀礼《ぎらい》』『礼記《らいき》』の「三礼《さんらい》」、とりわけ『周礼』により諸経を体系化する漢代儒教の集大成者である鄭玄《じょうげん》に対して、『春秋左氏伝《しゅんじゅうさしでん》』と『周易《しゅうえき》』を中心に据えて対抗した。とりわけ、戦乱の春秋時代を歴史的に描いた『春秋左氏伝』は、乱世を治めるための具体的な規範を多く含んでいた。孔明の行動も、多く『春秋左氏伝』に依拠している。

また、荊州学は、人間中心の合理主義的な経典解釈を行う。このため、後漢《ごかん》の儒教、そして、それを集大成した鄭玄の経典解釈で大きな役割を果たしていた緯書《いしょ》（経書を補うとともに、作成者の意図をその中に含めた偽書）の宗教性に、大きな疑問を投げかけた。やがて、荊州学を継承する王粛《おうしゅく》によって、緯書は否定されるに至る。

孔明の師である司馬徽が、自分たちを「俊傑」と称し、単なる儒者とは区別していたように、荊州学は、経学の習得だけを目的としたわけではない。友人たちが経典の細かい解釈に夢中となるのに対して、孔明は大まかな解釈で止《とど》めていた。荊州学は、訓詁《くんこ》の学《がく》（経典を解釈する学問）を踏まえながらも、それを生かして乱世を収めるための実践を重んじていたのである。徐庶《じょしょ》・石韜《せきとう》・孟建《もうけん》と互いに抱負を語り合った時、孔明は「君たち三人は、仕官をすれば州や郡の長官になれるだろう」と言いながら、自分については笑って答えなかった。自らを管仲・楽毅に比《ひ》す孔明である。地方長官になることが目的ではない。天下・国家を経綸《けいりん》したい、こうした志が尊重され、孔明は司馬徽の友人である龐徳公より「臥龍《がりょう》」（まだ伏せていて世の中に顕れていない龍）という人物評価を受けた。帝王の秘策を好んで論じた「鳳雛《ほうすう》」龐統《ほうとう》と、並称されたのである。

三顧の礼

それでは、孔明は、どのように志の実現を図ったのであろう。孔明は、妻の姻戚でもある劉表の才能を見限っていた。また、現実問題としても、劉表を支える蔡瑁《さいぼう》・蒯越《かいえつ》を差し置いて、孔明の抱負が劉表政権で実現できる可能性はない。これに対して、華北で曹操《そうそう》との争いに敗れ、劉表の客将となっていた劉備《りゅうび》の配下には、一流の知識人はいない。しかも、劉備は、髀肉《ひにく》の嘆《たん》（才能が生かせず焦ること）をかこっていた。剣を得意とし、出身階層も近い徐庶は、孔明に先立って劉備に仕え、劉備に孔明を迎えさせる。

三顧の礼（三回訪問して礼を尽くすこと）は、皇帝が老儒者を宰相に迎える礼である。左将軍《さしょうぐん》の劉備が、無位無官の孔明に尽くす礼としては重過ぎる。劉備も、当初から三顧をしたわけではない。徐庶が劉備に、「諸葛亮という者は臥龍《がりょう》です。将軍は会いたいと思われますか」と尋ねると、劉備は、「君が一緒に連れてきてくれ」と答えている。しかし、徐庶は、劉備に諸葛亮を尊重させることを通じて、関羽《かんう》・張飛《ちょうひ》を中心とする傭兵集団から知識人を中心とする政権へと、集団を質的に転化させるため、「この人は、連れてくることはできません。将軍が礼を尽くして訪れてください」と答え、三顧の礼を尽くさせたのである。厚遇を約束された孔明は出仕し、基本戦略として「隆中対《りゅうちゅうたい》」を披露する。

2 天下三分の計

隆中対

隆中対《りゅうちゅうたい》（草廬対《そうろたい》）は、よく天下三分の計と言われるが、三分は手段であり目的ではない。したがって、天下三分を実現した後にも、孔明が曹魏《そうぎ》への北伐《ほくばつ》を止めることはなかった。孫権に仕えた魯粛《ろしゅく》が天下三分を目的としたこととは異なり、孔明はあくまでも漢による中国統一を目指したのである。劉備とともに建国した国家は漢、あるいは季漢《きかん》（季は末っ子という意味）が正式名称であり、蜀は地域名である。「聖漢《せいかん》」の「大一統《だいいっとう》（一統を大《とうと》ぶ）」は、『春秋公羊伝《しゅんじゅうくようでん》』の冒頭、隠公《いんこう》元年に示される「春秋の義《ぎ》（守るべき規範）」である。荊州学は、『春秋公羊伝』を乗り越えるための経義を持つ『春秋左氏伝』を尊重していた。しかし、「聖漢」の「大一統」を目指す志において、孔明は漢代的精神の忠実な継承者であった。

隆中対の「対」とは、本来、郷挙里選《きょうきょりせん》（官僚登用制度）の制挙《せいきょ》で行われる皇帝からの「策問《さくもん》」（問題）への「対策《たいさく》」（解答）を意味する。したがって、劉備が述べる後漢末の情勢、自らの敗退、これからの方策という三点に沿って、

「隆中対」は述べられている。

後漢末の混乱については、董卓《とうたく》以来豪傑が並び立ったことを、劉備の敗退理由については、直接言及することを避け、曹操が袁紹《えんしょう》に勝ったことを「人の謀《はかりごと》」によると答える。すなわち、劉備は「人の謀」（戦略）がなかったため敗れ続けている、と指摘したのである。そして、これからの戦略として、曹操《そうそう》は強く単独では当たれないので、孫権《そんけん》と結び、荊州と益州《えきしゅう》を支配して天下三分の形をつくる。そのうえで、荊州と益州からそれぞれ洛陽《らくよう》と長安《ちょうあん》を取れば、覇業《はぎょう》は成り漢室は復興する、と述べるのである。

これは当時において、常識的な戦略であった。漢は、これまでに一度、王莽《おうもう》によって滅ばされている。これを前漢《ぜんかん》という。光武帝劉秀《こうぶていりゅうしゅう》は、漢の復興を唱えて黄河《こうが》の北に拠点をつくり、洛陽と長安を取り、蜀《しょく》の公孫述《こうそんじゅつ》を滅ぼし、天下を統一して漢を中興した。これが後漢である。これとは反対のルートになるが、華北を曹操が掌握し、長江《ちょうこう》下流域に孫権がいる以上、残った荊州と益州を拠点として、洛陽と長安を取ろうとするのは、他に選択肢が思い浮かばないほど、当たり前の戦略であった。それ以上に、隆中対は、後漢の国教である儒教が掲げる大原則、「聖漢」による「大一統」に忠実である。これを無視する魯粛の策が革新であるならば、隆中対は保守本流の王道であった。やがて、隆中対は関羽が荊州を奪われて破綻する。しかし、孔明は生涯、この戦略を貫き続けていく。

赤壁の戦い

建安《けんあん》一三年（二〇八）、袁紹の残党を平定した曹操が南下すると、劉表は病死し、その政権は崩壊する。不意を衝かれた劉備は敗走するが、孫権は劉備と対等な同盟を結ぶ。そこには魯粛《ろしゅく》の天下三分の計と孔明の外交努力があった。孫権だけでは曹操に対抗できないので、第三の勢力を作りあげて中国を安定させる。魯粛の天下三分の計の第三勢力は、必ずしも劉備である必要はなかった。孫権に仕えていた兄の諸葛瑾《しょかつきん》が、孔明を助けたのである。「わたしはあなたの兄の友人です」という一言を受け、孔明が魯粛とすぐさま交友関係を結べたことは、政権を超えて存在する知識人のネットワークが、この時代の外交に必要不可欠であったことを示す。

孔明の人的ネットワークは、赤壁《せきへき》の戦いの後にも効力を発揮する。歴戦の傭兵隊長である劉備は、呉軍を率いる周瑜《しゅうゆ》の戦術に疑問を抱き、敗戦に巻き込まれないよう軍を遠ざけ、積極的には戦わなかったのである。それにもかかわらず、戦後、劉備が荊州南部を領有できたのは、荊州を貸すという論理で魯粛が呉の世論を納得させたことに加え、孔明が人的ネットワークにより、多くの荊州知識人を劉備に仕えさせたことに依る。孔明に推挙された龐《ほう》統《とう》・馬良《ばりょう》・習禎《しゅうてい》たちは、その名声により豪族の支持を集め、劉備の荊州支配を安定させた。こうして劉備は、挙兵以来初めて根拠地を確保できたのである。

劉備が益州に進攻すると、軍師として龐統を随行させ、孔明自らは関羽・張飛・趙雲《ちょううん》とともに荊州に残った。しかし、龐統が戦死し、劉備は包囲される。やむを得ず孔明は、張飛・趙雲とともに劉備を支援して成都《せいと》を落とし、益州を征服した。

荊州失陥

関羽に委ねた荊州の支配は安定しなかった。傲慢な関羽が、事ごとに知識人と対立したためである。それでも、魯粛《ろしゅく》のあるうちは無事であったが、その死後、軍を率いた呂蒙《りょもう》は、荊州の奪還を目指す。一方、劉備は、漢中《かんちゅう》に出て夏侯淵《かこうえん》を斬り、救援に来た魏王《ぎおう》曹操を撃破して、漢中王《かんちゅうおう》に即位する。関羽は、これに呼応して北上し、曹仁《そうじん》の守る樊城《はんじょう》を水攻めにした。その勢いに曹操は遷都も考えるが、関羽は魯粛の重要性にあまりに無頓着であった。曹操は、徐晃《じょこう》に樊城を救援させるとともに、孫権と結んで呂蒙に関羽の背後を攻撃させる。これにより関羽は斬られ、荊州は失われた。

劉備は激昂《げっこう》した。情を同じくする張飛が、弔い合戦に備えて準備を焦り、部下に裏切られて寝首を掻《か》かれると、劉備の感情は昂《たかぶ》るばかりであった。曹丕《そうひ》に滅ぼされた後漢を受け継ぎ、劉備はすでに漢（季漢）を建国して、皇帝に即位していた。国是《こくぜ》である曹魏の打倒と漢の復興を後回しにし、隆中対に反して孫呉と戦ってはならないことを孔明はよく知っていたはずである。しかし、孔明は、劉備の東征を止めなかった。止められなかったのである。君臣でありながら、兄弟と称された関羽・張飛と劉備との関係は、孔明と劉備とのそれとは異なる。結局、劉備は夷《い》陵《りょう》の戦いで陸遜《りくそん》に敗れ、白帝城《はくていじょう》で死の床に就く。

3 危急存亡の秋

遺孤を託される

成都《せいと》より駆けつけた孔明は、劉備から「もし劉禅《りゅうぜん》（劉備の息子）に才能がなければ、君が代わって君主になってほしい」との遺言を受ける。『三国志』を著した陳寿《ちんじゅ》は、これを「君臣の至公」と称賛する。君臣の信頼関係が、劉禅に代わって即位せよと言わせたのだとするのである。これに対して、明《みん》の王夫之《おうふうし》は、これを君主が出してはいけない「乱命」であるという。劉禅に才能がない場合、孔明は即位しなければ命令違反となるためである。王夫之は「劉備は関羽に対するような信頼を孔明には寄せていない」と言う。そのとおりであろう。関羽・張飛は亡く、挙兵以来の兵力は夷陵で壊滅した。孔明の即位に釘を指す遺言を残すしかない、それほどまでに、孔明の勢力は万全であった。

最後はやはり関羽・張飛と行動をともにした劉備の暴走に対して、孔明は、「聖漢」による「大一統」という自らの志を実現するため、信頼できる知識人を次々と要職に就けていたのである。その中には、孔明が是非にと推挙したが、劉備は嫌い続けていた劉巴《りゅうは》もいた。こうした状況の中で出された「乱命」。それには従わず、孔明は、才能に乏しい劉禅を懸命に支えて、志の実現に努めていく。

寛猛相済

劉備の死後、孫呉の煽動する反乱が南中《なんちゅう》で起こるが、孔明は国境を閉ざし、内政を立て直すことを優先した。後漢の支配は、儒教を媒介に地域の豪族と妥協する寛治《かんち》であった。袁紹《えんしょう》や劉表《りゅうひょう》の政治である。しかし、寛治は豪族の力を伸長させ、行き詰まっていた。そこで孔明は、寛治から脱却して国家権力を再編するため、法刑を重視する猛政《もうせい》を行った。猛政がもとづく「寛猛相済《かんもうそうさい》（平和な時期には寛容な政治を行い、戦乱の時期には厳しい政治を行う）」という理念は、『春秋左氏伝』昭公二〇年を典拠とする。荊州学の政治理念は、孔明により現実の政治に生かされた。その成果が法典の「蜀科《しょくか》」であった。

また、孔明は、益州出身者を政権の要職に抜擢していく。そのために、孔明を中心とする荊州知識人の集団に益州知識人を組み込んで、蜀漢知識人社会を形成した。たとえば、姜維《きょうい》が帰順した時、孔明は「姜維の能力は李邵《りしょう》や馬良《ばりょう》も及ばない。涼州の上士である」と人物評価をしている。ここでは、益州知識人の李邵が、荊州知識人の馬良と同じレベルに位置づけられている。こうした人物評価の積み重ねにより、益州知識人を蜀漢知識人社会に位置づけることが、益州出身者を要職に就けることに繋がる。孔明は、知識人の名声に相応しい官職に就けていたからである。曹魏では、陳羣《ちんぐん》の献策により、これを九品中正制度とした。科挙《かきょ》まで続いた官僚登用制度である。孔明は、それを制度化することはなかったが、こうして益州知識人の規制力を統治の支柱と成し得たのである。

蜀漢知識人社会に参入するための人物評価には、多くの価値基準があった。そのなかで最も重んじられたものは儒教である。孔明が学んだ司馬徽のもとには、益州からも尹默《いんもく》と李仁《りじん》が留学に来ていた。ただし、二人は益州の蜀《しょく》学《がく》の古さを嫌って荊州に来た。蜀学は、讖緯《しんい》の学（未来の予言を記す緯書を解釈する）を中心とする。荊州学が批判した儒教である。それでも孔明は、蜀学の振興に努めた。蜀漢後期の蜀学を代表する譙周《しょうしゅう》は、五丈原《ごじょうげん》で孔明が陣没した際、真っ先に弔問に訪れて敬愛の情を表した。孔明の振興により蜀学が復興したことを象徴的に物語る逸話であろう。

孔明の内政

さらに孔明は、益州自体への国家支配も整備した。農業生産の要《かなめ》である都江堰《とこうえん》には堰官《えんかん》を置き、灌漑により農作物の増産に努めた。また、司塩校尉《しえんこうい》を設け、孔明の信任厚い荊州出身の王連《おうれん》が、塩・鉄の専売を展開した。蜀の特産品である錦《にしき》の生産にも力を注ぎ、漢嘉《かんか》の金・朱提《しゅてい》の銀を採掘し、鉄山の所有と開発により、武器の製造にも努めた。南中の反乱を平定した南征《なんせい》は、こうした政策の延長である。対曹魏戦では、軍隊に屯田《とんでん》を行わせ食糧の自給に努め、督農《とくのう》を置いて農業を掌握させた。成都から遠く離れた漢中《かんちゅう》において、曹魏との長期の戦いを支えたものは、こうした孔明の経済政策の成功にあった。

孔明の法刑を重視した猛政にもとづく内政と経済政策は、意外にも、法治を推進して君主権力を確立し、屯田制などの農業政策により国家の経済力を建て直した曹操の政治と似ている。後漢の寛治が崩壊した三国時代において、曹魏では君主権力により、蜀漢では孔明により、厳格な支配と経済力向上のための諸政策が展開されたのである。しかし、国家の規模の違いは、北伐による益州の疲弊をもたらした。

4　秋風五丈原

泣いて馬謖を斬る

建興《けんこう》三年（二二五）、孔明は、国是である曹魏への北伐に向かう。その際、劉禅に捧げたものが「出師《すいし》の表《ひょう》」である。その中で、孔明は一三回も「先帝（劉備）」という言葉を用いている。「陛下」という劉禅への呼びかけは六回に過ぎない。「先帝」を多用するのは、自らが劉備の信任を受けて、劉禅に忠を尽くしていることの確認のためである。劉備の遺言が、そうした配慮を孔明に必要とさせた。幸い、劉禅は孔明を固く信じ続けた。亡国の暗君として有名な劉禅であるが、孔明を「相父《しょうほ》」（丞相である父）と慕い、まったく疑わなかったことは、孔明が忠臣として生を全うできた大きな要因である。

第一次北伐は、おとりの趙雲軍が曹魏の主力の曹真《そうしん》軍を引きつけ、順調に進んだ。天水《てんすい》・南安《なんあん》・安定《あんてい》の三郡を取り、涼州を曹魏から遮断したのである。しかし、隴西太守《ろうせいたいしゅ》の游楚《ゆうそ》は守りを固めて援軍を待ち、涼州刺史《りょうしゅうしし》の徐邈《じょばく》も金城郡《きんじょうぐん》で抵抗を続ける。さらに、明帝《めいてい》は長安に出陣し、孫呉に備えていた張郃《ちょうこう》を救援に向かわせる、という最善の策を取った。それでも、張郃の到着までに涼州を落とせば、蜀漢の優位は動かない。

孔明は、張郃を食い止める場所を街亭《がいてい》と定め、その守将に馬謖を任命した。張郃を止めれば涼州が取れるという大役である。襄陽《じょうよう》で孔明と勉学に励んだ旧友は、数少なくなっていた。そうした中、馬謖《ばしょく》だけが、孔明の傍らできらめく才能を見せ続けていたのである。長期戦化するであろう曹魏との戦い、病を抱えた四八歳の孔明は、自分の後継者と成り得る若い才能に賭けた。孔明は馬謖に、「山上に陣取るな」と命じて出陣させた。街道を守れば、少数の兵でも大軍を防げるためである。ところが馬謖は、大勝を求めて命令を無視し、山上に陣を敷いた。孔明の後継者と周囲に認めさせるためには、命ぜられた以上の戦功を挙げたいと焦ったのである。張郃は、山を包囲して水や食糧の補給路を絶った。これにより馬謖の軍は困窮し、ただ一度の戦いで敗退する。孔明は、泣いて馬謖を斬り、自らをも罰して丞相《じょうしょう》から右将軍《ゆうしょうぐん》に格下げされ、敗戦の責任を明らかにした。

北伐已まず

第二次北伐は、郝昭《かくしょう》の守る陳倉《ちんそう》を攻撃したが陥落せず、曹真の援軍が押し寄せたため兵を退いた。ただ、これは武都《ぶと》郡・陰平《いんぺい》郡を攻めていた陳式《ちんしょく》を擁護する陽動作戦であった。退却の際、先鋒の王双《おうそう》を斬った孔明は、陳式を迎え撃った郭淮《かくわい》を退け、二郡を手に入れた。これを第三次北伐というが、第二次とは一連の戦役である。第四次北伐では、木牛《ぼくぎゅう》を利用して兵糧を輸送した。前哨戦の後、司馬懿《しばい》が率いる曹魏の主力軍と決戦を行い、大勝を得た。五回の北伐中、主力の決戦は、唯一この戦いだけであった。しかし、孔明は撤退する。兵糧が続かなかったのである。その責任は李厳《りげん》にあった。高い能力を持つ李厳でも、桟道《さんどう》を通って兵糧を補給する作業は、困難を極めた。その失敗は仕方がない。が、李厳は補給の失敗をごまかそうとした。孔明はそれを許さず、李厳は罪に問われ、庶民に落とされた。孔明は馬謖に続いて、信頼する荊州知識人を処罰せざるを得なかった。

建興一二年（二三四）、孔明は孫呉に挙兵を促すとともに、斜谷道《やこくどう》より五丈原《ごじょうげん》に進む。第五次北伐では、木牛・流馬《りゅうば》で運搬に当たったほか、斜谷水《やこくすい》の河辺に土地を開墾し、付近の農民とともに屯田を行い、兵糧の確保に努めた。孔明を悩ませた兵糧の問題は解決しつつあった。しかし、自身の病状が戦いの継続を許さなかった。持久戦を強いる司馬懿《しばい》の前に、孔明は陣没したのである。

漢の規範性

漢は、ローマ帝国とよく比較される。ほぼ同時期に存在した同規模の古代帝国であるためだけではない。「すべての道はローマに通ず」という言葉があるように、ヨーロッパの文化はすべてローマを源流とする。同様に、中国文化の原基もまた、漢で定まった。漢とローマは、それぞれ中国とヨーロッパの「古典」古代なのである。したがって、漢の復興にすべてを賭けた孔明は、中国の「古典」を守ろうとした者と位置づけられ、朱子《しゅし》をはじめとする歴代の評価はきわめて高かった。規範としての「漢」の重要性の故に、漢の復興を目指した孔明は評価され続けたのである。

5　諸葛孔明の名言

利益目的の交際は長続きしない

勢利《せいり》の交《まじわり》は、以て遠きを経難し。士の相　知るや、温にも華を増さず、寒にも葉を改めず。能く四時を貫きて衰えず、夷険《いけん》を歴て益々固し。

勢利之交、難以經遠。士之相知、溫不增華、寒不改葉。能貫四時而不衰、歴夷險而益固。（『諸葛氏集』論交）

【訳】勢力や利益を目的とした交際は、長続きさせることが難しい。士が互いに知り合って理解すれば、温暖になっても（とりたてて）華を増すことはないし、寒冷になっても（とりたてて）葉を改めることもない。春夏秋冬の四時を貫いて衰えず、順境や逆境を経てますます強固になる。

『諸葛氏集』は、陳寿《ちんじゅ》が編纂した孔明の文集である。すでに散佚したが、『三国志』の裴松之《はいしょうし》注や類書などに佚文が残っており、『三国志』諸葛亮伝に掲げられている目録をもとに、何種類かの輯本が作られている。

孔明の交友論は、「勢利の交は、古人、これを羞《は》ず」という『漢書《かんじょ》』巻三二張耳陳余《ちょうじちんよ》伝の賛《さん》を踏まえて展開される。勢力や利益を目的とした交友は長続きしない。士が理解しあえば、その関係が変わらぬことは、温暖になっても華《はな》が増えるわけではなく、寒冷になっても葉が改まるわけではないことと同じである。夷（順境）を経、険（逆境）を経て、その交わりはますます固くなるという。

孔明に三顧の礼を尽くすことを劉備《りゅうび》に勧めた徐庶《じょしょ》は、曹操《そうそう》が南下した際に、母を捕らえられた。『三国志演義《さんごくしえんぎ》』は、三顧の礼をわかりやすくするために、徐庶の母が捕まった時期を孔明を迎える前に置き、徐庶の代わりに孔明が三顧の礼で迎えられたことにしている。しかし、それでは、三顧の礼を尽くさせた徐庶の働きが理解できないし、徐庶がいて、なお三顧の礼を尽くした劉備の思いは伝わらない。

君主に尽くす「忠」と親を大切にする「孝」は、儒教の重要な徳目である。しかし、この二つを両立させることは容易ではない。君主のために忠を尽くして陣没すれば、親を養い孝を尽くすことはできなくなるためである。「忠孝先後論争《ちゅうこうせんごろんそう》」と呼ばれる、忠と孝のどちらを優先するのか、という議論もこのころ盛んに行われている。そうした場合、君主はおおむね「忠」を優先させる。しかし、劉備は異なる。徐庶が母のもとに行く「孝」を優先させた。この「徳」があるからこそ、負け続ける劉備に人々は付き従った。

曹操に仕えた徐庶は、曹魏で要職には就けなかった。孔明は、これを聞くと、「魏は知識人が多いのだな。もっと高い地位に就くことができるのに」と、徐庶が才能に見合った官職に就けていないことを嘆いた。友が母への孝を尽くし、志《こころざし》を遂げられなかったことを気づかう孔明。たとえ、敵・味方に別れていても、友を思う気持ちが色あせることはない。「竹林の七賢」の一人嵆康《けいこう》は、押しつけがましくない厚い友情の例として、孔明と徐庶の交友をあげ、これを称《たた》えている。

忠君の誓い

臣敢《あえ》て股肱の力を竭《つく》し、忠貞の節を効《いた》し、之に継《つ》ぐに死を以てせん。

臣敢竭股肱之力、効忠貞之節、継之以死。（『三国志』巻三五諸葛亮伝）

【訳】臣はすすんで手足となって力を尽し、忠節をささげ、これを死ぬまで貫き通します。

白帝城《はくていじょう》で死の床にあった劉備が、「もし劉禅《りゅうぜん》に才能があれば、これを補佐せよ。もしなりれば、君が代わって君主になってほしい」と遺児を託したことへの孔明の答えである。『春秋左氏伝《しゅんじゅうさしでん》』僖公《きこう》九年に、晋の荀息《じゅんそく》が、重病の献公《けんこう》から子の奚斉《けいせい》を託された時に、「臣 其の股肱の力を竭《つく》し、之に加ふるに忠貞を以てせん。其《も》し済《な》らば、君の霊《たすけ》なり。済らざれば、則ち死を以て之を継がん（臣はその手足となって力を尽し、これに忠節を加えます。もしなれば、君の霊の〈助け〉です。ならなければ、これを死ぬまで貫き通します）」と言ったことを踏まえて、孔明は、劉禅の手足となって力を尽くし、忠節をささげ、これを死ぬまで貫き通すことを誓っている。孔明が、荊州学《けいしゅうがく》の尊重する『春秋左氏伝』を自らの行動規範としていることを理解できよう。

陳寿は、『三国志』巻三二先主伝の評《ひょう》に、「その国をあげて孤《こ》〈遺児〉を孔明に託し、心になんの疑いもなかったことは、まことに君臣の至公、古今を通じての盛事である」とこれを称える。ここより、「託孤《たくこ》」「遺孤《いこ》を託す」といった成語が生まれたほど有名な箇所である。しかし、王夫之《おうふうし》（王船山《おうせんざん》）が劉備の遺言を「乱命」と批判したことは、すでに述べたとおりである。誰の目にも劉禅に皇帝としての才のないことは明らかであった。孔明に対して、劉禅に代わって即位せよ、と言っているのも同然なのである。このため、李厳《りげん》は孔明に「そろそろ九錫《きゅうせき》（王や皇帝になる前に受ける特別な礼）を受けたらどうですか」と勧めている。劉備の遺命にもとづき皇帝になる準備をせよ、というのである。孔明は、笑ってごまかすしかなかった。劉禅に才能がなければ自分が即位することは、劉備の命令である。かといって、命令に従えば、父と慕う劉禅を裏切り、漢の復興という志を捨てることになる。このように臣下が従うことのできない君主の命令を「乱命」と呼ぶ。

　こうした遺言を劉備が残した理由は、陳寿が『三国志』で強調する忠のベールを剝がすと見えてくる、劉備と孔明の間の緊張関係にある。孔明の抱負は、自分たちが政権の中心となり、漢による中国統一を実現し、新たなる理想の国家を樹立することにあった。そのためには、君主と争ってでも政策を推進していく。関羽《かんう》・張飛《ちょうひ》のみならず、夷陵《いりょう》の戦いで挙兵以来の兵を失った劉備は、「乱命」により孔明の即位に釘を指すことでしか、暗愚な劉禅の未来を守れない、と考えたのであろう。

　劉備に疑われたことは、孔明には心外であったに違いない。それでも、漢室の復興の志と誠実な人柄が、孔明を忠臣とした。乱命を無視して、劉禅を全力で補佐し、国是である曹魏への北伐に向かっていく。

劉備への恩

先帝 創業 未だ半ばならずして中道に崩殂《ほうそ》せり。今 天下は三分し、益州《えきしゅう》は疲弊《ひへい》す。此れ誠に危急存亡の秋《とき》なり。

　先帝創業未半而中道崩殂。今天下三分、益州疲弊。此誠危急存亡之秋也。（『三国志』巻三五諸葛亮伝）

【訳】先帝（劉備）は始められた事業（漢の復興）がまだ半分にも達していない中道で崩殂されました。いま天下は三分し、益州は疲弊しております。これは誠に危急存亡の秋《とき》です。

劉備の崩御の後、孔明は劉禅を即位させると、鄧芝《とうし》を呉に派遣して、外交関係を修復した。建興三年（二二五）春、孔明は、自ら軍を率いて南征し、秋には平定する。背後を安定させた諸葛亮は、建興五年（二二七）、大軍を率いて漢中に進駐し、以後五次におよぶ北伐を開始する。出兵にあたって、漢を復興するという戦争目的を明確に示すとともに、劉備から受けた恩に報い、劉禅に忠を尽くすために、みずから北伐を行うことを宣言した文章が「出師の表」である。諸葛亮のまごころがきらめく文章であり、古来、日本でも中国でも読み継がれてきた名文である。その冒頭、劉備亡き後の蜀漢は、「危急存亡の秋《とき》」にあるとの認識が示される。

注目すべきは、孔明が先帝劉備の死去を「崩殂」と表現することである。「崩」は、天子の死去に用いる言葉であるが、「殂」は特定の人物の死去を表す。「殂」とは、『尚書《しょうしょ》』（五経の一つ。堯《ぎょう》・舜《しゅん》・禹《う》など伝説的な皇帝の事績をまとめた経書《けいしょ》）で、堯の死去に用いている言葉なのである。後漢末、漢の皇帝は堯の子孫と考えられていた。孔明は、劉備の死去を「崩殂」と表現することで、劉備が「堯の子孫」（殂）である「皇帝」（崩）であったことを高らかに宣言したのである。

『三国志』は、「春秋の筆法」にもとづき、曹魏の諸帝の死去には天子の死去である「崩《ほう》」の字を用い、孫権の死去には諸侯の死去である「薨《こう》」の字を用いて、曹魏が正統であり、孫呉は皇帝を僭称しながらも、曹魏に臣従していた諸侯であることを表現している。しかし、劉備の死去は、「崩」でも「薨」でも「崩殂」でもなく、「殂《そ》」と記している。陳寿は、「出師の表」で孔明が劉備の死去を「崩殂」と表現した意図を正確に把握したうえで、天子の死去を示す「崩」の字を省きながらも、劉備が堯の子孫であることを示す「殂」の字によりその死去を記すことで、劉備が漢の後継者であることを「春秋の微意《びい》」（明確に書かずに仄《ほの》めかすこと）により、後世に伝えようとしたのである。

孔明の決意は、こうして聖漢の復興を目的とすることが正確に伝えられた。その崇高な目的のためには、たとえ益州が疲弊していようと、国賊である曹魏を打倒するために軍を進めなければならない。それが「危急存亡の秋《とき》」なのである。

孔明の嘆き

臣鞠躬尽力《きくきゅうじんりょく》し、死して後已《や》まん。成敗利鈍《せいはいりどん》に至りては、臣の明の能く逆覩《げきと》する所に非ざるなり。

臣鞠躬盡力、死而後已、至於成敗利鈍、非臣之明所能逆覩也。（『三国志』巻三五諸葛亮伝注引張儼『黙記』）

【訳】臣《わたくし》は身をかがめ敬い慎んで力を尽くし、死して後やむ覚悟であります。（事の）成功失敗や遅速につきましては、臣のあらかじめわかるところではありません。

建興《けんこう》六年（二二八）、第二次北伐に際して、孔明が上奏したという「後出師《こうすいし》の表《ひょう》」の末尾の文章である。「後出師の表」は、陳寿の『諸葛氏集』『三国志』には収録されず、孫呉の大鴻臚《だいこうろ》（外務大臣）であった張儼《ちょうげん》『黙記《もくき》』により伝わった。さらに、その中の趙雲《ちょううん》の死亡年が『三国志』の記述と異なることもあって、古来、偽作の疑いが、かけられている文章である。

しかし、「鞠躬尽力し、死して後已まん」との決意は、すでに引用した劉備の遺言への答えの中にある「之に継《つ》ぐに死を以てせん」という表現に呼応し、先帝という言葉の使用頻度も、「出師の表」と同様に高い。さらに、兄の子である諸葛恪《しょかつかく》が、近ごろ家の叔父（孔明）の賊と戦うための表を読んだが、深く嘆息した、と述べている。曹魏との戦いを反対されていた諸葛恪が深く嘆息する内容としては、「後出師の表」の方がふさわしい。これらを考えあわせると、「後出師の表」が孔明の自作である蓋然性は高く、それが孫呉に伝わっていたことも不自然ではない。

「鞠躬」は、身をかがめて敬い慎むことで、『論語《ろんご》』郷党《きょうとう》篇を典拠とし、「死して後已む」も、『論語』泰伯《たいはく》篇を典拠とする。後者は、曾子《そうし》が仁を体得し実践していくことの任の重さと道の遠さを述べた有名な文章で、徳川家康の「人の一生は重き荷を負いて遠き道を行くが如し。急ぐべからず」という遺訓の典拠にもなっている。その重き荷とは、曾子には仁であり、孔明には北伐とその結果としての「聖漢」の「大一統《だいいっとう》」であった。

ただし、この文章はそれが「成功するか失敗するか、勝利を得るか敗北するかは、わたしの洞察力では予測することができるものではありません」と終わる。「隆中対《りゅうちゅうたい》」に見られた圧倒的な自信は影をひそめ、「出師の表」に見られる強い決意も全面的には展開されない。繰り返されるのは、高祖《こうそ》劉邦《りゅうほう》、劉繇《りゅうよう》と王朗《おうろう》、曹操《そうそう》、関羽《かんう》の失敗例と、趙雲をはじめとする失った精鋭部隊への嘆きである。陳寿が、この文章を『諸葛氏集』にも『三国志』にも収録しなかった理由は、全体に立ち込める悲壮感にあろう。

それでも、孔明の「聖漢」による「大一統」の志が、折れることはなかった。幾多の困難を掲げながらも、そして成功への確信が持てなくとも、それは死ぬまでその重任を担い続けねばならない理想であった。「聖漢」の滅亡時に生まれた孔明の運命と言い換えてもよい。孔明は、病に冒された身体に鞭打って、漢中を拠点に北伐を続けるのである。

成果よりも信義を大切にする

吾 武を統べて師を行《や》るに、大信を以て本と為す。原《げん》を得て信を失ふは、古人の惜む所なり。

吾統武行師、以大信爲本。得原失信、古人所惜。（『三国志』巻三五諸葛亮伝注引郭沖『五事』）

【訳】吾《わたし》は軍事を統べ軍隊を動かすのに、大いなる信を根本としている。原城《げんじょう》を手に入れるために信を失うことは、古人の惜しんだところである。

建興九年（二三一）、第四次北伐で、精兵三〇万を擁する曹魏の司馬懿《しばい》・張郃《ちょうこう》軍と対峙した孔明は、祁山《きざん》に布陣していた。その際、蜀漢の兵力は二割ずつの交代制であったため、現有勢力は八万に過ぎなかった。部下たちは、曹魏軍の多さを恐れ、仮に一ヶ月ほど交代を中止して、兵力を増強すべきであると具申する。孔明はこれに対して、軍の統率には、「信」が必要であるとの原則を示す。

ここで言われている「古人」とは晋《しん》の文公《ぶんこう》である。『春秋左氏伝』僖公《きこう》二五年によれば、晋の文公は、兵士に三日と限って原城を攻めさせたが、三日たっても原城は落ちなかった。あと少しで落ちることはわかっていたが、文公は兵士との約束を守るために軍を退《ひ》いた。文公は、「信は国の宝である。原城を得ても信を失えば、何によってそれを取り戻せばよいであろうか」と言った。孔明の言葉は、ここでも『春秋左氏伝』を踏まえている。

そのうえで、孔明は、部下に理解させるため、言葉を続ける。「(交代のため戦場から)去る予定の者は身支度を整えて期日を待っており、(それを待ち受ける)妻子たちは首を長くして(帰ってくる)日を数えている。たとえ困難な征伐に直面していても、信義の上から(兵士の交代を)中止することはできない」と。

この言葉は、兵士に伝えられたようである。兵士たちは互いに、「諸葛公の恩は、死んでもなお報いることはできない」と言いあって、戦いに臨んで一人で一〇人に当たり、張郃を殺し、司馬懿を撤退させたという。ただし、『三国志』に注をつけた裴松之《はいしょうし》は、この記録を批判している。この記事の最初に、曹魏の明帝《めいてい》が司馬懿・張郃に命じて、剣閣《けんかく》(蜀の拠点)に向かわせた、とあることが、他の史書と矛盾すること、孔明が兵士の交代制を取っていたことが他の史書には見えないことがその理由である。ただし、断片的に残っている孔明の兵法書からは、孔明が原理原則にもとづいて兵を動かし、兵との約束を守ったことがうかがえる。孔明の思想をよりわかりやすく示したものと考えてよいであろう。

欲に溺れず静かな心を持て

夫《そ》れ君子の行いは、静以て身を修め、倹以て徳を養ふ。澹泊《たんぱく》に非ざれば以て志を明らかにすること無く、寧静《ねいせい》に非ざれば以て遠きを致《いた》すこと無し。

夫君子之行、静以修身、倹以養徳。非澹泊無以明志、非寧静無以致遠。（『諸葛氏集』誡子書）

【訳】そもそも君子の行いというものは、（心を）静かにして身を修め、（身を）慎んで徳を養うものである。あっさりして無欲でなければ志を明らかにすることはできないし、安らかで静かでなければ遠方まで思いを到達させることができない。

浙江《せっこう》省蘭渓《らんけい》市の諸葛《しょかつ》村には、孔明の子孫と称する諸葛姓の人々約四千人が、現在も孔明の「誡子書《かいししょ》」（孔明が子に与えた教えの書）に従って暮らしている。村の幼稚園や小学校では誡子書が暗唱され、村人は何よりも教育を大事にしている。村には、明清《みんしん》時代の多くの建造物が残り、中央には陰陽《いんよう》を象徴する池がある。それを中心に孔明の八《はち》陣図《じんのず》にちなんで八卦《はっけ》の名称の付けられた居住地域が広がっている。諸葛八卦村と呼ばれる理由である。孔明の誡子書は、朱子《しゅし》が編纂した『小学《しょうがく》』外篇嘉言《かげん》第五立教にも、「諸葛武侯　子を戒《いまし》むるの書」として収録されている。

君子の行いは、心を清くして身を修め、精神を引き締めて徳義を養うものである。あっさりとして無欲でなければ、志を明らかにすることはできないし、安らかで静かでなければ、考えを深めることもできない、と説くこの文章は、誡子書の中でも有名な冒頭の部分で、「澹泊（あっさりとして無欲）」、「寧静（安らかで静か）」という表現に、孔明の思想が現れている。

一般に、志を立てると、がむしゃらに前に進んでいこうとするものであるが、学問は心を静かにして行うべきである、という。欲に溺れると志が濁り、静かに考えなければ先を見通すことができないからである。

劉備に仕えてからの孔明は、それこそ東奔西走、一日の休みもなく働き続けた。孔明のあまりの激務を見かねた部下が、「すべての仕事を気にかけることはお止め下さい」と進言したことがある。自分を心配してくれる部下の言葉に、孔明は喜び、感謝をしたのだが、結局はすべての仕事をこなし続けた。「聖漢」による「大一統」を実現しなければならない、という責任感が、孔明を駆り立てたのである。
しかし、劉備に仕える以前の諸葛亮は、襄陽《じょうよう》で晴耕雨読の日々を送りながら、荊州学を究《きわ》めようとしていた。その静かで充実した学問の日々の重要性、これを孔明は子孫たちに伝えたかったのであろう。

参考文献

【一般的・入門的文献】

①　渡邉義浩『三国志――演義から正史、そして史実へ』（中公新書、二〇一一年）

＊一般に親しまれている演義を入り口に、正史の記述を検討、そして史実の世界へと誘う「三国志」の概説書。諸葛孔明は、演義の「智絶」としての姿に焦点が当てられる。

②　宮川尚志『諸葛孔明――「三国志」とその時代』（講談社学術文庫、二〇一一年）

＊一九四〇年に書かれた諸葛孔明の正確な伝記。孔明を「漢代的精神を把持《はじ》しながら六朝的政治社会に生きたために悲劇的であった偉人」と評している。

③　狩野直禎『諸葛孔明――中国英雄伝』（PHP文庫、二〇〇三年）

＊碩学がわかりやすく書いた、読みやすい諸葛孔明の伝記。「出師の表」は、祖父の狩野直喜が、中学三年であった筆者に送ってくれた訓読をそのまま使用している。

④　渡邉義浩『諸葛孔明伝――その虚と実』（新人物往来社、二〇一一年）

＊『三国志演義』に描かれた諸葛孔明の虚像、陳寿の『三国志』に記された孔明の像、そして筆者が考える孔明の実像という三つの孔明像を描く伝記。

⑤　渡邉義浩『儒教と中国――「二千年の正統思想」の起源』（講談社選書メチエ、二〇一〇年）

＊後漢から三国、そして西晋時代にかけて、儒教が「古典中国」の形を整えていく過程を鄭玄と王粛という二人の思想家を中心にまとめた思想史。

【専門的文献】

① 加賀栄治『中国古典解釈史』魏晋篇（勁草書房、一九六四年）

＊荊州学が魏晋経学の祖となる革新性を持ち、その新しさが「理」にあることを指摘した研究。荊州学分析の前提となる鄭玄の礼学の体系性と論理性をも解明している。

② 堀池信夫『漢魏思想史研究』（明治書院、一九八八年）

＊儒教が真理性の一つの論拠とする「楽《がく》」（音律）と暦の一体性を律暦思想と表現し、その展開を軸に漢から魏にかけての思想史を描き出した研究書。サントリー学芸賞受賞。

③ 渡邉義浩『後漢における「儒教国家」の成立』（汲古書院、二〇〇九年）

＊中国における儒教の国教化を「儒教国家」の成立の時期と考え、それを後漢章帝期の白虎観会議に求める仮説を実証、孔明が生まれた後漢「儒教国家」のあり方を示す。

④ 渡邉義浩『三国政権の構造と「名士」』（汲古書院、二〇〇四年）

＊後漢「儒教国家」の崩壊を受けて、儒教を相対化するために「文学」の価値を高める曹操、漢の中国統一を目指す孔明、天下三分を目的とする魯粛などの思想を検討しながら、三国時代の政権構造を分析した研究書。

⑤ 渡邉義浩『西晋「儒教国家」と貴族制』（汲古書院、二〇一〇年）

＊曹魏を滅ぼした西晋が「儒教国家」を再建したことを解明し、貴族制と儒教との関わりを追究する研究書。荊州学を継承した王粛・杜預を扱う。

▼コラム　鄭玄と王粛

後漢《ごかん》の儒教を集大成した鄭玄《じょうげん》の経学《けいがく》は、経典《けいてん》の細かい解釈にこだわる精密な学問と儒教の超越性を支える神秘性の承認を特徴とする。

　儒教経典には多くの種類があり、後漢では一つの経典がさらに細分化されていた。経典は、第一に今文《きんぶん》と古文《こぶん》というテキストの文字の違いにより大別される。今文は、口承で伝えられてきた経典とその解釈が漢代に書き留められたもので、隷書《れいしょ》という漢代の文字（今文）で書かれていた。これに対して、古文は、発掘などにより現れた漢以前の文字（古文）で書かれた経典とその解釈である。今古文は、単に文字が異なるだけではない。『礼記《らいき》』（今文）と『周《しゅ》礼《らい》』（古文）のように経典そのものが異なる礼、『春秋公羊《くよう》伝』（今文）と『春秋左氏伝』（古文）のように経典を解釈する伝《でん》が異なる春秋、というように、経そのものからその解釈、そして主張も大きく異なっているのである。前漢《ぜんかん》を滅ぼした王莽《おうもう》が利用した古文は、後漢では退けられ、今文が官学として太学《たいがく》（国立大学）で教授されていた。後漢の経典は、第二にここで細分化される。同じ『春秋公羊伝』でも、その師承関係により、公羊厳氏春秋《げんししゅんじゅう》と公羊顔氏《がんし》春秋とに分かれるのである。そのため太学では、五経に一四博士が置かれていた。博士は一経、しかも一家専修であり、公羊厳氏春秋であれば、公羊厳氏春秋の解釈だけを教授する。これでは学問も停滞する。これに対して、在野の学となった古文学は、多くの経を兼ね修めることにより、学問のレベルを高めていった。

鄭玄《じょうげん》の体系性は、こうした兼修の風潮を極限にまで高めたところに生まれた。鄭玄は古文のテキストを用いながら、今文的な解釈を行ったのである。ただそれだけでは、互いに無関係であった経典をすべて円満に解釈することは難しい。経典相互の矛盾は時に鄭玄を苦しめた。体系性を守るため鄭玄の注は、現実から乖離《かいり》し饒舌《じょうぜつ》となり膨大なものとなった。それでも鄭玄は、情熱的に経典の解釈を進め、漢代の訓詁学を集大成したのである。

また、儒教の神秘性について、鄭玄は経典の解釈の中で、漢を建国した劉邦《りゅうほう》を赤帝赤熛怒《せきていせきひょうど》（漢を守護する五行の天、感生帝《かんせいてい》）の精である赤龍《せきりゅう》に感じて生まれたとしている。漢の神聖性を保証する宗教として、儒教は国教化されていたのである。

漢魏《かんぎ》革命を起こし、漢の国制を変更する必要が生まれた曹魏では、鄭玄《じょうげん》の経典解釈にもとづいて国制を定めた。明帝《めいてい》の時に、後漢まで南郊《なんこう》で祀っていた天を、南郊と圜《えん》丘《きゅう》で祀ることにしたのである。これを批判する中で反鄭玄の論陣を張り、鄭玄とは異なる解釈の注を多くの経典に付けたのが王肅《おうしゅく》である。

荊州学の中心である宋忠《そうちゅう》より学問を受けた王肅の注の特徴は、宗教性を排除した「理」の尊重にある。漢の儒教の神秘性を支えていた緯書を否定するだけではなく、人間以外から子が生まれるという感生帝説を厳しく批判し、魏晋経学の基礎を築いたのである。

その一方で、王肅は、次第に曹魏の中で台頭する司馬氏《しば》におもねっていった。たしかにそれも諸葛亮とは異なった意味で、実践的な儒教である。王肅の著書『孔子家語《こうしけご》』では、司馬懿《しばい》の曹爽《そうそう》殺害、司馬師《しばし》の夏侯玄《かこうげん》誅殺・曹芳《そうほう》廃位が正当化されている。司馬懿の孫である司馬炎《しばえん》が建国した西《せい》晋《しん》は、鄭玄説に代えて王粛説により経典の解釈を行った。鄭玄の六天説《りくてんせつ》にもとづき南郊と圜丘《えんきゅう》で行われていた天の祭祀は、圜丘が廃止されて南郊に一本化された。東晋・南朝に継承された王粛説に対して、鄭玄説は北朝に受け入れられた。北朝より隋唐《ずいとう》帝国が興隆することにより、王粛説はやがて顧みられなくなっていく。しかし、その「理」を尊重する経典解釈は、朱子へと受け継がれていくのである。

第十章 竹林の七賢——濁世に生きた才人たち

清水洋子

偽善の礼は不要である

礼、豈《あ》に我輩《わがはい》の為《ため》に設けんや。

禮、豈爲我輩設也。（『世説新語《せせつしんご》』任誕篇《にんたん》）

【訳】礼なんてもの、わしのために作られたものではあるまいし。（阮籍）

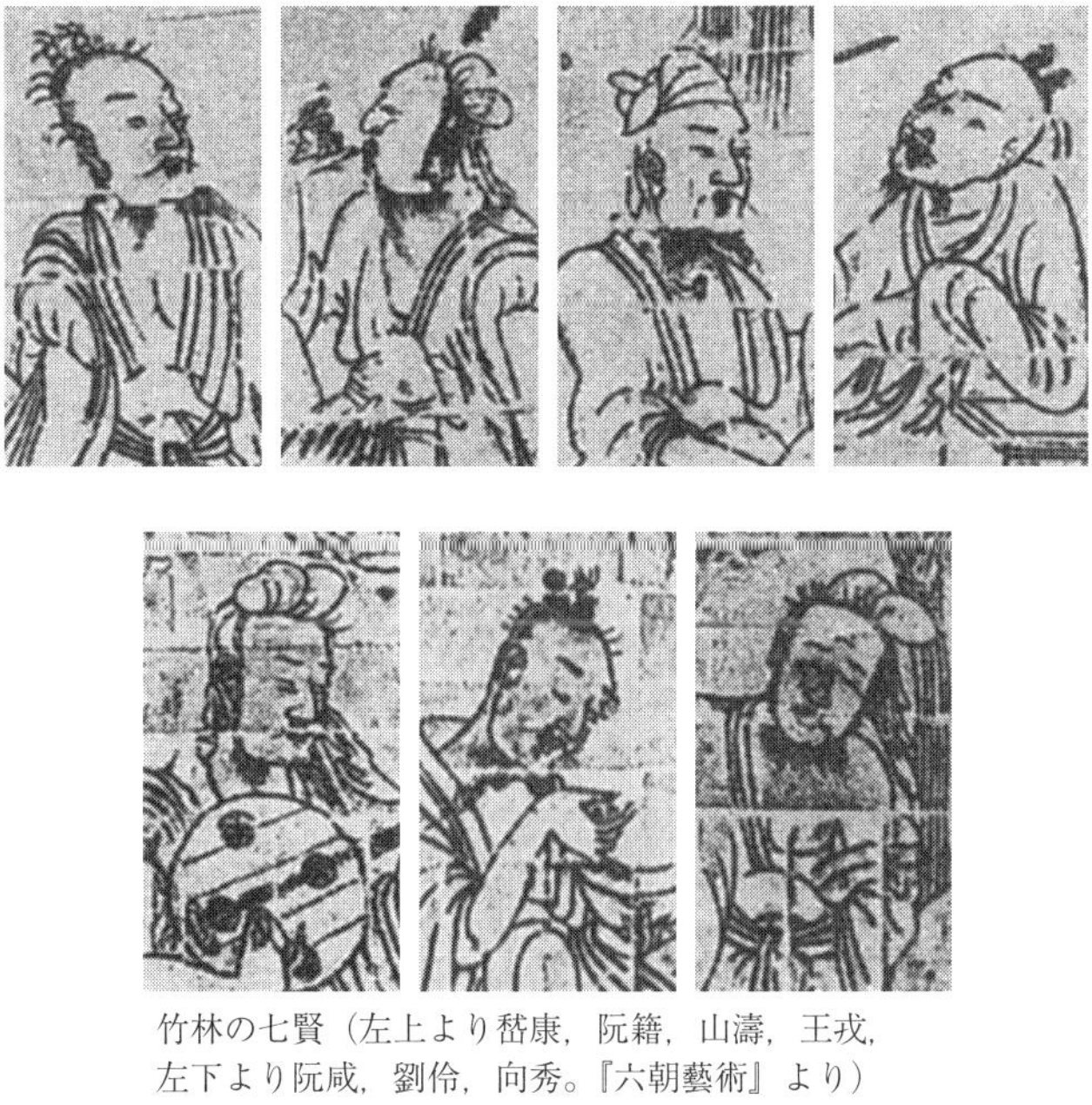

竹林の七賢（左上より嵆康，阮籍，山濤，王戎，左下より阮咸，劉伶，向秀。『六朝藝術』より）

1 竹林の七賢とその時代

激動の時代

「竹林の七賢」とは、魏晋時代を生きた反俗の士、阮籍《げんせき》・嵆康《けいこう》・山濤《さんとう》・向秀《しょうしゅう》・阮咸《げんかん》・劉伶《りゅうれい》・王戎《おうじゅう》の七人をいう。

七賢たちの時代は、最年長である山濤の生年二〇五年から、最年少である王戎の没年三〇五年までの百年間をおよその範囲とする。年長者である阮籍・嵆康の活動は魏晋交替期に、向秀・阮咸・劉伶・王戎の活動は西晋時代に集中する。山濤のみは両時代の重鎮として長く活躍した。以下、七賢たちの生きた時代を概観してみよう。

後漢末期は、党錮《とうこ》の禁《きん》・黄巾《こうきん》の乱《らん》・董卓《とうたく》の専横によって国家統制が崩壊した時期であり、二二〇年には曹丕《そうひ》が献《けん》帝《てい》から禅譲《ぜんじょう》を受け魏を建国する。禅譲とは、天意に従い有徳者に帝位を譲ることであり、儒家における最も理想的な帝位継承の形式である。しかし当時の禅譲は、権力を利用した事実上の帝位簒奪に過ぎなかった。

二三九年に廃帝《はいてい》（曹芳《そうほう》）が即位すると、後継を託された曹爽《そうそう》と司馬懿《しばい》による熾烈な政治闘争が始まる。二四九年には司馬懿が曹爽派を粛清し、二六五年には司馬炎《しばえん》（懿の孫）が魏の禅譲を受けて西晋《せいしん》を建国する。司馬氏は「孝」を重んじる儒教的秩序（礼教）を巧みに操作して王朝簒奪計画を推進したため、その結果、利権行為を礼教理念で正当化する欺瞞的風潮が蔓延した。そのような社会の中で七賢たちが選んだのは、逸楽的な隠遁生活ではなく、智恵と反俗精神を武器にその現実社会を生き抜くことであった。

七賢たちの活動

七賢の伝記や著述および交友の記録は、『晋書《しんじょ》』『世説新語《せせつしんご》』『文選《もんぜん》』とその注釈などに散見される。彼らの処世哲学の根底には常に老荘への共感があった。しかし、彼らの個性や思想、および社会的立場はさまざまである。山濤や王戎のように官僚世界で成功する者もいれば、阮籍のように無難な処世で乱世を生き抜き天寿を全うする者もおり、さらには嵆康のように非業の死を遂げる者もいた。

東晋《とうしん》になると、七賢たちの交友は「竹林の遊び」と呼ばれるようになる。「遊び」とは、酒や音楽そして清談《せいだん》を通じた交流を楽しむことであり、また逍遙遊という老荘哲学の実践でもあった。清談とは、後漢末に流行した清議（時事や人物を評する言論運動）が、後に老荘的性格を帯びて展開した哲学的論議をいう。魏晋にはさまざまな清談グループが生まれ、儒学の枠組みで老荘の哲理に迫った魏の王弼《おうひつ》や何晏《かあん》は「析理派《せきりは》」、礼教無視を信条とする七賢は「曠達派《こうたつは》」と呼ばれる。

七賢に対する後世の評価は賛否両論である。だが、後述のとおり性質の大きく異なる七人を総称する「七賢」との言葉には、総じて乱世に生きた彼らの個性と生き方への共感や敬慕の念が込められていると思われる。

2 阮籍と嵆康

阮籍の生涯と処世態度

阮籍《げんせき》（字《あざな》は嗣宗《しそう》、二一〇〜二六三）は、嵆康《けいこう》とともに七賢の双璧とも言われる人物である。青年の頃は経世《けいせい》の志を抱いていたが、政治的混乱の中で志を遂げることに困難を感じ、二四九年に司馬懿《しばい》によるクーデターが起きると本格的な韜晦《とうかい》生活に入った。

阮籍は、礼教に媚びる礼俗の士（当時の礼儀風俗が規定する社会に生きる知識人）を嫌悪した。面会相手によって青《せい》眼《がん》（黒目を向けて相手を見ること）と白眼《はくがん》（白目をむいて相手を見ずに軽んずること）を使い分けたという。奇矯な行動も多かった。「時に率意《そつい》、独《ひと》り駕《が》して径路《けいろ》に由《よ》らず。車迹《しゃせき》の窮《きわま》る所、輒《すなわ》ち慟哭《どうこく》して反《かえ》る」（『晋書《しんじょ》』阮籍伝）。時折、急に馬を駆って疾走し、行き止まりにぶつかるとその場で慟哭したという（「窮途《きゅうと》の哭《こく》」）。酒による韜晦も徹底していた。文帝（司馬昭《しばしょう》）が息子の炎《えん》と阮籍の娘との縁談話を持ちかけようとしたところ、阮籍はそれを回避すべく六〇日間泥酔し続けたため、文帝は結局諦めざるを得なかったという。

阮籍の「方外《ほうがい》（礼教世界から外れること）」ぶりは多くの反感を買ったが、時事や人物について沈黙を守ったため口禍《こうか》とは無縁であった。嵆康は阮籍を「口に人の過《あやまち》を論ぜず。……至性《しせい》人に過ぎ、物と傷《そこ》なうなし（人の欠点を言わない。……生まれ持った良き性質は誰よりも優れ、他者と傷つけあうことはない）」と称し（『与山巨源絶交書《よさんきょげんぜっこうしょ》』）、文帝《ぶんてい》も阮籍を「至慎（最高に慎み深い人）」と讃えた（『世説新語《せせつしんご》』徳行《とくこう》篇）。従事中郎《じゅうじちゅうろう》（軍府の属官）などの官職を歴任し、政権と不即不離の関係を保った阮籍が五四年間の生涯を終えたのは、司馬炎が魏の禅譲を受けて王朝交替を果たす二年前のことであった。

阮籍の思想と文学

文章家としても優れていた阮籍《げんせき》は、『達荘論《たっそうろん》』『大人先生伝《たいじんせんせいでん》』『楽論《がくろん》』『通易論《つうえきろん》』『通老論《つうろうろん》』などの論文を残した。特に『達荘論』『大人先生伝』は、それぞれ「先生―縉紳好事《しんしんこうじ》の徒」「大人先生―君子」の問答形式を取り、礼教の説に対する反論という形で老荘の哲学を論じた代表的著述である。

『達荘論』では、「天地」の上位に「自然」という概念を据え、その立場から見れば日常における相対的区別も無意味になるという万物斉同思想を展開する（「万物斉同」については八二頁参照）。そして、「至人《しじん》は其の質を清くして、其の外を濁らす」、つまり至人《しじん》（万物斉同思想の体現者）は内面を清浄にし、外面は世俗の汚濁にあるという理想的な生を述べる。

『大人先生伝』では、先生が「何《なん》ぞ夫《か》の蝨《しらみ》の褌中《こんちゅう》に処《お》るに異《こと》ならんや」と君子を褌《ふんどし》に住み着く虱に例え、礼教世界に安住する偏狭な生き様を滑稽かつ痛烈に批判する。「吾《わ》れ乃ち天地の外《そと》に飄飄《ひょうひょう》とし、造化《ぞうか》（万物の創造主）と友を為《な》す」先生が、時空を超越した「自然の至真《ししん》」へと逍遥してゆくまでの段階的な行程は、苛酷な現実の中にあって老荘哲学を体現しようとする阮籍の思想的鍛練そのものと言える。

また、阮籍は詩人としても一流であった。その代表作『詠懐詩《えいかいし》』では、「胸中湯火《きょうちゅうとうか》を懐《いだ》く」「終身《しゅうしん》薄氷《はくひょう》を履《ふ》む」（其三三）と、焦燥の日々を耐えることの孤独を吐露している。老荘の世界に思いを馳せ、無心の境地に遊ぶことを求めるが、一方では己の前に立ちはだかる絶望的な現実に苦悶する。また、神仙に憧れを抱く反面、その存在には懐疑的であるなど複雑な心境も窺える。

欺瞞的な現実社会に身を置く自身をも否定しかねない激情を秘めながら、阮籍は敢然と反礼教の立場を貫き、また老荘の観念的世界の中で自由闊達に生きることを望んだ。しかし、『詠懐詩』に漂う沈鬱な空気からは、阮籍の抱える葛藤がいかに強いものであったかがわかるのである。

嵆康と阮籍（『六朝藝術』より）

嵆康の生涯と処世態度

嵆康《けいこう》（字《あざな》は叔夜《しゅくや》、二二三～二六二）は、魏室の姻戚として中散大夫《ちゅうさんたいふ》（天子に付いて議事に参与する職）に就いた経歴も持つため嵆中散《けいちゅうさん》とも呼ばれる。該博で老荘を好み、俊才の誉れ高く、また琴と清談の名手でもあった嵆康は、七賢の中でも反礼教の先鋒とされる。しかし、直言も憚らないその態度は司馬氏の側近である鍾会《しょうかい》との間に確執を生み、後に彼の生命を脅かすこととなる。

七賢の中でも、特に向秀《しょうしゅう》とはともに鍛冶仕事に興じ、山濤《さんとう》とは阮籍を交えて親しく酒を酌み交わすなど関係も良好であった。だが、後に山濤が嵆康を吏部郎《りぶろう》（人事を執り行う職）に推薦すると、仕官を望まない嵆康は『与山巨源絶交書《よさんきょげんぜっこうしょ》（山巨源に与《あた》えて交わりを絶つの書）』を送り、辞退の旨とその理由、そして山濤に対する絶交の意を伝えた。そこで命取りになったのが、「湯武《とうぶ》（湯王・武王）を非《ひ》とし、周孔《しゅうこう》（周公・孔子）を薄《かろ》んず」との一文であった。一見すると儒家の聖人を否定する言葉であるが、その真意は権力秩序の正当性を儒家的礼教で偽装する司馬氏への痛烈な批判にあった。そして、後に嵆康が友人呂《りょ》安《あん》の事件に連座すると、それに乗じた鍾会《しょうかい》の讒言《ざんげん》によって処刑され、わずか四〇年の生涯を終える。

嵆康の芸術論

嵆康は卓越した分析力をもって独自の理論を展開し、『管蔡論《かんさいろん》』『明胆論《めいたんろん》』『難自然好学論《なんしぜんこうがくろん》』『釈私論《しゃくしろん》』などの論文を残した。中でも『声無哀楽論《せいむあいらくろん》（声に哀楽無きの論）』は、高い論理性と思想性を備えた芸術論として知られる。

『声無哀楽論』は、「音楽には哀楽の感情があるか否か」をめぐる「秦客《しんきゃく》」と「東野先生《とうやせんせい》」の議論である。秦客の「治世の音は安《やす》んじて以《もっ》て楽しく、亡国《ぼうこく》の音は哀《かな》しく以《もっ》て思う。夫《そ》れ治乱は政に在《あ》りて音声之《これ》に応ず」とは、音楽が国の治乱や哀楽の感情と密接に関わることを言うもので、『礼記《らいき》』楽記《がっき》篇に代表される儒家の音楽論にもとづく。それに対し、嵆康の代弁者である東野先生は、自然を尊ぶ道家的音楽論の立場から次のように反論する。

> 夫《そ》れ哀心は心内に蔵《ぞう》し、和声に遇いてしかる後《のち》に発す。和声は象《しょう》なくして哀心は主あり。夫れ有主の哀心を以《もっ》てして、無象《むしょう》の和声に因《よ》る。其の覚悟する所は唯《た》だ哀のみ。

哀という感情は心の内にあるが、それは和声（自然としての音声の調和）に触れて初めて外界に表出する。和声には具体的なイメージがなく、哀には人間という主観的な主体がある。主体の内にある哀という感情が、具体的なイメージを持たない和声に触発されて外に出ることで、聞き手は哀という感情を感じるのだ。

さらに先生は反論する。人は甘苦を本性とする酒を飲んで、喜怒という感情を発する。だが、嬉しさや寂しさが音声に表れるからといって音声に哀楽があるとするのは、あたかも酒を飲むと喜怒を発するから酒に喜怒があると考えるようなものだ。

このように、嵇康は鋭い洞察力と合理的思考によって音楽と感情との癒着を絶とうとする。そして「自然の和（客観的調和）」にこそ音楽の本質があるとし、その理想的状態を「平和《へいわ》」「太和《たいわ》」「至和《しわ》」と呼んだ。琴の名手だからこそ知り得る経験的感得を通して、嵇康は音楽を儒家的価値観から解放し、音楽本来の普遍的価値を明らかにしようとしたのである。

嵇康の養生論

理論家の嵇康は、神仙世界の求道者という一面も持っていた。神仙の存在を信じ、道士の孫登《そんとう》と交遊して養生の道を学んだ嵇康は後に『養生論《ようせいろん》』を著す。そこでは天賦の「異気《いき》（優れた気）」を受けない限り神仙にはなれないこと、しかし禁欲的養生法に従えば数百～千余年の長寿に至る可能性のあることを述べ、内外からの養生法の重要性を強調した。内とは「之《これ》を守るに一を以《もっ》てし、之《これ》を養うに和を以《もっ》てす」「無為にして自得」といった専一な気持ちによる精神的修練、外とは薬餌《やくじ》や運動による身体的養生を言う。

嵇康の思想は、真の自分（自分らしさ）を守ることに重点を置くものであった。神仙世界や音楽を考える時、嵇康は「和（天地と一体になること）」に人間の守るべき自然を見出し、そこへの回帰を目指したと言える。しかし頑強な性格の嵇康にとって、己の思想を処世に生かし切ることは困難であった。かつて孫登は「保身の道が足りない」（『世説新語』棲逸篇）と嵇康の将来を危惧したが、果たせるかな、嵇康は養生への志を遂げることなく最期を迎えたのであった。

3 山濤と向秀

度量の人・山濤

山濤《さんとう》（字《あざな》は巨源《きょげん》、二〇五～二八三）は貧寒の家に生まれ孤児となるも、後に西晋の重臣にまでなった人物である。また同郷の司馬氏とは姻戚関係にあり、晋室との繋がりも深かった。

山濤（『六朝藝術』より）

七賢の中でも最年長の山濤は、度量の人と言われる。物事にこだわらないさっぱりとした心の広さ、世情に配慮できる常識とバランス感覚は彼特有のものであった。ある時、山濤・阮籍《げんせき》・嵆康《けいこう》の様子を盗み見た妻が、「あなたは才能じゃあ二人に及ばないのだから度量で勝負なさい」と言うと、山濤は「彼らも私の度量を認めてくれているよ」と返したという（『世説新語《せせつしんご》』賢媛《けんえん》篇）。

時世を読む目も確かであった。山濤は四〇歳で孝廉《こうれん》（人材推挙時における徳目）に挙げられ河南従事《かなんじゅうじ》（州の属官）となるが、司馬氏のクーデターが起こる前に辞職して隠棲している。しかし、司馬氏による政権奪取後の二五四年には再仕官し、従事《じゅうじ》中郎《ちゅうろう》などの官職を歴任して栄達への道を歩み始める。どこか深奥で悠然とした風格は歴代皇帝からの信頼も厚く、官は三公の司徒《しと》（人事を司る大臣職）にまで登り、二八三年に天寿を全うした。

官僚として成功した山濤には七賢らしからぬ俗臭を感じるかもしれない。だが、老荘を学ばずともその言は不思議と老荘の主旨に合い、「性根は世事《せじ》の外にありながら、時世の波に従った」（『世説新語』賢媛篇の注に引く『晋陽《しんよう》秋《しゅう》』）と言われる。また、反政治的態度を貫く嵆康の身を案じて彼を推挙するなど、山濤は他の七賢をさまざまな形で支援した。

そのような彼の思想は、官僚としての職務にも現れている。特に人材推挙の方面では、儒教倫理と個人の才能を勘案しつつ、優れた人物鑑識眼と柔軟な政治的判断を発揮した。それらをまとめた皇帝への上奏文『山公啓事《さんこうけいじ》』は、人事担当者の手引き書として尊重されたという。

学究の人・向秀

向秀《しょうしゅう》（字《あざな》は子期《しき》、？〜？）は七賢の中でも学者肌の人物である。同郷の山濤《さんとう》とは古くから交流があり、また嵆康《けいこう》と呂安《りょあん》との友情は特に深かったという。

向秀は『周易注』などの著述を残したが、中でも『荘子注』は、嵆康らをして「荘周は死せず」と言わしめるほどその本質に迫るものであったという。しかし、その向秀注も今では部分的にしか残っていない。現在『荘子』の主要な注釈として読まれているのは、西晋の郭象《かくしょう》（二五二？〜三一二？）注である。

向秀特有の思想は、嵆康『養生論《ようせいろん》』への論難として著した『難養生論《なんようせいろん》』にも表れている。禁欲的養生を説く嵆康に対して、向秀は富貴や逸楽を求めることが人間の自然な情欲であるとし、その一方で、過度な欲求は儒教倫理や礼によって抑制すべきと考えた。

向秀（『六朝藝術』より）

向秀は、親友である嵆康と呂安の刑死後、その仇である司馬《しば》昭《しょう》のもとに赴き仕官を願い出ている。向秀は、友を失った喪失感を仇敵への反抗ではなく従属という形で示した。これが向秀にとっての保身の道だったのである。

その後の向秀は、時勢に乗り位の高い職を得るが、一方で『思《し》旧賦《きゅうのふ》』を詠み、亡き親友たちへ哀惜の意を示している。友を奪った権力者には反抗的態度を見せず、現実世界での保身と密かな追慕に徹した姿がここにある。『荘子』研究にも秀でた学究の

阮咸（『六朝藝術』より）

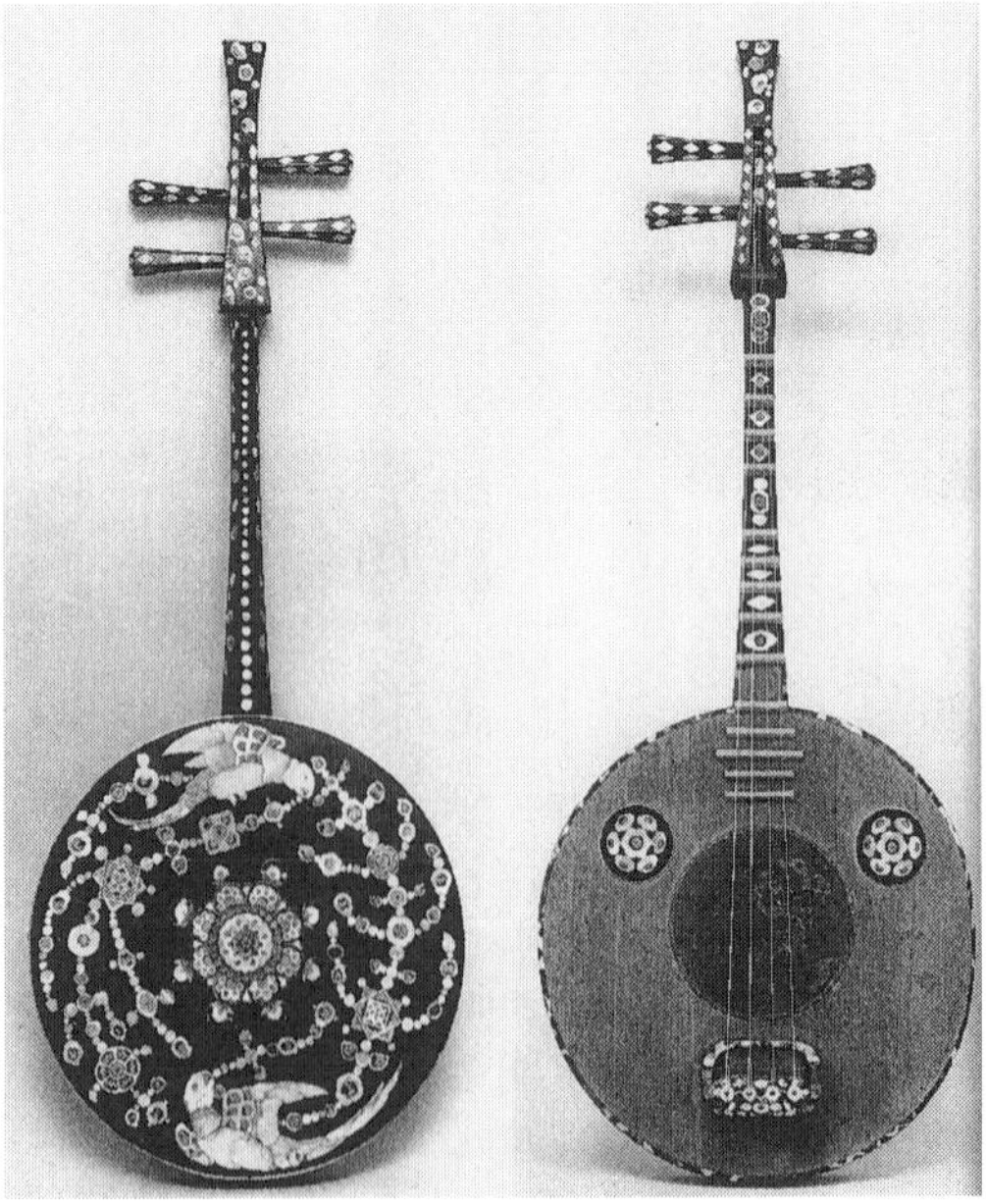
螺鈿紫檀阮咸（表・背面）（『正倉院宝物』より）

徒である向秀が実践した処世とは、万物斉同という老荘哲学の真髄によるものではなく、むしろ『難養生論』で述べたような欲望肯定の理論に沿うものであったと言える。

4 阮咸、劉伶、王戎

才気の人・阮咸

阮咸《げんかん》（字《あざな》は仲容《ちゅうよう》、?～?）は阮籍《げんせき》の甥にあたる（父の阮熙《げんき》は阮籍の兄）。その行動は、叔父阮籍の影響を受けてか

「任達《にんたつ》にして不拘《ふこう》（奔放でこだわりがない）」（『晋書《しんじょ》』阮咸伝）であり、酒も甕から直接飲むわ、豚が乱入すれば一緒に飲むわの酒豪ぶりであった。阮咸の奇抜で無頓着な態度は当然非難の対象となり、西晋の武帝《ぶてい》（司馬炎《しばえん》）にも「酒に耽《ふけ》り浮虚《ふきょ》（酒浸りでいい加減）」と酷評され出世から遠ざかっていった。だが、純真で才能豊かな阮咸の人柄は、山濤《さんとう》が「貞素にして寡欲、深く清濁を識る（純粋で寡欲であり清濁をわきまえる）」（『晋書』阮咸伝）と評し、当時一流の名士であった郭奕《かくえき》も心酔するほどであったという。

また、阮咸は琵琶の名手でもあった。その名にちなんだ楽器「螺鈿紫檀阮咸《らでんしたんのげんかん》」は、わが国の正倉院御物《しょうそういんぎょぶつ》として今も残っている。また「神解《しんかい》」（『世説新語』術解《じゅっかい》篇）と称される天性の音感を持ち、当時荀勗《じゅんきょく》（?～二八九）が制定しなおした音律にも異議を呈した。結果荀勗に疎まれ、始平《しへい》（現在の陝西省興平市）への左遷という憂き目を見たが、後に発見された古代の尺《しゃく》（ものさし）により、阮咸の説の正当性が証明されたという。

このように、阮咸の周囲には酒や音楽にまつわる逸話が多く、叔父の阮籍のような深い思想性は見出せない。鬱屈した心情を吐露することよりも、酒と音楽による豪放で自由な生き方に楽しみを見出した人物であったと言える。

劉伶（『六朝藝術』より）

酒を我が名とする人・劉伶

劉伶《りゅうれい》（字《あざな》は伯倫《はくりん》、?～?）の詳細な経歴は不明である。寡黙な性格だが、特に阮籍や嵆康とは大いにうち解けた仲であったという。七賢の中でも官職とはほぼ無縁に近く、泰始《たいし》年間（二六五～二七四）の対策（官吏登用試験において、政治などの設問に答えること）では、道家的な「無為《むい》の化《か》」を進言するも評価されずじまいであった。だが、劉伶の名を世に知らしめたのは社会的経歴ではなく、酒の愛好と痛快に過ぎる処世態度であった。

王戎（『六朝藝術』より）

劉伶の酒好きは、阮籍と役所の宿舎に出入りしては飲むほどで（『世説新語《せせつしんご》』任誕篇《にんたん》の注に引く「文士伝《ぶんしでん》」）、妻が禁酒を勧めれば、神前で禁酒宣誓するからと用意させた供物用の酒も飲み、「天　劉伶を生ずるや、酒を以《もっ》て名と為《な》さしむ」と言う始末であった（『世説新語』任誕篇）。『酒徳頌《しゅとくしょう》』は、そんな劉伶が酒の偉大なる効用を讃美した作品である。

作中の「大人先生《たいじんせんせい》」は、外野の「貴人公子《きじんこうし》」「縉紳処子《しんしんしょし》」など眼中になく、「麹《こうじ》を枕にして糟《かす》を藉《し》き、思うことなく慮《はばか》ることなく、其《そ》の楽しみは陶陶《とうとう》たり」と、飲酒の歓びに浸り続ける。痛飲して忘我の境地に至れば、そこは外界の些事とも無縁の万物斉同世界に等しい。劉伶は、酒の世界で己なりの万物斉同思想を体現しようとしたのであった。

酒一筋に生きる劉伶の姿は、険悪な時代にあってもどこか楽観的である。「意を文章に措《お》かず」（『世説新語』文学篇の注に引く『竹林七賢論』）と評されたように、劉伶は文章ではなく酒という唯一無二の同輩を自己表現の場に選び、天寿を全うするまで鷹揚かつ痛快な飲兵衛というスタイルを貫いた。

順応の人・王戎

王戎《おうじゅう》（字《あざな》は濬沖《しゅんちゅう》、二三四〜三〇五）は、琅邪臨沂《ろうやりんぎ》（現在の山東省臨沂市）の名門王氏の家に生まれた。幼少期から「穎悟《えいご》」と称され、二〇歳ほど年長の阮籍がともに語らうことを望むほどの神童であった。また、阮籍同様「至孝」の人としても知られている。

人物評価に長《た》け、仕官後は山濤《さんとう》と同様に出世街道を走り、司徒《しと》（人事を司る大臣職）にまで登りつめる。だがその政治的態度は因習的で、傍観を決め込む順応主義を専らとするものであった。王戎が政治に参与した恵帝《けいてい》期（二九

○〜三〇六）は政治的腐敗が進み、西晋滅亡の一因となる八王《はちおう》の乱《らん》（三〇一〜三〇六）が起こった時代である。王戎も政乱に翻弄されはしたが、その後は国家の元老として静かにその生涯を終える。

王戎の人生は、他の七賢と比べても異質である。それは、「俗物がもう来よって、興ざめするわい」（『晋書』王戎伝）と阮籍も皮肉ったように、竹林の遊びで培った放達（自由気まま）の精神をかろうじて抱えながら、政治の世界を飄々と生きる「俗物」としての人生であった。「膏肓《こうこう》の病《やまい》」と言われたほどの吝嗇癖《りんしょくへき》（けちん坊）や合理的思考は、禍いを避けるために要した賢明の策であったとも言える。

七賢最後の生き残りである王戎は、竹林の遊びに縁《ゆかり》のある土地を訪れた際、今となっては往時の交友もはるか遠い山河のようだと述懐したという。暗い社会の中で呻吟《しんぎん》しながら自らの思想的深化に努めた阮籍や嵆康のような態度は、この時すでに見る影もない。皮肉にも「俗物」王戎は、七賢の歴史の幕引きにふさわしい人物であったと言える。

5 後世の「竹林の七賢」——称賛と批判と

亜流の士

司馬氏が建国した西晋も、武帝《ぶてい》（司馬炎）の死後（二九〇年）帝位についた恵帝《けいてい》（司馬衷《しばちゅう》）の頃になると、政局に翳りが見え始める。賈《か》皇后を中心とする政乱が勃発し、続いて八王《はちおう》の乱《らん》、北方異民族による永嘉《えいか》の乱が起こった。三一一年に首都洛陽《らくよう》が陥落、三一六年には西晋が滅亡し、華北《かほく》は本格的な五胡十六国《ごこじゅうろっこく》時代に、江南《こうなん》は元帝《げんてい》（司馬《しば》睿《えい》）による東晋時代に突入する。

魏晋交代期と異なる混乱が襲った西晋末期以降は、阮籍らの放達ぶりを慕い模倣する者たちが現れた時代でもある。謝鯤《しゃこん》・王衍《おうえん》・王澄《おうちょう》・胡毋輔之《こむほし》などがその代表格である。だが、先人たちほどの思想的裏づけも気概もない彼らは政治参画への意欲も乏しく、ただ超俗的な雰囲気に酔いしれるだけの亜流にすぎなかった。

ある時、王澄と胡毋輔之が全裸で放達《ほうたつ》ぶっていると、当時一級の名士であった楽広《がくこう》（？〜三〇四）は、「名教の中にも楽しい境地はあるものなのに、君たちはなぜそこまでするのかね」（『世説新語《せせつしんご》』徳行篇）と苦言を呈したという。

七賢に対する後世の評価

このように、後世において七賢の遺風がさまざまな形となって受け継がれる中、魏晋の清談や七賢について評論する者も現れた。それは以下の二つの立場に大別される。

一つは、彼らを西晋滅亡の片棒を担いだものと見なし批判する立場である。東晋に入ると西晋滅亡に対する反省が行われ、清談により醸成された放達な風潮が政治の怠惰ひいては西晋滅亡を招いたと考えられるようになった。この清談亡国論は、東晋の范甯《はんねい》や虞預《ぐよ》、後世では顧炎武《こえんぶ》（一六一三〜一六八二）『日知録《にっちろく》』、趙翼《ちょうよく》（一七二七〜一八一四）『廿二史劄記《にじゅうにしさっき》』などに見られる。

もう一つは七賢擁護論、すなわち七賢らの真意は帝位簒奪に利用された礼教への抵抗にあったとし、彼らの事情を情状酌量して解釈する立場である。東晋の孫盛《そんせい》『魏氏春秋《ぎししゅんじゅう》』や袁宏《えんこう》『名士伝《めいしでん》』、また反清談論者でも七賢たちには一定の理解を示す戴逵《たいき》『竹林七賢論』などが擁護論を展開した。また近代では、魯迅《ろじん》（一八八一〜一九三六）も七賢に礼教破壊のレッテルを貼ることについて異を唱えている。

七賢の優劣

七賢内における優劣についてもさまざまな評価をする者が現れた。

梁《りょう》の沈約《しんやく》（四四一〜五一三）『七賢論《しちけんろん》』は、阮籍と嵆康を七賢の二大巨頭と見なし、他の五人をこれに配した。その他、孫盛『魏氏春秋』のように、阮籍を第一とし王戎をその次に評価するものもあれば、宋《そう》の顔延之《がんえんし》（三八四〜

四五六）『五詠君《ごえいくん》』のように、官僚として成功した山濤と王戎を除外し、残りの五人のみを顕彰するものもあった。

このように、七賢に対する評価は多様であるものの、阮籍と嵆康を七賢の代表とする見方が主流である。暗く険しい時代に生きた文人たちが、おのおのの反礼教的態度でもって果敢に生きる姿勢、そして彼らの思想と感性は、後世人々の関心と共感を得て語り継がれることとなったのである。

6 竹林の七賢の名言

偽善の礼は不要である

禮、豈爲我輩設也。（『世説新語《せせつしんご》』任誕篇《にんたん》）

礼、豈《あ》に我輩《わがはい》の為《ため》に設けんや。

【訳】礼なんてもの、わしのために作られたものではあるまいし。（阮籍）

真情の人とも言われる阮籍は、ある日、自身の嫂《あによめ》が里帰りすると聞くと、すぐさま嫂のもとに走り別れを惜しんだという。しかし、「嫂叔《そうしゅく》は問《もん》を通《つう》ぜず」（『礼記《らいき》』曲礼上《きょくらいじょう》）とある通り、嫂と義弟が安否を問うことは本来非礼とされる。ここにあげた言葉は、後日彼の行為を咎めた人に対する阮籍の返答である。

ここで阮籍は、お得意の飲酒と韜晦《とうかい》で周囲の非難を煙に巻くわけでもなく、平静にかつ率直に礼法を突き放す。だが、阮籍自身もかつては儒家的教養を学び、礼教の士としての素養を持つ者であった。では、阮籍が醒めた目で見つめる「礼」とは何か。

阮籍がここで言う「礼」は、規範としての礼法というよりも、司馬氏の政治的野心を充たすための道具に成り果てた偽善的礼教を指している。つまり、内なる真情を無味乾燥なものにしてしまいかねない世俗的礼教の悪弊を阮籍は強烈に憎み、彼自身その汚濁に汚されまいとするのである。

阮籍がいかに自身の真情と礼法との間で葛藤していたかは、母親に対する孝心の表現方法にも現れている。母親の葬儀の際、阮籍は儒教的喪礼を一切無視し、肉を喰らい酒を飲んだ。そして「もうだめだ」と呟くと、大量の血を吐いたという（『晋書《しんじょ》』阮籍伝）。

「孝」は儒家思想の中核をなす倫理道徳であるが、当時にあっては司馬氏が王朝簒奪計画を推進するための大義名分として利用されていた。したがって、儒家的礼法に従い喪礼を執り行うことは、阮籍にとって己の孝心が偽善的礼教に縛られ堕落することを意味する。壮絶とも言える阮籍の態度は、「孝」という自身の内なる真情を守るために選びとった、礼教に対する反抗精神の現れであった。

「礼、豈に我輩の為に設けんや」との言葉は、「自身の真情を尽くすことさえできないママゴトのような礼など、わしには必要ない」という、礼法に向けて発した決別の言葉であり、俗流の士に向けた皮肉でもある。

阮籍が礼教を露骨に無視していたことは、当時の権力者である司馬昭《しばしょう》も関知していた。喪中の阮籍は、ある時司馬昭の宴席でも平然と肉を喰らい酒をあおったため、不快に思った周囲の人間が司馬昭にそれを訴えた。だが司馬昭は、「阮籍のやつれようを見よ。君こそ彼の憂いを理解してあげてはどうだ」と逆に阮籍を弁護したという（『世説新語』任誕篇）。阮籍の礼教無視は周囲の非難こそ受けたが、彼を「至慎の人」として信頼する司馬昭にとっては実質無害に等しかった。同じ反礼教の態度でも、司馬氏政権の根底を揺るがす批判を展開して命を落とした嵆康とは対照的である。

やり場のない憂鬱に悩む

徘徊して将《は》た何をか見る、憂思独《ひと》り心を傷《いた》ましむ。　　徘徊将何見、憂思獨傷心。（『詠懐詩《えいかいし》』其一）

【訳】辺りをうろついてみたが、心を鎮めてくれるものはない。ゆえに、憂いを抱えて独り胸を痛めるほかない。（阮籍）

『詠懐詩《えいかいし》』は、「至慎」とまで言われた阮籍が自身の真情を吐露した場である。本作は全八二首にわたる長編で難解なところも多いが、中国文学史において格調高い名作と評される。以下、第一首を冒頭から見てみよう。

　夜中《やちゅう》寐《い》ぬる能《あた》わず、起坐《きざ》して鳴琴《めいきん》を弾《だん》ず。
　薄帷《はくい》に明月《めいげつ》鑑《て》り、清風《せいふう》我《わ》が襟《えり》を吹《ふ》く。
　孤鴻《ここう》は外野《がいや》に号《さけ》び、朔鶏《さくけい》は北林《ほくりん》に鳴《な》く。
　徘徊して将た何をか見る。憂思独り心を傷ましむ。

琴を抱いても夜の静寂に身を置いても心は鎮まらない。月は照り、風は襟元を吹く。そして場面は一転して荒涼とした平野山林へ。大自然の中を鳴いて飛びゆく「孤鴻」「朔鶏」の姿は、阮籍の憂いそのものである。そして「徘徊して将た何をか見る、憂思独り心を傷ましむ」と、やり場のない鬱屈した心情に思い悩むのである。

『詠懐詩』全編には、こうした終わりの見えない孤独感が漂う。それは自分を真に理解してくれる人間がいないことへの絶望と諦観に満ちた孤独感である。当時の社会は「怨毒《えんどく》（悪意に満ちた裏切り）」（其一三、其六九）に満ちていた。司馬氏に仕えた阮籍自身もまた「怨毒」の犠牲になる可能性に晒され、「一日《いちじつ》復《ま》た夕、一夕《いっせき》復た一朝《いっちょう》、顔色《がんしょく》平常を改め、精神自《おのず》ら損消す。……終身《しゅうしん》薄氷《はくひょう》を履《ふ》む、誰《たれ》か我が心の焦《こが》るるを知らん」（其三三）、つまり刻一刻と過ぎゆく時間の中で神経をすり減らし、畏れと焦燥を抱えて生きなくてはならなかった。

その他『詠懐詩』には、「独《ひと》り空堂《くうどう》の上《うえ》に坐《ざ》す、誰《たれ》か与《とも》に歓《よろこ》ぶべき者ぞ。……日暮《にちぼ》親友を思い、晤言《ごげん》して用《もっ》て自《みずか》ら写《のぞ》く」（其一七）など孤独を吐き出す言葉が多く見える。「晤言」は向かい合って話すこと。友との語らいに思いを馳せるが、実際は自己との対話で鬱積を除くしかない。「觴《さかづき》に臨《のぞ》みて哀楚《あいそ》多し」（其三四）と、酒の力もここでは無力である。

人は、あらゆる価値観の中で己の理想を追い求めるが、それも所詮は虚妄でしかない。阮籍は、虚妄な価値観に奔走することの危うさを「盛衰は須臾《しゅゆ》に在《あ》り」（其二七）と詠う。そして、みずからも同じ世界に身を置くことへの悲哀を「保身《ほしん》、道真《どうしん》を念《おも》う」（其四二）、「道真 信《まこと》に娯《たの》しむべし」（其七四）との思いで解消しようとする。「道真」は、無為自然を体現したまことの道。阮籍は、万物斉同世界の中に自身の生を解放しようとする。だが「涙下《くだ》りて禁ずべからず」（第五四）との姿は、果敢な哲学的態度をもってしても超えられない現実があったことを物語っている。

老荘哲学を論じた『達荘論《たっそうろん》』『大人先生伝《たいじんせんせいでん》』とは違い、『詠懐詩』は阮籍が葛藤に苦しみながら自己の真実を照らそうともがいた格闘の記録でもあった。

潔い覚悟

若《も》し道尽き塗《みち》窮すれば、則ち已《や》むのみ。　　若道盡塗窮、則已耳。（『与山巨源絶交書《よさんきょげんぜっこうしょ》』）

【訳】ありとあらゆる道が行くところまで尽き果てたのならば、それで終わるだけのことだ。（嵆康）

これは、自身を官吏に推薦した山濤《さんとう》へ向けて嵆康《けいこう》が送った絶交書の一文である。その中で嵆康は、自身が官職に適さない理由を述べる一方、「志気の託する所、奪う可からざるなり（自身の心が赴くところは誰にも妨げられない）」と訴える。自分の志を邪魔してくれるなという強烈な自己主張である。嵆康の志とは、「性を頤《やしな》い寿を養う」、つまり自身の性質を曲げることなく、養生法による身体の保養と、老荘哲学による精神の安寧を得ることであった。ならば、嵆康は自身の志をどのように守ろうとしたのであろうか。

嵆康は子の嵆紹《けいしょう》に「人にして志《こころざし》なきは人に非《あら》ざるなり。……躬《み》の逮《およ》ばざるを恥じて必ず済《な》さんことを期せよ」（『家誡《かかい》』）と、志を持ちそれを遂げることの大切さを説いている。嵆康は、志を遂げるために行動することを重んじる人であったと思われる。たとえば、嵆康は「既《すで》に相命《そうめい》を持《じ》し、復《ま》た信順《しんじゅん》を借りる」（『答釈難宅無吉凶摂生論《とうしゃくなんたくむきっきょうせっせいろん》』）と述べ、運命論と人為的努力を同時に支持することの矛盾を突き、運命論にすべてを委ねて主体的努力を放棄することに異議を唱えている。また『養生論《ようせいろん》』では、「求むる者は専《もっぱ》らにせざるを以《もっ》て業《ぎょう》を喪《うしな》う」と、養生に専念するという主体的努力の必要性を説く。これらの発言は、自ら隠者孫登《そんとう》のもとへ出向いたり、服薬（食物や鉱石で作った麻薬を服用すること）や弾琴によって心身の養生に努めるといった、嵆康の旺盛な行動力から出たものであろう。

　このように、嵆康は努めて自身の志を堅く守り、それを社会生活の中で全うすることを願った。しかし、「剛腸《ごうちょう》疾悪《しつお》、軽肆《けいし》直言《ちょくげん》し、事に遇えば便ち発《はっ》す（強気で好き嫌いの激しい直言癖がある）」、「中《ちゅう》を促《そく》して心を小《せま》くする（心が狭く妥協しない）」（『与山巨源絶交書《よさんきょげんぜっこうしょ》』）という性格が災いし、嵆康は無念の死を遂げる。

　嵆康のように強い意志と行動力を持つ者にとって、「若し道尽き塗窮すれば、則ち已むのみ」との言葉は非常に重い意味を持つ。「已む」とは、一旦停止ではなく「おしまい」ということである。命は強制的に絶たれればそれまでだが、気持ちはそうはいかない。みずから「おしまい」と言い切るとき、そこには希望や情熱の放棄に向けた断腸の思いがある。そしてこの時嵆康は、「窮しては則ち自得して悶《もだ》ゆるなし（困窮に陥っても、その中で自得し不満に思うことはない）」と意志の強さも見せている。

　実際、死の間際の嵆康が自得の態度を貫くことができたかは疑問である。しかし、絶交書を書いた時点におけるこの言葉は、嵆康が己の最期を予測し、これまで守ってきた志への決別と潔い幕引きへの覚悟を込めて発した言葉であったようにも思われる。

自然と同じように人にも移り変わりがある

天地四時《しいじ》すら猶《な》お消息あり。而《しか》るに況《いわ》んや人においてをや。

天地四時猶有消息。而況人乎。（『世説新語《せせつしんご》』政事《せいじ》篇）

【訳】天地の自然現象や季節にも移り変わりはある。人間においてはなおさらではないか。（山濤）

山濤《さんとう》が嵆康《けいこう》の子の嵆紹《けいしょう》に語った言葉である。嵆康の死から数年後、山濤は紹を秘書丞《ひしょじょう》に推薦する。秘書丞とは宮中の図書を管理する秘書省の次官で、天下第一の清官（政治的要職ではないが高位の役職）である。「平簡《へいかん》、温敏《おんびん》にして文思《ぶんし》あり。又《ま》た音にも暁《あきらか》なれば、当《まさ》に成済《せいせい》すべし」（『山公啓事』）という嵆紹の資質を汲んでの抜擢であった。

山濤が嵆紹に向けた言葉は、『易《えき》』豊卦《ほうか》の彖伝《たんでん》（卦辞の解釈）「日《ひ》中《ちゅう》すれば則《すなわ》ち昃《かたむ》き、月盈《み》つれば則《すなわ》ち食《か》く。天地の盈虚《えいきょ》は時と消息《しょうそく》す。而《しか》るに況《いわ》んや人においてをや、況んや鬼神においてをや」に由来する。「消息」は消えることと生じること。つまり、太陽は南中すれば西に傾き、月は満ちれば欠ける。天地の満ち欠けがこのようであるならば、人や鬼神（陰陽の消長）にも時勢に応じた移り変わりがあるという。山濤は、この豊卦の言葉を借りて紹を激励するのである。

父の嵆康が権力に逆らう危険分子として処刑されたという事実は、紹が「自《みずか》ら容《い》れられざるを懼《おそ》」れたように（『世説新語』政事篇の注に引く『竹林七賢論《ちくりんしちけんろん》』）、その前途を明るく照らすものとは言い難い。しかし、山濤は嵆紹に語る。暗い過去に囚われる時期は終わった。これからはお前自身で未来を切り開いてゆく番だと。

このように、山濤が人の心の拠り所となりえたのは、彼が見識と度量に秀でた人物であったからである。王戎《おうじゅう》は、山濤の性質を形容しがたいとしながら、人を惹き付けるものだと語る。「璞玉渾金《はくぎょくこんきん》（磨かないあら玉《だま》とあら金《がね》）のようだ。人は宝として愛でるのだが、どういう器物だと名付けて良いかわからない」（『世説新語』賞誉《しょうよ》篇）。また、七賢の亜流として名高い王衍《おうえん》は、「哲学談義に入っていくわけでもなく、老荘を読むわけでもない。なのに、その発言は往々にしてその主旨に合う」（『世説新語』賞誉篇）、つまり老荘を学ばずして老荘を知る人物だと言う。茫洋《ぼうよう》とした雰囲気を持ちながらも、世事人情に通じ頭の回転が利く。山濤の見識と度量は社会の中で磨き抜かれたというよりも、彼の本性《ほんせい》として発揮されたものであったと言えよう。

嵆康は処刑前、子の紹に「巨源在《きょげんい》ませば汝《なんじ》は孤《こ》ならず」（『晋書《しんじょ》』山濤伝）、山濤（巨源は山濤の字《あざな》）がいればお前は一人ではないと告げた。そして、後に山濤による嵆紹の推挙が行われる。絶交関係にあっても己に遺児を託した友人の遺志を受け入れて時期を待つ。これも、山濤が度量の人と言われる所以であろう。

気楽に人生を楽しむ

我は天地を以《もっ》て棟宇《とうう》と為《な》し、屋室《おくしつ》もて幝衣《こんい》と為《な》す。

我以天地爲棟宇、屋室爲幝衣。（『世説新語《せせつしんご》』任誕《にんたん》篇）

【訳】自分はこの天地を住まいとし、この家をふんどしにしているのだ。（劉伶）

ある日、劉伶《りゅうれい》が裸のまま自宅でくつろいでいると、それを咎める人がいた。これはその時に劉伶が返した言葉である。劉伶がいかにあっけらかんとしていて些細なことにこだわらない人間であったかを示している。

天地を家屋に、家屋をふんどしになぞらえることで、劉伶がいるその日常的空間は一気に広大無辺な世界へと変貌する。それは、あらゆるものを俯瞰した、なにものにも縛られない自由の境地を楽しむ逍遙遊の世界でもあった。『荘子《そうし》』逍遙遊《しょうようゆう》篇には、幾千里あるのかわからないほどの広い背と天を覆う雲のような翼を持ち、風に乗って旋回すれば九万里という「大鵬《おおとり》」が登場する。そんな鵬の大いなる飛翔を嗤《わら》うのが、蜩《ひぐらし》や小鳩といった小禽《しょうきん》である。それらは自身の飛距離にこだわるだけで、遠大な志や広大な世界には「途方もないことだ」と目を向けようともしない。しかし、はるか上空を飛ぶ鵬からすれば、そんな蜩たちの存在などないに等しく、ただ青一色の世界が果てしなく広がるだけである。威儀を正した身なりにこだわる礼俗の士は、目先のことしか見ていない蜩たちと何ら変わらない。奔放な劉伶の姿は、彼らにとってきわめて不快なものに映ったであろう。しかし劉伶は、老荘の思想に根ざした独特の比喩を用いて相手を翻弄し、さらには「あんたたちは何だって俺のふんどしの中にまで入りこんでくるんだい」と、その了見の狭さを小馬鹿にするのである。

劉伶のこうした境地は、『酒徳頌《しゅとくしょう》』における大人《たいじん》先生の超俗的な世界にも通ずる。

天地を以《もっ》て一朝と為《な》し万期《ばんき》を以《もっ》て須臾《しゅゆ》と為《な》し、日月《じつげつ》を扃《とびら》・牖《まど》と為《な》し、八荒《はちこう》を庭《にわ》・衢《ちまた》と為《な》し、行くに轍《わだち》の跡なく、居《お》るに室廬《しつろ》なく、天を幕《とばり》とし地を席《むしろ》とし、意の如《ゆ》く所を縦《ほしいまま》にす。

「八荒」とは全世界のこと。「行くに轍の跡なく」とは、『老子』の「善《よ》く行く者は轍迹《てっせき》なし」（第二七章）に拠る。これは、優れた行き方をする者は轍の跡を残さないという、道を体現しあらゆるものを包括した理想的人物の描写である。

劉伶は、常に酒を携えて小さな車に乗り、付き従う下男には鋤を持たせてこう言い含めていた。「わしが死んだら、その場所に埋めてくれ」（『晋書』劉伶伝）。天地に悠々と遊んで酒を楽しみ、口うるさい俗士のたぐいには目もくれない。倒れてしまえば、形骸が朽ちるままに任せておく。劉伶のこだわりのない生き方には、阮籍のように鬱屈した「生」とは到底無縁の、気楽に人生を謳歌する明るさが感じられる。

本来の自分を守るために

未《いま》だ俗《ぞく》を免《まぬか》るること能《あた》わず、聊《いささ》か復《ま》た爾《しか》るのみ。　未能免俗、聊復爾耳。（『世説新語《せせつしんご》』任誕《にんたん》篇、『晋書《しんじょ》』阮咸伝）

【訳】まだ俗っぽい感じがぬけないから、ちょっとこうしてみただけだよ。（阮咸）

阮氏一族には、一本の道路を挟んで北側に住む裕福な「北阮《ほくげん》」と、南側に住む貧しい「南阮《なんげん》」があった。阮咸の父・阮熙《げんき》は武都太守《ぶとたいしゅ》（武都郡の長官）にまでなった人物だが、必ずしも裕福ではなかったため、阮咸は阮籍と同様南側に住んでいた。

当時、七月七日には着物の虫干しをする旧習があり、この時北阮たちは絢爛豪華な着物を飾るように干した。まだ少年であった阮咸は、竿の先端に大きな布でできたふんどしをぶら下げて中庭に干した。その理由を尋ねられると、「未だ俗を免るること能わず、聊か復た爾るのみ」とうそぶいたという。

阮咸は、華美な衣類をこれみよがしに干して自分たちの裕福さを鼻にかける北阮を羨むこともせず、それに対抗しようともしない。それどころか、何の役にも立たないふんどしを広げることで、旧習に便乗して己を誇示する北阮の俗気を吹き飛ばし、その華やかな雰囲気を一瞬にして興ざめさせる。見事な反俗の態度である。

また、阮咸がおばに仕える鮮卑族《せんぴぞく》（中国北部の異民族）の侍女と交際していた時、おばが遠方に行くことになった。おばは侍女を残していくと言っていたが、出発の日になると侍女も連れて行ってしまった。阮咸は母親の喪に服していたが、それを知るとロバで追いかけて侍女を連れ戻したという。後にその侍女は子の阮孚《げんぷ》を生んだ。阮咸のこの行動は、喪中の行為とは思えないだけに、礼俗の士たちからの非難も大きかったという。

阮咸のこうした反俗的態度は、阮籍の影響を受けてのこともあろう。この意味では、阮籍の子である阮渾《げんこん》よりも素質があったのかもしれない。阮渾は、成長するにつれてその風貌も父親に似てくると、放達の道を歩みたいと希望するようになった。だが阮籍は、「もう甥の阮咸《げんかん》がいるから、お前まで同じことをしなくてもよい」と諭したという（『世説新語』任誕篇）。

陸逵《りくき》『竹林七賢論』は、阮籍が阮渾を止めたのは、放達をなす理由を彼がまだ知らなかったためだと解している。阮籍たちが飲酒や清談に耽《ふけ》り、反俗的態度を貫いたのには理由があった。やり場のない現実社会との葛藤の中で、本来の自己をいかに守るか。方外人（礼教世界の外に生きる者）としての生き方は、苦渋の決断を伴う反俗と保身への道であった。理由なき放達は単なる堕落と変わらない。それゆえ阮籍は渾に同じ道を歩ませなかった。

山濤は、阮咸を「清真《せいしん》、寡欲《かよく》、万物移すこと能《あた》わず」（『世説新語』賞誉篇）、つまり純粋で寡欲、何ものにも動じないと評した。俗気にもさらりと反撃してみせる少年阮咸に、阮籍も方外人としての素質を見たのであろう。

参考文献

【一般的・入門的文献】

① 後藤基巳『ある抵抗の姿勢――竹林七賢』（新人物往来社、一九七三年）

＊七賢それぞれの事跡をまとめた概説書。七賢を取り巻く時代環境や、七賢の後の時代についても解説している。

② 魯迅「魏晋の気風および文章と薬および酒の関係」（竹内好編訳『魯迅評論集』所収、岩波書店、一九八一年）

＊一九二七年に行われた講演の筆録。後漢末から魏晋における文章や気風の変化を中国文学史の観点から概観する。

③ 吉川幸次郎『阮籍の「詠懐詩」について　付阮籍伝』（岩波書店、一九八一年）

＊叙情詩としてのみならず、作者阮籍の生涯にまで踏み込み、「詠懐詩」の世界観を明らかにし、中国詩学史上における「詠懐詩」の意義についても言及する。

④ 吉川忠夫『風呂で読む　竹林の七賢』（世界思想社、一九九六年）

＊七賢たちの著述（思想論文・文学作品）、および彼らの性格について詳細に解説する。また、「竹林の七賢」の誕生や「七賢」たるゆえんなどについても考察する。

⑤ 井波律子『中国人の機智――『世説新語』の世界』（講談社、二〇〇九年）

＊魏晋に活躍した名士たちの逸話集『世説新語』を中心に据え、近現代にも生きる中国的な機智表現の特色を考察する。竹林の七賢を生んだ当時の時代背景を、生活様式や精神生活の側面から知ることができる。

【専門的文献】

① 劉義慶撰、劉孝標注、目加田誠著『世説新語』上・中・下（明治書院、一九七五～七八年）

＊魏晋時代における逸話集『世説新語』（全三六篇）の全訳注。当時の精神生活を知る上で欠かせない資料である。竹林の七賢については任誕篇が詳しい。

② 松本幸男『阮籍の生涯と詠懐詩』（木耳社、一九七七年）

＊阮籍『詠懐詩』の全訳注。その他、阮籍の作品一覧、『詠懐詩』参考文献などの豊富な資料も紹介する。

③ 森三樹三郎『六朝士大夫の精神』（同朋舎、一九八六年）

＊六朝時代の精神生活について詳細に論じる。本書は、六朝時代の歴史的環境・学問と文学・宗教について述べる「Ⅰ 六朝士大夫の精神」と、魏晋時代の人間性に焦点をあて、竹林の七賢にも言及する「Ⅱ 魏晋時代における人間の発見」からなる。

④ 王瑤著、石川忠久・松岡榮志訳『中国の文人――「竹林の七賢」とその時代』（大修館書店、一九九一年）

＊豊富な資料をもとに、七賢が生きた当時の政治社会状況および服薬と飲酒の習慣から、魏晋時代の文人と隠遁志向について論じる。

▼コラム　琴の魅力

儒家は「移風易俗《いふうえきぞく》」、つまり風俗を誘導し教化するという政治的役割を果たすものとして音楽を重視した。秩序としての調和を尊んだのである。一方、道家は自然との調和から音楽を説き、「陰陽の和をもって」（『荘子《そうし》』天運篇）する音楽を尊んだ。

七賢の中には、阮籍《げんせき》・嵆康《けいこう》・阮咸《げんかん》など、音楽の才能に秀でた者が多い。中でも嵆康は琴を最高の楽器として愛し、『琴賦《きんのふ》』を著した。その中で嵆康は道家的音楽思想に拠り、「物に盛衰あれども、これ（音楽）は不変」と述べ、音楽の普遍的価値を讃美する。

琴は、文人（儒家的教養を身につけた士）の修養に必要な「四芸《しげい》（琴《きん》・棋《き》・書《しょ》・画《が》）」の一つとされ、また「琴《きん》は禁なり。淫邪を禁止し、人心《じんしん》を正す所以《ゆえん》なり」（『白虎通《びゃっこつう》義《ぎ》』礼楽）のように邪気を払う力があるともされた。琴の霊的な特性は、その材質とも関係している。以下、『琴賦』から琴についての概要を見てみよう。

琴は自然の和気を含む椅《いいぎり》と梧《あおぎり》を材料とし、多様な音色を奏で、その変化は尽きることがないという。琴は弾き手の心を語る楽器であり、古の至人《しじん》はそこに自身の思いを託した。その音色は「流《りゅう》楚《そ》窈窕《ようちょう》とし、躁《そう》を懲《いまし》め煩《はん》を雪《すす》ぐ」、つまり澄んでいて穏やかで、内心の煩わしさを取り払い、「自然の若《ごと》し」であるという。こうした自然の音色は、『荘子』斉物論篇《せいぶつろんへん》の「天籟《てんらい》（天然の音）」や、『老子』第四一章の「大音《たいおん》は声希《こえかす》か（まことの音声は聞こえない）」のような窮極の音楽を想起させる。

音色だけではない。嵆康は、天地を感動させて中和をもたらし万物を統《す》べる「愔愔《いんいん》たる（穏やかな）琴徳《きんとく》」を琴の中に見出す。琴の音色の前では一切のものが音に聞き入りすべてを忘れる。琴の音がもたらす一体感。嵆康はそこに中和の徳を見るのである。このように、嵆康は奏者ならではの感覚を交えて琴を詠む。特に、臨場感溢れる弾琴の描写は、琴の魅力を存分に伝えるものであり、奏者・嵆康の真骨頂と言えよう。

嵆康と琴にまつわる逸話といえば、秘曲「広陵散《こうりょうさん》」が有名である。嵆康は己のみが知るその曲を処刑される間際に演奏した。また、かつて「広陵散」の習得を希望した袁《えん》孝尼《こうに》を拒絶したことを思い出し、己の死によって「広陵散」が絶えることを悲しんだという（ただし、「広陵散」の伝承やその周辺については諸説あるため、確かなことはわからない）。

琴に関する故事は多い。春秋時代の琴の名手伯牙《はくが》には、自身の琴を理解する鍾子期《しょうしき》という友人がいた。しかしその死後は二度と琴を弾かなかったという「伯牙断琴《はくがだんきん》」の故事（『呂氏春秋《りょししゅんじゅう》』本味《ほんみ》篇・『列子《れっし》』湯問《とうもん》篇）。諸葛亮《しょかつりょう》が悠然と琴を弾きながら、「空城《くうじょう》の計」（策があると見せかけて敵を警戒させる戦略）で敵の司馬懿《しばい》を撤退させた「孔明が智計、琴を弾じて仲達を退く」の故事（『三国志演義』巻九五）。王子猷《おうしゆう》が友人子敬《しけい》の死後、子敬の琴を弾こうとした時、琴の調律が狂っていたことから「人琴倶《とも》に亡《ほろ》べり」と嘆いた故事（『世説新語』傷逝《しょうせい》篇）など。

日本でも琴は古くから愛され、『宇津保物語《うつほものがたり》』のように琴を主題とする伝奇物語も現れた。また、琴に嵆康の面影をみる文人は多かったようで、『源氏物語』には「広陵といふ手を、あるかぎり弾きすまし給へるに」（明石《あかし》）と、都落ちした光源氏が「広陵」という名の曲を弾く場面がある。

「琴を鼓《こ》して以《もっ》て自《みずか》ら娯《たの》しむに足《た》る」（『荘子』譲王《じょうおう》篇）とは、琴が自得の楽器であったことを示している。弾き手に寄り添い、その心を代弁する琴の音色と佇まいは、古来より人々を魅了し続けてきたのであった。

第十一章　朱熹——近世士大夫思想の定立者

市来津由彦

誰にでも向上心がある

亦《ま》た是《こ》の性《せい》有《あ》らざるなく、
故《ゆえ》に下愚《かぐ》と雖《いえど》も道心《どうしん》無《な》き能《あた》わず。

亦莫不有是性、故雖下愚不能無道心。
（『中庸章句』序）

【訳】おなじく人としてのもちまえが必ずそなわっており、だから「下愚」であっても「道心」がなくなるということはありえない。

朱熹（福州鼓山摩崖石刻群に刻石された61歳自画像）

1 宋代士大夫の思想的課題

唐・宋における士大夫文化の更新

漢代中国社会は後漢末から人口が激減し、社会の連続という意味では中国はほとんど崩壊の危機に瀕した。しかし移動してきた北方民族と融合しながら南北朝時代を通して人口はゆっくり回復し、唐の全盛期に数字的にはもとに戻る。とはいえ唐の社会は、漢代の社会の単なる復活ではなく、民族的にも政治的にも中国の新たな再生とみるべきである。

このことを自覚しつつ中国を安定的に統治するために、唐朝政権は、中国伝統の統治法を意識的に踏襲し、南北朝各朝の史書を整備してつなぎ、「正史」観念を創成して漢朝の後継者に自らを位置づけ、また理念文化としての「中国」文化を顕彰すべく、漢代以来、中国社会統治の柱となった文官官僚知識人層、すなわち士大夫《したいふ》層の文章と統治の文化を尊重した。

唐末五代の軍閥国家による分裂状態を統一した次の宋朝は、この唐が顕彰した「中国」理念文化を継承しつつ、中央集権統治を強化するために科挙試験を文官官僚登用の柱とした。ここにおいて統治主体としての士大夫層の存在意義が重くなり、「士」のあり方の変化に関わって種々の課題が新たに生じ、これに対応する士大夫思想が求められることとなった。

北宋道学の課題

その課題のうち、本章の朱熹《しゅき》（朱子）に直接つながることを述べよう。

科挙に合格し官身分を持つようになった者は、統治にたずさわるその立場からして、民間社会を治め民の生活を成り立たせる経世済民《けいせいさいみん》の社会的責任をそもそも有する。それとともに、その身分はその人個人の知力によって獲得されたものである。官界で成功しても失敗しても、六朝、唐代までの官界のように門閥の庇護があるわけではない。浮かれず沈まず心を保持することを個人の心が引き受けねばならぬという課題が浮かびあがってくる。

前面に出てきたこの心の保持の問題に応える精神文化として、北宋の士が多く傾倒したのは禅仏教であり、また老荘思想、道教であった。しかしこれら宗教的文化は、ともすれば社会との関わりを留保して自己を見つめるべきことを説く。だが、士には右の経世の責任があり、この留保は彼らが持つ社会性とは根本的には折り合わない。宗教的な言葉にではなく、儒教の言葉の中に心の保持の課題に応えるものがあると、それは経世の課題と両立する。かくて心の保持という課題を読み込み、心の制御と士としての社会的責任の遂行とを統合する儒学の言葉が求められ、朱熹の思想の先駆となる張載《ちょうさい》、程顥《ていこう》、程頤《ていい》（加えて周敦頤《しゅうとんい》）らの「道学《どうがく》」が北宋の半ばに登場した。

彼らは端的に言えば、「人は、（太極《たいきょく》、太虚《たいきょ》、理《り》などとさまざまに言われる、）天地が万物を形成する道の働きないしはその本源を本来みな具え、それ故に人は理想の社会をつくる力と社会性を持つ。具わるその本源に覚醒し、その働きを実現することが人のなすべきことである」ということを唱えた。そうした言説は、初め中央の高官層に親近な場で論議されたが、士の課題に広く応える本質を持つため、しだいに一定程度の支持を獲得していった。だが北宋段階では、それらはなお個別的、萌芽的表現にとどまり、士としての自己の人間性の保持・向上と社会的責任遂行との統合という課題に対応する言葉が総合的に提供されるまでには、まだ至らなかった。

2　朱熹の生涯と著作

北宋から南宋へ

宋朝は、王安石《おうあんせき》の財政・行政改革を引き継ぐ北宋末の新法党政権が北方の新興の金《きん》国との外交に失敗したことにより、一一二六年（靖康《せいこう》元）に都開封《かいふう》が占拠され、翌年には徽宗《きそう》、欽宗《きんそう》が北方に拉致《らち》され、その全国統治は突然に瓦解した（靖康《せいこう》の変）。その後、長江中、下流流域の船運業や豪族らが義勇軍を編成して金軍の南下を防ぎ、騒乱の開封からたまたま外に出ていた欽宗の弟を推戴して（高宗《こうそう》）、南宋朝が発足する。金とのしばらくの交戦の後、淮《わい》河《が》を国境として講和が結ばれ、宋は中国の南半分の政権となった。全国政権期を北宋、南半分となった後を南宋と呼ぶ。

この南宋政権は、南方の統一政権として発足し、北宋時代と同じく科挙官僚による統治をはかるべく、科挙を国初から実施した（一一二八年）。しかし政権発足の経緯からして、中央政府の統治力は当初は相対的には弱く、そのことは逆に、地方の社会が地域ごとに秩序を保持・形成していかざるをえないことを意味した。地方志《ちほうし》と呼ばれる、地域の社会・文化を記述し、地域社会の指導層らの自覚を意味する書が多く出現するのは、この南宋からである。科挙は、その指導層の力を王朝側に吸収し、また彼らを再生産する機能を果たすものであった。

北宋末の新法党政権期にあっては、旧法党に属していた北宋道学の程顥、程頤兄弟の学脈人士たちは、中央政府から排除されて地方に追いやられ、その思想は、地方の地域社会における士としての生き方を問う学びとして、講学され受容されるようになった。道学にとってこの苦境が結果的には幸いとなったと言うべきか、地域社会における指導層の自立意識が問われる南宋政権下の社会の展開と、道学の地方化というこうした展開とが重なる中で、道学の思想を士大夫の普遍的学術に再編することになる朱熹が、福建《ふっけん》北部末端の地域社会に登場するのである。

朱熹の生涯

朱熹《しゅき》（一一三〇～一二〇〇。字は元晦《げんかい》、のち仲晦《ちゅうかい》。号は晦庵《かいあん》など。本籍は父の出身地である徽《き》州婺源《ぶげん》県）は、南宋初に父朱松《しゅしょう》の任地であった福建路北部の南剣《なんけん》州尤渓《ゆうけい》県で生まれた。朱松は、程顥・頤兄弟の高弟で福建北部出身の楊時《ようじ》の学脈に属し、宋金戦争の方針をめぐって講和派の秦檜《しんかい》と折り合いがあわず、官人生活から身を引き、建《けん》州（のち

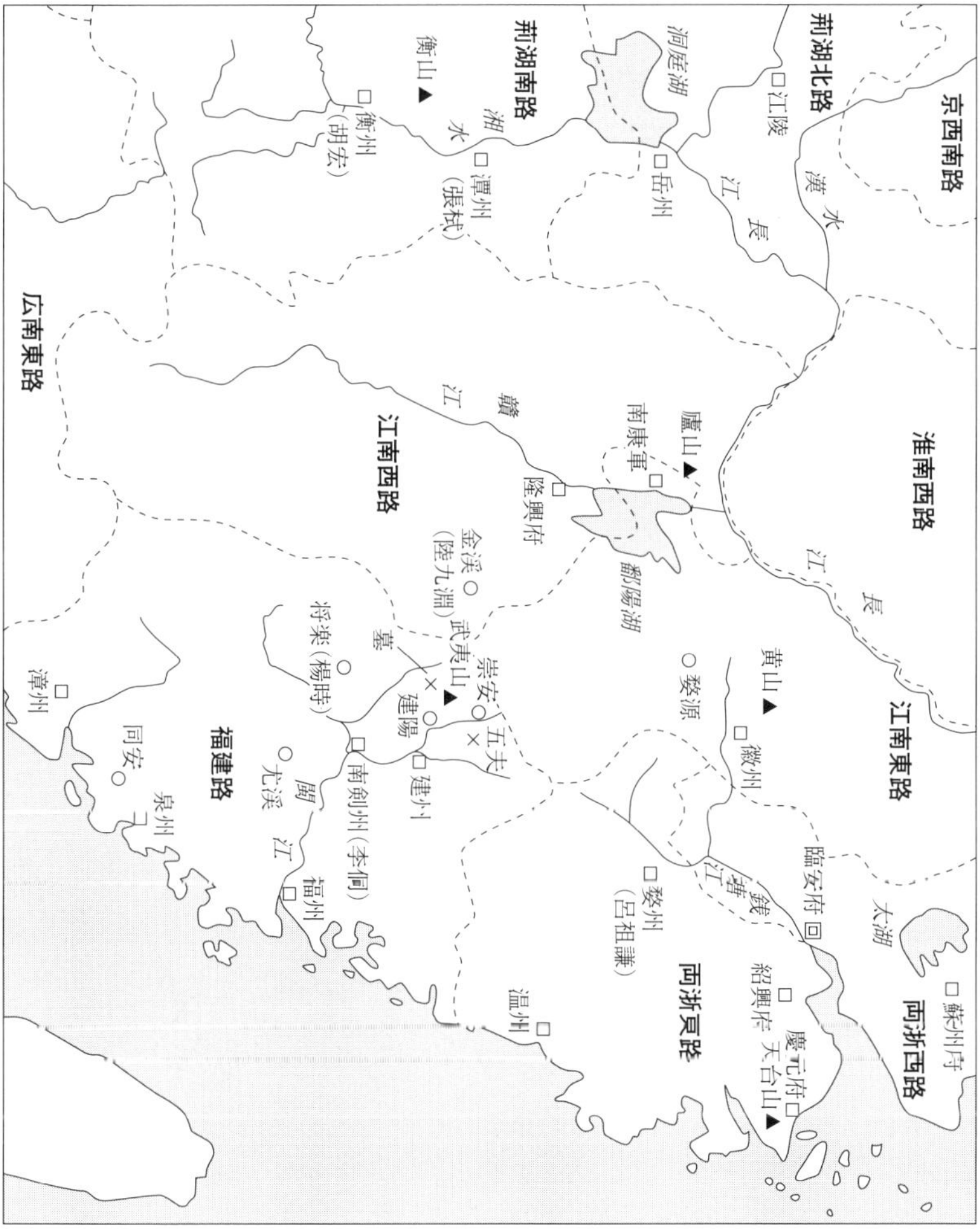
荊湖南路
荊湖北路
京西南路
広南東路
江南西路
淮南西路
江南東路
福建路
両浙東路
両浙西路
洞庭湖
衡山
衡州（胡宏）
湘水
潭州（張栻）
岳州
江陵
漢水
長江
贛江
廬山
南康軍
隆興府
鄱陽湖
金渓（陸九淵）
将楽（楊時）
墓
武夷山
崇安
五夫
建陽
建州
南剣州（李侗）
尤渓
閩江
福州
泉州
同安
漳州
婺源
黄山
徽州
婺州（呂祖謙）
銭塘江
臨安府
太湖
紹興府
蘇州府
慶元府
天台山
温州

朱熹関係地図

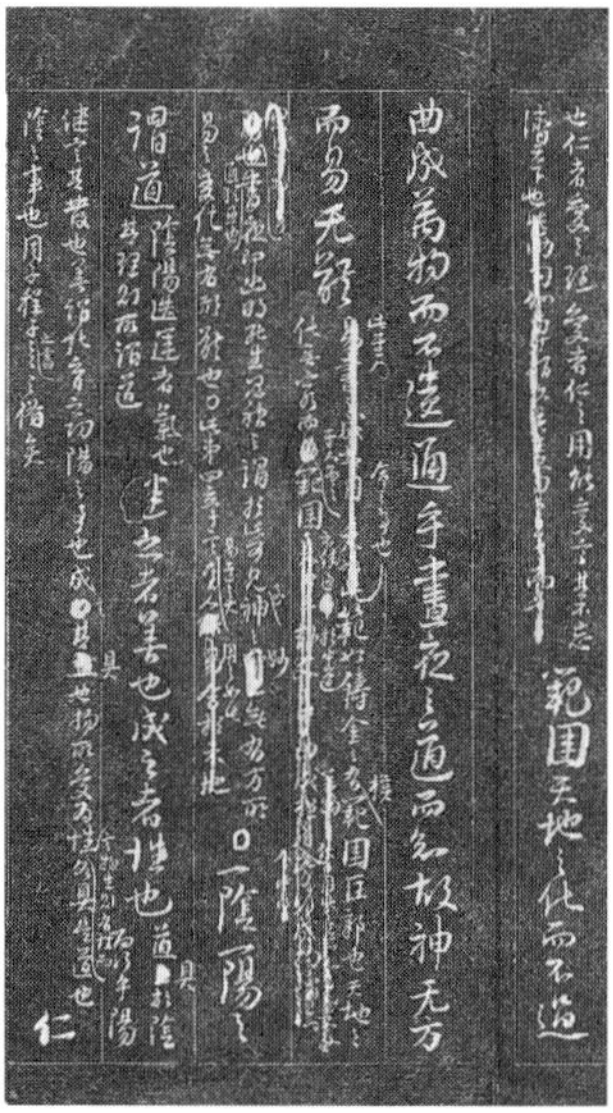

朱熹・易繫辞伝本義草稿拓本
（高度の技術により復原された塗抹箇所が真筆の風気を伝える）

建寧府《けんねい》）に隠棲した。この機縁から父の死後、朱熹は一四歳でこの土地の楊時学脈の縁者に預けられ、建州崇安《すうあん》県の五夫里《ごふ》という末端地域社会で人として育った。

一九歳で進士に合格、二〇代から六〇代まで、泉《せん》州同安《どうあん》県の経理係、南康軍《なんこうぐん》、漳《しょう》州、潭《たん》州の知事、両浙東路《りょうせっとうろ》の経済長官など、主として州・路レベルの地方官を歴任し、六五歳で天子の先生（侍講《じこう》）に起用された。しかし朱熹を推薦した宰相趙汝愚《ちょうじょぐ》が権官韓侂冑《かんたくちゅう》との政争に敗れる過程で解任され、その後その学術が危険思想として禁学とされる中（慶元《けいげん》の党禁、偽学《ぎがく》の禁）、建寧府建陽《けんよう》県で没した。七年あまりの実職勤務期間も含めて、彼は生涯の大部分を福建の地域社会に埋もれて過ごし、家にいるあいだは学術研究と教育に従事した。

思想的立場の確立とその表象

右の育ちの話に戻るが、朱熹は福建北部道学系の士を師として成長し、心の向上の鍛錬に関わる問題に関して初め禅仏教に関心を抱いたが、楊時の孫弟子にあたる南剣州《なんけん》の隠棲の士、李侗《りとう》（延平《えんぺい》先生）によってこの問題に関する儒学にめざめ、この人が説く、「心の働きが発動していないときに人の本性として道の働きが心に具わっておりこれをつかむ」といった、形而上学的問題にも関わる心の向上の根拠に想いをめぐらした。

この李侗の死後さらに、もと福建人だが、宋金戦争時に避難先の湖南に居ついた北宋道学系の胡安国《こあんこく》の子胡宏《ここう》の門人で、後に朱熹の友人となった張栻《ちょうしょく》の言葉に揺り動かされ、やはり心の向上の形而上学的根拠に関する胡宏の思想に傾倒した。

そしてこの胡宏の思想を踏み台にしこれを批判的に超克することで、四〇歳のときに彼は思想的に覚醒した。思想家・教育家としての朱熹がここに生まれる。そしてその立場を説明の言葉に載せるべく苦心を重ね、四書の注釈としてこれを体系的に表象した。それがほぼ成ったのが四八歳のときであった。これ以降、門人と言える人々が本格的に出てくるようになる。

著作と資料

朱熹の編著作には、論語、孟子、大学、中庸のいわゆる四書を解説した、主著と言える『四書集注《ししょしっちゅう》』、その解説である『四書或問《ししょわくもん》』、易学については『周易本義《しゅうえきほんぎ》』、『易学啓蒙《えきがくけいもう》』（友人かつ門人の蔡元定《さいげんてい》が協力）、『周易参同契考異《しゅうえきさんどうけいこうい》』、書経学については『書集伝《しょしゅうでん》』（門人の蔡沈《さいちょう》が完成）、詩経については『詩集伝《ししゅうでん》』、礼学については『儀礼経伝通解《ぎらいけいでんつうかい》』（門人の黄榦《こうかん》が完成）、『家礼《かれい》』、春秋学・史学としては『資治通鑑綱目《しじつがんこうもく》』、『八朝名臣言行録《はっちょうめいしんげんこうろく》』、孝経研究として『孝《こう》経《きょう》刊誤《かんご》』、古典文学研究としては『楚辞集注《そじしっちゅう》』、『韓文考異《かんぶんこうい》』、北宋道学研究としては、程顥・程頤資料に関して『河南程氏遺書《かなんていしいしょ》』、同『外書』、同『文集』、周敦頤に関して『太極図解《たいきょくずかい》・図説解《ずせつかい》』、『通書解《つうしょかい》』、張載に関して『正蒙《せいもう》解《かい》』、『西銘解義《せいめいかいぎ》』、北宋四子の言葉の選集に、友人呂祖謙《りょそけん》と共編の『近思録《きんしろく》』、その他、友人劉清之《りゅうせいし》と共編の『小《しょう》学《がく》』など、多数のものがある。さらに詩文を集めた『晦庵先生朱文公文集《しゅぶんこう》』一〇〇巻、門人と問答した語録を学脈縁者が没後に分類編集した『朱子語類《しゅしごるい》』一四〇巻がある。

3 朱熹の思想

「修己治人」の提唱

朱熹は自身の思想を四書の注釈に託して語る。四書の中でも『大学』は学問の綱領を語る書、『中庸』は人のあり方とその実践を理論的に語る「蘊奥《うんのう》」の書とみなされ、両書の各『章句』、『或問』の解説をみることにより、彼自身の言葉に即してその思想の構図を彼自身の言葉に即して捉えることができる。

朱熹がその思想の核心を端的に語るものとして、「己を修め人を治む（修《しゅう》己《こ》治《ち》人《じん》）」という言葉がある（『大学章句』序）。これは、「士」としての心の保持・向上とその社会的責任の遂行との統合をはかることを提起する象徴的言葉である。「修己」が前者、「治人」が後者にあたる。

今その構図を、『大学』冒頭のいわゆる三綱領の「明明徳・親（「新」の字のはずと朱熹はみる）民・止於至善」の「章句」によって言うとこうである。すなわち彼は、自己の向上の根拠を誰もが本来持つという人間観を出発点とする。その意味で彼の思想は性善説に立つ。心に諸々の悪が生まれるのは後天的原因によるのである。そして自身の向上の学びが深まる（「明徳を明らかにす」＝修己）と、他者が自己向上をはかる際のその悩みの様態が見えてきてその他者への働きかけが可能となる。他者も向上の根拠を同じく本来持つために、その働きかけをヒントにその人は自身の力で向上を深める（「民を新たにす」＝治人）。こうした連鎖によって社会全体が向上安定する（「至善に止まる」）とするのである。「治人」というのも、近代的な社会政策論ではなく、宗教的な布教と感化のようなことであることに注意したい。

理気論の哲学

こうした構図の理論を成り立たせるのは、「人はみな向上の根拠を本来持つ」という性善説の人間観である。そしてその人間観を支える哲学的基礎論として、理気論《りきろん》がある。

古代以来の中国伝統文化は、物体的な意味でのモノの成り立ちについて、モノは「気」やその運動変化を語る「陰陽」によると答えてきた。気はモノを成り立たせる基体である。しかし、モノがその個物として存する本源は、気だけでは説ききれない。そこで、モノの本源性を説く術語として、北宋道学が持ち出した、やはり伝統思想の術語にある「理」という観念に朱熹は注目する。すなわちこの両概念を重ね、モノの個物としての差異性は形而下的基体としての気、そのモノとしての存在の本源性の側面は形而上的原理としての理によるとし、モノは理と気によって成ると説いた（その理と気の形而上・下の関係を周敦頤の言葉に託して解説するのが、『太極図解・図説解』である）。

人も万物の中の一つの存在なので、理気のこの二つの側面を持つ。モノに内在した理を「性《せい》」と言う（「気質《きしつ》の性」。性の働きを理念的に抽出したときには「本然《ほんぜん》の性」と言う）。人については、理想の社会関係をつくる能力を倫理面から言う「仁、義、礼、智」の徳がこれにあたる。金石・動植物など人以外のモノもこの性を共有するが、他物に比べ人はこの性を発揮するすぐれた気を持つとする。天地のめぐりの働きによってそれぞれがそうあるものとして生まれるモノのあり方、世界のあり方という原理的なところから、「人」は基礎づけられるのである。

理と気によって人を説くのは、身体という存在的側面についてばかりではない。中国伝統医学は、身体を気がめぐり、経絡《けいらく》（経脈・絡脈）というその脈路をめぐる気が心の働きを同時に担うとみなしてきた。「気」を媒介にからだの様態と心の働きとは連続しているとみる。朱熹の心身観も基本的にはこの延長にあり、心の働きの基体的側面はこの延長で気によるとみる。しかし、心の働きを生活の各場面であるべきふさわしい働きとして発揮させる、心の働きのいわば「理」の側面が理気論の展開として心に想定された。内容的には「性」がこれにあたる。理と気が一体として働いている姿を「情《じょう》」、その働きの場＝人格総体を「心」と言う。

怠落と向上の中にある人の現姿

心も含めて人は理と気による身体的存在である。しかし人はとかくその身体の唯一性から自己中心化し、「性」（「理」的側面）の指揮のもとに社会性をつくっていくという本来の心からは逸脱した心の動き、すなわち「人欲《じんよく》・私欲《しよく》」の状態に陥り、怠落に身をまかせかねない。だがその「身」は同時に、あるべき社会関係を現実化する実体的基礎でもあり、その自己中心化は本来の姿ではない。内在する本来の社会関係形成力、すなわち「性」の促しによりその自己中心化への怠落は自覚され、「人欲」は克服できる。こういうことが不善の由来とその克服である（「天理を存し人欲を去る」とも言う）。人は、「性」という根拠にもとづき、現実態としては後天的要因によって悪にまみれる自己を反省し善に向かうことができる。人は人としての「性」を有するとともに身体的存在であることから善と悪との葛藤の中におり、しかし性善の根拠を持つ故に善に必ず皆向かい得る。このことにおいて同じであるというのが、朱熹の思想における基本的人間観であった（二六一頁参照）。

理気論は、一人ひとりの人が可能性を持つ存在として同じであることと、および一人ひとりが異なる存在であることを説明づけた。モノの存在を語ることを越えて倫理実践の問題に及ぶときに、理気論は人の基礎づけの論としてのその真の役割を発揮する。こうして朱熹は、気に対する理という視座を設定することにより、社会関係の中で動く人間とその心のさまざまな問題について、根拠を持って理論的に説く言葉を人々に提供したのである。

「修己」論各論

以上の修己治人論の構図においては、治人に対して修己が根底となる。その「修己」実践の基礎として、彼は「居敬《きょけい》」と「窮理《きゅうり》」ということを車の両輪のようなことであるとみなして尊重した。「敬」とは、主体がなにか社会的に振る舞うときに関わりを持つ事物（「物《もの》」）との関係で、心を覚醒させておくことである。具体的には、その振る舞いを具体的に行う中で、気持が散逸しないで心ここにあるようにバランスをとり（動時省察《どうじせいさつ》）、あるいは振る舞いが具体化していないときには、関わりを具体化する深層の心の力を静坐などにより保養する（静時存養《せいじそんよう》）ということである。後者には、禅仏教の坐禅、道教の呼吸と瞑想にも通底する、中国伝統宗教文化につながるような心身鍛練の要素がみてとれる。

ただしこの「敬」は、あくまで次の「窮理」と相関的に位置づけられるものである。すなわち、心が覚醒しているという心的態度だけでは現実場面には対応できず、何をなすべきかが具体的にわかっていなければならない。この課題に対応するのが「窮理」ということである。この言葉自体はもとは『易《えき》』の言葉だが、程子の解釈をうけて、『大学』のいわゆる八条目筆頭の「格物《かくぶつ》」と重ねられ、「物に格《いた》りて理を窮」めること、振る舞いにあたっての心の内と外との関わりの道理、つまり何をなすべきか、なぜそうなのかをつかむこととされた。

朱熹は、この「格物」と八条目の次の「致知」の説明が『大学』では伝承の過程で欠文となったとみて、『大学』本文に準じるものとして「格物」補伝《ほでん》の文章を『大学』に補い、そこにおいてこの論を定式化した。格物の知はそこでは体験を通して深まる実践知として説かれる。

たとえば、『論語』を読み孔子の振る舞いを考えるのは、内心の外に理を求めることのようである。だが、人は怠落する可能性を持ちながらも性善の根拠を持つことにおいて同じということを通して、孔子の振る舞いの道理は、『論語』をいま読んでいるわれの根底にも通じ、理の外向的究明も自身の理の顕現に結びつくとみるのである。

そして、個別の理の究明は、天地のめぐりに位置づけられている人の活動、およびその対象である万事万物の理のその個別の相を成り立たせる原理の相へと探究を深めさせ、その集積の果てに「貫通」という心の飛躍、すなわち天としての理が自身に働きわたることの自覚がもたらされるとする（二六三頁参照）。朱熹の『大学』解釈は八条目の続く「誠意《せいい》」「正心《せいしん》」「修身《しゅうしん》」「斉家《せいか》」「治国《ちこく》」「平天下《へいてんか》」の順に沿い、修己各論として以上の「敬」と「窮理」を基礎にして「誠意」「正心」の心の制御のあり方をさらに説いていくが、今は略する。

五夫社倉跡の現在の姿

「治人」論各論

朱熹からすると、以上の「修己」の実践は「治人」という他者への働きかけに必然的に向かうのだが、ここでは、他者への働きかけとして対民間社会の実践として彼が実際に行った「社倉《しゃそう》」と「勧諭《かんゆ》榜《ぼう》」についてみてみよう。

「社倉」とは、飢饉のときに貧窮生産者に種籾《たねもみ》を貸し、収穫後に利息をつけて償還するように設置した、官民協力かつ民間主導の互助組合施設である。はじめ地域社会の洪水と飢饉の対策に地域の士として活動協力する中で居住地の五夫《ごふ》里に設置し（一一七一年、朱熹四二歳）、後にそのしくみを整備して朝廷に上奏し中央からの実施を求め、裁可された（一一八一年）。この企画は、種籾を恩恵として与えるのではなく、利息を取るというところに要点がある。利息という考えは、一年の生活サイクルを民が自ら制御できるという前提に立つ。人生と生活をきちんととらえる自立意識を持つ「民」として民を信頼できる存在とみる点に、人が同じあり方をして社会を構成するという朱熹思想の人間観がみてとれる。『太極図解・図説解』『西銘解義』などにおいて理気論を定式化した時期とこの社倉を企画、実施した時期とはちょうど重なる。朱熹思想における人間観の形成の背景を理解する上で、このことは興味深い。

「勧諭榜」は、朱熹が六一歳のときに福建南端の漳《しょう》州知事に就任したときの施政方針演説の御触書である。統治対象の漳州民間社会の諸問題に配慮しつつ、地方長官という官の立場から人々のあるべき暮らしを呼びかける。科挙に合格して特権を持つ「官戸《かんこ》」となった家に対し、特権をかざして周囲を圧迫しないようにと自己規制を求めるくだりには、ともすれば欲望に趨《はし》る地域社会における「士」の実像と、地域の「士」にとっての「修己」の陶冶の必要性の現場、および朱熹自身の「治人」の働きかけがうかがえる（二六六頁参照）。

朱熹は、広領域の行政（浙東《せっとう》路の飢饉対策長官となったことがある）については、中央の政治利害が絡んであまり業績はあげられなかったが、地方の地域社会の問題に対応するときには精彩を放った。それは地方郷村在住の士として育ち、庶人世界の課題に熟知していたことと無縁ではない。晩年の『儀礼経伝通解』は古典研究ながら、そうした実践をうけて、礼制研究を通して社会関係理念を同時代へ向けて明らかにしようとしたものである。

4 朱子学の形成と東アジア

南宋後期における「朱子学」の形成

朱熹の門人層を観察すると、科挙合格には至らず地域社会に埋もれて生きた人々が圧倒的に多い。朱熹の思想は、地域社会に生きる士に求められる心の陶冶に適合するものであり、初発的にはそうした人々に支持されたとみてよい（コラム参照）。それとともに、向上の根拠を万人が持つとするその人間観と学びの思想は、自己の知的能力により科挙に合格し高官となり社会的抱負を実現するという、科挙体制下の知識人のあり方にも適合する。その格物論《かくぶつろん》も、科挙に向かう読書の学の一つの方法論とみなすことができる。地域の士人に支持されることに加え、科挙とも適合性を持つという二重性が、この学を天下の学に導く要因となったと言える。

韓侂冑《かんたくちゅう》の失脚とともに朱熹の名誉回復がはかられ、学説の継承と再生産のために門人たちによって解説が書かれ、資料が集成されたりした段階の後、この学術が有する科挙に適合的な特質のために科挙に使える参考書などもしだいに編纂され、科挙に対応した学ばれるものとしての「朱子学」が成立する。一二四一年（淳祐《じゅんゆう》元）に朱熹は都の国立大学の孔子廟に従祀《じゅうし》され、その学術が王朝公認となった。

それは、「朱子学」化したこの学が士大夫層へ普及しつつあることの結果を表すものと言える。その学術は、地域に生きる士人に人生の言葉を提供する学術から、士大夫が支える国家の学術へと変貌していくのである。

李退渓の陶山書院（韓国。李退渓は朝鮮朝で独自の朱子学世界を確立した思想家）

東アジアへの伝播

中国、朝鮮半島、日本列島社会の定住農耕地域では、各社会の中世から近世にかけて、人口の増加、農業技術の変革を受けて、家族規模の労働力で独立農業経営を行う小農社会が成立する。政治支配層が農業の直接的経営から遊離し、生産民は均質化していき、この事態にちょうど対応する統治理念として、「朱子学」が各社会で歓迎される。

科挙体制下にありつつそうした社会状態が進む中国社会だけではなく、朝鮮半島では、両班《やんばん》の中央、地方の支配による朝鮮朝社会となり、日本では、官僚化した武士層による各藩の統治による徳川政治体制の社会となり、この各社会の統治に適合するものとして、変容を受けながらも、「朱子学」儒学がそれぞれの社会に伝播、浸透していく。

「朱子学」は、その学にふれる人を自立した生きる主体として「修己治人」の学びに促す。そして、この学が持つ、理想社会の樹立をめざして学ぶ能力を誰もが持つというその「学び」の思想が、各社会の事情によって変容しつつもそれぞれの社会の知力を全体的に底上げし、各社会のその知力基盤が、次にやってくる〈近代〉の受け皿として、それぞれ機能することになっていくのである。

5 朱熹の名言

誰にでも向上心がある

亦《ま》た是《こ》の性《せい》有《あ》らざるなく、故《ゆえ》に下愚《かぐ》と雖《いえど》も道心《どうしん》無《な》き能《あた》わず。

亦莫不有是性、故雖下愚不能無道心。（『中庸章句』序）

【訳】おなじく人としてのもちまえが必ずそなわっており、だから「下愚」であっても「道心」がなくなるということはありえない。

朱子学の「修己治人《しゅうこちじん》」論は、「修己」の「己」と「治人」の「人」とが、人としてのあり方としては同じであるという人間観を基礎に置く。

その人間観を端的に明言する表現として、『中庸章句《ちゅうようしょうく》』につけた朱熹の序文の一節がある。その部分を、前後の文脈も含めて現代日本語訳で示すと、次の通りである。なお、「上智」「下愚」は、『論語』に「子曰く、唯だ上知と下愚とは移らずと（先生は言われた。ただ非常に優れた人とどうしようもないだめな人とだけは変わらない）」（陽貨篇）とあるのを踏まえ、「人心」「道心」は、舜が禹に天下を禅譲した際の言葉として『書経』大禹謨《だいうぼ》篇にみえる語である（〔 〕は翻訳上の補い、（ ）は補足説明。以下も同じ）。

何にも反応して自由で霊妙な心の働きはひとつではある。なのに〔書経で〕「人心（自己中心化して社会の秩序からはずれていく心の動き）」「道心（自己の向上をはかる心の動き）」という差異があるとするのは、そのあるものは「形気の私（朱熹の造語。気によってできているたった一つしかないこのからだの意）」より生じ、あるものは「性命の正（天の命令のようなものとして賦与されている、理想社会をつくる人としての正しい本性の意）」に由来して、働きを為すもとの要因が異なるためである。かくて〔書経に言う人心のように〕危うくて安定しなかったり、〔道心のように〕微妙ではっきりしなかったりする。

しかしながら人には身体（形）というものが必ずそなわっており、だから「上智（＝序文の原文）」であっても「人心」がおこらないわけにはいかず、またおなじく人としてのもちまえ（性）が必ずそなわっており、だから「下愚」であっても「道心」がなくなるということはありえないのである。二つ（の契機）は方寸（心臓＝心）で葛藤しており、云々（以下、道心を伸ばし人心を抑える制御、すなわち心の鍛錬について説く）。

『論語』本文は、上知／普通の人／下愚とに、人間を三種に分ける。しかしここでは「上知」「下愚」は、すべての人がそうであることを説く素材として用いられている。そして大意として、人である限り「形気の私・性命の正」の両面を必ずそなえることで相反する両方向の心の動きが生まれ、人は、ともすれば怠落に向かいながらも、しかしどんなに怠落に堕ちようとも、あるべき社会を形成する心に本来そなわる力により自らを救う可能性を持ち、両方向のベクトルが内心で葛藤していることにおいて、上知も下愚も、つまりすべての者はみな同じであるとする。これは、「性命の正」に着目すれば性善説とも言え、「形気の私」による怠落の可能性に着目すれば性悪説とも言える複合的人間観である。

また、この人間観は、自己向上の普遍的学びを導く前提として考えられているものだが、宋という時代のものとしてみるなら、「性命の正」に依拠するとして知的能力を鍛え、科挙に合格し高官として天下に号令するのを目指すという、科挙の学びに向かう根拠を提供する人間観として機能することがみてとれる。

知の至りとは何か

衆物《しゅうぶつ》の表裏《ひょうり》精粗《せいそ》到《いた》らざる無《な》し。　衆物之表裏精粗無不到。（『大学章句』伝五章「格物」補伝の中の一句）

【訳】万物の、おもて側ではっきりわかる外面表層も、うち側で精妙なる内面深層も、すべて立ちあらわれないことはない。

「修己」各論としての『大学』八条目の「格物」鍛錬の意義を語る言葉。『大学』について朱熹は、いわゆる三綱領、八条目の内容が貫かれているという視点からその本文を検討し、八条目の「格物」の項に対する本文がほとんど欠けているとみなし、これに対応する内容を書き込んだ。いわゆる格物補伝である。右はその「格物」の探究がたどり着く地平を語る言葉である。その「補伝」の全文を現代日本語で訳すると、次のようである。なお、訳文中の「経」は朱熹が想定した『大学』本文の「経一章」のこと。

経文に言う「知を致《きわ》むるは物に格《いた》るに在り」とは、自身の知識をおしきわめようとするなら、「物」に即いてその理を窮めつくすべき、という意味である。おもうに人の霊妙な心には知る働きがみなそなわり、一方、世界の事柄には、すべて理がそなわっている。ただ、理について充分に窮めつくしていないために、その知も極点まで至らないことがおこる。そこで大いなる学びが始めに教えることとして、学ぶ者に、世界のすべての事柄に密着して、すでに自身がわかった道理を手がかりにしてだんだんとこれを窮めていき、その極点にまで至ることを必ず求めさせた。長い間努力を積み重ね、あるときからりと突き抜けるようになると、万物〔万事〕の、おもて側で〔対象的に〕はっきりわかる外面表層〔の理〕も、うち側で〔直接的につかむ〕精妙なる〔心の〕内面深層〔の理〕も、すべて立ちあらわれないことはなくて、自身の心の〔天地のめぐりをうけた〕完全なる姿と偉大なるはたらきがすっかり明白になるのだ。これを〔経の〕「物〔＝理〕が格る」といい、これを「知の至り」というのである。

格物の知は、体験を通して深まる実践知である。その格物の「物」についてひと言説明しておく。ここで言う

「物」は、「経一章」内の注では「物は猶お事のごとし」と解説されているが、それは主体から切り離された物体ではなく、主体がなにかを行うときのその関わりの対象、もしくはその関わりそれ自体を指す。仮に、人にとっては一見外在する岩石、植物などを格物の対象とするというようなときも、その吟味は自然科学的にそれ自体の組成を解明するということではなく、たとえば薬効の探求という視点で吟味する。またその吟味手順としての仕事内容も「物」である。自身の行為も含め人と人との関わりは、なおさら「物」である。主体が関わる対象としてのそうしたすべての「物」は、そのあるべき姿が天地のめぐりに位置づけられているとされ、その「あるべき」が「理」であって、その「理」をつかむ力が心にあらかじめ装着されているゆえに、人は「理」を「窮め」られるとみるのである（『大学或問』）。

学びを励ます「道」の働き

天地《てんち》の化《か》、往《ゆ》く者《もの》は過《す》ぎ、来《きた》る者は続き、一息《いっそく》の停《とど》まる無《な》きは、乃《すなわ》ち道体《どうたい》の本然《ほんぜん》なり。

天地之化、往者過、來者續、無一息之停、乃道體之本然也。

（『論語集注』巻五、子罕篇「子在川上」章の集注の一部）

【訳】天地の変化の中で、逝くものは過ぎさり、来るものは続いてきて、一瞬も停止することがないというのが、道の働きの本来のすがたである。

孔子が、「子 川の上《ほとり》に在りて曰く、逝《ゆ》く者は斯《かく》の如きかな、昼夜を舎《お》かずと（先生は川辺で言われた。過ぎゆくものはこのようであろうよ。昼も夜も途切れない）」と語ったことを、朱熹がその哲学的立場から解説する言葉の一部。この後に続く集注《しっちゅう》の言葉も含めると、道学や理の視座から『論語』を読み込む朱熹の独特の解説姿勢がうかがえる。

素直に『論語』本文をこれだけでみるならば、孔子の言葉は、「逝」きて戻らない時の流れを慨嘆するもののようにみえる。漢から唐までの経書注釈体系であるいわゆる古注系の注釈はこの立場から解釈している。しかし朱熹はそうはみない。後の言葉も含めて彼の解説を示すと、次の通りである。

天地の化、往く者は過ぎ、来る者は続き、一息の停まる無きは、乃ち道体の本然なり。然れども其の指すべくして見易《やす》き者は、川流《せんりゅう》に如《し》くは莫《な》し。故に此に於て発して以て人に示し、学ぶ者の時時《じじ》に省察《せいさつ》して、毫髪《ごうはつ》の間断《かんだん》無からんことを欲するなり。

彼は、これは慨嘆を語るのではなく、天地を貫くとどまることのない「道」の働きという視座から、その道の働きのあらわれが眼前のこの「川流」であり、その流れと同じく天地の下に存するわれわれも間断のない道の働きに拠るものであり、その道の働きをうけるはずのわが心を間断なからしめるように思い馳せよと、そこにいた門人たちを励ましたのだと解説する。

ここには、第一には、嘆きとみる古注に対し、学びの励ましという解釈の方向の斬新な転換がうかがえる。第二には、形而上的問題である道の働きは、形而下的存在においてこそ働きわたるという思考がうかがえる。「道体の本然」の現れの好例が「川流」であり、川流をみることを通して、形而上の世界と形而下の世界との関係の問題を孔子が提起したと朱熹は説く。世界の本質を実践知の次元で孔子はつかんでおり、そういうことは説明の言葉にのりにくいことがわかるゆえに、孔子は出会った川流をわかりやすい実例だと開示した。これが例であるとわかれば、その背後にあって川流にもわれわれの身にも貫かれている世界のしくみの所在が、聞く者および読者に学知的にわかる。そこのところをわたし

朱熹がみていた川流（武夷山九曲渓玉女峰。第六曲に伝朱熹「逝者如斯」石刻字が残る）

朱熹が解説するのだ、というしかけで、朱熹は注釈の言葉を作成するのである。

『論語』本文からはそうした問題があるとはなかなか見えないのだが、『論語集注』には、こうした方式の独特の解説がときに見受けられて面白い。それはまた、『論語』という書物を古人がどう読んだか、今にどう読めるかを考える楽しさでもある。

特権を得ても慎め

豈《あ》に強《きょう》を恃《たの》みて弱《じゃく》を凌《しの》ぎ、富《ふ》を以て貧《ひん》を呑《の》むべけんや。

豈可恃強凌弱、以富呑貧。（『朱文公文集』巻一〇〇「勧諭榜」第六条の中の一部）

【訳】強い立場を頼みにして弱い立場の者に過酷に当たり、富裕であることによって貧者の財を併呑してよいものであろうか。

士大夫官僚たちは、地方官として赴任した地域民間社会に対して、諭俗文《ゆぞくぶん》といわれる施政方針演説の文章をときに示した。朱熹の「勧諭榜《かんゆぼう》」は、朱熹が六一歳で福建南端の漳州《しょうしゅう》知事になったときに出した御触書である。十条にわたって漳州の、おそらくは都市部を念頭に置いての地域社会における人々のあるべき生活について説く。本条はそのうちの第六条で、全文は次のようである。

勧諭す、官戸《かんこ》は既に仕宦《しかん》の家と称すれば、即ち凡民《はんみん》と異なる有り。尤《もっと》も当に分に安んじ理に循《したが》うべし。務《つと》めは己に克《か》ち人を利するに在り。又た況《いわ》んや郷鄰《きょうりん》は親旧《しんきゅう》に非ざる無きをや。豈に強を恃《たの》みて弱を凌《しの》ぎ、富を以て貧を呑むべけんや。盛衰は循環す。宜《よろ》しく深く念《おも》うべき所なり。

官戸は科挙の合格者を出した家のこと。官身分を持つと、規定の親等まで税や徭役《ようえき》（国家への無償労働）の免除や刑罰の軽減などの特権が与えられる。その特権を運用し利権化すると、出身地もしくは居住地地域社会において勢力を張ることができる。特権を持たない「凡民と異なる」わけである。「庶」の世界、つまり民間側の人々が科挙に向かう動機にはこのことがある。

しかし朱熹によれば、官戸のあるべき姿は以下のようなことである。すなわち、食うためにではなく民の生活に安寧をもたらすために心を労する代償として特権は与えられる。官身分の家みなが利権追求に奔走したならば、地域社会の秩序そのものが成り立たなくなる。このことを自覚し、官戸の者は身分をわきまえて欲望の自己規制をしなければならない。ましてや出身地の地域社会は親族や縁故の関係者ばかりのはず。強欲な振る舞いをしてはならない。今は官戸だからとて、次世代がその立場を維持できるとは限らない。強欲の対象とした家から科挙合格者が出たら立場は逆転する。よくよく考えよ、と。

強を恃みて弱を凌ぎ、富を以て貧を呑むことをしてよいものかという言い方をする裏には、官戸となった場合にそういう振る舞いにおよぶのが実態であることがうかがえる。それを問題とし、自己中心的な欲望から社会秩序が崩れていきかねないとみてとって、朱熹は、地域社会における庶人層、民間側に対する士人層の関わりのあるべき姿勢を語る。現実の「士」と「庶」の分とその関わりを前提とした上で、「士」の立場から「修己治人」の思想を展開した言葉と言うことができる。

書物が理解できる喜び

半畝《はんぽ》の方塘《ほうとう》一鑑《いっかん》開き、天光雲影《てんこううんえい》共に徘徊《はいかい》す。

　　半畝方塘一鑑開、天光雲影共徘徊。（『朱文公文集』巻二「観書有感」二首の第一首の起・承句）

【訳】小さな四角い池に水が鏡のように広がり、映しだされた空の光と雲がゆるやかに動く。

朱熹の詩の中では、現代の中国知識人にもっとも愛唱されているとみられる詩の起句・承句。全詩は次の通りである。

半畝の方塘 一鑑開き
天光雲影 共に徘徊す
渠《かれ》に問う 那《なん》ぞ清きこと許《かく》の如きを得たると
源頭《げんとう》の活水《かっすい》 来《きた》る有るが為《ため》なり

半畝方塘一鑑開
天光雲影共徘徊
問渠那得清如許
爲有源頭活水來

詩の題目は「書物を読んでの感慨」の意。詩の起句・承句の意は訳の通り。転句・結句の意は、「水よ、どうしてかくも清らかであるのか。源からの湧き水がこんこんと流れ来たるためぞ」というものである。

朱熹三七歳のものと判断できる書簡（『朱文公文集』巻三九「答許順之」第一一書）に、本詩を作ったとして引用されている。詩題と重ねると、書物を読んでわかったという感覚を得て心が開かれる喜びと、そのわかるという働きを心が持つことの不思議さを問いかける朱熹の内省の姿勢とがうかがえる。

「渠に問う」の「渠」は、「水」であるとともに朱熹自身でもあるか。この二文字は、起句・承句の、光景がおだやかですっきりしたさまの全体とそれを表象する朱熹の視線とを読者に静かに振り返らせ、併せて詩が単なる叙景ではなく、内心の光景を語るものであることに理解を導く転換の効果を図る表現であろう。

朱熹の父の朱松《しゅしょう》は、北宋道学を学んだ知識人官僚だが、詩人としても有名だった。詩集『韋斎集《いさいしゅう》』一二巻が残る。その詩風は「衝口直致《しょうこうちょくち》（ストレートな表現）」「蕭散清遠《しょうさんせいえん》（さっぱりとした清新さ）」を尊び、「高遠幽潔《こうえんゆうけつ》」というものだったと言われる（傅自得《ふじとく》の序）。朱熹もその気風をうけつつ詩を作り、四一歳のときには詩人として推挙されたこともあった。思想詩もあるが、陶淵明《とうえんめい》を好み、その詩の多くは、情感を清らかに表現に定着させるものである。

右の詩には、そうした感性と思想的なものの詩による表現との両面がうかがえる。

以上の解説のうち、詩そのものについては、郭斉『朱熹詩詞編年箋注』（巴蜀書社、二〇〇〇年）一七八頁以下、宋元文学研究会編『朱子絶句全訳注』第二冊（汲古書院、一九九四年）一七七頁以下（井實充史氏担当）、を参照した。

少年老い易く学成り難し

少年《しょうねん》老い易《やす》く学《がく》成《な》り難《かた》し、一寸《いっすん》の光陰軽《こういんかろ》んずべからず。

少年易老學難成、一寸光陰不可輕。（伝朱熹の絶句詩「偶成《ぐうせい》」の起・承句）

【訳】若いときはすぐに老いてしまい学問は成就しにくい。少しの時間も軽んじることはできない。

全詩は次のようである。

少年老い易く学成り難し　　少年易老學難成
一寸の光陰軽んずべからず　　一寸光陰不可輕
未だ覚めず池塘《ちとう》春草《しゅんそう》の夢　　未覺池塘春草夢
階前の梧葉《ごよう》已に秋声　　階前梧葉已秋聲

本詩は実は朱熹の作ではなく、日本の室町時代の五山の禅僧の詩であるらしいことが、五山の禅僧たちに作成された漢詩漢文である五山文学の研究の進展により、明らかとなりつつある。とすると、本詩を本書の「名言」にあげるのはふさわしくなく、読者のお叱りを受ける可能性が大きい。しかし一方、本詩は朱熹の作として近代日本であまりにも浸透し、またことわざのようにもなっており、もし本詩を採りあげないと、本詩を朱熹の作とみておられる方から逆にお叱りを受けることが予想される。悩んだあげく、あえてふれる次第である。

すなわち、まず本詩は、朱熹の文集にはみえないのでかねて疑問とされていた。これについて一九九〇年代に、転句「春」が「芳」となっていて一部文字が異なるが、柳瀬喜代志氏が、室町末から江戸初の『滑稽詩文《こっけいしぶん》』に「小人《しょうじん》に寄《よ》す」の題で収載されているのを報告し、岩山泰三氏が、室町前期の禅僧惟肖得巌《いしょうとくがん》（一三六〇～一四三七）の作として後世の一六二三年成立の『翰林五鳳集《かんりんごほうしゅう》』に「進学軒《しんがくけん》」の題で収められているのを報告し、花城可裕氏が琉球の蔡温《さいおん》（一六八二～一七六二）作とする文献を指摘し、これらを承けて二〇〇五年に朝倉和氏が、右の惟肖の先輩僧の観中中諦《かんちゅうちゅうたい》（一三四二～一四〇六）の『青嶂集《せいしょうしゅう》』に、転句が「枕上未醒芳草夢」となって「進学斎《しんがくさい》」の題で収載されているのを報告し、併せて「進学」の題が室町禅僧に読まれていた中国北宋の士大夫張耒《ちょうらい》「進学斎記《しんがくさいき》」の思想に共感したものであることと、後に惟肖作として『翰林五鳳集』に収録される理由とを論じた（「『少年老い易く学成り難し』詩の作者は観中中諦か」）。そして、別人の作として江戸初期には成立していたこの詩が「偶成」の題で朱熹作とされて明治の漢文教科書に入っていくのであるが、それは明治の問題として考えるべきことである。

以上は主として朝倉論文に拠る。朱子学を研究する者には本詩はやや疑問とされていたが、九〇年代以降、こうした右記の研究が発表されて出所もほぼ解明され、現在は研究者の大方は朱熹作とはみていないと思われる。

参考文献

【一般的・入門的文献】

① 三浦國雄『朱子伝』（平凡社ライブラリー、二〇一〇年。『朱子　人類の知的遺産』講談社、一九七八年、「Ⅱ　朱子の生涯」部分の修正・増補）

＊一人の人間としての朱子の悩み苦しみ、喜び悲しむ姿に光をあてつつ、その生涯と思想、またその門人と学団の様子をコンパクトに描く。

② 衣川強『朱熹』（白帝社、一九九四年）

＊官僚としての朱熹の生涯に焦点をあてて描く。朱熹が生きた時代の官僚制度のしくみの中での朱熹の動きと人生がよくわかる。

③島田虔次『大学・中庸』（朝日新聞社、新訂中国古典選として一九六七年、初出）

＊『大学』『中庸』両書の『章句』『或問』、『朱子語類』などの朱熹の解釈によって翻訳、解説する。朱熹の主観に沿ってその思想の基礎を理解するよき手引きとなる。

④三浦國雄『「朱子語類」抄』（講談社学術文庫、二〇〇八年。吉川孝次郎と共著『朱子集　中国文明選』として一九七六年、初出）

＊朱熹と朱門の日常生活での疑問や悩みの肉声を伝える貴重な資料である『朱子語類』の魅力を漢文訓読法のみでは難解な白話語法や語彙の解説を施しつつ伝える。『朱子語類』を読む語法的技術を読書界に広く解放した功績は大きい。

⑤小島毅『中国思想と宗教の奔流　中国の歴史 七』（講談社、二〇〇五年）

＊士大夫思想としての儒教や仏教禅宗、道教、民間信仰の側面を重視しつつ、近千年の中国社会に大きな影響を与えた宋代の社会と文化の全体像を描く。「士大夫の精神」の一角として朱熹思想は語られる。

【専門的文献】

①荒木見悟『新版 仏教と儒教』（研文出版、一九九三年。原版は、平楽寺書店、一九六三年。改版にあたり引用漢文を書き下し文とした）

＊儒教仏教を包む唐代以降の中国思想の哲学的土壌の根源に「本来性―現実性」という構図で『心』の構造を説く思考枠を抽出し、唐代仏教、朱子学、陽明学における「心」の哲学を構造論的に論述する。

②友枝龍太郎『朱子の思想形成』（改訂版、春秋社、一九七九年。原版は一九六九年）

＊朱熹四〇歳の思想的覚醒の表明である「已《い》発《はつ》未《み》発説《はっせつ》」における思考法が、「太極」論その他の朱熹の思想世界に行き渡る様子とその意味を、思想の形成論と哲学的分析の視点から総合的多角的に論述する。

③吾妻重二『朱子学の新研究――宋代士大夫の思想史的地平』（創文社、二〇〇四年）

＊思想の基本概念、方法論、政治思想などについて、道教、仏教、老荘思想、同時代の士大夫思想からの影響を受けて朱熹が展開した思索の内容とその特色を、思想史、学術史的観点から論述する。

④木下鉄矢『朱熹再読――朱子学理解への一序説』（研文出版、一九九九年）

＊体系性を具えた恒存的思想があるとするのではなく、朱熹の思索が語られる現場がありその痕跡としてのテキストがあるとみなして、「心」や心意識のとらえ方を課題としてとりあげ、朱熹の思索の生態をとらえるその読み方を提示する。

⑤　市来津由彦『朱熹門人集団形成の研究』（創文社、二〇〇二年）

＊朱熹登場の前提となる北宋末から南宋への程学の展開を追跡した後、朱熹との交渉者の思惟が反映されたものとして朱熹書簡や語類資料をとらえ直すことにより、朱熹門人、交遊者たちと朱熹との交渉を多角的に論述する。

▼コラム　「為己の学」と科挙の学

単なる知識的な学びを越えて真の学びを希求する思想運動の熱源として、「為己《いこ》の学」という言葉が中国近世儒学思想において語られる。朱熹とその周辺におけるその姿をみてみよう。

この言葉は、『論語』に「子曰く、古《いにしえ》の学ぶ者は己《おのれ》の為めにし、今の学ぶ者は人の為めにす」（憲問篇《けんもんへん》）とあるのに由来し、朱子学世界では、「為己」は自身が真にわかるための学び、「為人」は人からの評価を求める学びと解釈され（『論語集注』）、「修己治人」という学びの内容面ではなく、学びの姿勢と持続を語る象徴的な語として用いられる。

科挙が高級官僚登用の柱となった宋代の当時、「学び」といえば、科挙合格を目指して詩文の作成訓練をすることとみるようになっていた。科挙に経学が出題されるため、儒学（主に五経の学）もその学びの中に組み込まれた。しかし合格が目的というのでは、合格したら学びをやめかねず、また学びが功利のためのものとなってしまう。この問題に警鐘を鳴らすのが、学びにおける「為己」ということである。科挙の学は評価を得るための功利的な「為人《いにん》の学」であり、そこに埋没したら「修己」を目指す真の学び＝「為己の学」はどこにいくのかと問うわけである。朱熹には科挙の学に対置して「為己の学」を語る言葉が多くみえる。儒学の著名な先生に師事して科挙に合格するべく朱熹に参じた結果、この「為己」の考えをまともに受けとめ、科挙の勉強から離脱するという門人もいた。

しかしこうした対置の限りでは、官人となることの積極的意義とか、合格した後の学びはどうとらえられるのかといった問題は射程に入らない。実は科挙に対置する言い方とともに朱熹は、四書の学の最重要参考書である『大学或問』では、義務としてやらねばならないように見える官人としての職務も、自身のためのなすべきことと思えば「為己」ということだし、親の葬儀など親族内のもっとも身に迫った儀式や振る舞いも、よくやったとの評判を得ようとして行うのでは「為人」ということだと論じている。

ここでは、「為己」の問題は、科挙への対置という枠においてではなく、官人であることが前提となった一般論として語られる。そこから出てくるのは、仮に科挙を意識して言えば、学びは科挙に合格してもやめるようなものではなく、官人となって以後にも学びはじめられ得るようなものであり、また科挙から離脱してもやめるようなものでもないということである。科挙という場に関係させるにしても、そうした学びは、科挙における評価にかかわらず不断に持続するという学びであり、かつ儒学的な意味での自身の向上がそこに組み込まれた学びである。そうした方向の学びの提唱は、科挙の学とは別の質の、生涯持続する学びの提起という思想運動の要素を帯びることになる。

朱熹の死後、その思想を次世代に伝えた有力門人として、朱熹の娘婿の黄榦《こうかん》（一一五二〜一二二一）がいる。この人は、朱熹の同門やその関係者の墓誌銘など、三〇篇ほどの伝記資料の文章を残している。そこにおいて彼は、「為己の学」に邁進したという言い方も含め、対象人物を「この人は持続するこの真の学びに生きた」という視点で盛んに顕彰しており、「為己の学」理念が初伝の門人に受けとめられ再生産された様子がうかがえる。

それらの中には、朱熹に学ぶことで徳性が鍛えられ、郷村の地域社会に戻りその徳性の感化により周囲の「儒風が盛ん」となったという記述がある。多分に理想化された像だが、「儒風」などにはそれまではやや距離があった末端郷村社会でも、そうした「為己の学」的な儒学によって人々が倫理形成に向かう学びを志向する心性が開発されるのがうかがえる。そのように開発された人々が科挙試験に回収され科挙文化に結果的につながり、一方、朱門の側からは朱熹資料保存運動の延長でしだいに科挙対応参考書が提供されるようになる。そうした過程があって、科挙と連動するものとしての「朱子学」が誕生するのではなかろうか。

第十二章　王陽明——文《ぶん》武《ぶ》不《ふ》岐《き》の生涯

佐藤錬太郎

心の中にこそ倫理規範がある

心は即ち理なり、天下にまた心外《しんがい》の事、心外の理有らんや。

心卽理也、天下又有心外之事、心外之理乎。

（『伝習録』巻上）

【訳】心がそのまま理である。この世界に心の外の事、心の外の理があろうか。

王陽明（明代「新建伯王文成公像」模写）

1 王陽明の生涯と思想

王陽明（一四七二〜一五二九）、名は守仁《しゅじん》、字《あざな》は伯安《はくあん》。陽明子《ようめいし》と号したことから、陽明先生と呼ばれた。謚《おくりな》は文成《ぶんせい》。浙江省の余姚《よよう》の名家の出身である。先祖は晋の高官（光禄大夫《こうろくたいふ》）の王覧《おうらん》で、山東省の瑯琊《ろうや》の人である。書聖と称された王羲之《おうぎし》はその曾孫で、王羲之の時代に会稽山陰に移住し、二三代の王寿《おうじゅ》が住居を浙江省の紹興府《しょうこうふ》余姚県（現在の寧波余姚市）に定めたという。父の王華《おうか》は南京吏部尚書《なんきんりぶしょうしょ》（大臣）になっている。

王陽明が生まれた明代中期は、朝廷では宦官《かんがん》による腐敗した政治が行われ、内乱や異民族の侵入が頻発した時代である。王陽明は、朱子学によって選抜された文官であるが、治安維持に貢献した功績は抜群で明代随一と称された。学問においては、朱子学を批判し、孟子と南宋の陸象山《りくしょうざん》（名は九淵）の「心学」の継承者を自任して、心に天理が備わっているという「心即理《しんそくり》」説を唱え、実践を重視する「知行合一《ちこうごういつ》」を説き、良知に従って民を救わねばならぬという「致良知《ちりょうち》」説を展開した。その学説は明代中期後期の思想界に大きな影響を与え、「陽明学」「王学」「陸王心学」などと呼ばれた。王陽明門下もまた朱子学を批判し、陽明学派を形成した。その学説の影響は、明清時代から現代まで、中国のみならず、日本や朝鮮半島にもおよんでいる。著書として『王文成公全書』三八巻本などが『四庫全書』に著録されている。王陽明と弟子の問答を記録した『伝習録』三巻も『王文成公全書』に収録されている。

王陽明は、一四七二年一〇月三一日（成化八年九月三〇日）浙江省の紹興府余姚県に生まれ、一五二九年一月一〇日（嘉靖七年一一月二九日）に五七歳で病死し、浙江省の山陰洪渓郷（現在の紹興県蘭亭郷《らんていきょう》）に埋葬された。没後三八年を経て、一五六七年（隆慶元）に朝廷から新建侯を追贈され、文成と謚《おくりな》された。一五八四年（万暦一二）には孔子廟に従祀《じゅうし》された。陽明門下の銭徳洪《せんとくこう》（一四九六〜一五七四）が著した『陽明先生年譜』によってその生涯と思想の変遷をたどってみよう。

五　溺

陽明が生まれた時、神人が雲の中から子どもを吹き送る夢を祖母が見たことから、祖父の王倫《おうりん》が雲《うん》と命名した。五歳になって守仁と改名するまで言葉を発することができなかったという。一〇歳まで余姚で暮らしている。

一四八一年（成化一七）に父の王華（一四四六〜一五二二）が会試《かいし》（高級官吏登用試験「科挙」の中央試験）で状元《じょうげん》（進士第一位）となる。翌年、一一歳の時に祖父に伴われて北京に上京する。一二歳、科挙受験のため塾で学んでいる時、塾の先生に学問の目的を問い、先生が科挙に及第するためだと答えたのに対して、陽明は、自分は聖人賢者になるために読書すると言ったという。一四八四年（成化二〇）一三歳の時に母の鄭氏を喪う。

一四八八年（弘治元）一七歳で妻の諸氏を娶るため、江西省に行き、そこで朱子学者の婁諒《ろうりょう》（一四二二〜九一）に面会して、「聖人必ず学んで至るべし（聖人の境地に学問することで到達できる）」という言葉を聞いてから、朱子学に励むようになったという。陽明は、朱子の格物窮理《かくぶつきゅうり》（物の理を極める）の学説に従って、竹の理を求め、七日間にわたって竹を見つめて病気になったと後年述懐している。陽明は、若年から朱子学の説く理に納得できず、懐疑的であったようである。

一四九二年（弘治五）二一歳で浙江郷試《きょうし》（「科挙」の地方試験）に合格したが、翌年と三年後の会試（中央試験）には落第した。一四四九年（弘治一二）二八歳で三度目の会試に及第して進士となり、工部《こうぶ》に任官した。翌年、刑部《けいぶ》雲南清吏司《うんなんせいりし》（雲南省の官吏を監督する役所）の主事（主任）となる。

一五〇一年（弘治一四）三〇歳で肺病を患い、翌年休職し、会稽山《かいけいざん》（浙江省）の陽明洞に室を築いて道教の導引《どういん》術《じゅつ》（呼吸法）を修めたが効果はなく、道教と仏教が正道でないことに気づいたという。一五〇四年（弘治一七）に復職し、秋には山東省の郷試の主査となり、九月には武官を選抜する兵部武選清吏司《へいぶぶせんせいりし》の主事となった。湛甘泉《たんかんせん》（一四六六〜一五六〇）と知り合うのはその翌年のことである。陽明の性格は豪放不羈《ごうほうふき》（大胆で規則にとらわれない）であり、湛甘泉が陽明のために書いた墓誌銘には、「初めは任侠《にんきょう》の習に溺《おぼ》れ、再びは騎射《きしゃ》の習に溺れ、三たびは辞章《じしょう》の習に溺れ、四たびは神仙の習に溺れ、五たびは仏氏の習に溺る」と述べられている。一五歳頃から三〇歳過ぎまで、陽明は任侠、武術、文学、道教、仏教に熱中して思想的遍歴を重ねたと伝えられている。これがいわゆる陽明の五溺《ごでき》である。

龍場悟道

一五〇六年（正徳元）三五歳の時、戴銑《たいせん》らが宦官《かんがん》の劉瑾《りゅうきん》の不正を告発して逆に投獄されるという事件が起こる。陽明は彼らの釈放を求める上奏を行ったため、劉瑾に憎まれて投獄され、杖刑《じょうけい》（棒で打たれる刑罰）に処された。次いで貴州《きしゅう》省の龍場駅《りゅうじょうえき》の駅丞《えきじょう》（公文書を伝達するルートに置かれた宿場の長）に左遷されることとなった。父の王華は王陽明の剛直さを喜んだという。翌年夏、西湖のほとりで静養した後、（一二月に）龍場《りゅうじょう》へと出発した。

一五〇八年（正徳三）三七歳の春に龍場に到着し、そこで思索を深めることとなる。龍場は、苗族《びょうぞく》や彝族《いぞく》などの少数民族が居住する僻地であった。王陽明は逆境に身を置き、思索を重ね、「聖人の道は自分の性に自足しており、以前に理を事物に求めたのは誤りであった」と大悟《たいご》して、「心即理《しんそくり》」を提唱し、さらに翌一五〇九年、三八歳の時に貴陽書院《きようしょいん》で「知行合一《ちこうごういつ》」を提唱し、『五経臆説《ごきょうおくせつ》』を著した。

心即理

南宋の陸象山（一一三九〜九二）は、「心は皆この理を具えている。心は即ち理である（心即理也）」と述べて、禅宗の「心の外に法は無い（心外無法）」という常套句を「心は即ち理なり」と言い換えた。「心即理」とは、心に忠信孝弟の天理（倫理的正義）が備わっているという意味である。王陽明はこの陸象山の学問を聖人の学問であると称賛した上で、「心即理」、「心外に理無し、心外に事無し（心外無理、心外無事）」（『伝習録』上巻）などと述べている。ただし、王陽明は禅宗については、精神的解脱《げだつ》（頓悟《とんご》）を求めて世俗の人倫を棄てるので天下を治めることはできない、と批判している。「心即理」説は、禅宗でいう「無心」と同義ではないが、心の外の認識対象よりも心中の本来のありようを重視する点で、禅宗の影響をうけている。

知行合一

朱子学では、まず道理を知ってから後に行動すべきだ、という先知後行を説いているが、王陽明は、知ることを優先し、行いを後としたら、知識のみで実践がおろそかになると心配し、「知ることと行うことは合わさって一つである（知行合一）」（『伝習録』上巻）と提唱し、「知りて行わざれば、ただこれ未だ知らず（知而不行、只是未知）」、「知は行の始め、行はこれ知の成るなり（知是行之始、行是知之成）」（同上）とも述べて、認識と実践を一致させねばならぬと説いた。

事上磨錬

王陽明は、実務に従事しながら自己を鍛錬する必要があるという事上磨錬《じじょうまれん》を説いた。これは知行合一説と表裏をなしている。朱子学が静坐による内省的修養と知識を重視するのに対して、王陽明は知識偏重を戒め、実際の体験、経験を通じてこそ認識を深めて自己の心を鍛錬できると説いた。「人は仕事をしながら錬磨し、修養してはじめて有益である。もしただ静を好むならば、事に遭遇したら心が乱れ、結局は進歩が無く、その静時の修養も間違っている（人須在事上磨錬、做功夫、乃有益。若只好靜、遇事便亂、終無長進、那靜時功夫亦差）」（『伝習録』巻下）と述べている。弟子の陸澄が、子どもが危篤だという知らせを受けて苦悩した時に、王陽明は「この時こそまさに修行するにふさわしい。もしこの時に手を抜いたら、暇な時の講学など何の役にも立たない。人はこのような時に磨錬せねばならない（此時正宜用功。若此時放過、閑時講學何用。人正要在此等時磨錬）」（『伝習録』巻上）とも戒めている。苦しい時にこそ、仕事をしながら心を鍛えよ、と説いている。

緊急時の軍事的活躍

一五一一年（正徳五）、三九歳の時に劉瑾が誅殺されると、陽明は赦免されて江西省盧陵《ろりょう》県の知事に昇進し、以後、順風満帆に昇進を重ねている。一五一六年（正徳一一）四五歳の時には官吏の監察を司る都察院《とさついん》の左僉都御史《させんとぎょし》という次官クラスの重職に抜擢され、さらに江西省、福建省、広東省、湖広省の民政と軍務を司る巡撫《じゅんぶ》となり、各地の流賊を平定して民の生活を安定させた。その名声が高まるにつれ、朱子学者からの非難も強まっていった。

一五一九年（正徳一四年六月）四八歳の時、寧王宸濠《ねいおうしんごう》の謀反が起こると、王陽明はわずか一四日で宸濠を生け捕りにし、（七月には）反乱を平定している。清朝の歴史官から、「明の世を終うるまで、文臣の兵を用い勝ちを制すること、いまだ守仁の如《ごと》き者有らざるなり」（『明史』巻一九五「王守仁伝」賛）と賞賛された理由がここにある。

２『古本大学』と『朱子晩年定論』の出版

一五一八年（正徳一三年七月）、四七歳の時に、『古本大学《こほんだいがく》』を刊行し、同時に門人によって『朱子晩年定論』が刊行された。王陽明は、朱子の『四書章句集注』の類は朱子の「中年未定の説」であると批判した。

儒教の経書『大学』の三綱領「明徳を明らかにす（明明徳）」「民を親しむ（親民）」「至善《しぜん》に止まる（止於至善）」およびその実践上の細目である八条目「格物、致知、修身、斉家《せいか》、治国、平天下」について、朱子は「大学章句集注《しっちゅう》」の中で、「親民」を「新民」と読み替えて、民を倫理的に目覚めさせる、という意味に解釈し、「格物」「致知」については伝（解説文）を補い、「致は、推し極むるなり。知はなほ識のごときなり。吾の知識を推し極めて、其知る所尽《つ》くさざる無きを欲するなり。格は、至るなり。物はなほ事のごときなり。事物の理に窮《きわ》め至り、その極《きわ》まる処に到らざる無きなり」と解説し、「致知」とは知識を極め尽くすことであり、「格物」は、「物（の理）に至る」と読み、事物の理を窮め尽くす意であると解釈した。

これに対して王陽明は、朱子の「新民」説を採用せず、古来の『大学』の「親民」とは、文字通り、民を親しみ愛することであると解釈し、「民を親しむは、其の天地万物一体の用を達するなり」（『王文成全書』巻二六「大学問」五条）と述べている。

また、「格物」についても、「物（の理）に至る」という朱子の解釈を否定して、「格物とは、其の心の物を格《ただ》すなり」（『伝習録』中巻「答羅整庵少宰書《らせいあんしょうさい》」）と述べて、心中を正す、という意味に解釈している。

さらに、「致知」に関しても、知識を推し極めるという朱子の解釈を否定して、良知を実現する意であると解釈し、「知を致すと云うは、後儒のいわゆる其の知識を充拡するの謂《いい》の若《ごと》さに非ざるなり。吾が心の良知を致すのみ」（「大学問」一一条）と述べている。

王陽明は朱子の「格物、致知」解釈を批判する一方で、朱子学との調和を図るべく、『朱子晩年定論』を著したが、一五二〇年（正徳一五年六月）四九歳の時、朱子学者の羅欽順《らきんじゅん》（一四六五〜一五四七）から、王陽明の「大学」解釈は朱子学に背くものであると批判され、同時に『朱子晩年定論』には朱子の若年の説も含まれていると指摘される。

羅欽順は、王陽明に書簡（『困知記』附録「与王陽明書」）を寄せて王陽明の解釈を否定し、朱子の解釈を支持し、王陽明が説くように、自己の心中を正すことのみを追求し、学問に拠る客観的認識を追求する必要がないのなら、「正心、誠意」だけで充分で、「格物、致知」は無用の句となってしまうと批判した。

「致良知」説の提唱

一五二〇年（正徳一五）、四九歳の王陽明は、羅欽順との論争を契機として朱子学との訣別を覚悟し、「そもそも道は天下の公道である。学問は、天下の公学である。朱子が私《わたくし》できるものではない」（『伝習録』巻中）と宣言し、朱子の論敵であった陸象山の心学を顕彰し始める。

朱子学と決別した王陽明は江西省の贛州《かんしゅう》で「致良知《ちりょうち》」説を提唱し始める。この歳、陽明より年長の王心斎（一四八三〜一五四〇）が入門している。王心斎の「街中の人がみな聖人に見えた（見萬街人都是聖人）」という言葉が『伝習録』下巻に記録されている。王陽明はこの言葉を肯定している。聖人も凡夫も等しく良知を有しているということである。

一五二一年（正徳一六）陽明は五〇歳で軍事の大権を掌握する南京兵部尚書《なんきんへいぶしょうしょ》（大臣）に任命され、都察院の長官も兼ね、新建伯の爵位を与えられる。翌年、父が亡くなる。この頃には、王龍渓《おうりゅうけい》（一四九八〜一五八三）も入門している。

致良知

「良知を致す」とは、良知を実現する、という意味である。王陽明は『大学』の八条目の中の「格物、致知」について、「心中を正しくし、良知を実現する」という意味に解釈した。「致」は実現する意である。「良知」という言葉は、『孟子』尽心上篇の「慮《おもんぱか》らずして知る所の者は其れ良知なり（所不慮而知者、其良知也）」に典拠がある。王陽明が、「良知は造化の精霊である。この精霊が、天を生じ地を生じ、鬼を成し帝を成す」（『伝習録』巻下）と述べているように、「良知」は、単に思慮分別を要しない道徳的判断力や知識を意味するだけではなく、天地の間に流行する霊妙な気の働きを意味している。王陽明は、世界を創造する霊妙な気の働き、とりわけ人間の優れた心の働きを「良知」と呼んでいる。王陽明は『大学』の「格物、致知」について、「吾が心の良知を事事物物の中に実現してゆくことである。吾が心の良知は、いわゆる天理である。（中略）吾が心の良知を実現することが致知である。事事物物みな理に合することが格物であり、心と理とを一つに合わせることである」（『伝習録』中巻「答顧東橋書」）と解説している。「致良知」は、自己の良知の命ずるままに、苦難にあえぐ民衆を救済すべく行動せよ、と説く陽明学の最も重要なスローガンである。

陽明は、誰もが仏性《ぶっしょう》（仏《ほとけ》となる性質）を有しているという仏教の如来蔵《にょらいぞう》思想、一木一草にいたるまで、あらゆる存在がみな仏性を有している、という悉有仏性《しつうぶっしょう》説を換骨奪胎《かんこつだったい》して良知説に組み込んで、凡人も聖人と同様に完全な良知を具有していると見なした。ただし、聖人が生来の良知を保全し、戒心恐懼《かいしんきょうく》し、努力して慎み深いのに比して、凡人は良知が覆《おお》われているので、学問に努めて人欲を克服する必要があると説いている。

3　晩年の狂者の心境

一五二三年（嘉靖二）五二歳の時に王陽明は、門人の鄒守益《すうしゅえき》らに「狂者の心境（狂者的胸次）」（『伝習録』下巻）になったと語っている。「狂者」とは、狂人のことではない。『論語』子路篇で、孔子が「狂者は進んで取る」と述べているように、狂者とは進取の気性に富む人物のことである。また、『孟子』尽心下篇に見える孟子の解説に拠ると、「狂者」とは、志が大きく大言を吐くけれども、行動が伴わない人物のことである。

抜本塞源論

一五二五年（嘉靖四）五四歳の時、王陽明は顧東橋《ことうきょう》に書簡（『伝習録』中巻「答顧東橋書」）を寄せ、私欲にかられた功利主義の根本を抜き水源を塞がねばならないという「抜本塞源論《ばっぽんそくげんろん》」を展開した。その内容は、古代の聖人が天地万物を一体と見なし、人を思いやる仁の心を全世界に押し広めて、人々に善なる心を回復させたように、豪傑が出現して、良知によって功利主義を克服し、苦難にあえぐ民を救済することを期待するものであった。この歳、夫人の諸氏が逝去している。

一五二六年（嘉靖五年八月）五五歳の時、王陽明は入門したばかりの聶双江《じょうそうこう》（一四八七〜一五六三）に書簡を送り、次のように、「狂者」としての自覚について、致良知説、万物一体論と密接に関連する形で述べている。

そもそも人とは、天地の心であって、天地万物は、もともと吾と一体のものである。民衆の困難苦痛、害毒は、いずれも吾が身に切実な痛みにほかならない。吾が身の痛みを知覚しない人は、是非を判断する心が無い者である。是非の心は、「慮らずして知り、学ばずして能くす」（『孟子』公孫丑上篇）る、いわゆる良知である。良知が人の心に在るのは、聖人愚者の別が無く、天下古今に共通のことである。（中略）僕は誠に天の霊のお蔭で、たまたま良知の学問に目覚めた。必ずこれに由って天下を治めることができると考えた。このため民衆の堕落困窮を思うたびに、深く心を痛め、自身の愚かさを忘れて、この学問によって民を救済しようと思った。これまた自らの力量を知らない者である。世の人々は、こんな私を見ては、一緒に非難嘲笑して攻撃し、発狂者、精神喪失者に過ぎぬと考える。ああ、これは心配する必要はない。吾が身に痛みが切実な時に、他人の非難嘲笑を考える余裕があるだろうか。（中略）現今の人が私を狂者、精神喪失者と思い込んでも、構わない。（中略）孔子が忙しく動き回り、家出した子どもを道に捜すように、席を暖める暇も無かったのは、そうすることで他人が自分を理解し信じることを求めただけであるはずがない。思うに、その天地万物一体の仁が、痛切で、止めようとしても、自分で止められなかったのだろう。（『伝習録』中巻「答聶文蔚」）

致良知説は、人間に生まれつき備わっている良知を、思慮分別抜きで民衆救済の行為として実現することを要請する実践論である。

万物一体の仁

万物一体論は、古来から老荘思想や仏教に見られる存在認識論であるが、王陽明が説いた「万物一体の仁」は、北宋の程明道《ていめいどう》（一〇三二〜八五）が、「医者は痛痒を知覚しないこと不仁と言い、人は知覚せず、義理を知らないことを不仁とする」（『二程遺書』巻二上）と述べたことに由来する。つまり、民は我が身と一体の存在であると認識し、民衆の苦痛を知ってその救済を図るのが仁愛であるという認識論である。陽明の説く「万物一体の仁」は、為政者の民への仁愛にほかならない。陽明の万物一体の認識論は、民衆救済を要請する実践論としての致良知説と密接不可分である。陽明にあっては、抑止し切れない内的衝動としての万物一体の仁愛、即ち同胞愛を抱き、民の困窮を救おうとし、世間の中傷など顧慮しないのが、「狂者」である。このように、経世済民という政治的行為を実践しようとすると、かえって常軌を逸脱して非難を受けることになる、という現実の矛盾を超克して経世済民《けいせいさいみん》に邁進するのが「狂者」である。陽明は、「狂者」を、「同志」「豪傑」とも言っている。

四句教の提唱

王陽明は最晩年に、『大学』の八条目中の「格物、致知、誠意、正心」の「心」「意」「知」「物」について、「善も無く悪も無いのが心の本体であり、善が生じ悪が生じるのは意の動きであり、善を知り悪を知るのが良知であり、善を為し悪を去るのが物を格《ただ》すことである」という四句の教えを提唱した。

高弟の王龍渓《おうりゅうけい》（一四九八〜一五八三）は、「心」の本体に善悪が無いならば、「意」の動きも、「知」の働きも、「物《こころ》」の修養も、全て善悪が無いはずだと解釈した。一方、同門の銭緒山《せんしょざん》は、「意」と「知」を正しく働かせ、善事をなし悪事を去るためには、有善有悪を前提とせねばならないと主張し、両者とも譲らなかった。

同年（嘉靖六年九月）、王陽明が広西省の思州・田州の賊を鎮圧するために出征する前夜、両者が、天泉橋《てんせんきょう》で王陽明にどちらが正しいのか裁定を請うたところ、王陽明は、王龍渓の無善無悪説は資質の優れた人に対する教えであり、銭緒山の有善有悪説は一般人に対する教えであるとし、両者補完しあうものであるから、いずれか一方に固執してはならない、と答えた。この問答は後世、天泉証道問答と呼ばれている（コラム参照）。

一五二八年（嘉靖七年二月）五七歳、王陽明は思州・田州を平定し、同年（五月）南京兵部尚書の重職に加えて都察院左都御史（長官）を兼任した。そして広西省の反賊討伐に向かった。肺病を患いながらも、激務に従事し、賊軍を平定したが、病状が悪化し、帰還する途中、一五二九年一月一〇日（嘉靖七年一一月二九日）、船中で逝去する。逝去に際して王陽明は、「此の心は光明、また何をか言わん（此心光明、亦復何言）」という言葉を残している。

4　王陽明の名言

心の中にこそ倫理規範がある

心は即ち理なり、天下にまた心外《しんがい》の事、心外の理有らんや。

心卽理也、天下又有心外之事、心外之理乎。（『伝習録』巻上）

【訳】心がそのまま理である。この世界に心の外の事、心の外の理があろうか。

心に理が備わっているという王陽明の言葉「心即理」は、南宋の陸象山《りくしょうざん》が「心は皆是《こ》の理を具ふ。心は即ち理なり」（『象山先生文集』巻十一「与李宰」第二書）と述べたのを踏まえている。陸象山は、「孟子の言う四端（惻隠の心・羞悪の心・是非の心・辞譲の心）がこの心であり、天が我に与えた心である。誰にでもこの心が有り、心は皆この理を具えており、心は即ち理である」（同上）と説いている。陸象山が「心即理」と述べたのはこの書簡の中だけであり、主要な学説として掲げたものではなかったが、王陽明は陸象山の学問を聖人の学問であると称賛し、「心即理」を陽明学の命題として掲げている。

王陽明は、「心即理」を「心の外に理は無い（心外無理）」とも言い換えている。もともとこの表現は、唐代の禅宗の常套句「心の外に真理は無い（心外無法）」に由来しているが、それは唯心論を意味しているのではなく、心の中に倫理規範が備わっているということを意味している。朱子学では心の外に理を求めるが、王陽明は心と理を分離するのは間違いで、心の外に理はないと説いている。王陽明の説いた「心即理」とは、心を理に合致させよ、心の外に理を求めてはならない、という修養上のスローガンとみなすことができる。

学問は実践を通じて学ぶもの

尽天下《じんてんか》の学、行わずして以て学ぶと言うべき者有ること無し。

尽天下之學、無有不行而可以言學者。（『伝習録』中巻「答顧東橋書」）

【訳】世界中の学問で、実践せずに学んだと言えるものは無い。

すべての学問は実践を通じて学ぶものであるということ。知識を優先する朱子学では、知ってから後に行うべきだと説いている。この朱子学の先知後行説に対して、王陽明は、「知っていながら行わない者はいなかった。知っていながら行わないのは、まだ知っていないだけである。（中略）知は行の目的であり、行は知の修行である。知は行の始まりであって、行は知の完成である。この言葉の意味を理解できた時には、知を説くだけで、すでに行があり、ただ行を説くだけで、すでに知がある。（中略）今の人は知と行を二つに分けようとする。知ってから後に実行できる、真に知ってこそ行の修行ができる、と思い込んでいる。そのため一生行えず、また一生知ることもない」（『伝習録』上巻）と戒めて「知行合一」を提唱している。

朱子学のように理を客観的に認識してから行動したのでは、現実に対処しきれないので、王陽明は、認識と実践を一致させねばならぬと説いた。行動よりも知識を優先したら書斎の学問で終わってしまう危険がある。王陽明は、実践しながら認識を深める必要があるという見地から、事上磨錬《じじょうまれん》を重視した。

私欲に勝つことは難しい

山中の賊を破るは易《やす》く、心中の賊を破るは難《かた》し。

破山中賊易、破心中賊難。（『王文成全書』巻四「与楊仕徳薛尚謙書」）

【訳】山中の盗賊を破るのは容易であるが、心中の賊（欲望）を破るのは難しい。

一五一七年（正徳一二）王陽明が四六歳の時に門人の薛侃《せつかん》（字は尚謙）に寄せた書簡に引用した言葉であり、陽明がかつて門人の楊驥《ようき》（字は仕徳）に寄せた言葉であるという。陽明の故郷に滞在していた薛侃に不在中の仕事の代行と養子の正憲《せいけん》の教育を依頼した書簡の中で、陽明は、自分が盗賊を掃討するのはさしたる難事ではないが、もし諸賢が心腹の寇《あだ》（私欲）を掃蕩してすっかり平定することに成功すれば、これは誠に大丈夫の世にも稀な偉業である、と述べている。この書簡は『王陽明年譜』正徳一三年正月四七歳の条に収録されている。

もともと誰もが良知を持っている

自家の無尽蔵《むじんぞう》を抛却《ほうきゃく》して、門に沿《そ》い鉢《はつ》を持《じ》して貧児に効《なら》う。

抛却自家無盡藏、沿門持鉢效貧兒。（『王陽明全集』巻二〇「詠良知四首示諸生」第四首）

【訳】自分の家にもともと持っている尽きることのない宝（良知）を投げ捨てて、他人の家に鉢を持って（物乞いする）貧乏人のまねをする。

王陽明は、聖人が生来の良知を保全するのに対して、衆人は良知が覆《おお》われていることが多いので、学問に務め励んで人欲を克服する必要がある（『伝習録』巻下）と説きつつも、聖人も衆人も完全な良知を具有しているという見地から、次の四首の七言絶句（『王文成全書』巻二〇「詠良知四首示諸生」四首）を詠んでいる。この句は第四首の後半である。

第一首……「個個の人心に仲尼《ちゅうじ》有るも、自ら聞見を将《もっ》て遮迷《しゃめい》に苦しむ。而今《じこん》真頭面を指与せば、ただ是れ良知にして更に疑うこと莫《な》かれ（一人ひとりの心に孔子がいるのに、自分から遮り迷って苦しんでいる。いま本当の顔を指させば、良知に他ならないので疑ってはならない）」。この第一首では、聞見によって欲念（煩悩）が生じるために心が無明（迷い）の状態に陥るので、誰の心にも孔子と同じ良知が存在することを疑ってはならないと説いている。

第二首……「君に問う何事ぞ日日《ひび》憧憧《しょうしょう》たる。煩悩場中《ぼんのうじょうちゅう》に錯《あやま》って功を用いればなり。道《い》う莫《な》かれ聖門に口訣《くけつ》無しと、良知の両字は是れ参同なり（君はどうして何を毎日くよくよ悩んでいるのか。煩悩の中で間違って修行しているからだ。儒教には口伝の秘訣が無いと言ってはならない。良知の二字が秘伝である）」。

第三首……「人人自《じんじんみずか》ら定盤針有り、万化の根源は総《すべ》て心に在り。却《かえ》って笑う従前の顚倒《てんとう》の見、枝枝葉葉外頭《そと》に尋ねしを（一人ひとりに羅針盤があり、世界中の変化の根源は心にかかっているのに、かつて本末転倒の見解に囚われ、枝葉の外に真理を探求したのはおかしいことだった）」。この第三首では、心即理の見地から、事事物物に理があるとする朱熹の格物説に従って自分が心の外に理を求めたのは本末転倒の誤りであったと説いている。

第四首……「声も無く臭《におい》も無く独《ひと》り知る時、此れは是れ乾坤万有《けんこんばんゆう》の基なり。自家の無尽蔵《むじんぞう》を拋却《ほうきゃく》して、門に沿《そ》い鉢《はつ》を持《じ》して貧児に効《なら》う（音も無く臭いも無くて自分一人だけにわかる時こそ、天地万物の根本である。自分の家にもともと持っている尽きることのない宝（良知）を投げ捨てて、他人の家に鉢を持って物乞いする貧乏人のまねをする）」。

最後の第四首は、『碧巌録』などの禅の語録に頻出する警句、「門より入る者は是れ家珍ならず（心の外から入って来た物は自家固有の珍宝ではない）」を踏まえている。禅でいう仏性を良知とみなし、自家固有の良知を棄てて心の外に理を求めるのは誤りである、と戒めている。

志こそが進路を決める

志立たざるは、舵《かじ》無きの舟、銜《くつわ》無きの馬の如《ごと》し。

志不立、如無舵之舟、無銜之馬。（『王文成全書』巻二六「教条示龍場諸生」）

【訳】志が確立していないのは、舵のない舟、くつわをはめていない馬のようなものである。

志をしっかり持っていないと、進路が定まらず、何も成就できないということ。王陽明は「志立たざれば、天下に成すべきの事無し。百工の技芸といえども、いまだ志に本づかざる者有らず」（同「教条示龍場諸生」）とも述べている。王陽明は、「ただ一つひとつの思いに天理を保持しようとすることが志を立てることである（只念念要存天理、即是立志）」、「志を立てるとは、善き思いを成長させ確立することである（立志者、長立此善念而已）」（『伝習録』巻上）と述べている。また、「示弟立志説」（『王文成全書』巻七）では、弟に志を立てることの大切さを説き、孔子が志を立てて生涯にわたって学び続けて、「心の思いどおりにしても規則を破ることがない（従心所欲、不踰矩）」（『論語』為政篇）という成熟した境地に到達したように、志を成熟させねばならない、と戒めている。

陽明最晩年の教え

善無く悪無きは是れ心の体、善有り悪有るは是れ意の動、善を知り悪を知るは是れ良知、善を為し悪を去るは是れ格物。

無善無悪是心之體、有善有悪是意之動、知善知悪是良知、爲善去悪是格物。

（『伝習録』巻下および『王龍渓全集』巻一「天泉証道紀」）

【訳】善も無く悪も無いのが心の本体である。善悪が生じるのは意の動きである。善悪を知るのは良知である。善を行い悪事を行わないことが格物（心を正すこと）である。

王陽明が『大学』の八条目中の「正心」「誠意」「致知」「格物」について最晩年に説いた四句の教えである。陽明門下の王龍渓は、「心」の本体に善悪が無いならば、「意」の動きも、「知」の働きも、「物」すなわち心のありようも、すべて無善無悪だと解釈した。一方、同門の銭緒山《せんしょざん》は、心の本体は無善無悪だとしても、心の働きである「意」と、善悪を弁別する「知」、善事をなし悪事を去る「格物」について言えば、有善有悪が教えの主旨であると主張した。王陽明は、王龍渓の無善無悪説を資質の優れた人に対する教えとし、銭緒山の有善有悪説を一般人に対する教えであるとし、両者補完しあうものであるから、いずれか一方に固執してはならない、とした。

四句教《しくきょう》をめぐる問答は、後世、天泉証道問答《てんせんしょうどうもんどう》と呼ばれている。銭緒山が編集した『伝習録』下巻の天泉証道問答では、王陽明が、器量の優れた人は少ないので、一般人向けの有善有悪説を主旨とすべきだと裁定したとし、王《おう》龍渓《りゅうけい》の著した「天泉証道紀」（『王龍渓全集』巻一）では王陽明が王龍渓の無善無悪説を究極の主旨であると認めたと記録している。同じ問答について両者とも異なる受け止め方をしている。この問答を契機として王陽明の死後、陽明学派は、有善有悪説を支持する右派と無善無悪説を支持する左派とに分かれることになる（コラム参照）。

参考文献

【一般的・入門的文献】

① 近藤康信『伝習録』（明治書院「新釈漢文大系」一三、一九六一年）

＊巻首の「解説」に「王陽明略伝」「学説概観」「年譜略」「門人表」が収録されている。本文は、『伝習録』三巻と『大学問』の全文の緻密な訳注で、「解説」・原文・訓読書き下し文・「通釈」（現代語訳）・「語釈」・「余説」から成る。巻末に五十音順の「要語索引」を付している。

② 島田虔次『朱子学と陽明学』（岩波新書、一九六七年）

＊朱子学と陽明学の成立と展開、特に陽明学左派および儒教への反逆者・李贄（李卓吾）について紹介している。戦後の陽明学左派研究をリードした島田氏の著作『近代思惟の挫折』（【専門的文献】①）を一般向けに書き下ろしたダイジェスト

版である。

③　荒木見悟・溝口雄三訳『朱子　王陽明』（中央公論社「世界の名著」続四、一九七四年）

＊巻頭の荒木見悟「王陽明の生涯と思想」は要領を得た紹介である。荒木氏が『朱子文集』と『朱子語類』の抄訳を担当し、溝口氏が『伝習録』の現代語訳を担当している。巻末に年譜と用語索引が附されている。

④　大西晴隆『王陽明』（講談社「人類の知的遺産」二五、一九七八年）

＊Ⅰ「王陽明の思想」、Ⅱ「王陽明の生涯」に続いて、Ⅲ「王陽明の著作」で『伝習録』と書簡、詩文、『大学問』について抄訳し、Ⅳ「陽明学の展開――日本陽明学の系譜」では日本の陽明学者について紹介し、巻末に「王陽明年表」と「文献案内」（中国の部一四点・日本の部五三点）を付している。

⑤　荒木見悟『仏教と陽明学』（第三文明社「レグルス文庫」、一九七九年）

＊明代の仏教思想の動向と連動する儒教内部の革新運動として陽明学を論じた名著である。序章「明代仏教思想の見方」、第一章「太祖の宗教統制」に始まり、第七章「陽明学出現の意義――新心学の誕生」、第八章「陽明学の性格」をへて第一五章「異端のかたち――李卓吾をめぐって」、「終章」で締めくくっている。

⑥　間野潜龍『朱子と王陽明　新儒学と大学の理念』（清水書院、一九八一年）

＊「新儒学の形成」から「王陽明とその時代」まで全五章から成り、巻末に簡略な年譜と参考文献を付している。中国史の流れの中に新儒学の動向を位置づけ、朱子と王陽明の学問形成のバックボーンとして経学、とりわけ『大学』の解釈史に焦点をあてている。

⑦　小島毅『朱子学と陽明学』（放送大学教育振興会、二〇〇四年）

＊宋代に成立した朱子学と明代に流行した陽明学の学説の内容および研究史について思想文化史的に解説した放送大学教材。巻末に日本語で書かれた「参考文献」と「年表」、「索引」を付している。最新の研究動向を知るのに便利である。

⑧　松川健二『王陽明のことば』（斯文会、二〇〇五年）

＊王陽明の生涯と学説について分かりやすく解説し、「余話」として日本の陽明学者の解釈についても紹介している。

【専門的文献】

① 島田虔次『中国における近代思惟の挫折』（筑摩書房、一九七〇年）

＊「王陽明」、「泰州学派《たいしゅうがくは》」、「李卓吾《りたくご》」、「一般的考察」の四章と補論「王学左派論批判の批判」から成る。嵆文甫『左派王学』（開明書店、一九四八年）に触発され、陽明学の成立と陽明門下の王心斎を学祖とする泰州学派、特に李卓吾について、中国近世における早すぎたヨーロッパ近代的自我の芽生えと挫折という構図を描き、陽明学の左派的展開に脚光を当て、戦後の陽明学研究をリードした古典的著作である。島田氏の『中国思想史の研究』（京都大学学術出版会、二〇〇二年）と併せて読まれたい。

② 岡田武彦『王陽明と明末の儒学』（明徳出版社、一九七〇年）

＊第一章「序論」第二章「王陽明と湛甘泉」に始まり、第三章「王門三派」では現成派《げんせいは》（左派）、帰寂派《きじゃくは》（右派）、修証派《しゅうしょうは》（正統派）について学説を紹介し、第四章～第六章でそれぞれ三派の後継者について論じ、第七章で湛甘泉の系統、第八章、第九章で明末の朱子学者について論じている。黄宗羲『明儒学案』にもとづく明代思想史である。

③ 山下龍二『陽明学の研究』（上巻）成立編・（下巻）展開編（現代情報社、一九七一年）

＊上巻の第一篇「中国思想研究序説」で陽明学成立以前の思想史の研究史について論評し、第二篇「陽明学の成立」では陽明学に関する研究史と陸象山・陳白沙《ちんはくさ》の心学、陽明の学説について論じている。下巻の第三篇「陽明学の展開」では陽明学左派をはじめ「気の哲学」の系譜に属する朱子学者の学説や『伝習録』および『王文成全書』の成立、日本陽明学などについて紹介している。上下巻とも巻末に索引を付している。

④ 山井湧『明清思想史の研究』（東京大学出版会、一九八〇年）

＊第一部「性理学の諸問題」では朱子と王陽明の学説を比較し、「心即理」「知行合一」「致良知」の意味についてわかりやすく解説し、さらに明清時代における「気の哲学」の成立と展開について論じ、第二部「明学から清学へ」では、明末清初の「経世致用《けいせいちよう》の学」、黄宗羲《こうそうぎ》と顧炎武《こえんぶ》、戴震《たいしん》の学問について論じ、巻末に筆者の主要著作目録と索引を付している。

⑤ 溝口雄三『中国前近代思想の屈折と展開』（東京大学出版会、一九八〇年）

＊上論「明代後葉における思想の転換」では、明末において人欲を除去しようとする朱子学的天理観が破綻し、李卓吾が人欲を存する天理観を模索したと論じ、下論「前近代思想の中国的展開」では、明末の東林派および黄宗羲の政治思想、清

代前葉における顔元《がんげん》・李塨《りきょう》・戴震らによる新しい天理観の確立、中国的自然法の特質とその展開について論じている。

⑥ 吉田公平『陸象山と王陽明』（研文出版、一九九〇年）

＊「性善説と無善無悪説」、「陸象山」、「王陽明」、「性善説のゆくえ」の四章からなる。朱子学派と陽明学派の学説の相違点と論争点、問題点に焦点をあてて論じている。巻末に索引を付している。

⑦ 荒木見悟『陽明学の位相』（研文出版、一九九二年）

＊「陳白沙《ちんはくさ》と王陽明」、「心の哲学」、「聖人と凡人」、「頓悟《とんご》と漸修《ぜんしゅう》」、「知行合一」、「性善説と無善無悪説」、「陽明学と大慧善《だいえぜん》」、「抜本塞源論《ばっぽんそくげんろん》」、「未発と已発《いはつ》」、「楽学歌《らくがくか》」の一〇章から成る。陽明学の性格と実態について、王学批判者、朱王折衷学者、仏者の陽明学観などさまざまな角度から考察を加えている。荒木氏の明代思想に関する著書は多いので、併せて読まれたい。

⑧ 永冨青地『王守仁著作の文献学的研究』（汲古書院、二〇〇七年）

＊「『伝習録』の成立と完成」、「王守仁著作の編纂・出版」、「『王文成公全書』の成立と出版」、「王守仁の兵学関係の著作について」、「王守仁の伝記に関する基礎的研究」、「王守仁に関する文学作品の研究」の六章から成り、「附録」として王守仁に関する資料、および著作出版年表、著作所在目録、和刻本序跋、補遺を付し、巻末に索引を付している。詳細かつ緻密な最新の書誌学的労作である。

▼コラム　陽明学派の後世における評価

銭緒山の有善有悪説を支持する右派の鄒東郭《すうとうかく》、羅念庵《らねんあん》らは、心の本体は善であるが、心の働きは悪に流れる可能性があるので、経書を尊重し、善悪を常に意識して修養せねばならないと主張した。右派は、修養を重視する点で朱子学に近く、清の黄宗羲の『明儒学案《みんじゅがくあん》』では、右派を陽明学の正統と見なしている。有善有悪説を支持する右派は、良知について、修行を通じて完成されるという見解を取ったので、「良《りょう》知《ち》修証《しゅうしょう》派」とも呼ばれた。幕末の佐藤一斎《さとういっさい》も「修証派」を支持している。

これに対して、王龍渓の無善無悪説を支持する左派は、良知の働きは誰にでも今現在、完全に具わっていると考えたので、「良知現成《りょうちげんせい》派」と呼ばれた。なお、「修証派」と「現成派」の呼称は黄宗羲『明儒学案』に由来する。因みに「左派」という呼称は、嵆文甫《けいぶんほ》『左派王学』（開明書店、一九四八年）に由来する。

左派の王龍渓、王心斎《おうしんさい》、羅近渓《らきんけい》、李卓吾《りたくご》、周海門《しゅうかいもん》らは、心の働きは純粋至善であり、見聞知識よりも自然な心の働きを信頼して行動するのがよいと主張している。日本でも大塩中斎《おおしおちゅうさい》が王龍渓に私淑《ししゅく》し、吉田松陰が李卓吾に私淑している。

無善無悪説を支持する陽明学左派は、善を為しながら善をなしているという意識が無く、悪を去りながら悪を去っているという意識がない精神状態を至善と呼んでいる。善を為し悪を去るという事上磨錬《じじょうまれん》の修養を通じてこそ、善悪の判断に際して迷いのない無善無悪の境地に立てるというのである。したがって、無善無悪説は、決して修養を不要として道徳倫理を軽視する教説ではない。王陽明自身が、仏教の如来蔵思想、悉有仏性説を下敷きにして、良知が誰にでも完全な形で具わっているという良知説を提唱しているので、良知現成説は王陽明に由来すると言ってよい。

左派の周海門《しゅうかいもん》が、一六〇五年（万暦三三）に完成した『聖学宗伝《せいがくそうでん》』によれば、陽明学派の主流は無善無悪説を信奉した左派である。しかし、清朝に入ると左派は陽明学の異端と見なされるようになる。

黄宗羲《こうそうぎ》が一六七六年（康熙一五）に完成した『明儒学案《みんじゅがくあん》』では、右派を陽明学の正統とし、左派を陽明学を禅宗化した異端派であるとし、左派の思想は、欲望に任せて君臣秩序を破壊する有害な思想であると非難している。

黄宗羲は右派の有善有悪説を支持し、師の劉宗周《りゅうそうしゅう》の学説を踏襲して、無善無悪説を修養無用論と見なし、無善無悪説は王陽明の教説ではないと主張した。

黄宗羲は朱子学に近い右派（修証派）を正統派として顕彰する一方で、左派（現成派）の無善無悪説については、禅に染まった邪説として批判を加えている。黄宗羲は明末期に朱子学を信奉した東林学派の流れを汲む人であり、修養を重視した点では、朱子学的見地に立っている。黄宗羲のみならず、清初には、明末の君臣道徳の頽廃および明朝の滅亡を招いたのは左派の思想であると見なす風潮があった。たとえば、明末清初の王夫之《おうふうし》も、考証学の祖と仰がれる顧炎武《こえんぶ》も例外ではない。

清代には、総じて朱子学を尊重して陽明学を批判する風潮が一般的であった。それは社会の規範や秩序を尊重する朱子学が清朝の支配体制を支え得る思想であるのに対して、陽明学は個人の判断を尊重する点で、異民族が漢民族を支配している体制に反抗する危険性があったからであると考えられる。

黄宗羲の場合は、人倫頽廃の責任を陽明学左派に帰すことで、実は王陽明および陽明学を擁護しようとしたと思われる。黄宗羲の無善無悪説に対する酷評もまた、道徳的規範と修養を重視する立場を反映したものである。黄宗羲や王船山らが左派に批判を加えてからは、清朝が朱子学を官学として顕彰した影響もあって、清朝においては左派を異端とする評価が定着し、陽明学は衰微してしまう。

中国で陽明学が再評価されたのは、一八九四年の日清戦争で清国が敗れて後のことである。敗戦後、中国の思想家、革命家の間に、日本の近代化に謙虚に学ぼうとする風潮が芽生え、明治維新に関心を寄せた康有為《こうゆうい》（一八五八〜一九二七）、梁啓超《りょうけいちょう》（一八七三〜一九二九）らは、自国の陽明学が明治の元勲たちに思想的影響を及ぼしたことに着目している。たとえば、梁啓超は、日本が日露戦争に勝利した一九〇五年には、日本の武士道について、「陽明を宗とし、更に知行合一の説によって身を以て士道に殉ずる心情を激励した」（『中国之武士道』）と称賛している。

中華人民共和国成立後は、唯物史観の下で陽明学は唯物主義よりも劣る主観唯心論と見なされ、王陽明もまた、封建統治階級に奉仕して農民反乱を弾圧した反動的思想家として論評された時期もあったが、近年になって再評価が進められ、一九九二年には浙江省社会科学院に国際陽明学研究センター（二〇〇一年再組織）が設置され、『陽明後学文献叢書』『陽明学研究叢書』などを公刊し、陽明学の国際シンポジウムを主催している。また、二〇〇六年には浙江省人民政府が王陽明の故居と墓を修復して全国重点文物保護単位に指定し、二〇〇七年四月から余姚市では王陽明の故居を一般に公開している。総じて陽明学研究は隆盛に向かっている。

第Ⅱ部　中国思想家小辞典

管子（かんし）（?～前六四五）

春秋時代の斉《せい》の宰相。名は夷吾《いご》、字《あざな》は仲《ちゅう》、諡《おくりな》は敬。そこで、管敬仲や管仲と呼ばれる。斉の大夫鮑叔《ほうしゅく》と親しく、その推薦で時の君主桓公《かんこう》（在位前六八五～前六四三）に仕え、宰相となった。管仲と鮑叔との生涯変わらぬ友情ぶりは、後に「管鮑《かんぽう》の交《まじわり》」という成語になる。春秋時代の諸国が基本的には農業立国を目指したのに対して、管子は商業振興による富国強兵策を推進した。その政策は功を奏し、桓公は春秋の五覇《ごは》の一人になった。

その言説や故事をまとめたとされる書が『管子』。本来八六篇あったとされるが、その後亡佚した篇があり、現存するのは七六篇。成立は重層的で、篇によって春秋時代から漢代初期にまで至るとされる。内容も多彩で、政治・経済・軍事・教育など多分野におよぶ。「倉廩《そうりん》実《み》ちて則《すなわ》ち礼節を知り、衣食足りて則ち栄辱《えいじょく》を知る」（牧《ぼく》民《みん》篇）という言葉は、富国強兵策による経済基盤の充実によってこそ、国民生活の安定が保証されるという管子の基本精神をよく表している。また、『管子』には、「心《しん》術《じゅつ》」「内業《ないごう》」という道家的精神のあり方を説く篇に特徴があり、はじめ「道家」に分類されたが、後に、その富国強兵・法治主義的な面が評価され、「法家」の書とされるようになった。さらに、「弟子職《ていししょく》」篇は師弟関係のあり方を説き、「軽重《けいちょう》」諸篇は経済思想を説いたものとして注目される。こうした多彩な内容は、斉の都で優遇された学者集団「稷下《しょっか》の学士」によって編纂された可能性が高い。

管子（山東省管子博物館）

晏子（あんし）（?～前五〇〇）

春秋時代の斉《せい》の人。斉の霊公、荘公に仕え、景公《けいこう》（在位前五四七～前四九〇）のとき名宰相となった。名は嬰《えい》、字《あざな》は仲《ちゅう》、諡《おくりな》は平《へい》。晏平仲《あんぺいちゅう》、晏子と称される。実直な政治と節約経済政策に特色があり、かつて孔子が斉に来訪し、景公に召し抱えられようとした際、儒家の弊害をあげて景公に採用を思いとどまらせている。その儒家批判とは、滑稽《こっけい》（おしゃべり）、驕慢不遜《きょうまんふそん》（驕慢で臣下として従えることができない）、厚葬久葬《こうそうきゅうそう》（家産を破ってまで手厚く葬儀をする）、諸国遊説（諸国を回って財物をねだる）というものであった。こうした晏子の倹約節制ぶりを表すものとして、「豚肩不掩豆（豚肩《とんけん》、豆《とう》を掩《おお》わず）」（『礼記』礼器）という語がある。祖先祭祀の際、お供え物の豚の肩肉が小さくて、豆（たかつき）に満たなかったという意味である。

その晏子の言行をまとめて記したのが、『晏子春秋《あんししゅんじゅう》』である。内篇諫上、内篇諫下、内篇問上、内篇問下など八巻からなる。後人によってまとめられたものと思われるが、これまで成立事情がよくわからず、研究対象とされることはほとんどなかった。ところが、一九七二年、『孫子』『孫臏《そんぴん》兵法』で有名な銀雀山漢《ぎんじゃくざんかん》墓竹簡《ぼちくかん》の中に『晏子春秋』が含まれていたことから、その信憑性が再評価された。

晏子（山東省斉国歴史博物館）

なお、「楹書《えいしょ》」とは、遺書・遺言状の意であるが、これは、晏子が亡くなるとき、家の柱（楹）に穴を開けて遺書を入れ、子に残した故事（『晏子春秋』雑下）にちなむ。

曾子（そうし）（前五〇五～前四三六）

春秋時代の魯《ろ》の思想家。名は参《しん》、字《あざな》は子輿《しよ》。孔子の高弟（四六歳年下）で、親孝行の人として知られ、『孝経』の著者とされる。その学問を孔子の孫の子思《しし》に伝え、さらに子思がその学を孟子に伝えたとされる。孔子の没後、儒家集団は大きく内（心）を重視する学派と外（礼）を重視する学派に二分したとされるが、曾子は「孝」という心の内を重視する学統の代表的人物であった。

『論語』は、一〇ヶ所以上にわたって曾子の言行を記しているが、特に泰伯《たいはく》篇に記される臨終の際の言葉、「戦戦兢兢《せんせんきょうきょう》として、深淵《しんえん》に臨むが如《ごと》く、薄氷《はくひょう》を踏むが如し」という『詩経』の引用は、孝を実践した曾子の実直な生涯をよく表している。また、顔淵篇の「君子は文を以て友を会し、友を以て仁を輔《たす》く」や、憲問篇の「君子は思うこと其の位を出でず」なども君子論として名言である。さらに子張篇での「喪」や「孝」についての論評も印象深い。こうした点から、『孝経』が曾子によって著されたとの説が形成される。『孝経』は孔子と曾子

曾子（山東省済寧市嘉祥県）

の問答体で孝について説き、前漢時代には『論語』と並んで儒教経典の最高権威とされた。

なお、人の死を意味する「易簀《えきさく》」という言葉は、曾子が危篤状態にありながら、身分にふさわしくないからと言って、その床（簀）を取り替えさせた故事（『礼記』檀《だん》弓《ぐう》上篇）にちなむ。

子思（しし）（前四九二～前四三一）

春秋時代の魯《ろ》の人。孔子の孫で、鯉《り》の子。名は伋《きゅう》、子思は字《あざな》。学問を曾子（曾参）に受け、学派を形成し、その学を孟子に伝えた。『中庸』は、その子思学派の手になるものとされる。後世、「述聖《じゅっせい》」と称される。

もともと子思の思想を記した『子思子』という書物があったとされるが現存せず、その逸篇が『礼記』の中の「中庸」「表記」「坊記《ぼうき》」「緇衣《しい》」の諸篇であるとされる。その成立や内容について不明な点が多かったが、近年発見された郭店楚墓竹簡《かくてんそぼちくかん》（郭店楚簡）や上海博物館蔵戦国楚竹書（上博楚簡《しゃんはくそかん》）などの新出土文献の中に、子思学派のものと思われる古逸書や現行本にほぼ対応する『緇衣』が含まれていた。これらの竹簡群は、紀元前三〇〇年頃の写本と推定されているので、遅くとも戦国時代中期までには、子思学派の文献が著作され、流布していた状況が明らかになった。

その中で、たとえば『魯穆公問子思《ろぼっこうもんしし》』という文献では、魯の穆公と子思の問答体で、真の「忠臣」とはどうあるべきかが説かれている。「恒《つね》に其の君の悪を称する者、忠臣と謂《い》うべし」（常に君主の悪事を指摘する者こそ真の忠臣と言うべきだ）という言葉は、子思が儒家集団の中でも過激な「諫諍《かんそう》」（臣下が君主をいさめること）を重視した特色ある思想家であったことを示している。

墨子（ぼくし）（前五〇一？～前四一六？）

戦国時代の思想家。魯《ろ》の人。名は翟《てき》。諸子百家の一つである墨家《ぼっか》の開祖。「兼愛《けんあい》」「非攻《ひこう》」「節用」などの思想を掲げて、学団を組織し、斉・魯の地を拠点として活動した。自己を愛するように他者を愛せよとする「兼愛」、弱強大国による侵略戦争を否定する「非攻」の思想は、弱小国の要請により防衛戦に従事するという実践的活動となって現れた。戦国時代には、その首領である「鉅子《きょし》」の統率により、先鋭な思想集団、軍事組織として活動し、儒家とともに「顕学《けんがく》」と評価された。

この墨翟（墨子）および墨家学派の思想を集成したのが、『墨子』である。もとは七一篇あったとされているが、今に伝わるテキストは全五三篇からなる。その中心は、尚賢《しょうけん》、尚同《しょうどう》、兼愛《けんあい》、非攻、節用、節葬《せっそう》、天志、明《めい》鬼《き》、非楽《ひがく》、非命《ひめい》の「十論」である。墨家集団は、その結成当初からこの「十論」によって活動を推進した。さらに、他学派との抗争の中で磨かれたと思われる弁論術や論理学をまとめた諸篇、防衛戦の実践の中で蓄積されたと思われる守城技術や幾何学・光学などをまとめた諸篇などがある点も大きな特色である。

墨子（山東省墨子紀念館）

「兼《か》ねて相愛《あいあい》し、交々相利《こもごもあいり》す」（『墨子』兼愛中篇）という言葉は、自分を愛するように他者を愛し、利益を共有せよという「兼愛」の理想を端的に説いたものである。こうした墨子の崇高な理念や、近代科学にもつながるようなさまざまな技術は、近代中国に至ってから再評価されている。

呉子（ごし）（前四四〇？～前三八一）

戦国時代初期の兵法家。もと衛《えい》の人。名は起《き》。はじめ儒家の曾子《そうし》に学び、魯《ろ》に仕えたとされる。後に、魏《ぎ》の文侯・武侯二代の時期にわたって、西河《せいか》（秦との国境地帯）防衛の任に当たり、著《いちじる》しい戦功を挙げたという。さらに、南方の楚《そ》に移り、悼王《とうおう》（在位前四〇一～前三八一）の宰相に任命され、楚国の改革を断行する。その手法は、西河防衛の実践を髣髴とさせるものであり、法治主義の徹底、官僚組織の整備、爵制の改革、軍隊組織の充実などに特色があった。こうした急激な改革は、楚を強国へと押し上げたが、一方では、旧臣たちの反発をも招き、呉起は、讒言《ざんげん》にあって車裂《しゃれつ》の刑（罪人の手足をそれぞれ車にしばりつけ、車を別々の方向に走らせて手足を裂く残酷な刑罰）に処せられたという。

この呉子の兵法をまとめたのが『呉子』六篇である。『孫子』と並ぶ古代中国の代表的兵書であり、戦国時代末期（前三世紀末）の韓非《かんぴ》の思想をまとめた『韓非子《かんぴし》』

呉子（山東省孫武祠）

には、家ごとに『孫子』『呉子』の兵法が蔵有されていたと記されている（五蠹《ごと》篇）。

「死を必すれば則《すなわ》ち生き、生を幸《のぞ》めば則ち死す」（『呉子』治兵篇）とは、必死の覚悟こそが活路を拓くと説くもので、呉子の過酷な実戦体験をもとにしているものと思われる。こうした呉子の活躍や改革は、その数十年後に商鞅《しょうおう》が秦国で断行した国民皆兵的な富国強兵策へと継承されていった。

楊朱（ようしゅ）（?～?）

戦国時代の思想家。伝記は未詳であるが、『列子《れっし》』の中に「楊朱」篇があり、その言葉を伝えている。そこでは楊朱が『老子』の言葉を引用しているので、老子の後から荘子の前頃、すなわち戦国時代前期に活動した思想家と推測される。

その思想は、徹底した個人主義・快楽主義を説くもので、儒家の仁の思想や墨家の兼愛《けんあい》と対立したが、当時、「楊朱・墨翟《ぼくてき》の言、天下に盈《み》つ」（『孟子』滕文公下篇）と言われるほど流行した。『列子』楊朱篇には、人生の短さを憂え、だからこそ人生を謳歌すべきだとする言葉が伝えられている。「百年は寿《じゅ》の大斉《たいせい》にして、百年を得る者は、千に一無し。……則《すなわ》ち人の生くるや、奚《なに》をか為《な》さんや。奚をか楽しまんや。美厚《びこう》を為さんのみ、声色《せいしょく》を為さんのみ」。つまり、百歳は人生の寿命の最大限であるが、その百歳を全うできる者は千人に一人もいない。……だとしたら、人は生きている間に何を為すべきであろうか。せいぜい衣食や音楽や美人を楽しむべきである、と説く。

この楊朱について、前漢の劉安《りゅうあん》（前一七九～前一二二）が編纂した『淮南子《えなんじ》』には、分かれ道にさしかかった楊朱が泣いたという故事が伝えられている（説林《ぜいりん》篇）。次の一歩をどちらに踏み出すかで後に大きな差ができることを嘆いたもので、ここから「泣岐《きゅうき》」という成語ができた。自分の人生を大切にする快楽主義者ならではの故事である。

列子（れっし）（?～?）

戦国時代の思想家。姓名は列禦寇《れつぎょこう》。伝記は未詳であるが、『荘子』に列禦寇篇があり、その思想を伝えている。また、その著に『列子』八篇がある。伝承によれば、列子は、同じく道家思想の老子と荘子の間頃の人となるが、『列子』の成立年代も未詳で、その大部分は、魏晋《ぎしん》時代の老荘思想流行の中で偽作されたものだとされる。

列子は、宇宙生成論について、万物の初めを「太易《たいえき》」とし、「之を視《み》れども見えず、之を聴けども聞こえず、循《したが》えども得ず。故に易と曰《い》うなり（視之不見、聴之不聞、循之不得、故曰易也）」と説いた（『列子』天瑞《てんずい》篇）。これは、混沌たる宇宙の根本の様を説いたもので、『老子』の説く「道」の思想に近い。また、人生観については、「虚《きょ》」を貴び、虚は実質が肝心で、言葉の問題ではない。静であり虚であれば、真を守ることができるが、利害得失といった意欲が動くと、真は守れないと、人為欲望を離れることを主張する。

また『列子』には、孔子の故事を記した「仲尼《ちゅうじ》」篇や、当時、快楽主義者として名を馳せた楊朱《ようしゅ》について記した「楊朱」篇があるほか、著名な成語となった「杞憂」（天瑞篇）や「朝三暮四」（黄帝《こうてい》篇）、「多岐亡羊」（説符篇）の故事が見られるなど、興味深い内容に満ちている。

唐代に入ると、道家思想や仏教が尊重され、天宝元年（七四二）、列子は「沖虚真人《ちゅうきょしんじん》」、『列子』書は「沖虚真《しん》経《けい》」と尊称され、さらに宋の景徳二年（一〇〇五）には、それぞれ「沖虚至徳《しとく》真人」「沖虚至徳真経」と追贈された。

慎到（しんとう）（?～?）

戦国時代中期の趙《ちょう》の思想家。名は到。斉《せい》の宣王《せんおう》（在位前三一九～三〇一）の時、斉に赴き、稷下《しょっか》の学士として鄒衍《すうえん》・田駢《でんぺん》らとともに議論・著述を行った。ほぼ同時代の商鞅《しょうおう》、申不害《しんふがい》とともに法家思想を形成した思想家とされる。

その思想の特色は、儒家の説く忠臣や有徳者による政治を否定して、尚賢《しょうけん》（実力主義）を説き、基本的には法治と官僚体制を重視するものであった。しかし一方で、民に自発的行動能力があることを認め、為政者はことさらな作為を施さなくても自動的に世界が統治されていくという社会体制を理想とする。そうした思想を端的に表す言葉として、「天に明《めい》有りて人の暗きを憂えず、地に財有りて人の貧しきを憂えず、聖人に徳有りて人の危うきを憂えず」（『慎子《しんし》』威徳《いとく》篇）とか、「民雑処《ざっしょ》して各々能《よ》くする所有り」（民雑《みんざつ》篇）などがある。ここから、慎到の思想は、道家的特色があると評されることもあり、

『史記』では（慎到は）「黄老《こうろう》道徳の術を学ぶ」と批評されている。

慎到の著としては『慎子』が伝わっている。もともと慎到は一二の論を著したとされるが、『漢書』芸文志の法家の項に『慎子』四二篇と記録されているだけで、その成立や伝来に不明な点が多い。後世、その大半が亡佚し、また新たに慎到の名をかたって偽作された部分があるとされ、現在は、『守山閣叢書《しゅざんかく》』所収の『慎子』七篇本にもとづくのが良いとされる。法家としての慎到の思想の内、「勢《せい》」の重要性を説いた点は、後の韓非子に大きな影響を与えた。

商鞅（しょうおう）（?～前三三八）

戦国時代中期の思想家・政治家。姓名は公孫鞅《こうそんおう》。衛国の公室から出たので衛鞅《えいおう》とも言われ、また、商の地に封ぜられたので商君《しょうくん》とも言う。秦の孝公《こうこう》（在位前三六一～前三三八）に仕えて、富国強兵を目的とする二度の政治改革を断行した。その内容は、貴族を優先する伝統的な爵制を廃止し、軍事的功績のある者に爵を与えるという軍爵制《ぐんしゃくせい》を導入し、国民を什伍《じゅうご》（十人組・五人組）の組織に編成して、有事への移行を容易にし、また国家の経済的基盤である農業を重視して民の商業活動を抑制しようとするものであった。こうした大改革により、秦は一躍軍事大国へと駆け上がっていく。

その言説をまとめた書として『商君書《しょうくんしょ》』が残っている。内容は、プロローグに当たる「更法《こうほう》」篇を筆頭に、中心思想を説いた「墾令《こんれい》」「農戦《のうせん》」「算地《さんち》」「開塞《かいそく》」など。亡佚した二篇もあわせて計二六篇からなる。これまで『商君書』の成立や内容については未詳とされた部分も多かったが、一九七五年に中国湖北省で発見された睡虎《すいこ》地秦墓竹簡《ちしんぼちっかん》に含まれていた秦の法律関係文書との比較により、商鞅の思想や施策が実際の秦の法律と密接な関係にあったことが証明された。「王者は刑九にして賞一」（去彊篇《きょきょう》）という言葉は、王者の政治では、賞罰の比率が一対九であるべきだと説くもので、商鞅の厳刑主義を端的に表している。商鞅は、孝公なきあと保守派の反撃にあい処刑されたというが、その思想は、戦国時代末期に法家思想を集大成した韓非子へと引き継がれていった。

（湯浅邦弘）

荀子（じゅんし）（前三二〇?～前二三〇?）

戦国時代後期の儒者。名は況《きょう》。荀卿《じゅんけい》や孫卿《そんけい》とも呼ばれる。孟子の性善説《せいぜんせつ》を批判し、正反対の性悪説《せいあくせつ》を展開した。利己的で欲望に流れやすい人間の本性《ほんせい》をそのまま放置すれば、不正や争いが横行して社会は混乱する。こう考えた荀子は、後天的な自己修養の重要性を感じ、正しき規範である「礼」によって自己を矯正するとともに、学問によって自己を高める必要があると説いたのである。努力次第では師をも越えることがあるとする「青《あお》は之《これ》を藍《あい》より取るも藍《あい》よりも青《あお》し」という言葉は、彼のこうした学問観をよく表している。また、天の事象と人の事象とを分離して考える「天人之分《てんじんのぶん》」の主張も、荀子の思想的特色の一つである。日食などの天体異常は為政者の統治に対する天の怒りと認識されていた時代に、荀子はこれを単なる自然現象として人間世界とは無関係と主張し、人間の努力こそが最終的な世の治乱を決定すると力説した。

　荀子は、稷下《しょっか》の学《がく》で有名な斉に遊学し、三度も「祭酒《さいしゅ》」（大学の総長に相当）に任命されている。その著書である『荀子《じゅんし》』三二篇は、一部に後学の言説を含むものの、その大部分は荀子の思想を忠実に伝えている。荀子の学説は天下に流布し、その門下には法家の韓非子《かんぴし》や李斯《りし》たちもいた。彼らは外的な規範（「礼」）を重視する荀子の思想を継承し、これをさらに推し進めて「法」（実定法）による統治（法治）へと発展させる。そして秦の宰相となった李斯は、この理論を実行に移して秦帝国の運営にあたったのである。

荀子（『文物中国史３』より）

呂不韋（りょふい）（？～前二三五）

　戦国時代末期の秦の宰相。陽翟《ようてき》の大商人だった呂不韋は、偶然にも趙国に人質となっていた子楚《しそ》（始皇帝の父）をみかけ、「此《こ》の奇貨《きか》居《お》くべし」（この珍品は買っておくべきだ）と目をつける。その後、裏工作によって子楚を王位につけた呂不韋は宰相となり、続く秦王政《しんおうせい》（後の始皇帝）の時代には「仲父《ちゅうほ》」（第二の父）と尊ばれ、商人では異例の出世を遂げることとなる。

　着々と進む秦の天下統一を前に、呂不韋は、自身が抱える食客三千人の学説をまとめた『呂氏春秋《りょししゅんじゅう》』の編纂を敢行する。八覧《はちらん》・六論《りくろん》・十二紀《じゅうにき》の三部、計二六巻からなる本書は、儒家・墨家・道家・法家などの諸家の学説を網羅しており、後に「雑家《ざっか》」に分類される百科全書的な書物である。その中の十二紀では、春夏秋冬などの天の事象と人の事象との調和を求める統治が主張されており、ここには天と人とを結びつける天人相関思想《てんじんそうかんしそう》がみえる。本書の完成後、呂不韋はこれを都の咸陽《かんよう》の市門に掲げ、「一字でも増減できる者がいれば千金を与える」と、その完全無欠さを誇ったという（「一字千金《いちじせんきん》」の出典）。天下統一前夜に行われた『呂氏春秋』の編纂には、天下経営の指針を示す目的があったものと思われる。だが皮肉にも始皇帝は、本書が重視する天との関わりは一切考慮せず、人の定めた「法」（実定法）のみに依拠する法家思想を採用することとなる。ちなみに、呂不韋は始皇帝の実の父親だったという説もあるが、真偽のほどは定かではない。

公孫龍（こうそんりょう）（前三二〇？〜前二五〇？）

戦国時代後期の趙国の思想家。字《あざな》は子秉《しへい》。論理学派（名家《めいか》）の代表的人物として知られる。『漢書《かんじょ》』芸文志《げいもんし》・名家類にその著作として「公孫龍子《こうそんりゅうし》十四篇」がみえるが、宋代までに八篇が亡佚。現行本は、白馬《はくば》・指物《しぶつ》・通変《つうへん》・堅白《けんぱく》・名実《めいじつ》・跡府《せきふ》の六篇を備えるのみである。

公孫龍は「白馬は馬に非《あら》ず」（白馬は馬ではない）という常識破りの説を提唱し、人々の注目を集めた。白は色彩を表し、馬は形状を表す。「白馬」は、白という色彩と馬という形状の両者をあわせもつ複合概念だが、「馬」は形状のみをあらわす単一概念で、色彩は問題とされない。よって「白馬」は「馬」とは異なるというのが、その主旨である。一見すると単なる言葉遊びのようなこの論説も、その根底には言語に対する深い思索と分析があり、公孫龍が中国論理学史上に残した功績はきわめて大きい。

かつて孔子は、「名」（名称）と「実」（実体）の不一致による社会混乱を憂え、「正名《せいめい》」（名を正《ただ》すこと）の必要性を強調した。言語そのものを追求する公孫龍の思索も、こうした運動の一環と位置づけることができる。しかしながら、単なる詭弁にすぎないとの批判も多く、『韓非子《かんぴし》』外儲説《がいちょぜい》左上には、「白馬は馬に非ず」の論で斉国の学者をやりこめた弁者兒説《べんじゃげいえつ》が、関所では役人にその理論が通じず、白馬の分も通行税を徴収されるという皮肉めいた逸話が残っている。

鄒衍（すうえん）（前？？〜前二四〇？）

戦国時代中・後期の思想家。斉国出身で、陰陽家《いんようか》の代表的人物。『漢書《かんじょ》』芸文志《げいもんし》・陰陽家にその著作として「鄒子《すうし》四十九篇」・「鄒子終始《すうししゅうし》五十六篇」が記録されているが現存しない。『史記《しき》』孟子荀卿《もうしじゅんけい》列伝によると、鄒衍は現実世界の観察をもとに未知の領域を類推する「推《すい》」という思考方法によって、大九州説《だいきゅうしゅうせつ》や五徳終始説《ごとくしゅうしせつ》を提唱したという。

空間に対して鄒衍は、まず中国の地理や動植物などを観察してそこに法則性を見出し、そこから未知の遠方世界を類推する。その結果、古《いにしえ》の禹《う》が九州に分けたとされる中国は、実は世界全体の八一分の一にすぎず、中国以外にも同様の州が八つあって小世界を形成し、さらにそれが九つ存在するという結論に達した。これが大九州説である。また時間に関しては、戦国の当世から太古の黄帝時代までの国家の盛衰と瑞祥《ずいしょう》との関係を考察し、そこから天地が分かれる以前の原初世界を類推によって把握。そして、そこに歴代の王朝交替と五徳の循環（土→木→金→火→水）との対応関係を見出し、王朝は五徳とともに推移するという五徳終始説を唱えた。

鄒衍の遺著とされる『呂氏春秋《りょししゅんじゅう》』応同《おうどう》篇には、「凡《およ》そ帝王の将《まさ》に興《おこ》らんとするや、天は必ず祥《しょう》を下民《かみん》に見《あらわ》す（新たな王朝がおこる際には必ず天の予兆が現れる）」と述べられており、土徳の黄帝が登場する際には、天の予兆として土徳を象徴する大ミミズが出現したとする。秦の始皇帝もこの影響を受け、天下統一後には、火徳の周王朝を継ぐ水徳を尊び、水徳を象徴する黒色を好んで用いたという。

賈誼（かぎ）（前二〇一？〜前一六九？）

前漢の思想家。洛陽《らくよう》の人。一八歳にして『詩経《しきょう》』・『書経《しょきょう》』に精通し、文章の才に秀でた。河南《かなん》の太守《たいしゅ》呉広《ごこう》にその才を認められ、中央に推挙されて博士の官を授かる。さらに、文帝の信任を得て秦の制度を一新する改正案を奏上したが採用されなかった。若くて才気あふれる賈誼は、周勃《しゅうぼつ》ら古参の臣下のねたみをかい、讒言されて南方の長沙《ちょうさ》に左遷される。その時の不遇を嘆いて作成したのが「屈原《くつげん》を弔《とむら》う文」や「服鳥賦《ふくちょうふ》」である。とりわけ後者は名文とされ、その中で賈誼は、人生における禍福は定めがたく、「吉凶は域を同じくす」（吉凶は表裏一体である）と、自身の境遇を嘆いている。この賦には老子や荘子に由来する言葉が多用されており、道家的色彩が非常に濃いものとなっている。

いったんは左遷の憂き目をみた賈誼であったが、その後ほどなくして中央に返り咲き、再度文帝の信頼を得ることとなる。漢王朝の安定をはかるため、賈誼は諸侯王の勢力削減を献策。また、秦の滅亡は仁義を施さずに力に頼って天下を制したためだと批判した。秦の過失を糾弾するこの内容は、その著書である『新書《しんじょ》』過秦論《かしんろん》篇にみえる。仁義を根本とすべきことを提唱するなど、賈誼の思想は儒学を中心としていたが、その一部には道家的な思考もみえる。これは、黄老思想と称される道家思想が優勢であった当時の時代状況とも密接な関係があると考えられる。

董仲舒（とうちゅうじょ）（前一七九？～前一〇四？）

前漢の儒学者。若いころより『春秋公羊伝《しゅんじゅうくようでん》』を学び、景帝（在位前一五六～前一四一）のとき博士となった。清廉実直な性格で、三年もの間、庭に出ずに学問に励んだという。その思想を伝える書として、『春秋繁露《しゅんじゅうはんろ》』が今日に伝わっている。

武帝即位の前一三六年（建元五）に行われた諮問に対して、董仲舒は「諸《もろもろ》の六芸《りくげい》の科・孔子の術に在《あ》らざる者は、皆《み》な其《そ》の道を絶ち、並《なら》び進ましむること勿《なか》れ」（『漢書』董仲舒伝）と、儒学や孔子の教え以外はすべて排除すべきであると献策した。武帝はこの意見を採用し、翌年には五経博士《ごきょうはかせ》が設置される。武帝以前は、道家思想の一つである黄老思想が優勢だったが、これ以後、儒教一尊体制が着々と進んでいく。董仲舒の献策は、儒教国教化への端緒をひらくものとして注目される。

董仲舒の思想の中で特徴的なのは、その災異説である。中国古代においては、干ばつ・洪水・地震・日食などの自然界における異常現象は、君主の失政に対する天の警告であると考えられていた。董仲舒は、その小さなものを「災」（災害）、大きなものを「異」（異変）と呼び、

こうした災害は、直接的には陰陽の気の不調和によると考えた。陰陽の気によって災異の発生を説明する点は、董仲舒の災異説の大きな特色といえる。そして陰陽の道理を熟知した董仲舒は、赴任先の江都国《こうとこく》で陰陽の気を操り、雨を自在に降らせたという逸話も伝えられている。

董仲舒（西安董仲舒墓）

劉向（りゅうきょう）（前七七～前六）

前漢の儒者。また、中国目録学の祖と称される。字《あざな》は子政《しせい》。名は更生《こうせい》。後に向《きょう》と改名。漢の高祖《こうそ》劉邦《りゅうほう》の末弟である楚元王《そげんおう》劉交《りゅうこう》の子孫で、皇室の血筋をもつ。当時は、経書の一つを修める一経専修《いっけいせんしゅう》が通例だったが、劉向は六経《りっけい》すべてに通じ、また、漢代に通行した今文《きんぶん》テキスト（漢代の文字を使用）だけでなく、秦以前の古文《こぶん》テ

キスト（秦以前の古い文字を使用）にも精通した。さらに、儒家以外の道家《どうか》・墨家《ぼっか》・法家《ほうか》・陰陽家《いんようか》などの諸子の学にも通ずるという博識ぶりであった。

成帝の命で、劉向は子の劉歆《りゅうきん》とともに宮中の蔵書整理と校訂を行い、一書を校訂するごとに解題を付した。それをまとめた『別録《べつろく》』、さらに子の劉歆がこれを簡略化して作成した『七略《しちりゃく》』は両書とも散逸したが、これらを基にした『漢書芸文志《かんじょげいもんし》』が伝わっていることにより、その内容を知ることができる。

劉向は、「九流《きゅうりゅう》は王官《おうかん》より出《い》づ」（『漢書芸文志』）と、諸子百家（「九流」）の学はいずれも王を補佐する官職に淵源するという独特の学問観を提唱した。また、儒家の経典である六経を中心に諸子の学も取り込むなど、経学と諸子学を統合する試みも行っている。さらに、模範とすべき女性の伝記を集めた『列女伝《れつじょでん》』や統治に資する説話を集めた『説苑《ぜいえん》』を編纂し、皇帝に献上した。当時、外戚の王氏が専横をきわめており、こうした事態を憂えた劉向は、これらの書を奉じて外戚勢力の打倒と正しき政治の回復を願ったのである。だがその願いも虚しく、劉向の死後、漢王朝は王莽によって簒奪されることとなる。

桓譚（かんたん）（前四〇？～後三一？）

前漢末から後漢初の思想家。字《あざな》は君山《くんざん》。楽官の家に生まれ、琴の名手であったという。博学で五経《ごきょう》に精通したが、細かな字句の考証などは好まなかった。後漢の光武帝《こうぶてい》の時、仕官して給事中《きゅうじちゅう》となる。

桓譚は、未来を予言する讖緯説《しんいせつ》や不老長生《ふろうちょうせい》を求める神仙説《しんせんせつ》などの神秘思想を徹底的に批判した。後漢の光武帝が讖緯説に依拠して霊台の建設場所を決定しようとした際、自分はそうしたものは信じないと批判し、光武帝の怒りをかって殺されそうになったこともある。

また、不老長生を求める神仙説に対しては、寿命の長短には個人差があり、それぞれの寿命を全うすることはできるが、寿命自体を延ばしたり、不死となることなどはできないと説いた。「精神の形体《けいたい》に居《お》るは、猶《な》お火の燭《しょく》を然《もや》すがごとし」（『弘明集《ぐみょうしゅう》』巻第五所引の「桓譚、形神」）と、精神と肉体との関係を「火」と「燭」（燃料）に喩え、「燭」が尽きれば火も消えると論じた（神滅論《しんめつろん》）。こうした考えは、後に魂（精神）の輪廻を信じ、神不滅《しんふめつ》の立場をとる仏教との間でしばしば議論となる。後漢の著名な思想家である王充《おうじゅう》は桓譚の思想を絶賛し、その合理的精神を受け継いだ。このように、後世に多大な影響を及ぼした桓譚であったが、その著作である『新論《しんろん》』は唐宋の間に散逸し、現在では類書などに引用された断片が残存するのみとなっている。

許慎（きょしん）（三〇～一二四）

後漢の経学者。字《あざな》は叔重《しゅくちょう》。古文《こぶん》学派の賈逵《かき》に師事。博学で「五経無双《ごけいむそう》の許叔重《きょしゅくちょう》」（『後漢書《ごかんじょ》』儒林伝《じゅりんでん》）と称えられた。当時、漢代以降の今文《きんぶん》テキストに準拠する今《きん》文《ぶん》学派と秦以前の古文《こぶん》テキストに依拠する古文《こぶん》学派は、経書《けいしょ》（儒教の経典である五経《ごきょう》を指す）に対する解釈をめぐって対立していた。許慎は、五経に対する両学派の説を取捨選択して統括しようとする意図から『五経異義《ごきょういぎ》』を著述。その学問は古文《こぶん》テキストを主とするものの、今《きん》文《ぶん》テキストに対しても優れた説は肯定している。本書はすでに散逸したが、本書を批判した鄭玄《じょうげん》の『駁五経異《ばくごきょうい》義《ぎ》』によってその内容を知ることができる。

許慎の著作の中で最も著名なのは、伝存する最古の字書である『説文解字《せつもんかいじ》』である。「文字《もんじ》は経芸《けいげい》の本《もと》なり」（『説文解字』自叙）と、許慎は文字こそが儒教の経典である「経芸」を学ぶ際の根本であると述べた。当時、学問といえば「経芸」のことを指していた。すなわち許慎は、文字学こそが学問の根本であると主張したのである。

『説文解字』では、九三五三字の漢字を取りあげ、部首によって五四〇部に分類している。万物の始元・根源である「一」の部より始まり、十二支最後の「亥《がい》」で終わるというその部立てには、単に検索の便をはかる現在の字書とは異なった許慎の世界観・宇宙観が表れている。本書は、一〇〇年（永元一二）に完成し、一二一年（建光一）に許慎の子である許沖《きょちゅう》によって朝廷に献上された。

許慎（王弘力作）（『許慎年譜』より）

鄭玄（じょうげん）（一二七～二〇〇）

後漢の経学者。字《あざな》は康成《こうせい》。経学《けいがく》の集大成者として知られる。第五元先《だいごげんせん》から『京氏易《けいしえき》』・『公羊春秋《くようしゅんじゅう》』・『三統暦《さんとうれき》』・『九章算術《きゅうしょうさんじゅつ》』などの今文学《きんぶんがく》を学び、張恭祖《ちょうきょうそ》から『周礼《しゅらい》』・『礼記《らいき》』・『左氏春秋《さししゅんじゅう》』・『韓詩《かんし》』・『古文尚書《こぶんしょうしょ》』などの古文学《こぶんがく》を学ぶ。さらに、著名な儒学者で四〇〇人以上の弟子を抱える馬融《ばゆう》にも師事した。謹厳実直な性格で、仕官よりも学問を好み、弟子の数は千人にもおよんだという。党錮《とうこ》の禁《きん》では、連座して幽閉されること一四年。晩年には『三国志』で有名な袁紹《えんしょう》に仕官を薦められるが、これを辞退して生涯を学問と著述に捧げた。

鄭玄は古文学を重視し、その立場から許慎《きょしん》の『五経《ごきょう》異義《いぎ》』に反論する『駁五経異義《ばくごきょういぎ》』などの批判書を著述した。また、多くの経書に注釈を施したが、現存するのは『詩経《しきょう》』の注釈である『毛詩鄭箋《もうしていせん》』と、『周礼《しゅらい》』・『礼《らい》記《き》』・『儀礼《ぎらい》』の注釈である「三礼注《さんらいちゅう》」である。特に後者の三礼に関する注釈は、「礼《れい》は是《こ》れ鄭学《ていがく》」と称えられるほど絶対的な権威を有している。『礼記』冠義篇《かんぎへん》の注にみえる「国《くに》は礼《れい》を以《もっ》て本《もと》と為《な》す（国家は礼を根本とする）」との言葉は、鄭玄の礼に対する考えを端的に示していよう。

鄭玄（『鄭学叢著』より）

鄭玄の注釈には、経書のある部分に注釈を加える場合には、必ず他の経書を引用して証明するという特色がある。経書には相互に異なる記述も散見されるが、鄭玄は経書全体を矛盾なく統一的に解釈しようとした。経書を体系化して完全無欠の世界を創出することこそが、鄭玄の最大の眼目だったのである。

（福田一也）

王符（おうふ）（八〇頃～一六七頃）

後漢中後期の思想家。字《あざな》は節信《せっしん》。安定郡臨涇《りんけい》（甘粛《かんしゅく》省）の人。学問を好む気骨の士で、馬融《ばゆう》（七九～一六六）・張衡《ちょうこう》（七二～一三九）らと学友であった。だが庶子であったため能力を評価されず、また官吏の縁故登用が横行する時流に反抗し、隠者として生涯を終えた。

王符が生きた時代は、皇帝権力の弱体化、外戚・宦官《かんがん》の台頭をはじめ、官吏登用の機能不全、異民族の侵入への無策、社会秩序の弛緩、風俗の華美軽薄など多くの問題が表面化し、これを彼は「衰世《すいせい》」と見た。王符と同じく批判哲学の系譜に属する王充《おうじゅう》（二七～一〇〇頃）が自身の生きた時代を太平の世と称えたのとは大きく異なる。

王符（甘粛省慶陽市鎮原県・潜夫山森林公園）

王符の著『潜夫論《せんぷろん》』三三篇は、「潜夫」――聖人の意思を体しながら世に潜む「潜龍《せんりょう》」（『易《えき》』乾卦《けんか》）のごとき男が記した、衰世を太平へ引き上げるための処方箋である。
　王符は時代状況を変化の相でとらえ、まず法刑によって秩序のある「治国」に達し、その後「三王」「五帝」「三皇」といった理想の世への段階的な上昇を描く。そこで主張されるのが状況に応じた方策の適用である。「〔論者の多くは言う〕刑殺は当《まさ》に用いざるべく、徳化にのみ独《ひと》り任すべしと。〔しかし〕此れ変通者の論に非ざるなり」。「治国」に達するには「刑殺」こそ必要、にもかかわらず「徳化」に任せよとは「変通」（変化に応じて適切に対応すること。『易』繋辞伝）を知らぬ議論との批判である。ただ法刑は太平に至る手段でない点で道徳におよばぬものでもあった。なお江戸後期の儒者帆足万里《ほあしばんり》（一七七八～一八五二）の『東潜夫論《とうせんぷろん》』は自ら「東（日本）の潜夫」に仮託した時弊への提言である。

何晏（かあん）（一九〇頃～二四九）

三国魏《ぎ》の政治家・思想家。字《あざな》は平叔《へいしゅく》。南陽郡宛《えん》（河南省）の人。儒教は現実への強い関心に比べ、感覚を超越した存在には冷淡である。しかし漢王朝の崩壊とその統治原理であった儒教の権威低下によって、魏晋時代には自由な思想状況が出現し、儒教経典でも宇宙の原理を説く『易《えき》』や道家の『老子《ろうし》』『荘子《そうじ》』が深遠な書として「三玄《さんげん》」と称され重視されるようになった。三玄にもとづく形而上的で思弁的な思想を玄学《げんがく》、このような哲学談義を清談《せいだん》という。何晏はこの玄学の先駆者、清談の中心人物である。「有の有《ゆう》為《た》るは無《む》を恃《たの》みて以て生ず」（『列《れっ》子《し》』天瑞《てんずい》注に引く何晏「道論《どうろん》」）。あらゆる存在は「無」に支えられているというこの言葉は、玄学の中でも「貴無」論に立つ何晏の立場をよく示している。

　何晏は、何進《かしん》（霊帝皇后の兄）の孫で、母尹《いん》氏が彼を連れて曹操《そうそう》の夫人となり、魏の宮廷で養育され、後に曹操の娘を妻とした。文帝・明帝期に派手な言動から疎んぜられた後、実力者の曹爽《そうそう》に重用されたが、司馬懿《しばい》のクーデターで曹爽とともに殺害された。

　世に時めく何晏が四人の学者と編纂した『論語集解《ろんごしっかい》』は、現存最古の『論語』注で、後の注釈の標準として影響力をもった。魏以前の解釈を集め、不満な部分は補足し、一部に『易』『老子』にもとづく独特の解釈を加えている。他に多くの著述があったとされるが、断片しか現存しない。

王弼（おうひつ）（二二六〜二四九）

三国魏《ぎ》の思想家。字《あざな》は輔嗣《ほし》。何晏《かあん》とともに玄学《げんがく》の祖とされ、その著『周易注《しゅうえきちゅう》』『老子注《ろうしちゅう》』は、今なお『易』『老子』の現存最古の注釈として尊重される。煩雑な経典解釈に堕した漢代儒学への反発が生んだ魏晋の玄学は、学説や訓詁《くんこ》の蓄積ではなく、『易』『老子』『荘子《そうじ》』などにもとづく観念的な思惟と独創的な論理とを重んじた。二〇歳に満たない年齢で、時の実力者の何晏が主催する清談《せいだん》（哲学談義）で注目を浴び、二四歳で世を去った王弼は、そんな時代が生んだ天才である。何晏の推挙で魏に仕えたが、司馬懿《しばい》のクーデターで何晏が殺害されたその年に病死した。

次の裴徽《はいき》との清談は、王弼の思想と機知とをよく伝える（『世説新語《せせつしんご》』文学篇）。裴徽「無《む》は万物の根拠だが、聖人（孔子）が言及せず、老子が言葉を尽すのは何故か」。王弼「聖人は無《む》を体《たい》し、無はまた訓《おし》うべからず。故に説かず。老子は是《こ》れ有《ゆう》なる者なり。故に恒《つね》に無の足らざる所を言う」。「無」の説明にこだわる老子は「有」に止まる。逆に「無」を体得し、その言語による説明は不可能と知る孔子は、まさに「無為《むい》の事に処《お》り、不言《ふげん》の教えを行う」（『老子』第二章）という道家《どうか》の聖人である。王弼の『論語釈疑《ろんごしゃくぎ》』は玄学による『論語』解釈であるが、儒教が道教・仏教と対抗しつつ興隆した宋代に散逸し、現在断片が残るのみである。孔子が道家思想の体現者であっては儒教の要求に応えられなかったといえよう。

何休（かきゅう）（一二九〜一八二）

後漢後期の学者。字《あざな》は邵公《しょうこう》。任城《にんじょう》（山東省）の人。『春秋《しゅんじゅう》』の解説『公羊伝《くようでん》』を主とし他の経典も研究、『公羊墨守《くようぼくしゅ》』『左氏膏肓《さしこうこう》』『穀梁廃疾《こくりょうはいしつ》』を著し、『公羊伝』を固守して『左氏伝』『穀梁伝』を論駁した。当初は意に染まぬと出仕を辞したが、濁流《だくりゅう》（宦官《かんがん》）と清流《せいりゅう》（儒教的教養のある官僚・太学生ら）との抗争の中、清流派の巨頭・陳蕃《ちんばん》に招かれて政治の刷新に加わった。しかし逆に弾圧を受け、陳蕃は獄死、何休は党錮《とうこ》（公職追放）に処された。時に四〇歳。以後十余年、家にこもり『春《しゅん》秋公羊解詁《じゅうくようかいこ》』の執筆に没頭した。

この書は『春秋』および『公羊伝』の注釈だが、そこには三科九旨説《さんかきゅうしせつ》といった何休の思想が見て取れる。たとえば、乱世に生きた孔子は、周王朝の命運が尽きて漢王朝が後継となるのを予知し、漢のために太平に至る法

何休

を『春秋』に託した、とする。この思想を反映した結果、『春秋』末尾の「獲麟《かくりん》（太平の世に出現する霊獣・麟《りん》の捕獲）」の記事に神秘的な注釈が加えられることとなった。「麟は周において異為《いた》るも、『春秋』は記して以て瑞《ずい》と為《な》す」。麟の出現は、周には滅亡の前触れをなす異変だが、それを『春秋』は漢の太平を予告する瑞祥《ずいしょう》（吉兆）と見なすのだ、と。

何休は再び出仕の後、五四歳で死去した。太平道の信者が「天下大吉」を叫んで蜂起した黄巾《こうきん》の乱（一八四年）の二年前である。何休は絶望的な現実に身を置き、経学という観念の世界に太平の世を描いたといえる。

郭象（かくしょう）（二五二頃〜三一二頃）

西晋の政治家・思想家。字《あざな》は子玄《しげん》。生卒年は未詳。『老子《ろうし》』『荘子《そうじ》』を好み、清談《せいだん》に長《た》けた。「王弼《おうひつ》の亜（なかま）」という世評は、その早熟の天才ぶりを示す。文壇で才能が認められ、著述に没頭した後に出仕、東海王越《えつ》に信任され要職に就いた。晩年は八王の乱（二九一〜三〇六）、永嘉《えいか》の乱（三一一〜三一六）の混乱に身を置き、永嘉（三〇七〜三一三）の末に病死した。その著『荘子《そうじ》注《ちゅう》』は現存最古の『荘子』の注釈で、今なお重要な基本文献である。なおこの書を向秀《しょうしゅう》の『荘子』注の盗作だとする説があるが、現在では郭象《かくしょう》の思想を反映したものとする見方が大勢である。

万物は「無」から生まれるのではなく、物自体として忽然《こつぜん》と生まれる、と郭象は説いた。この点で何晏《かあん》・王弼《おうひつ》の「貴無」論とは異なる。万物は自ずから生まれ、生まれ持った性分（もちまえ）を引き受けるしかない。しかし現実を肯定し受け入れるとき、心はとらわれから解放され、心の安らぎが生まれる。この充足した境地を「自《じ》得《とく》」という。「夫《そ》れ『荘子』の大意は、逍遥遊放《しょうようゆうほう》（自由な境地に遊ぶこと）、無為にして自得するに在り」。郭象にとって『荘子』は「自得」へ導く書であった。よって『荘子』の理想的人格「聖人」も、郭象注では、計らいを捨て民の性分に任せて自得を得させる「無為なる為政者」という性格が強調される。山林への逃避を否定して政治に身を置いた彼の現実への志向が見て取れる。

葛洪（かっこう）（二八三〜三四三）

晋《しん》の思想家。字《あざな》は稚川《ちせん》。号は抱朴子《ほうぼくし》。丹陽句容《たんようこうよう》（江蘇省）の人。祖父系《けい》は呉の高官、父悌《てい》も晋に仕え邵陵太《しょうりょうたい》守《しゅ》（邵陵郡の長官）にいたった。一三歳で父を亡くした葛洪は苦学し、儒家経典を学ぶ一方、従祖葛玄《かつげん》の弟子鄭《てい》隠《いん》に師事して、後漢末の左慈《さじ》に由来する金丹《きんたん》（金と丹薬）の仙術を修めた。石冰《せきひょう》の乱に戦功を挙げた後、戦乱を広州に避け、仙術に通じた南海太守鮑靚《ほうせい》に学んでその娘を妻とした。司馬睿《しばえい》（後の東晋《とうしん》元帝）が丞相《じょうしょう》となると召されて爵位を受け、宰相王導《おうどう》の参謀も務めた。しかし仙道への思いが募り、交阯《こうし》（ベトナム）に丹砂（硫化水銀、丹薬の材料）が出ると聞いて転出、羅浮山《らふざん》（広東省）で錬丹と著述に専念して六一歳で死去した（一説に八一歳）。遺体はきわめて軽く、尸解仙《しかいせん》（遺骸を抜け出て再生した仙人）になったと噂された。

主著『抱朴子《ほうぼくし》』内篇二〇巻、外篇五〇巻は、建武《けんむ》中（三一七）三五歳の成立で、内篇は神仙・養生など道家に、外篇は世の善悪・得失など儒家に属する。「呼吸導引（呼吸・体操）し及び草木の薬を服さば、年を延《の》ぶることを得べしと雖《いえど》も死を免れず。神丹《しんたん》（金丹）を服さば、人寿《じんじゅ》（寿命）をして窮まり已《や》むこと無からしむ」（金丹篇）。永遠の命を得るには金丹の服用しかない。左慈以来の金丹の系譜に連なる主張である。同時に葛洪は言う、「道は儒の本、儒は道の末」（明本篇）と。鬼神を遠ざけ徳行を重んずる理性的かつ倫理的な彼の神仙道教は、道・儒の総合に成るものである。

葛洪（『本草蒙筌』より）

寇謙之（こうけんし）（三六五頃〜四四八）

北魏《ほくぎ》の道士。字《あざな》は輔真《ほしん》。南北朝期は道教の発展において重要で、南朝では宋の陸修静《りくしゅうせい》（四〇六〜四七七）、梁の陶弘景《とうこうけい》（四五六〜五三六）、北朝では寇謙之が代表的な道士である。

寇謙之は、若くして張魯《ちょうろ》の術（後漢末の張陵《ちょうりょう》に始まる道教＝五斗米道《ごとべいどう》・天師道《てんしどう》）を修め、華山《かざん》（陝西省《せんせい》）・嵩山《すうざん》（河南省）で修行した。そして五〇歳の頃、太上老君《たいじょうろうくん》（神格化された老子）が彼の前に現れる。老君は、張陵このかた空位となっている天師の位および戒律『雲《うん》中音誦新科《ちゅうおんじゅしんか》之誡《のかい》』二〇巻を授け、頽廃《たいはい》した天師道の建て直しを命じた。「〔道教は清虚ゆえに〕専ら礼度を以て首《はじめ》と為し、之《これ》に加うるに服食閉錬《ふくしょくへいれん》を以てせよ」。規律を主とし、服薬・呼吸などの養生術を副次的とするこの老君のお告げは、寇謙之の天師道革新（新天師道）の主張に他ならない。

その八年後にも李譜文《りふぶん》（老君の玄孫）が出現し「北方《ほっぽう》泰平真君《たいへいしんくん》を補佐せよ」と命じる。こうして寇謙之は北魏（鮮卑拓跋部《せんぴたくばつぶ》が建設した王朝）の都平城《へいじょう》へ進出、有力官僚の崔浩《さいこう》の推薦により、また漢人・漢文化との融合を図る太武帝の方針にも適《かな》って、新天師道は国家権力と結びつくこととなった。四三九年に華北統一が成ると、太武帝は「北方泰平真君」となり、翌年「太平真君」と改元、同三年には自ら符籙《ふろく》（道士に授与される免状）を受け、名実ともに道教天子となった。三武一宗の法難の最初となる仏教弾圧はその四年後で、北魏は新天師道一色となった。ただその隆盛は短く、寇謙之の死とともにはかなく消え去った。

杜預（どよ）（二二二～二八四）

西晋《せいしん》の政治家・学者。字《あざな》は元凱《げんがい》、杜陵《とりょう》（陝西省《せんせいしょう》）の人。司馬昭《しばしょう》の妹婿《いもうとむこ》として内政・軍事に手腕を発揮、呉《ご》の平定を主導するなど、その才覚は「杜武庫《とぶこ》」（何でも揃《そろ》うの意）と称された。

杜預（『絵図三国演義』より）

「左伝癖《さでんへき》（左伝マニア）」を自任する杜預は公務の傍ら『左氏伝《さしでん》』（左丘明《さきゅうめい》作という『春秋《しゅんじゅう》』解説書）を研究し、のちに『春秋左氏経伝集解《しゅんじゅうさしけいでんしっかい》』『春秋釈例《しゅんじゅうしゃくれい》』など晩年の著述に結実した。徹底して『左氏伝』を基に『春秋』を解明する彼の春秋学は、従来のそれと一線を画するものであった。

たとえば『春秋』の成立という根源的問題からして異なる。杜預以前の解釈、すなわち『公羊伝《くようでん》』『穀梁伝《こくりょうでん》』および『左氏伝』の諸学説では、『春秋』は乱れた周王朝に絶望した孔子《こうし》が素王《そおう》（無冠の王）として未来の王者に理想を託した書で、孔子はいわば預言者《よげんしゃ》である。対して杜預は言う、「『子路《しろ》門人をして臣《しん》為《た》らしめんと欲し、孔子以て天を欺くと為《な》す』。而《しか》るに仲尼《ちゅうじ》（孔子の字《あざな》）は素王、丘明は素臣と云うは、又《また》通論に非《あら》ざるなり」。

――子路（孔子の弟子）は門人を家臣に仕立てて師の最期を飾ろうとしたが、孔子はそれを「天を欺く」行為とたしなめた（『論語《ろんご》』子罕《しかん》篇）。家臣が有ると偽るのさえ許さぬ孔子が、自らを「素王」、左丘明を「素臣（素王の臣）」と騙《かた》るはずがなく、道理に通じぬ議論だと。とすれば孔子は周王朝のために再興の法を示す現実主義者となる。赫赫《かくかく》たる功績を挙げた政治家・杜預らしい孔子像である。

皇侃（おうがん）（四八八～五四五）

南朝梁《りょう》の学者・思想家。呉《ご》郡（江蘇省）の人。梁の武帝（在位五〇二～五四九）は、玄学《げんがく》の流行するなか儒学を再興し、また仏教を尊崇して、六朝《りくちょう》文化の最盛期をもたらした。皇侃が活躍したのはちょうどこの時代である。

皇侃は当代の碩学《せきがく》・賀瑒《がちょう》に学び、礼学および『孝経《こうきょう》』『論語《ろんご》』に明るく、特に礼学は武帝の称賛を得た。しかし『礼記講疏《らいきこうそ》』『礼記義疏《らいきぎそ》』『孝経義疏』等の著作は失われ、『論語義疏』だけが六朝の義疏学《ぎそがく》（仏典研究の影響で六朝期に発達した細密な注釈学）の姿を今に伝える。

『論語義疏』は何晏《かあん》（一九〇頃～二四九）の『論語集解《ろんごしっかい》』を解釈の標準とするが、何晏らと明らかに異なる点がある。仏教の影響である。「外教《げきょう》（仏教〔内教《ないきょう》〕に対する儒教などの総称）は三世《さんぜ》の義無く、周・孔の教えは唯だ現在を説くのみ。過去・未来を明らかにせず」（先進篇「未知生」章義疏）。現在のみを説く周公・孔子の教え（儒教）と過去・現在・未来の三世を包括する仏教との対比には、仏教を受容した六朝人の価値意識が垣間見える。

『論語義疏』は波瀾《はらん》の運命をたどった書である。北宋の邢昺《けいへい》（九三二～一〇一〇）が『論語正義』編纂時に主要参考書としたが南宋には散逸する。だが幸い隋唐期に日本へ伝来しており、足利学校《あしかががっこう》所蔵の写本を根元遜志《ねもとそんし》（荻生徂徠《おぎゅうそらい》の弟子）が刊行（一七五〇年）、清国へ逆輸入され、五〇〇年ぶりの出現に学界は驚嘆した。日中文化交流史上の一奇談である。

皇侃（皇侍郎像）

顔之推（がんしすい）（五三一〜五九一、または六〇二頃）

南北朝時代後期の学者・政治家。字《あざな》は介《かい》。顔氏は堅実な学問の家柄で、西晋《せいしん》末に江南へ移り住み、以後は地方官を務める没落貴族であった。彼は中国史上最も不安定な時代のただ中に生き、短命な王朝の興亡に翻弄された生涯であった。梁《りょう》・北斉《ほくせい》・北周《ほくしゅう》・隋《ずい》の四王朝に仕え、三王朝の滅亡交代を目の当たりにし、三度も捕虜となった。囚《とら》われの西魏《せいぎ》から北斉に逃れるため、妻子を連れて黄河を一晩で七〇〇里（約三八〇キロメートル）下るという逃避行も断行した。

この顔之推が儒家的教養と波瀾《はらん》の人生経験とをもとに子孫に書き残した訓戒の書が『顔氏家訓《がんしかくん》』である。貴族文化の栄えた南朝では名門というだけで地位と生活が保証されたが、いったん亡国の憂き目に遭えば、学識を欠く者はあえなく身分を失った。「百世の小人（代々の庶民）と雖《いえど》も『論語』『孝経』を読むを知る者は尚《な》お人の師と為《な》る。千載《せんざい》の冠冕《かんべん》（代々の貴族）と雖も書記（書籍）を暁《さと》らざる者は耕田養馬せざるは莫《な》し」（勉学篇）。学識と実務能力で乱世を生き抜いた彼の言葉は重い。

『顔氏家訓』に帰心《きしん》篇という篇がある。『広弘明集《こうぐみょうしゅう》』帰正《きしょう》篇（正法《しょうぼう》（仏法）に帰依《きえ》するの意）に採録されたように仏法擁護の内容で、顔之推の儒仏一致の仏教観と世の排仏論への批判とを記す。六朝《りくちょう》知識人らしい特徴であるが、後にこの書が純然たる儒家の書と見なされない要因ともなった。

蕭衍（しょうえん）（四六四〜五四九、在位五〇二〜五四九）

南朝梁《りょう》の初代皇帝。字《あざな》は叔達、諡《おくりな》は武帝。斉《せい》の帝室と同族で博学聡明、竟陵王《きょうりょうおう》蕭子良《しょうしりょう》の文学サロンで沈《しん》約《やく》（四五一〜五一三）・謝朓《しゃちょう》（四六四〜四九九）らとともに「八友」と称される南朝一流の知識人であった。斉の東昏侯《とうこんこう》の暴政を討ち、梁王朝を開いた。その四八年におよぶ治世は六朝《りくちょう》文化の黄金時代である。だが五〇歳代後半から仏教に傾倒し、酒肉・閨房《けいぼう》（性交）を断つのに始まり、大寺院の建立、宗廟《そうびょう》（祖霊を祀《まつ》る場所）の犠牲の廃止、頻繁な法会《ほうえ》の開催、数度の捨身《しゃしん》（一定期間、帝位を捨て「三宝《さんぼう》の奴《やっこ》（仏弟子）」となること）におよんだ。仏教への篤《あつ》い尊崇も皇帝という地位ゆえに国家体制を動揺させることとなった。

蕭衍は晩年自らの思想遍歴を「少時周孔《しゅうこう》（儒家が聖人とする周公・孔子）を学び……、中ごろ復《ま》た道書（道教の書）を観《み》……、晩年釈巻《しゃくかん》（仏書）を開けば猶《な》お月の衆星に映ずるがごとし」（述三教詩《じゅつさんきょうし》）と述べる。儒教・道教という中国伝統思想が月明りのような仏教のもとに統一されたというのである。彼の「浄業賦《じょうぎょうふ》」では、

『礼記《らいき》』楽記《がくき》篇の「人生まれて静かなるは天の性、物に感じて動くは性の欲」が引かれ、この儒教的な「欲」を、除き去るべき「客塵《きゃくじん》」(煩悩《ぼんのう》)として仏教的に読み替えている。中国伝統思想に根ざす仏教理解の一例である。

絢爛《けんらん》たる武帝の治世は侯景《こうけい》(五〇三〜五五二)の反乱で脆《もろ》くも崩れ去った。幽閉の末の衰弱死。清浄心《しょうじょうしん》に達した皇帝菩薩《こうていぼさつ》には不似合いな悲惨な最期であった。

玄奘(げんじょう)(六〇二〜六六四)

法相宗《ほっそうしゅう》の基礎を開いた唐初の僧。洛州緱氏《らくしゅうこうし》(河南省)の人。俗姓は陳《ちん》、名は褘《き》。一三歳で得度して仏典を研究したが、解釈に諸説あるのに惑い、疑念を晴らし原典を求めるために二六歳の時インドへ旅立った。苦難の末、那爛陀《ナーランダー》寺院に至って唯識学《ゆいしきがく》(一切は識《こころ》のみとする教え)を究《きわ》め四四歳で帰国。唐の太宗・高宗の援助のもと、死の直前まで、自分の持ち帰った膨大な仏典の翻訳に全力を傾けた。玄奘の翻訳は全漢訳仏典の四分の一を占め、また原典に忠実・正確で、旧訳《くやく》に対し新訳と呼ばれる。まさに質量ともに画期を為す偉業であった。

玄奘三蔵(『玄奘三蔵』より)

那爛陀寺院に滞在中のこと、一切を空とみる中観《ちゅうかん》の立場から『瑜伽論《ゆがろん》』(唯識派の経典)を論難する僧があった。玄奘は「聖人の教えを立つるや一意《いちい》に随《したが》いて相《あ》い違妨《いぼう》せず」――聖人の立てた教えは一つ心に出たもので矛盾するものではないとし、『会宗論《えしゅうろん》』(宗旨を会合させる論)を著して称賛を浴びた。仏法の真理は一つ、これが玄奘の生涯を貫く信念である。

玄奘の翻訳の内、思想史上最も重要なのが『成唯識《じょうゆいしき》論《ろん》』で、『唯識三十頌《ゆいしきさんじゅうじゅ》』に対する護法(五三〇〜五六一)の注釈を軸とし、織り交ぜた諸学者の説に批判を加えたものである。これを根本法典として弟子の基《き》(六三二〜六八二)によって法相宗が展開された。六五四年に渡唐した道昭《どうしょう》(六二九〜七〇〇)は日本法相宗の祖となったが、その師が玄奘であった。なお現在もよく誦読される『般若心経《はんにゃしんぎょう》』は、玄奘の訳で親しまれている。

(矢羽野隆男)

韓愈(かんゆ)(七六八〜八二四)

唐代の文学者・思想家。字《あざな》は退之《たいし》。諡《おくりな》は文公《ぶんこう》。河南河陽（河南省孟州市）の人だが、河北昌黎《しょうれい》郡出身と自称していたため、韓昌黎《かんしょうれい》ともよばれた。

三歳で父を失ったため、兄夫婦に養われた。七九二年（貞元八）二五歳で科挙に合格して、進士となり、四門博士（国立大学教授）、刑部侍郎《けいぶじろう》（法務次官）などに任命された。八一八年（元和一三）末、時の皇帝、憲宗が鳳翔《ほうしょう》（陝西省扶風県）法門寺の仏舎利《ぶっしゃり》（釈迦の骨）を宮中に迎えて祀《まつ》ったが、それに対して韓愈は「論仏骨表《ろんぶっこつひょう》」をたてまつり、それを廃棄することを主張した。結果、皇帝の怒りを買い、一度は死罪に問われたが、減刑され潮州（広東省）刺史（長官）に左遷される。八二〇年（元和一五）穆宗《ぼくそう》が即位すると、再び国子監祭酒《こくしかんさいしゅ》（国立大学学長）として中央に召されて、兵部侍郎《へいぶじろう》（軍務担当次官）、吏部侍郎《りぶじろう》（人事担当次官）を歴任し、八二四年（長慶四）に五七歳で死去した。

韓愈は、六朝以来通行していた四六駢儷体《しろくべんれいたい》（対句を多用した華麗な文体）を批判し、両漢以前の文体、すなわち「古文」を復興させることを主張。その背後には唐代に隆盛を誇った仏教・道教を斥《しりぞ》け、儒教を再興させようという意図があった。彼は「原道《げんどう》」（『韓昌黎文集』巻一）において、儒教の道が「堯《ぎょう》は是《これ》を以て之を舜《しゅん》に伝え、舜は是を以て之を禹《う》に伝え、禹は是を以て之を湯に伝え、湯は是を以て之を文、武、周公に伝え、文、武、周公は之を孔子に伝え、孔子は之を孟軻《もうか》に伝う。軻の死して、其の伝を得ず（堯は舜に伝え、舜は禹に伝え、禹は殷の湯王に伝え、湯王は周の文王・武王・周公に伝え、文王・武王・周公は孔子に伝え、孔子は孟子に伝えた。しかし孟子の死後は途絶してしまった）」ことに憤慨し、その復興を強く主張している。

南宋淳熙版『昌黎先生集』40巻外集10巻附1巻6冊（台北・国立故宮博物院蔵）（『大観　宋版図書特展』より）

欧陽脩（おうようしゅう）（一〇〇七〜七二）

北宋の政治家・歴史家・思想家。字《あざな》は永叔《えいしゅく》、号は酔《すい》翁《おう》、六一居士《ろくいつこじ》、諡《おくりな》は文忠《ぶんちゅう》。なお彼の名は「修」とも表記される。

欧陽脩は景徳四年、綿州《めんしゅう》（四川省綿陽市）軍事推官《ぐんじすいかん》であった観の子として生まれたが、祖籍《そせき》（祖先の出身地）は盧陵《ろりょう》（江西省吉安市）である。四歳で父を亡くし、それからは叔父のもとで暮らす。二四歳の時に科挙に合格し、進士となるも、政治闘争に巻き込まれ、二度の地方への左遷を経験した。その後、再び中央に戻され、一〇五七年（嘉祐二）には、知貢挙《ちこうきょ》（科挙試験委員長）として「古文」を採用し、蘇軾《そしょく》、蘇轍《そてつ》、程顥《ていこう》、張載《ちょうさい》らを及第させている。以後、中央にあって順調に昇進を重ね、一〇六〇年（嘉祐五）には枢密副使《すうみつふくし》（軍務局次官）、翌年には参知政事《さんちせいじ》（副宰相）となった。英宗《えいそう》治世期には、英宗の実父、濮《ぼく》王の呼称に関して、司馬光《しばこう》らと対立し、いわゆる「濮議《ぼくぎ》」を引き起こした。神宗《しんそう》が即位すると、王《おう》安石《あんせき》の新法に異を唱え、一〇七〇年（熙寧三）、「言青《げんせい》苗銭劄子《びょうせんさっし》」を上奏して、青苗法《せいびょうほう》（農民に対する低金利融資制度）の中止を訴えている。その翌年に官を辞して、潁《えい》州（安徽省阜陽市）に隠棲し、六六歳で死去した。

欧陽脩墓（河南省新鄭市）
（『歐陽文忠公遺跡与祠祀続編』より）

欧陽脩は『詩本義《しほんぎ》』『集古録《しゅうころく》』『新唐書《しんとうじょ》』『新五代史《しんごだいし》』などを撰したが、一貫しているのは、旧習に囚われることなく、冷静な目で事物を分析し、合理的判断を下すという姿勢である。彼は唐代に作成された九経疏《きゅうけいそ》（『易《えき》』『書《しょ》』『詩《し》』『周礼《しゅらい》』『儀礼《ぎらい》』『礼記《らいき》』『春秋《しゅんじゅう》左氏伝《さしでん》』『春秋《しゅんじゅう》公羊伝《くようでん》』『春秋《しゅんじゅう》穀梁伝《こくりょうでん》』に対する注釈書）中の讖緯《しんい》説（神秘的な予言）の排除を求め。「それが実現すれば、「経《けい》義《ぎ》純一《じゅんいつ》にして、駁雑《ばくざつ》する所無し。其の功を用いること至《いた》りて少なく、其の益を為《な》すこと則ち多し（経書の解釈が統一され矛盾が無くなります。その労力は極めて少ない上に、もたらされる益は多大であります）」（『奏議集《そうぎしゅう》』巻一六「論刪去九経正義中讖緯劄子《ろんさんきょきゅうけいせいぎちゅうしんいさっし》」）と上言しているが、それは儒教の経書解釈が、旧来の注疏《ちゅうそ》のくびきから解き放たれたことを意味しており、後の宋代経学の発展にも多大な影響を与えた。

邵雍（しょうよう）（一〇一一～七七）

北宋の思想家。字《あざな》は堯夫《ぎょうふ》、諡《おくりな》は康節《こうせつ》。祖籍《そせき》（祖先の出身地）は范陽《はんよう》（河北省涿州市）。河南衡漳《こうしょう》（河南省林州市）に生まれ、一二歳の時、共城（河南省輝県市）近くの蘇《そ》門山《もんざん》百源《ひゃくげん》に居を移した。その後、権《けん》共城《きょうじょう》県令《けんれい》（長官）の李挺之《りていし》から河図洛書《かとらくしょ》（古代、黄河・洛水より出現したとされる図象）および先《せん》

邵雍肖像（『歴代古人像讃』より）

天《てん》（伝説時代の帝王、伏羲《ふっき》が定めたと伝えられる易）象数《しょうすう》（図象と数字による『易』解釈）の学を伝授された。邵雍はひたすら『易』を学び、一〇四九年（皇祐元）三九歳で洛陽（河南省）に移住し、以後六七歳で亡くなるまでこの地で市井《しせい》の隠者として研究に専心した。著書には『皇極経世書《こうきょくけいせいしょ》』『漁樵問対《ぎょしょうもんたい》』『伊川撃壌集《いせんげきじょうしゅう》』などがある。

邵雍は終生官途に就くことはなかったが、富弼《ふひつ》（一〇〇四～八三）、司馬光《しばこう》、程顥《ていこう》、程頤《ていい》、張載《ちょうさい》などと交流し、気宇壮大な人物として、洛陽の人々から深く慕われていた。彼が晩年、洛陽の天津橋上で杜鵑《ほととぎす》の鳴き声を耳にして、王安石《おうあんせき》の出現を予言した逸話が残されているが（『邵氏聞見録《しょうしぶんけんろく》』巻一九）、こういった予言譚が作り上げられた背景には、邵雍の思想が人智を超えたものであったためと考えられる。たとえば「夫れ古今なる者は、天地の間に在りては、猶《な》お旦暮《たんぼ》のごときなり（古《いにしえ》から今までの長い時間も、宇宙の規模からみれば僅かな時間にすぎない）」（『皇極経世書』観物内篇《かんぶつないへん》五）という言葉一つをとってみても、彼の歴史観がいかに広大なものであったかが理解できよう。

周敦頤（しゅうとんい）（一〇一七～七三）

北宋の思想家。初名は惇実《とんじつ》。字《あざな》は茂叔《もしゅく》、号は濂渓《れんけい》、諡《おくりな》は元公《げんこう》。道州営道《どうしゅうえいどう》（湖南省道県）の人。なお彼の名は一般的に「敦頤」と表記されるが、これは本来「惇頤」だったものが後世改められたものである。

一五歳の時父を失い、母方の伯父に養育された。伯父の恩蔭《おんいん》（父祖の官職によって、子孫、親族に自動的に官職が与えられる制度）により試将作監主簿《ししょうさくかんしゅぼ》となり、その後、地方官として江西、湖南、四川の各地に赴く。一〇四六年（慶暦六）には、程顥《ていこう》・程頤《ていい》の父と知り合い、その縁で二人の師となっている。彼は進士出身ではなく、前述したように恩蔭の出であるから、高級官僚の地位に就くことはなかった。しかし行政官として優れた手腕を発揮し、潘興嗣《はんこうし》「墓誌銘」は、その態度を「精密厳恕《せいみつげんじょ》」と評している。一〇七一年（熙寧四）南康軍（江西省九江市）の知事を辞し、廬山《ろざん》の麓に居を構え、郷里の地名にちなみ濂渓書堂《れんけいしょどう》と名付けた。そして間もなく五七歳で死去した。

彼は生前脚光を浴びることはなかったが、後に朱熹《しゅき》（一一三〇〜一二〇〇）によって道学の開祖として顕彰され（『朱文公文集』巻七八「隆興府学濂渓先生祠記《りゅうこうふがくれんけいせんせいしき》」）、著作である『太極図説《たいきょくずせつ》』『通書《つうしょ》』には詳細な注が施された。『太極図説』は、「太極図」とその解説部分の「図説」から構成されており、「図説」冒頭の「無極而太極（無極にして太極）」（『元公周先生濂渓集《げんこうしゅうせんせいれんけいしゅう》』巻一）の五文字、特に「無極」を巡っては、後に朱熹と陸九淵《りくきゅうえん》（一一三九〜九二）の間で論争が起きるほど、大きな影響を残した。

周敦頤墓（江西省九江市）

司馬光（しばこう）（一〇一九〜八六）

北宋の歴史家・政治家・思想家。字《あざな》は君実《くんじつ》、号は迂叟《うそう》、諡《おくりな》は文正《ぶんせい》。温国公《おんこくこう》に封《ほう》じられた。陝州《せんしゅう》夏県（山西省運城市）涑水郷《そくすいきょう》の人、よって涑水《そくすい》先生とも呼ばれた。父、池《ち》の任地であった光山県《こうざんけん》（河南省）に生まれ（彼の名は生誕地にちなんだものである）、一〇三八年（宝元元）、二〇歳で科挙に合格し、進士となった。以後地方官生活を経て、一〇六一年（嘉祐六）、起居舎人《ききょしゃじん》、同知《どうち》諫院《かんいん》に任命された。当時王安石《おうあんせき》（一〇二一〜八六）、呂公《りょこう》

司馬光肖像（台北・国立故宮博物院蔵）
（『紀念司馬光王安石九百年特展目録』より）

著《ちょ》（一〇一八～八九）、韓維《かんい》（一〇一七～九八）と親交を結び、「嘉祐《かゆう》の四友《しゆう》」と称されている。一〇六七年（治平四）神宗《しんそう》が即位し、王安石を任用して新法を断行すると、その廃止を強く主張したが、結局彼の主張は容《い》れられず、自ら願い出て、洛陽に隠居した。彼《か》の地で、前年より着手していた編年史『資治通鑑《しじつがん》』の編纂を続け、一〇八四年（元豊七）それを完成させた。翌年、神宗が死去し、哲宗《てっそう》が即位すると、門下侍郎《もんかじろう》（宰相）に任命されて中央に復帰、新法を次々と廃止したが、間もなく六八歳で死去した。

司馬光の思想は、『資治通鑑』の「論賛《ろんさん》」において明らかにされている。たとえば、人を任用する際、「才」と「徳」のいずれを重視すべきかという問題について、彼は、才が徳に優る者を小人、才・徳ともに欠く者を愚人とした上で、もし二者から選ぶ場合には、意外にも「其の小人を得《え》んよりは、愚人を得《う》るに若《し》かず（才に長けた小人よりもむしろ愚人を選べ）」と主張している（巻一、周紀）。ここにはまさしく政治闘争の渦中にあったなかで、司馬光が目の当たりにした士大夫官僚の実態に対する批判が反映されているといえよう。

張載（ちょうさい）（一〇二〇～七七）

北宋の思想家。字《あざな》は子厚《しこう》、諡《おくりな》は明公《めいこう》。祖籍（祖先の出身地）は大梁《たいりょう》（河南省開封市）。若い頃から陝西鳳翔府《せんせいほうしょうふ》郿県横渠鎮《びけんおうきょちん》（陝西省眉県）に居を構えたことにより、横渠《おうきょ》先生とも称された。

張載肖像（『聖賢像讃』より）

一〇五七年（嘉祐二）、三八歳で科挙に合格した後、祁州《きしゅう》司法参軍《しほうさんぐん》（刑獄担当官）を皮切りに、陝西《せんせい》、甘粛《かんしゅく》などの地方官を歴任した。一〇六九年（熙寧二）、呂公著《りょこうちょ》（一〇一八～八九）の推薦により中央に召されたが、王安石《おうあんせき》の新法に反対し、翌年官を辞して帰郷、研究と著述の生活を送った。一〇七七年（熙寧一〇）にも同知太常礼院《どうちたいじょうれいいん》（宮廷儀典担当官）として召されたが、その年の冬に辞職し、帰郷の途中に臨潼《りんどう》（陝西省西安市）で死去した。享年五八歳、著作には『正蒙《せいもう》』『経学理窟《けいがくりくつ》』などがある。

張載は若い頃兵法を愛好していたが、范仲淹《はんちゅうえん》（九八九～一〇五二）によって『中庸《ちゅうよう》』を授けられたのを機に儒教の道に志した。その後、一時仏教、老荘思想に傾倒したが、一〇五六年（嘉祐元）、程顥《ていこう》・程頤《ていい》との出会いにより、自らの学を確立し、関学《かんがく》（出身地関中《かんちゅう》にちなむ）の祖となった。彼の思想の中心は、万物は一気《いっき》から成るという「気一元論《きいちげんろん》」及び「学ぶ者は先ず須《すべか》らく気質を変化すべし（学ぶ者はまず気質を正しく変えなければならない）」（『経学理窟』義理篇）を求めた修養論であるが、それは後に朱子学にも多大な影響を与えた。

王安石（おうあんせき）（一〇二一～八六）

北宋の政治家・文学者・思想家。字《あざな》は介甫《かいほ》、号は臨川《りんせん》、半山《はんざん》、諡《おくりな》は文公《ぶんこう》。舒国公《じょこくこう》、荊国公《けいこくこう》にも封《ほう》ぜられた。撫《ぶ》州臨川《しゅうりんせん》（江西省撫州市）の人。

二二歳で科挙に合格し、その後地方官を歴任したが、特に二七歳の時、知事として着任した鄞《ぎん》県（浙江省寧波市）では、治水、教育振興、穀物の低利貸付などを実施して成功を収めている。一〇五九年（嘉祐四）都開封《かいほう》に召され、その際仁宗《じんそう》に「万言書《ばんげんしょ》」をたてまつり、官僚の育成について上言した。母の死去に伴い、五年間、江寧《こうねい》（江蘇省南京市）に滞在し、研究活動や門弟の教育に励んでいる。神宗《しんそう》が即位すると、一〇七〇年（熙寧三）五〇歳で同中書門下平章事《どうちゅうしょもんかへいしょうじ》（宰相）に任命され、均輸法《きんゆほう》（政府が必要物資の調達・輸送を直接行う制度）、青苗法《せいびょうほう》（農民に対する低金利融資制度）、募役法《ぼえきほう》（各戸より免役銭を徴収し、代わりに労役《えき》を免除する制度）、保甲法《ほこうほう》（農民に軍事訓練を施して警防の任務にあたらせる制度）、市易法《しえきほう》（商人に対する低金利融資制度）などを施行した。彼は人材育成の基礎となる教育の改革に尽力し、科挙制度改革や、官僚の子弟を養成する太学《たいがく》の拡充（三舎法《さんしゃほう》）、さらに『周礼《しゅらい》』『書《しょ》』『詩《し》』の新解釈書である『三経《さんけい》（新）義《ぎ》』の編纂をも行った。これらの改革は司馬光《しばこう》など旧法派の反対に遭い、一〇七六年（熙寧九）、五六歳で辞職し、江寧の鍾山《しょうざん》に隠棲。その後は参禅や著述に潜心し、六六歳で死去した。死後、徽宗《きそう》の治世期において、人臣《じんしん》としては異例である孔子廟への配享《はいきょう》（塑像を廟内に安置し祀ること）が実現している。

王安石は、終生人材の育成に心血を注いだが、その思

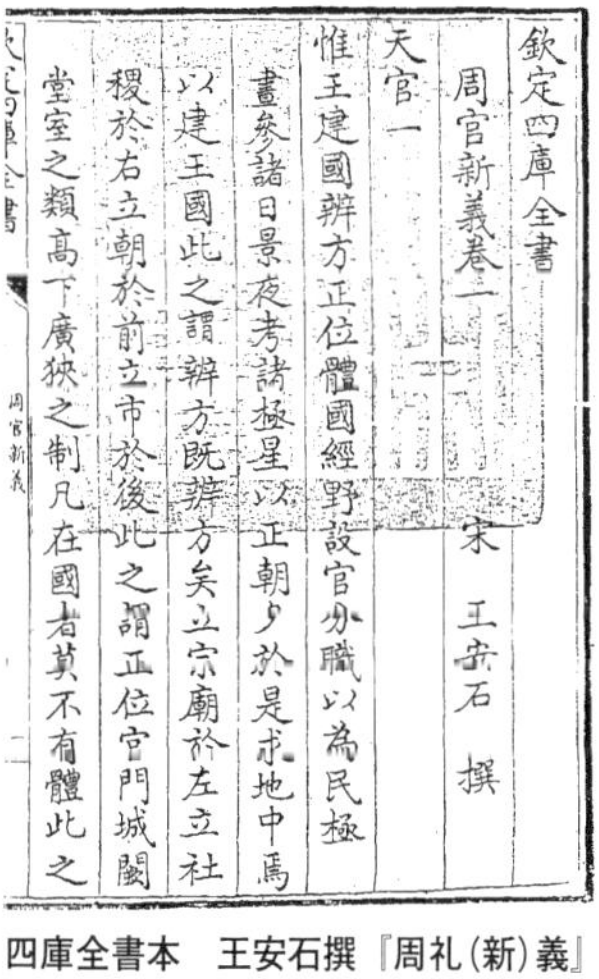
欽定四庫全書
周官新義巻一　宋　王安石　撰
天官一
惟王建國辨方正位體國經野設官分職以為民極
晝參諸日景夜考諸極星以正朝夕於是求地中焉
以建王國此之謂辨方既辨方矣立宗廟於左立社
稷於右立朝於前立市於後此之謂正位宮門城闕
堂室之類高下廣狭之制凡在國者莫不有體此之

四庫全書本　王安石撰『周礼(新)義』

想は、一二三歳時の作品「傷仲永《しょうちゅうえい》」（『王臨川集』巻七一）にすでに見られる。そこで彼は、神童であった方仲永《ほうちゅうえい》が、成人後凡人になってしまった事を評して、「仲永の通悟《つうご》、之《これ》を天に受くるなり。……卒《つい》に衆人《しゅうじん》と為るは、則ち其の人に受くる者至らざればなり（仲永の才能は天から授かったものである。……結局彼が凡人となってしまったのは、他人から受ける教育が不充分だったからである）」と述べ、後天的教育の重要性を力説している。

二程［程顥（ていこう　一〇三二〜八五）**・程頤**（てい　い　一〇三三〜一一〇七）**］**

北宋時代の思想家。兄、程顥、字《あざな》は伯淳《はくじゅん》、諡《おくりな》は純公《じゅんこう》、明道《めいどう》先生と称された。弟、程頤、字《あざな》は正叔《せいしゅく》、諡《おくりな》は正公《せいこう》、伊川《いせん》先生と称された。河南洛陽の人。

彼らは青年期、父珦《きょう》の友人であった周敦頤《しゅうとんい》の教えを受けた。兄の程顥は一〇五七年（嘉祐二）、二六歳で科挙に合格して進士となり、その後地方官として治績をあげていった。一〇六九年（熙寧二）三八歳で中央に召されたが、王安石《おうあんせき》と対立し、四一歳で帰郷。その後は研究活動にいそしみ、一〇八五年（元豊八）五四歳で死去した。弟の程頤は、二四歳頃に胡瑗《こえん》（九九三〜一〇五九）の教えを受け、その際著した「顔子好学論《がんしこうがくろん》」が高く評価された。しかし科挙については、二七歳の時に殿試《でんし》（皇

二程肖像
（『事林広記』より）

帝臨席の最終試験）に失敗してからは、二度と受験せず、研究に専念する。一〇八七年（元祐元）、哲宗《てっそう》の講官《こうかん》に任命されるも、蜀《しょく》党（蘇軾《そしょく》学派）と対峙《たいじ》し、まもなく朝廷を去った。その後四年間涪《ふう》州（四川省重慶市）に左遷されたが、晩年は赦《ゆる》され帰郷し、七五歳で死去した。

程顥の言として知られているのは、「学ぶ者は須《すべか》らく先ず仁を識《し》るべし。仁なる者は、渾然《こんぜん》として物と体を同じうす。義、礼、知、信は皆な仁なり。此の理を識《し》り得《え》

ば、誠敬《せいけい》を以て之を存するのみ。防検《ぼうけん》を須《もち》いず、窮索《きゅうさく》を須いず（学ぶ者は先ず仁を識らなければならない。仁は万物と完全に一体である。義、礼、知、信はみな仁である。この理を織ることができれば、誠敬によって保持するだけだ。防御したり追求する必要はない）」（『河南程氏遺書《かなんていしいしょ》』巻二上）である。つまり彼は、万物と自己とが一体だと認識するのが「仁」であり、これを保持するためには「誠敬」の心があればよい、と主張した。また程頤の言として有名なのは、「性は即ち理なり、所謂《いわ》ゆる理性は是れなり。天下の理、其の自《よ》る所を原《たず》ぬれば、未だ不善なること有らず（性は理にほかならない、いわゆる理性とはこれである。普遍の理は根源において善なのである）」（『河南程氏遺書』巻二二上）である。ここで彼は孟子の性善説によって、人間の本質は理、すなわち善であると説いたが、この性説は後に朱熹《しゅき》によって体系化されていくことになる。

二蘇 〔**蘇軾**（そしょく　一〇三六〜一一〇一）・**蘇轍**（そてつ　一〇三九〜一一一二）〕

兄の蘇軾は北宋の政治家・文学者・書家。字《あざな》は子瞻《しせん》、号は東坡《とうば》、諡《おくりな》は文忠《ぶんちゅう》。弟の蘇轍は北宋の政治家・思想家。字《あざな》は子由《しゆう》、号は潁濱《えいひん》、諡《おくりな》は文定《ぶんてい》。兄弟の父は蘇洵《そじゅん》（一〇〇九〜六六）であり、蘇洵は老蘇《ろうそ》、蘇軾は大蘇《だいそ》、蘇轍は小蘇《しょうそ》とも称された。

二人は、眉州眉山《びしゅうびざん》（四川省眉山市）に生まれ、一〇五七年（嘉祐二）に揃って科挙に合格し、進士となった。兄蘇軾は地方官を歴任後、一〇六五年（治平二）に都に召された。しかし王安石《おうあんせき》の新法が施行されると、それに批判的であった蘇軾は地方に転出し、さらに一〇七九年（元豊二）罪に陥《おとしい》れられ、投獄された後、黄州《こうしゅう》（湖北省黄岡市）へ流罪となった。弟の蘇轍も連座して地方官に降格された。哲宗《てっそう》が即位すると、兄弟共々中央に再び召喚されたが、党派間の争いは止むことなく、一〇九四年（紹聖元）蘇軾は再び左遷され、三年後には海南《かいなん》島にまで追放され、蘇轍も僻地へ左遷となった。一一〇〇年

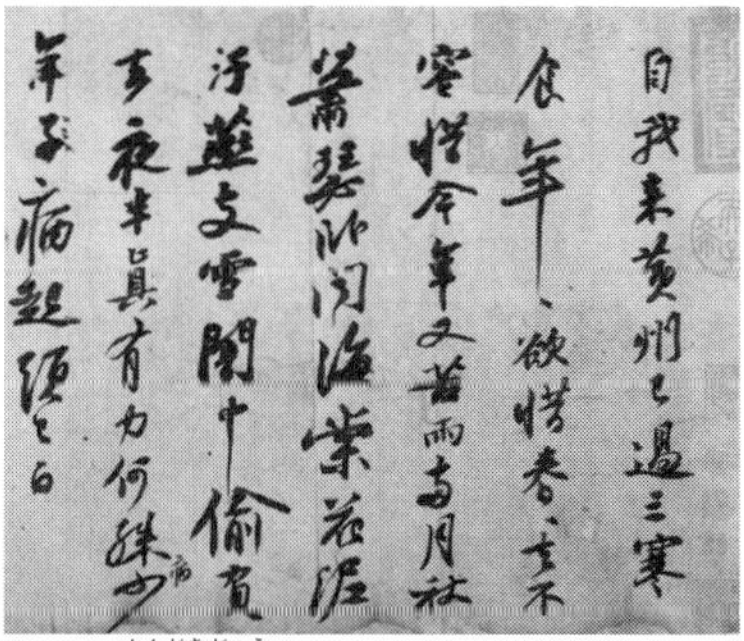

蘇軾「寒食帖《かんじきじょう》」（部分）（台北・国立故宮博物院蔵）
（『故宮博物院　⑩宋・元の書』より）

（元符三）、徽宗《きそう》が即位すると、ようやく赦されたが、蘇軾は常州《じょうしゅう》（江蘇省）において六六歳で死去した。蘇轍は潁《えい》昌（河南省許昌市）に隠棲し、七四歳で亡くなった。

蘇氏兄弟は儒教のほか、道家思想、仏教にも造詣《ぞうけい》が深く、さらに兄蘇軾の書芸術は、蔡襄《さいじょう》（一〇一二～六七）、黄庭堅《こうていけん》（一〇四五～一一〇五）、米芾《べいふつ》（一〇五一～一一〇七）とともに「宋四大家《そうのしたいか》」として高く評価されている。蘇軾は「吾れ変を更《ふ》ること亦《ま》た多し。筆を置きて起《た》てば、終《つい》に一事を能《よ》くせず。且《しば》らく字を作《な》すに執《いず》与れぞや（自らの人生は苦難の連続であった。ここで筆を擱いて立ち上がったとしても結局何もできない。どんな苦難の中でも字を書いているのがなによりである）」（『文集』巻六九「書《しょ》舟中作字《しゅうちゅうさくじ》」）と述べ、激動の人生のなかで書を魂の拠りどころとしてきたことを吐露している。

陸九淵（りくきゅうえん）（一一三九～九二）

南宋の思想家。字《あざな》は子静《しせい》、号は象山《しょうざん》、謚《おくりな》は文安《ぶんあん》。江西金谿《きんけい》（江西省金渓県）の人。

三四歳の時、科挙に合格し、進士となった。その後、迪功郎《てきこうろう》、隆興府《りゅうこうふ》靖安県主簿《せいあんけんしゅぼ》（文書係）を授けられた。一一七五年（淳熙二）、呂祖謙《りょそけん》（一一三七～八一）の仲介により、兄九齢《きゅうれい》（一一三二～八〇）と共に、江西鉛山《えんざん》（上饒市）の鵞湖寺《がこじ》において、朱熹《しゅき》と会見した。結果的に両

陸九淵墓（江西省金渓県）

者の学説の調停は成らず、朱熹は陸九淵の説を「太簡」、甚だ単純、陸九淵は朱熹の説を「支離」、ばらばらと批判した。ただし両者は単に敵対するだけの関係ではなかった。それが証拠に、論争から六年後、陸九淵は、復興されて間もない白鹿洞書院《はくろくどうしょいん》に朱熹を訪ね、彼の依頼により『論語』里仁篇「君子喩於義、小人喩於利」章についての講義を行い、その場にいた聴講者を感動させている。一一八七年（淳熙一四）には、江西北東部、貴渓《きけい》の応天山《おうてんざん》に精舎《せいしゃ》（学舎）を建て、山名もその形にちなんで象山と改め、そこで多くの門人を教えた。そして荊門《けいもん》軍（湖北省荊門市）知事在職中に五四歳で死去した。

彼の学問、陸学は、朱子学の「性即理《せいそくり》」に対して「心《しん》即理《そくり》」を説き、「此《こ》の理本《も》と天の我に与うる所以《ゆえん》にして、外より鑠《とか》すに非ず。此の理を明らかにし得《う》れば、即《すなわ》ち是《こ》れ主宰《しゅさい》なり（この理は本来天が我に与えたもので、外から

授けられたものではない。この理を明らかにできれば、それこそが主宰なのである）」（『陸九淵集』巻一「与曾宅之《よそうたくし》」）として、我々人間が本来備えている心を「主宰」すなわち主体とすれば、邪説に惑わされることはないと主張した。彼のこの思想は「心学」とよばれ、明の王守仁《おうしゅじん》（一四七二～一五二八）に継承され、それにより「陸王心学《りくおうしんがく》」とも称されている。

王応麟（おうおうりん）（一二二三～九六）

南宋の学者。字《あざな》は伯厚《はくこう》、号は深寧《しんねい》。慶元《けいげん》府鄞《ぎん》県（浙江省寧波市）に生まれた。

幼少から父より学問を受け、九歳にして経書に通じていた。一二四一年（淳祐元）、一九歳で科挙に合格し進士となったが、当時の受験者が科挙を立身出世の具としか見ないことに反発。官職の傍ら、さらに難関であった博学宏辞科《はくがくこうじか》を受験すべく、朱子学者の王埜《おうや》の下で学問に励み、一二五六年（宝祐四）、三四歳で合格した。その後は中央において忠直敢言《ちゅうちょくかんげん》の士として上言を繰り返し、度宗《たくそう》時代には賈似道《かじどう》（一二一三～七五）に疎まれ、地方に左遷されたこともあったが、四九歳の時中央に戻った。しかしまたも賈似道に逐《お》われ、母の喪を機に帰郷。一二七五年（徳祐元）賈似道が失脚すると、礼部侍郎《れいぶじろう》兼中《ちゅう》書舎人《しょしゃじん》（祭祀担当次官兼詔《しょう》書起草官）にまで昇進したが、左丞相《さじょうしょう》（宰相）の留夢炎《りゅうぼうえん》を糾弾《きゅうだん》する上奏が受け入れられなかったため官を辞した。その後は、南宋の滅亡もあって、七四歳で死去するまで研究に専念した。著作には『困学紀聞《こんがくきぶん》』『玉海《ぎょくかい》』などがあり、児童用の識字教材である『三字経』の作者とも伝えられている。

その著『困学紀聞』について、清末の梁啓超《りょうけいちょう》（一八七三～一九二九）は、『中国近三百年学術史』で、「宋王応麟『困学紀聞』は、清代考証学の先導たり、故《ゆえ》に清儒甚《はなは》だ之を重んず」と高い評価を下している。王応麟は『困学紀聞』題識で「幼くして義方《ぎほう》を承《う》け、晩《ばん》に轗屯《かんちゅん》に

王応麟墓跡（浙江省寧波市）
（『蒙学之冠』より）

遇う。……困《くる》しみて之を学び、自ら下民《かみん》に別なることを庶《こいねが》う。巻を開きて得《う》るあり、述べて紀聞《きぶん》と為す（幼い時には庭訓《ていきん》を授けられたが、晩年には国家の滅亡に遇ってしまった。……苦しみながらも学問に励み、『論語』にいう「下民《かみん》」にならぬことを切に願う。よって書物を開いて得たものをここに記し「紀聞」とする）」と述べ、国家が滅亡してもなお変わらぬ宋朝士大夫としての矜持《きょうじ》を明らかにしている。

許衡（きょこう）（一二〇九～八一）

元代の思想家。字《あざな》は仲平《ちゅうへい》、号は魯斎《ろさい》、諡《おくりな》は文正《ぶんせい》。懐《かい》州河内《かだい》（河南省沁陽市）の人。

幼くして学問に励み、後にフビライの側近となる姚枢《ようすう》（一二〇三～八〇）より、程頤《ていい》の『易伝』、朱熹《しゅき》の『四書《ししょ》章句集註《しょうくしっちゅう》』『小学』などの書を得てからは、もっぱら朱子学を学んだ。一二五四年、姚枢の推薦により京兆《けいちょう》（陝西省西安市）教授となり、フビライが即位すると、国子監祭酒《こくしかんさいしゅ》（国立大学学長）などに任命された。許衡は「時務五事《じむごじ》」という建言書をたてまつって漢法（中国の法）を施行することを主張したが、時の実力者アフマド・ファナーカティー（?～一二八二）と対立し、いったんは辞職する。しかし一二七一年（至元八）集賢大学《しゅうけんだいがく》士《し》兼国子監祭酒（学術担当官兼国立大学学長）に任命され、モンゴル貴族の子弟に朱子学を教授した。一二七六年（至元一三）再び召されて、郭守敬《かくしゅけい》（一二三一～一三一六）らと共に授時暦《じゅじれき》の制定に参画している。一二八〇年（至元一七）辞職、帰郷し、翌年七三歳で死去した。

許衡は後世、「朱子の統を継ぐ者」（明・薛瑄《せっせん》『読書録』巻二）として評されている。しかし彼は単に朱子学を継承しただけではなく、「学を為《おさ》むる者は、治生《ちせい》もて最も先務と為す。苟《いや》しくも生の理足らざれば、則ち学を為《おさ》むるの道に於て妨《さまた》ぐる所有り（学問を修める者は生計を立てることを第一とする。もしその理が不十分であれば、学

元代大都土城跡の土塁（北京市朝陽区）

問を修める道において妨げとなってしまう）」（『元朝名臣《げんちょうめいしん》事略《じりゃく》』巻八所引）と述べ、治生すなわち「経済活動に励むこと」を大いに肯定している。彼のこの主張は、後に清代の儒者、陳確《ちんかく》（一六〇四～七七）、全祖望《ぜんそぼう》（一七〇五～五五）、銭大昕《せんたいきん》（一七二八～一八〇四）などから高く評価された（余英時『中国近世の宗教倫理と商人精神』平凡社、一九九一年参照）。

呉澄（ごちょう）（一二四九～一三三三）

元代の思想家。字《あざな》は幼清《ようせい》、号は草盧《そうろ》、諡《おくりな》は文正《ぶんせい》。撫《ぶ》州《しゅう》崇仁《すうじん》（江西省崇仁県）の人。

幼少より科挙の学に励んだが、一五歳の時朱子学に専心するようになる。そして一九歳で『道統図《どうとうず》並《ならびに》叙《じょ》』や『皇極経世続書《こうきょくけいせいぞくしょ》』などを著した。一二七〇年（咸淳六）二二歳の時、郷試《きょうし》（地方試験）に合格するも、翌年の省《しょう》試《し》（中央試験）には落第し、そのまま帰郷した。当時南宋王朝は衰亡の一途をたどり、一二七九年遂に元によって滅ぼされる。呉澄は戦乱を避け、数年間布水谷《ふすいこく》（江西省楽安県）に隠棲し、その間『孝経章句《こうきょうしょうく》』を編纂し、さらに諸経《しょけい》の校訂作業も行った。その際校訂した経書《けいしょ》は、程鉅夫《ていきょふ》（一二四九～一三一八）によって朝廷に進呈され、これをきっかけとして経学者《けいがくしゃ》としての名声が高まり、元朝よりしばしば招請を受けることとなった。彼は五四歳で初めて都に召喚され、七五歳の時には、翰林学士太《かんりんがくしたい》中大夫知制誥同修国史《ちゅうたいふちせいこうどうしゅうこくし》（詔書《しょうしょ》起草官兼国史編纂官）となって、『英宗実録《えいそうじつろく》』編纂を総覧する任務を負い、その完成後、八五歳で死去した。

呉澄は許衡と並んで元代を代表する儒者であった。彼は朱子学を継承したが、壮年期において、朱子学と対峙《たいじ》していた陸九淵《りくきゅうえん》の学をも取り入れ、「二師の教たるは一《いつ》なるも、而るに二家庸劣《ようれつ》の門人各《おの》おの標榜《ひょうぼう》を立て、互相《たがい》に詆訾《ていし》し、今に至れり（朱子学と陸学は異なっていないのに、両学派のおろかな門人たちが主義主張を掲げ、互いにののしりあって今日に至っている）」（『呉文正集《ごぶんせいしゅう》』巻二七「送陳洪範序《そうちんこうはんじょ》」）と述べ、朱陸両学融合の必要性を主張した。

呉澄肖像
（『三才図会』より）

李贄（りし）（一五二七～一六〇二）

明代の思想家。元の名は林載贄《りんさいし》。字《あざな》は卓吾《たくご》（一説には号）、宏甫《こうほ》、号は温陵居士《おんりょうこじ》。福建省泉州府晋江《せんしゅうふしんこう》（泉州市）の人。

一五五二年（嘉靖三一）、二六歳の時、郷試《きょうし》（地方試験）に合格したものの、会試《かいし》（中央試験）を受けず、そのまま県学教諭や国子監博士（教授）として、河南、南京、北京を転々とした。北京滞在中に、陽明学左派の趙《ちょう》貞吉《ていきつ》（一五〇八～七六）の講学会に参加し、その時初めて、王守仁《おうしゅじん》およびその弟子、王畿《おうき》（一四九八～一五八三）の学説を知ることとなる。その後南京刑部員外郎（法務次官）となり、その際生涯の友となる耿定理《こうていり》、焦竑《しょうこう》（一五四〇～一六二〇）とも交わりを結んだ。一五八〇年（万暦八）、五四歳の時、官を辞し、耿定理を頼って湖北省黄安県に行くも、彼の死に伴い、近くの麻城県龍潭《まじょうけんりゅうたん》にある芝仏院《しぶついん》に移り、そこで著述や評論活動に専念した。しかしその間に著した『焚書《ふんしょ》』や『蔵書《ぞうしょ》』が世間の批判を集めることとなり、一六〇〇年（万暦二八）麻城から放逐《ほうちく》される。翌年には通州（北京市）の支援者別宅に逃れたが、一六〇二年（万暦三〇）七六歳の時、「道を乱《みだ》し世を惑《まど》わせた」罪により逮捕され、獄中で自ら命を絶つこととなる。

李贄の思想として注目すべきは「童心説《どうしんせつ》」である。彼は、儒教聖典である六経《りくけい》、『論語』、『孟子』を「褒崇《ほうすう》の詞、讃美の語（過度に尊び、賛美した言葉）」「道学《どうがく》の口《こう》実《じつ》、仮人《かじん》の淵藪《えんそう》なり（道学者の口実、偽者の溜まり場）」にすぎないと切り捨て、知識に歪められていない純真な心、いわゆる「童心」を保持することを説き、知識の集積を重んじる朱子学を強く批判したのであった（『焚書』巻三「童心説」）。

李贄墓（北京市通州区）

洪応明（自誠）（こうおうめい〔じせい〕）（生没年不明）

『菜根譚《さいこんたん》』の著者。『明史《みんし》』ほか諸史料にその名は見えない。『四庫全書総目提要《しこぜんしょそうもくていよう》』の『仙仏奇蹤《せんぶつきしょう》』四巻解題には「明・洪応明の撰。応明、字《あざな》は自誠《じせい》、号は還初道人《かんしょどうじん》、其の里貫《りかん》（出身地）は未詳。是の編万暦壬寅《ばんれきじんいん》（三〇年、一六〇二）に成る」とあり、今井宇三郎氏はそれに拠り『菜根譚』を『仙仏奇蹤』から数年後の作と推定している（岩波文庫『菜根譚』一九七五年、解説）。

『菜根譚』は前集二二二条、後集一三五条、計三五七条からなり、儒仏道三教の立場から、前集では俗世における人との交わりを、後集では山林閑居《さんりんかんきょ》の楽しみを説いた書物である。書名は、南宋・朱熹《しゅき》撰『小学』の末尾、「汪信民《おうしんみん》嘗《かつ》て言う、人常に菜根を咬《か》み得《え》ば、則ち百事做《な》すべし、と」にもとづいており、そこには野菜の根を噛むような貧苦に耐えてこそ、あらゆることを成し遂げられるという意味が込められている。

前集の冒頭「道徳に棲守《せいしゅ》する者は、一時に寂寞《せきばく》たり。権勢に依阿《いあ》する者は、万古《ばんこ》に凄涼《せいりょう》たり。達人は物外《ぶつがい》の物を観、身後《しんご》の身を思う。寧《むし》ろ一時の寂寞を受くるも、万古の凄涼を取るなかれ（真実を守り抜こうとする者は、一時的には不遇で寂しい思いをするが、権勢におもねる者は永遠に寂しくいたましい。道に達した者は世俗を超えた真実を見出し、死後の名声に思いをはせる。だからむしろ一時的に寂しい思いをしたとしても、権力におもねって永遠の寂しさ、いたましさを味わってはならない）」などを見ると、この書は権力抗争に敗れるか、そこから身を引き隠棲生活を送っていた士大夫の魂の叫びではないかとも想像できる。

ちなみに『菜根譚』には修省《しゅうせい》・応酬《おうしゅう》・評議《ひょうぎ》・間適《かんてき》・概論《がいろん》の五部からなる清《しん》刊本一巻も存在する（中村璋八『清朝本全訳菜根譚』東方書店、二〇〇六年）。

（井澤耕一）

黄宗羲（こうそうぎ）（一六一〇～九五）

清初の歴史家・思想家。字《あざな》は太沖《たいちゅう》、号は南雷《なんらい》、梨洲《りしゅう》。没後門人らにより文孝先生と諡《おくりな》される。顧炎武《こえんぶ》・王夫之《おうふうし》とともに清初三大家の一。浙江省余姚《よよう》の人。明末、父親を政争の犠牲として喪《うしな》ったあと、遺命により劉宗周《りゅうそうしゅう》（一五七八～一六四五）に師事、また在野の文学・政治結社である復社《ふくしゃ》に参加。明朝滅亡後は反清運動に参加するが、やがて清朝の支配が固まると、郷里にあって劉宗周の建てた証人書院《しょうじんしょいん》を再興しつつ遺老としての生活を送りつつも門人を通じて『明史』編纂に関与するなど、清朝とは不即不離の関係にあった。

その学風はおおよそ陽明学の系統を受け継ぎ、また易

黄宗羲
（『清代学者象伝合集』より）

や暦学・数学をはじめ、礼学や地理等の経世の学にも強い関心を示していたが、中年以降は慎独説《しんどくせつ》（自己の内面を省察し、意を実践の主体とする）などその師である宗周の思想を再認識し、「天地に盈つるは皆心なり……心に本体（＝理）なし。工夫の至るところ、すなわち其の本体なり」（『明儒学案《みんじゅがくあん》』自序）として、心・理気とを一体のものとしてとらえることを主張した。しかしながらその本領は史学にあり、特に陽明学を中心にすえて宋から明に至る儒者の系譜と学説を整理した学術史である『明儒学案《みんじゅがくあん》』・『宋元《そうげん》学案』（死後、子孫や門人らの手により完成）が後世に多大な影響をもたらすなど、清代浙東《せっとう》史学の創始者となる。また聖天子《せいてんし》の出現を待望し、みずからの政治理念を盛り込んだ『明夷待訪録《めいいたいほうろく》』『留書《りゅうしょ》』などを著すが、これは清末には民本主義を主張したものと読み替えられることとなる。

顧炎武（こえんぶ）（一六一三～八二）

清初の学者・思想家。明の遺老。南直隷省崑山《こんざん》の人。初名は絳《こう》、字《あざな》は忠清《ちゅうせい》。後、名を炎武《えんぶ》、字を寧人《ねいじん》と改める。号は亭林《ていりん》。亡命中、蔣山傭《しょうさんよう》という変名を使ったこともある。はじめ文学・政治結社である復社《ふくしゃ》に参加して帰荘《きそう》（一六一三～七三）らと交わり、明滅亡後も養母の遺命により清朝への仕官を拒絶、反清運動に参加していたが、殺人の嫌疑により江南を逃れ、北方を流浪、多くの学者と交わる。その後も郷里にほとんど帰ることなく商業に従事したり地主として農業を行ったりしつつ山西省の曲沃《きょくよく》で没する。

顧炎武
（『清代学者象伝合集』より）

その学は朱子学を基調としつつも心性の学を語ることには消極的であり、ことに明末の陽明学の流行を亡国の原因として厳しく批判していたが、何よりも「古《いにしえ》のいわゆる理学は、経学なり」（『亭林文集《ていりんぶんしゅう》』「与施愚山書《よしぐざんしょ》」）として経書を中心とした読書博覧に努めることにより実証的な学問を行うことを重視したため、後に清朝考証学《しんちょうこうしょうがく》（浙西学派《せっせいがくは》）の開祖とみなされるようになる。しかしながら「治乱の関は必ず人心風俗《じんしんふうぞく》に在り」（『亭林文集』「与人書《よじんしょ》」）「天下を保つ者は匹夫《ひっぷ》の賤《いやし》しきもともに責あるのみ」（『日知録《にっちろく》』）の言葉に示されるように、その思想は明亡国の痛切な体験をふまえ、節義を重んじ、人心を正す経世の志を主旨としていた。また明の陳第《ちんだい》の『毛《もう》詩古音考《しこおんこう》』に啓発され、清朝考証学の重要な成果の一つである古音韻《こおんいん》の復元を清代で最初に試みはじめた人物でもある。読書札記《ノート》である『日知録』が畢生の作として名高いが、他の主著として『天下郡国利病書《てんかぐんこくりへいしょ》』『肇域誌《ちょういきし》』『音学五書《おんがくごしょ》』『亭林文集』などがある。

李光地（りこうち）（一六四二～一七一八）

清代の官僚・朱子学者。字《あざな》は晋卿《しんけい》、号厚庵《こうあん》・榕村《ようそん》、諡《おくりな》は文貞《ぶんてい》。福建省安渓《あんけい》の人。一六七〇年（康熙九）の進士。三藩の乱（一六七三）に際し、たまたま郷里に帰っていたが山中に逃れ反乱軍側の状況を極秘裏に上奏。以降、台湾征討を提議・参画するなどして聖祖《せいそ》（康熙帝《こうきてい》。在位一六六一～一七二二）の絶大な信任を得る。いくたびか政争に巻き込まれつつも高官を歴任、吏部尚書《りぶしょうしょ》（人事院総裁）・文淵閣大学士《ぶんえんかくだいがくし》（宰相）に至り、卒後、太子太傅《たいしたいふ》（元老の名誉職）を贈られる。常に聖祖から学術面の諮問に与《あずか》り、『御纂周易折中《ぎょさんしゅうえきせっちゅう》』『御纂性理精義《ぎょさんせいりせいぎ》』『朱子全書《しゅしぜんしょ》』等の官撰書の編纂にも関わる。熊賜履《ゆうしり》（一六三五～一七〇九）・陸隴其《りくろうき》（一六三〇～九二）らとともに康熙年間の朱子学尊崇の文化政策を造り上げた「理学《りがく》名臣《めいしん》」の一人であるが、一方、生前からその私行には批判が絶えず、「偽道学《ぎどうがく》」とも称された。聖祖が天子として政統のみならず、儒学の道統をも身に受けて再合一したとして「恭《つつし》みて惟《おも》うに皇上、三古四聖《さんこしせい》を一心に承け、歴代群儒の衆説を総べ……」（畏《おそ》れ多くも陛下におかせられては易を創始した古の聖王の徳を一身に体現し、歴代の儒者たちの諸説を総覧されておられる）（『榕村集《ようそんしゅう》』「御製《ぎょせい》周易折中序文発示恭謝劄子《しゅうえきせっちゅうじょぶんはっしきょうしゃさっし》」）と謳いあげたのは、その真面目《しんめんぼく》をよく表している。

明代の福建朱子学の伝統を受け、陽明学には否定的であったが、『周易』『大学』については朱子の改定を非とし、原本のままで解釈することを主張した。著書に『周《しゅう》易通論《えきつうろん》』『大学古本説《だいがくこほんせつ》』『星暦考源《せいれきこうげん》』『古楽経伝《こがくけいでん》』『榕村語《ようそんご》録《ろく》』などがあり『榕村全書《ようそんぜんしょ》』に収められている。またかつて顧炎武《こえんぶ》より音韻《おんいん》、梅文鼎《ばいぶんてい》（一六三三～一七二一）より天文《てんもん》・暦算《れきさん》を学んだこともあるが、西洋の科学知識をもって儒学の優位性を論証したことにも特徴がある。

戴震（たいしん）（一七二三～七七）

清代の考証学者、哲学者。字《あざな》は慎修《しんしゅう》・東原《とうげん》、安徽省休寧《きゅうねい》の人。学者として早くから名声はあったが科挙には合格できず、家庭教師をしたり地方官の幕僚として地方誌の編纂などに従事。のち推挙により上京、四庫全書館において纂修官《さんしゅうかん》をつとめ、書物の校定にあたる。そのさなかの一七七五年（乾隆四〇）に進士及第、翰林院《かんりんいん》庶吉士《しょきつし》（研究員）の官を授けられるが、過労のため早世。はじめ皖派《かんは》の開祖である江永《こうえい》（一六八一～一七六二）

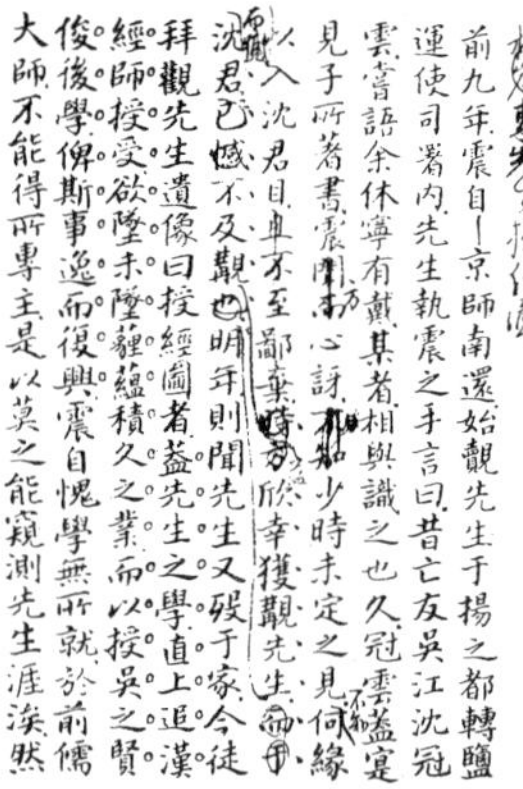

戴震「題恵定宇先生授経図」手稿
（北京大学図書館蔵）（『戴震全集』より）

に師事、その学風を受け継ぐが、後に恵棟《けいとう》（一六九七〜一七五八）と出会い、呉派の影響をも大きく受ける。経学のみならず名物度数の学、また地理にも詳しく、『考工記図《こうきず》』『方言疏証《ほうげんそしょう》』などの著のほか『九章算術《きゅうしょうさんじゅつ》』や『水経注』の校訂も行ったが、「訓故《くんこ》明らかなれば則《すなわ》ち古経《けい》明らかに、古経明らかなれば則ち聖人賢人《せいじんけんじん》の理義《りぎ》明らかに、而《しか》して我が心の同じく然《しか》りとするところのもの乃《すなわ》ち之《これ》に因りて明らかなり」（字義が正しく理解できれば経書の意味もはっきりし、経書の意味がはっきりすれば聖賢の道も明らかとなり、そして自身の心のうちに良しとするところのものもこれによって明らかになってくる）（『東原《とうげん》文集《ぶんしゅう》』「題恵定宇先生授経図《だいけいていうせんせいじゅけいず》」）と言明するように、その目的とするところは訓詁考証を通じて聖人の道を探り、義理を究明することにあった。晩年の主著『原善』『孟《もう》子字義疏証《しじぎそしょう》』において、理・天道・性などの儒学の基本概念について朱子学者などの後世の解釈を誤りとし、情や欲を人間に不可欠なものとして肯定し、それが適度かつ共感できる状態にあることこそが理であると論じている。彼の考証学上の業績に比べ、この新しい「理学」の意義を当時理解した者は少なく、またその朱子学に対する激しい論調は翁方綱《おうほうこう》（一七三三〜一八一八）や章学《しょうがく》誠《せい》、そしてややのちの方東樹《ほうとうじゅ》（一七七二〜一八五一）『漢《かん》学商兌《がくしょうだ》』などによって批判されることとなる。

銭大昕（せんたいきん）（一七二八〜一八〇四）

清代中期の考証学者。字《あざな》は暁徴《ぎょうちょう》。号は辛楣《しんび》・竹汀《ちくてい》。江蘇省嘉定《かてい》の人。はじめ蘇州の紫陽書院《しようしょいん》で沈徳潜《しんとくせん》（一六七三〜一七六九）らに従学し詩名を得る。二四歳の時、南巡中の高宗《こうそう》（乾隆帝。在位一七三五〜九五）をたたえる賦を奉り、賞賛される。一七五四年（乾隆一九）の進士。少詹事《しょうせんじ》（東宮府副長官）・広東学政《かんとんがくせい》（教育監督官）といった官を歴任するが、四〇歳の時に退任、その後蘇州の紫陽書院など江南各地の書院で講学、多くの学生を育成する。乾隆年間における呉派《ごは》を代表する学者の一人であるが皖派《かんぱ》の戴震《たいしん》の影響も受け、経学のみならず、数学・天文から金石に至るまで通じないところはなかった。しかしながらその本領は史学にあり、『元史氏族表《げんししぞくひょう》』などもあるが、正史の校訂を行った『廿二史考異《にじゅうにしこうい》』は義兄である王鳴盛《おうめいせい》（一七二〇〜九七）の『十七史商榷《じゅうしちししょうかく》』や趙翼《ちょうよく》（一七二七〜一八一二）の『廿二史劄記《にじゅうにしさつき》』とともに清朝史学の代表作である。

ただその考証の裏には、「聖人の道は、敬天のみ」（『潜研堂文集《せんけんどうぶんしゅう》』「重建集仙宮玉皇殿記《ちょうけんしゅうせんきゅうぎょくこうでんき》」）、「聖賢《せいけん》の道を求むるは、以て人倫《じんりん》を明らかにするがためなり。人倫を棄てて以て道を求むるは、則《すなわ》ち吾《われ》の謂《い》うところの道にあらず」（『潜研堂文集』「輪廻説《りんねせつ》」）と言っているように仏教を批判し、人倫道徳の要として古学を復興させようとする意図があったのである。

他に、読書札記《ノート》である『十駕斎養心録《じゅうがさいようしんろく》』も顧炎武《こえんぶ》『日知録《にっちろく》』とともに清朝考証学の学風を象徴する双璧として名高い。

段玉裁（だんぎょくさい）（一七三五〜一八一五）

清代の考証学者。字《あざな》は若膺《じゃくよう》、号は懋堂《ぼうどう》・茂堂《ぼうどう》・硯北《けんほく》老人《ろうじん》など。江蘇省金壇《きんだん》の人。一七六〇年（乾隆二五）の挙人（科挙の地方試験である郷試《きょうし》の合格者）。会試《かいし》（科挙の中央試験）に落第し、北京で教職にあった時に戴震《たいしん》に師事。四川・貴州の知県を歴任するが、のち蘇州に隠棲し学問に専念。外孫に龔自珍《きょうじちん》（一七九二〜一八四一）がいる。

師である戴震の影響を受けて先秦の漢字音である上《じょう》古韻《こいん》の研究をすすめ、『六書音均表《りくしょおんいんぴょう》』を著すがこれは畢生の大著『説文解字注《せつもんかいじちゅう》』と相互補完関係にあるものであった。後漢の許慎《きょしん》の著作である『説文解字《せつもんかいじ》』は字形を中心として文字・言語を解釈する書であるが、その注釈を作るにあたり「形《けい》・声《こえ》をして相表裏《あいひょうり》せしめ、因りてもっぱら推究《すいきゅう》すれば、古形《こけい》・古音《こおん》・古義《こぎ》において互いに求むべし」（『説文解字注』第一篇上・一部）と述べているように特に音声を重視し、言語法則への追究を単なる聖人の道に至るための手がかりとしてではなく、それ自体が道であるとみなし、経学上において解明すべき対象であると論じた。このようにして成立した『説文解字注』は武断の箇所が多いとして批判されることもあるが、このの ちの説文学の発展のきっかけを作った功績は大きく、その学風は戴震、王念孫《おうねんそん》・引之《いんし》父子とともに「戴段《たいだん》二王《におう》の学」と称される。また、王筠《おういん》（一七八四〜一八五四）の『説文解字釈例《せつもんかいじしゃくれい》』『説文解字句読《せつもんかいじくとう》』や桂馥《けいふく》（一七

段玉裁
（『清代学者象伝合集』より）

三六～一八〇五）の『説文解字義証《せつもんかいじぎしょう》』とともに「説文三大家」と呼ばれることもある。他の著作には『古文尚書撰異《こぶんしょうしょせんい》』『周礼漢読考《しゅらいかんどくこう》』『経韻楼集《けいいんろうしゅう》』などがある。

章学誠（しょうがくせい）（一七三八～一八〇一）

清代の史学者・思想家。浙江省会稽《かいけい》の人。字《あざな》は実斎《じっさい》。朱筠《しゅいん》（一七二九～八一）の知遇を得たが、長らく科挙に及第できず不遇であり、畢沅《ひつげん》（一七三〇～九七）など地方官の幕僚をつとめながら地方誌の編纂にたずさわる。一七七八年（乾隆四三）の進士。各地の書院で講学するが、のち郷里に退隠。

同時代の主潮となっていた訓詁考証《くんここうしょう》中心の経学にはあまり関心を示さず、史書を愛好していた。その主著『文史通義《ぶんしつうぎ》』では「六経《りっけい》は皆史《みなし》なり……皆先王《みなせんのう》の政典《せいてん》なり」（易教上）として「六経皆史論《りっけいかいしろん》」を唱えたが、これは新たな視点から学術の源流とその派別とを系統立てて明らかにし、その中で経書を文物制度・道徳の集大成者である周公《しゅうこう》の著述として再認識させるためのものであった。この考えは清末、葉徳輝《しょうとくき》（一八六三～一九二七）・章炳麟《しょうへいりん》（一八六八～一九三六）などの古文学派によって共通認識として受容されることとなる。また、史家には才・学・識のほか「史徳《しとく》」、すなわち歴史家自身によりつちかわれた主観性が要求されるとも説いた。明代の陽明学に源流を持ち、黄宗羲《こうそうぎ》に始まり万斯同《ばんしどう》（一六三八～一七〇二）・全祖望《ぜんそぼう》（一七〇五～五五）らに受け継がれた「浙東史学派《せっとうしがくは》」の後継者をもって自負しており、『史籍考《しせきこう》』の著述を志していたが、未完。本来その構想の一部であった『文史通義』『校讐通義《こうしゅうつうぎ》』が代表作として著名であるが、他の著述とともに後人により『章氏遺書《しょうしいしょ》』に収められている。戴震《たいしん》や汪中《おうちゅう》（一七四四～九四）に対し厳しい批判を行ったことでも知られる。

阮元の書跡
（青山杉雨『明清書道図説』より）

阮元（げんげん）（一七六四～一八四九）

清中期の学者・官僚。江蘇省儀徴《ぎちょう》の人。字《あざな》は伯元《はくげん》、号は雲台《うんだい》・芸台《うんだい》など。諡《おくりな》は文達《ぶんたつ》。一七八九年（乾隆五四）に進士となり、各省の巡撫や総督を歴任、民生のほか詁経精舎《こけいしょうじゃ》（杭州）や学海堂《がっかいどう》（広州）を創設したりするなど教育の振興と考証学の普及にも力を尽くし、また海防にも功績をあげる。のち体仁閣大学士（宰相）に至り太傅《たいふ》（元老の名誉職）を授けられる。

若年より揚州学派の流れを汲む一人として凌廷堪《りょうていかん》（一七五七～一八〇九）・焦循《しょうじゅん》（一七六三～一八二〇）・王《おう》念孫《ねんそん》らと交わり、ついには恵棟《けいとう》・銭大昕《せんたいきん》によって代表される呉派《ごは》と戴震《たいしん》らの皖派《かんは》という考証学の二大流派の集大成者となる。金石《きんせき》や車器《しゃき》などの名物の考証も多く行ったが、むしろ戴震《たいしん》の『孟子字義疏証《もうしじぎそしょう》』にならい、「聖賢《せいけん》の言に就きて訓《くん》ずるに或《ある》いは誤《あやま》りあれば、聖賢の道もまた誤りたり」（『揅経室集《けんけいしつしゅう》』「論語一貫説」）との観点から、「性命古訓《せいめいこくん》」（『揅経室集』）では性命・仁などの概念について本来、宋・明の儒者が仏教・道教の影響を受けて説いたような抽象的な意味ではないことの論証を試みたことにより哲学史上では特筆される。また彼は地方官在任中にパトロンとして学者を動員し、『經籍籑詁《けいせきせんこ》』『十三経注疏校勘記《じゅうさんけいちゅうそこうかんき》』など多くの書物を編集・刊行するが、とりわけ清初以降の経学の代表作をあつめた『皇清経解《こうせいけいかい》』は乾嘉の考証学の頂点をなすものとして名高い。彼以降の考証学は公羊学《くようがく》への分化や朱子学との調和をもとめようとする漢宋兼采《かんそうけんさい》の傾向を見せ、変質していくこととなる。

王念孫（おうねんそん）（一七四四～一八三二）

清代の官僚・考証学者。字《あざな》は懐祖《かいそ》。号は石臞《せきく》。江蘇省高郵《こうゆう》の人。少年時、吏部尚書《りぶしょうしょ》（人事院総裁）であった父の安国《あんこく》の命により戴震《たいしん》に師事。父を早く喪うが成人後、朱筠《しゅいん》の幕僚などを長くつとめ、汪中《おうちゅう》・阮元《げんげん》らとの交流をしつつその学問を形成していく。一七七五年（乾隆四〇）の進士。吏科給事中《りかきゅうじちゅう》（人事監察官）についていた一七八九年（嘉慶四）、権臣和珅《わしん》を弾劾し、その失脚のきっかけを作った。のちに永定河道員《えいていかどういん》（治水管理官）となるが治水失敗の責を負い六七歳の時に辞職、後進を指導し学問に専念する晩年を送る。

古籍の校勘にすぐれ、その考証には現在の考古学上の成果とも往々にして合致するものがある。特に主著『読《どく》書雑誌《しょざっし》』では先秦・漢代の史書や子書一八種について校勘・考証を行っているが、①古音韻に対する研究成果を反映し、仮借《かしゃ》の原理を応用し同音語に置き換えて解釈する、②「経《けい》を説く者は経の意を得るを期するのみ……己の意を以て経の意を逆《むか》へて之を他経《たけい》に参《さん》して証して以て訓を成す」（『経義述聞《けいぎじゅつぶん》』序）と言明しているようにテキスト全体の文意・文脈を考え、字句を正す、③類書などに引用されている文を参照する、といった方法を活用することにより、段玉裁《だんぎょくさい》『説文解字注《せつもんかいじちゅう》』とならんで乾嘉《けんか》の学と称される考証学全盛期の最高水準を示したばかりでなく、この後、清末以降に盛んとなる諸子研究に道を拓くことにもなる。著述には他に『広雅疏証《こうがそしょう》』がある。

子の引之《いんし》（一七六六～一八三四）もまたその業をよく継ぎ、父子をあわせて「二王《におう》」と称されている。引之の名義とされている『経義述聞《けいぎじゅつぶん》』『経伝釈詞《けいでんしゃくし》』もまた事実上父子の合作といってもよい。

皮錫瑞（ひせきずい）（一八五〇～一九〇八）

清末の経学者。湖南省善化《ぜんか》の人。字《あざな》は鹿門《ろくもん》・麓雲《ろくうん》。一八八二年（光緒八）の挙人（科挙の地方試験である郷試《きょうし》の合格者）。各地の書院で教育活動を行っていたが、日清戦争後、国事を憂え康有為《こうゆうい》・梁啓超《りょうけいちょう》らの変法運動《へんぽううんどう》に共鳴し、梁により南学会《なんがっかい》に招聘され講学。そのため一八九八年の変法運動の失敗後処罰を受ける。のち赦され湖《こ》南高等師範堂《なんこうとうしはんどう》（後の湖南第一師範学校）などで経学を教えるが、道を不変のものとし、革命思想には一貫して反対する。

魏源《ぎげん》（一七九四～一八五六）・王闓運《おうがいうん》（一八三二～一九一六）とならび湖南における今文公羊学《きんぶんくようがく》を代表する碩学であるが、康有為の過激な説には批判的であり、また宋学を認め、鄭玄《じょうげん》に対しても両漢の学術の集大成者として評価するという中正穏健な学風を持した。同時期の湖南の学者である王先謙《おうせんけん》（一八四二～一九一八）・葉徳輝《しょうとくき》（一八六三～一九二七）とは学派の別を超えて常に学問的な交流があった。主著には『今文尚書考証《きんぶんしょうしょこうしょう》』『古文尚《こぶんしょう》書冤詞平議《しょえんしへいぎ》』『孝経鄭注疏《こうきょうていちゅうそ》』『王制箋《おうせいせん》』など（すべて『師伏堂全書《しふくどうぜんしょ》』所収）があるが、特に晩年に「凡《およ》そ学は其の源流を考えざれば古今の変に通ずることなく、其の得失を別《わか》たざれば以て従《よ》りて入るの途を得ることなし」（『経学歴史』「経学開闢時代《けいがくかいびゃくじだい》」）との目的で編まれた『経《けい》学歴史《がくれきし》』『経学通論《けいがくつうろん》』は、民国期の学術史・国学入門書の先駆的存在として名高い。また維新変法《いしんへんぽう》を挟んだ時期の日記である『師伏堂日記《しふくどうにっき》』は近代史の貴重な史料である。

康有為（こうゆうい）（一八五八～一九二七）

清末民国初の思想家・公羊《くよう》学者。広東省南海《なんかい》の人。初名は祖詒《そい》、字《あざな》は広厦《こうか》・更生《こうせい》、号は長素《ちょうそ》・天游化人《てんゆうかじん》など。南海先生と称される。若い時より政治改革を主張し、日清戦争後の一八九五年（光緒二一）、都で挙人（科挙の地方試験である郷試《きょうし》の合格者）を組織し和議に反対する公《こう》車上書《しゃじょうしょ》運動を展開。同年進士（科挙の最終試験である殿《でん》試《し》の合格者）となり工部主事《こうぶしゅじ》（建設省課長）の官に就く。一八九八年（光緒二四）、徳宗《とくそう》（光緒帝《こうしょてい》）の下で譚嗣同《たんしどう》（一八六五～九八）や門人の梁啓超《りょうけいちょう》（一八七三～一九二九）らとともに維新変法運動を開始するが、政変により失敗、海外に亡命し保皇会《ほこうかい》を創り孫文《そんぶん》ら革命派に対抗。辛亥革命後、清朝の復辟《ふくへき》活動に従事する。

はじめ朱次琦《しゅじき》（一八〇七～八一）に従って朱子学を学ぶが、のち西洋思想に触れ転機を迎える。さらに廖平《りょうへい》（一八五一～一九三二）を通じて公羊学《くようがく》を受け入れその思想を形成。その著『新学偽経考《しんがくぎけいこう》』では従来の古文経学を前漢の劉歆《りゅうきん》による偽造とみなし、つづく『孔子改制考《こうしかいせいこう》』では孔子は古の聖人に仮託し、「素王《そおう》」として新たな「王朝」を創始するため新経書・制度を作った（託古改制《たくこかいせい》）と主張し、自身の政治思想の理論的根拠とするとともに、孔子を教主とした新しい儒教「孔教《こうきょう》」を提唱した。これは結果的に経書や孔子の地位の相対化をもたらし、民国期の疑古学派《ぎこがくは》の先駆けともなる。また『大同書《だいどうしょ》』では「人には忍びざるの心あり」（「甲部《こうぶ》・入世界観衆苦《にゅうせかいかんしゅうく》」）として人の世の苦の原因となっている家族・国家・私有財産制を廃絶してあらゆる差別が消滅した理想社会の姿を描く。他の著書に『長興学記《ちょうこうがっき》』『春秋董氏学《しゅんじゅうとうしがく》』『礼運注《れいうんちゅう》』『諸天講《しょてんこう》』などがある。

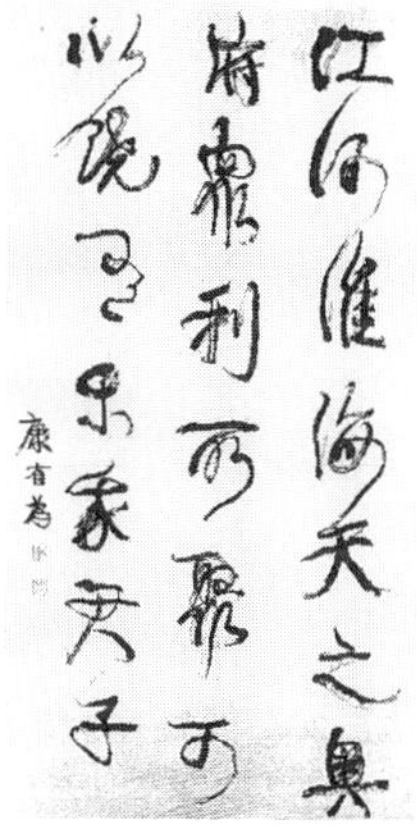

康有為の書跡
（中村伸夫『中国近代の書人たち』より）

胡適（こせき・こてき）（一八九一～一九六二）

近代中国の国学者・思想家。初名は洪騂《こうせい》、字《あざな》は適之《せ(て)きし》。安徽省績渓《せきけい》の人。一九一〇年より米国に留学、コーネル大学を経てコロンビア大学でデューイに師事、プラグマティズム哲学を学ぶ。在米中の一九一七年に発表した「文学改良芻議《ぶんがくかいりょうすうぎ》」では、文言にかえて白話文の使用を提唱、文学革命《ぶんがくかくめい》の旗手となる。同年帰国後、北京大学教授に就任、陳独秀《ちんどくしゅう》（一八七九～一九四二）・李大釗《りたいしょう》（一八八八～一九二七）・魯迅《ろじん》（周樹人《しゅうじゅじん》。一八八一～一九三六）らとともに『新青年《しんせいねん》』により新文化《しんぶんか》・五四運動《ごしうんどう》を主導。『新青年』の左傾化に伴いグループを離脱、古典文化を近代的な視点から整理・再評価しようとする国故整理運動《こっこせいりうんどう》を始める。抗日戦争時には駐米大使。中華人民共和国の成立後台湾に移住、『自由中国《じゆうちゅうごく》』誌の創刊に関与、

北京大学旧校舎「紅楼」
（現 北京新文化運動紀念館）

民主化運動を支持。その挫折後、中央研究院院長を務める。

「あらゆる主義・あらゆる学理は、みな研究すべき」(『毎週評論』三一号「問題を多く論じ、主義を少なく言う」)であるが、決してイデオロギーとしてはならないとするプラグマティズム哲学・自由主義の立場は終生変わることはなかった。しかしながら、思想史の上ではむしろ伝統学術をその「全盤西化《ぜんばんせいか》」(全面的西洋化・近代化)の立場から整理・再解釈し、革命的パラダイムをもたらしたことが特筆される。『中国哲学史大綱《ちゅうごくてつがくしたいこう》』(上冊)・『先秦名学史《せんしんめいがくし》』は西洋哲学史の方法論を応用して著された最初の中国哲学史である。また戴震《たいしん》・章学誠《しょうがくせい》ら清代の考証学にプラグマティズムに通じるものを見出し、『紅楼夢《こうろうむ》』などの白話文学《はくわぶんがく》研究の先鞭を着ける。しばしば開拓者としての限界を指摘されつつも、その影響力は五〇年代の共産党による「胡適批判」や晩年の国民党政権との乖離が逆説的に示すように巨大なものがあった。

陳寅恪(ちんいんかく)(一八九〇~一九六九)

現代中国の歴史学者。字《あざな》は鶴寿《かくじゅ》であったがほとんど用いられたことはない。江西省義寧《ぎねい》の人、客家《はっか》(華南に多く居住する漢民族内のエスニシティ・グループ)。かつて湖南巡撫として変法運動に関わり失脚した宝箴《ほうしん》を祖父、清末を代表する詩人である三立《さんりゅう》を父に持つ名門に生まれる。日・独・米・仏に留学、サンスクリット・ギリシャ語といった古典語や西域・辺疆の諸言語など十数ヶ国語に通暁。帰国後、清華学校(のち清華大学)で王国《おうこく》維《い》(一八七七~一九二七)・呉宓《ごひつ》(一八九四~一九七八)とともに国学研究院の創設に尽力。抗日戦争中は西南聯合大学で教鞭をとる。中華人民共和国成立後は、中山大学にいたが文化大革命で迫害死。

陳寅恪(銭紹武作)
(呉学昭『呉宓与陳寅恪』より)

その研究業績はきわめて広範にわたるが、中心は魏晋南北朝史や隋唐史にあった。胡適の唱えているような「全盤西化論《ぜんばんせいかろん》」には懐疑的で、みずから「思想は咸豊《かんぽう》・同治《どうじ》の世《よ》(一八五一~七四)に囿《とら》われ、議論は湘郷《しょうきょう》(曽《そう》国藩《こくはん》)・南皮《なんぴ》(張之洞《ちょうしどう》)の間に近し」(『金明館叢稿二編』「馮友蘭《ふうゆうらん》中国哲学史下冊審査報告」)と述べているように清末の「中体西用論《ちゅうたいせいようろん》」の考え方を受け継ぎ、海外の最新学術動向を吸収しつつも中国本来のものを中心にすえるという「中国文化本位論《ちゅうごくぶんかほんいろん》」の立場にたち、呉宓を通じて柳詒徴《りゅういちょう》（一八八〇～一九五六）らの学衡派《がくこうは》とも近い関係にあった。著作に『隋唐制度淵源略論考《ずいとうせいどえんげんりゃくろんこう》』『元白詩《げんぱくし》箋証稿《せんしょうこう》』『金明館叢稿初編《きんめいかんそうこうしょへん》・二編《にへん》』『寒柳堂集《かんりゅうどうしゅう》』『柳如《りゅうにょ》是別伝《ぜべつでん》』などがある。

毛沢東（もうたくとう）（一八九三～一九七六）

字《あざな》は詠芝《えいし》・潤之《じゅんし》。湖南省湘潭《しょうたん》の人。富農の長男として生まれ辛亥革命時には従軍するが、湖南第一師範学校で楊昌済《ようしょうさい》に師事。卒業後、北京大学の図書館員として勤務。五四運動（一九一九年）の影響を受け、思想的彷徨の末マルクス主義を受け入れ、一九二一年の中国共産党設立に湖南省代表として参加する。北伐戦争時には農民運動を指導、朱徳《しゅとく》（一八八六～一九七六）とともに井《せい》崗山《こうざん》に入りゲリラ闘争を展開、党内やコミンテルンとの抗争の後、長征中の遵義《じゅんぎ》会議（一九三五年）後、徐々に党内での指導権を確立。中華人民共和国成立後、初代の国家主席となるが反右派闘争など、大規模な粛清を伴った幾多の政治運動を引き起こし、特に晩年発動した文化大革命（一九六六～七七）は「最大のあやまち」とされている。

その思想は、彼個人とは切り離された形で実事《じつじ》求《きゅう》是《ぜ》・大衆路線等を核としたマルクス主義の中国的展開である「毛沢東思想」として、今なお中共の指導理念として定式化されている。その公的な姿は『毛沢東選集《もうたくとうせんしゅう》』や『毛主席語録《もうしゅせきごろく》』（のち『毛沢東語録』）でもうかがうことができるが、全著作は日本で編纂・出版された『毛沢《もうたく》東集《とうしゅう》』に収められている。哲学上の著作としては『実《じっ》践論《せんろん》』『矛盾論《むじゅんろん》』があるが、西洋思想よりもむしろ、老《ろう》子《し》や陽明学、曾国藩《そうこくはん》（一八一一～七二）などの伝統思想とのつながりが指摘されている。ことに青年時の「意志とは、もともと、人生の事業の先駆となるべきものである」（「体育の研究」）という言葉はまさしくその生涯を解く鍵となるといえる。マルクス主義者となる以前の「早期毛沢東」の実像とともに、国外における影響や大衆の中におけるそのイメージ、さらには「風流の人物を数えるならば、還《かえ》って今朝《こんちょう》を看よ」（真の英雄たる帝王を探すのならば、過去ではなく現在の王朝に求めるべきである）（「沁園春《しんえんしゅん》・雪」）に象徴される歴史意識など、いまだにその研究対象としての意義は減じていない。

（横久保義洋）

中国思想史年表

凡例

（1）「時代」「年号」「西暦」「関連事項」「関係資料」よりなる。

（2）人物については没年を記し、生年がわかる場合は（　）内に記載する。

（3）「関係資料」について、文献の成立や編纂の年代が重要なものについては、その年に記載している。それ以外のものについては、作者の没年の箇所に主要著作を掲載している。

（4）三国や南北朝などの分裂期に関しては、各国の出来事に対する各国の年号を「（国名）年号」と記した。

（5）日本の事柄には、冒頭に「＊」を付す。〔　〕内は、日本の年号。

時代	年号	西暦	関連事項	関係資料
殷（前1600頃～前1100頃）		**紀元前** 前一六〇〇頃 前一三〇〇頃	湯王《とうおう》、夏の桀王《けつおう》を滅ぼし、亳《はく》を都とする。 盤庚《ばんこう》、殷《いん》を都とする。（他に、前一四〇〇年頃とする説もあり）	
西周（前1100頃～前770）		前一一〇〇頃	姫発（武王）、殷の紂王《ちゅうおう》を滅ぼし即位。鎬京《こうけい》を都とする。	

王年	年代	事項	出土文献
東周(前770～前256)			
春秋時代(前770～前453)			
平王一	前七七〇	平王、洛邑《らくゆう》に遷都(周の東遷)。	晋・侯馬盟書《こうばめいしょ》(一九六五年出土、山西省)
平王四九	前七二二	『春秋《しゅんじゅう》』の記事始まる。	
襄王一	前六五一	斉《せい》の桓公《かんこう》、覇者《はしゃ》となる(葵丘《ききゅう》の会盟《かいめい》)。	
襄王七	前六四五	斉の管仲《かんちゅう》、没。	
襄王二〇	前六三二	晋の文公《ぶんこう》、覇者となる(践土《せんど》の会盟)。	
霊王二四	前五四八	斉の崔杼《さいちょ》が主君の荘公を殺害する。	
景王二三	前五二二	鄭《てい》の子産《しさん》、没。	
敬王一四	前五〇六	呉王闔廬《ごおうこうりょ》の軍が、楚の都、郢《えい》を陥落させる。	
		この頃、孫子(孫武)が活躍。	
敬王二〇	前五〇〇	斉の晏嬰《あんえい》、没。	
敬王二四	前四九六	呉王闔廬、没。	
敬王三一頃	前四八九頃		
敬王三九	前四八一	『春秋』の記事終わる。	
敬王四一	前四七九	孔子(前五五一～)、没。	
貞定王一六	前四五三	韓《かん》・魏《ぎ》・趙《ちょう》が晋の智《ち》氏を滅ぼして自立。戦国時代の開始(戦国時代の開始を前四〇三年とする説もあり)。	曾(随)・曾侯乙墓《そうこういつぼ》竹簡(一九七八年出土、湖北省)
考王八頃	前四三三頃	この頃、墨子《ぼくし》が活動。	
安王二一頃	前三八一	呉子(呉起《ごき》)、没。	
烈王三	前三七三	炭素一四の年代測定による上博楚簡《しゃんはくそかん》の上限。	
顕王一〇	前三五九	秦の孝公《こうこう》、商鞅《しょうおう》を登用して変法《へんぽう》を行う。	
顕王一六	前三五三	桂陵《けいりょう》の戦い。魏が趙に侵攻し、趙が斉に援軍を求める。斉の孫臏《そんぴん》の計略により、斉軍が魏軍を破る。	
顕王二八	前三四一	馬陵《ばりょう》の戦い。魏・趙の連合軍が韓を攻め、韓が斉に	

戦国時代（前453～前221）			
		援軍を求める。孫臏の計略により、斉が魏を完全に破る。魏の将軍、龐涓《ほうけん》が自害。	
顕王三一	前三三八	商鞅、没。	
赧王一頃	前三一四頃	恵施《けいし》、没。	
赧王六～	前三〇九～		秦・青川《せいせん》秦牘（一九七九年出土、四川省）
赧王八頃	前三〇七頃		
赧王一五頃	前三〇〇頃	郭店《かくてん》一号楚墓の造営時期。	楚・郭店楚簡（一九九三年出土、湖北省）／楚・上博楚簡（一九九四年以前出土、湖北省）
赧王二五頃	前二九〇頃	荘子《そうじ》（前三六五頃～）、没。	
赧王二六頃	前二八九頃	孟子《もうし》（前三七二頃～）、没。	
赧王三六	前二七九	藺相如《りんしょうじょ》、趙王を助け秦王と澠池《べんち》で会見（澠池の会）。	
赧王三七	前二七八	秦の将軍白起《はくき》、楚の都の郢《えい》を攻略。楚は陳に遷都（郭店楚簡・上博楚簡の書写・成立の下限）。	
赧王五九	前二五六	秦が周を滅ぼす。	
赧王五九～	前二五六～		睡虎地《すいこち》秦簡（一九七五年出土、湖北省）
始皇帝三〇頃	前二一七頃		
恵公六頃	前二五〇頃	公孫龍《こうそんりょう》（前三二〇頃～）、没。	
始皇帝七頃	前二四〇頃	鄒衍《すうえん》、没。	
始皇帝一二	前二三五	呂不韋《りょふい》、没。	呂不韋『呂氏春秋《りょししゅんじゅう》』
始皇帝一四	前二三三	韓非子《かんぴし》、没。	韓非『韓非子《かんぴし》』
始皇帝一七頃	前二三〇頃	荀子《じゅんし》（前三一〇頃～）、没。	
始皇帝二五～	前二二二～		里耶《りや》秦簡（一九九二年出土、湖北省）
二世皇帝二頃	前二〇八頃		
始皇帝二六	前二二一	秦王の嬴政《えいせい》、天下を統一し、始皇帝を称す。貨幣・度量衡・文字などの統一。	

秦（前221～前206）	始皇帝三四	前二一三	医薬・農業・卜占《ぼくせん》以外の書物が焼き払われる（焚書《ふんしょ》）。 挟書律《きょうしょりつ》の制定。	
	始皇帝三五	前二一二	咸陽で数百人の学者が坑埋《あなう》めにされる（坑儒《こうじゅ》）。	
	二世皇帝一	前二〇九	陳勝《ちんしょう》・呉広《ごこう》の乱。	
	二世皇帝二	前二〇八	李斯《りし》、没。	
前漢（前206～後7）	高祖一	前二〇六	秦王の子嬰《しえい》、劉邦《りゅうほう》（高祖）に降伏し、秦滅ぶ。	
	高祖五	前二〇二	劉邦、皇帝として即位。洛陽を都とする（後、長安に遷都）。	
	恵帝四	前一九一	挟書律の廃止。	
	少帝恭二頃	前一八六頃	長《ちょう》沙《さ》馬《ま》王堆《おうたい》漢墓二号墓。	張《ちょう》家《か》山《ざん》漢簡（一九八三年出土・湖北省）
	少帝弘四	前一八〇	呂氏《りょし》一族、誅滅。	
	文帝三	前一七七	劉長、審食其《しんいき》を殺害する。	
	文帝一一頃	前一六九頃	賈誼《かぎ》（前二〇一頃～）、没。	賈誼『新書《しんじょ》』
	文帝一二	前一六八	長沙馬王堆漢墓三号墓（一号墓はこの後数年の間）。	馬王堆帛書（一九七三年出土・湖南省）
	景帝前三	前一五四	呉楚七国《ごそしちこく》の乱。	この頃、魯（山東省曲阜）の孔子旧宅より「壁中書」発見。
	建元一～	前一四〇～		銀雀山《ぎんじゃくざん》漢簡（一九七二年出土・山東省）
	元狩五頃	前一一八頃		
	建元二	前一三九	張騫《ちょうけん》、西域に向け出発。	
	建元五	前一三六	武帝、五経博士《ごきょうはかせ》を置く。	
	元狩一	前一二二	劉安《りゅうあん》（前一七九～）、没。	劉安『淮南子《えなんじ》』
	元狩四	前一一九	塩鉄専売制《えんてつせんばいせい》の開始。	
	元封一	前一一〇	武帝、封禅《ほうぜん》を行う。	
	太初一頃	前一〇四頃	武帝、太初暦を作る。董仲舒《とうちゅうじょ》（前一七九頃～）、没。	董仲舒『春秋繁露《しゅんじゅうはんろ》』

天漢二	前九九	李陵《りりょう》、匈奴に降服。翌年、司馬遷《しばせん》宮刑《きゅうけい》。	この頃、北京大学蔵西漢竹書の書写。
天漢四	前九七		司馬遷『史記《しき》』
征和二	前九一	巫蠱《ふこ》の乱。戾太子《れいたいし》・衛皇后《えいこうごう》、没。	
始元一	前八六	司馬遷《しばせん》(前一四五〜)、没。	
始元六	前八一	塩鉄《えんてつ》会議開催。	宣帝期、桓寛《かんかん》が塩鉄会議の内容を『塩鉄論《えんてつろん》』として編集。
地節四	前六六	霍《かく》一族滅ぶ。	
甘露三	前五一	石渠閣《せっきょかく》会議。	
建平一	前六	劉向《りゅうきょう》(前七七〜)、没。	劉向『説苑《ぜいえん》』『新序《しんじょ》』『列女伝《れつじょでん》』
	紀元後		
元始一	一	王莽《おうもう》、安漢公となり政権を執る。	
元始五	五	平帝、没。王莽、孺子嬰《じゅしえい》を皇太子とし、自ら摂政となる。	
新(8〜23)			
初始一	八	王莽、即位。国号を「新」に改める。前漢滅亡。	
天鳳五	一八	赤眉《せきび》の乱。	
更始一	二三	劉歆《りゅうきん》、没。	劉歆『七略《しちりゃく》』
建武一	二五	劉秀《りゅうしゅう》(光武帝)、即位して漢を復興(後漢)。洛陽を都とする。	
建武七頃	三一頃	桓譚《かんたん》(前四〇頃〜)、没。	桓譚『新論《しんろん》』
建初四	七九	白虎観《びゃっこかん》会議の開催。	班固《はんこ》『白虎通義《びゃっこつうぎ》』
永元三	九一		王充《おうじゅう》『論衡《ろんこう》』成立。
永元四頃	九二頃	班固(三二〜)、没。	
永元一二	一〇〇頃	王充(二七〜)、没。	許慎《きょしん》『説文解字《せつもんかいじ》』成立。
延光三	一二四	許慎(三〇〜)、没。	

後漢(25～220)			
和平一頃	一五〇頃	五斗米道《ごとべいどう》(天師道《てんしどう》)の教団化。	
延熹九	一六六	馬融《ばゆう》(七九～)、没。第一次党錮《とうこ》事件。	馬融『春秋三伝異同説《しゅんじゅうさんでんいどうせつ》』
永康一頃	一六七頃	王符《おうふ》(八〇頃～)、没。	王符『潜夫論《せんぷろん》』
建寧二	一六九	第二次党錮事件。	
熹平四	一七五	太学門外に石経《せっけい》を建立(熹平《きへい》石経)。	
光和五	一八二	何休《かきゅう》(一二九～)、没。	何休『春秋公羊解詁《しゅんじゅうくようかいこ》』
光和七	一八四	黄巾《こうきん》の乱。	
初平三	一九二	蔡邕《さいよう》(一三二～)、没。	
建安五	二〇〇	鄭玄《じょうげん》(一二七～)、没。	鄭玄『六芸論《りくげいろん》』『駁五経異義《ばくごきょういぎ》』『毛詩《もうし》鄭箋《ていせん》』『三礼注《さんらいちゅう》』
建安六	二〇一	趙岐《ちょうき》、没。	趙岐『孟子章句《もうししょうく》』
建安一四	二〇九	荀悦《じゅんえつ》(一四八～)、没。	荀悦『申鑒《しんかん》』
建安二四	二一九	仲長統《ちゅうちょうとう》(一七九～)、没。	仲長統『昌言《しょうげん》』
三国(220～280)			
(魏)黄初一	二二〇	魏の曹操《そうそう》(武帝)(一五五～)、没。魏の曹丕《そうひ》(文帝)、即位。洛陽《らくよう》を都とする。	曹操「魏武帝注《ぎぶていちゅう》孫子」
(蜀)章武一	二二一	蜀の劉備《りゅうび》(昭烈帝)、即位。成都《せいと》を都とする。	
(呉)黄龍一	二二九	呉の孫権《そんけん》(大帝)、即位。建業《けんぎょう》を都とする。	
(魏)正始一～	二四〇～	洛陽の太学に「正始石経《せいしせっけい》(三体石経)」建立。	
嘉平一頃	二四九頃		
(魏)嘉平一	二四九	何晏《かあん》(一九〇頃～)、没。王弼《おうひつ》(二二六～)、没。	何晏『論語集解《ろんごしっかい》』、王弼『周易注《しゅうえきちゅう》』『老子注《ろうしちゅう》』
(魏)甘露一	二五六	王粛《おうしゅく》(一九五～)、没。	王粛『聖証論《せいしょうろん》』
(魏)景元三	二六二	嵆康《けいこう》(二二三～)、没。	嵆康『養生論《ようせいろん》』『声無哀楽論《せいむあいらくろん》』
(魏)景元四	二六三	阮籍《げんせき》(二一〇～)、没。	阮籍『通易論《つうえきろん》』『達荘論《たっそうろん》』『大人先生伝』『詠懐詩』

時代	年号	西暦	事項
西晋 (265～316)	泰始一	二六五	司馬炎《しばえん》(武帝)、洛陽を都とし、西晋《せいしん》を建国。
	咸寧五	二七九	河南省汲《きゅう》郡の戦国時代の古墓から「汲冢書《きゅうちょうしょ》」出土。
	太康一	二八〇	西晋が呉を滅ぼし、天下を統一する。
	太康四	二八三	山濤《さんとう》(二〇五～)、没。
	太康五	二八四	杜預《どよ》(二二二～)、没。
	永康一	三〇〇	裴頠《はいぎ》(二六七～)、没。
	永興一	三〇四	五胡十六国《ごこじゅうろっこく》の時代(～四三九)。
	永興五	三〇五	王戎《おうじゅう》(二三四～)、没。
	永嘉六	三一二頃	郭象《かくしょう》(二五二頃～)、没。
東晋 (317～419)	建武一	三一七	司馬睿《しばえい》(元帝)、即位。建業《けんぎょう》を都として、東晋《とうしん》を建国。
	建元一	三四三	葛洪《かっこう》(二八三～)、没。
	太和一	三六六	支遁《しとん》(三一四～)、没。
	咸安一	三七一	孫綽《そんしゃく》(三一四～)、没。
	太元一〇	三八五	道安《どうあん》(三一二～)、没。
	義熙五	四〇九	鳩摩羅什《くまらじゅう》(三五〇～)、没。
	義熙一〇	四一四	僧肇《そうじょう》(三八四～)、没。
	義熙一二	四一六	慧遠《えおん》(三三四～)、没。
	(宋)永初一	四二〇	劉裕《りゅうゆう》(武帝)、即位。建康《けんこう》を都として、劉宋《りゅうそう》を建国。
		四三三	謝霊運《しゃれいうん》(三八五～)、没。
		四三四	竺道生《じくどうしょう》(三一〇頃～)、没。
	(北魏)太延五	四三九	北魏の拓跋燾《たくばつとう》(太武帝《たいぶてい》)、華北を統一。
	(北魏)太平真君七	四四六	北魏太武帝、仏教を弾圧する。
		四四七	何承天《かしょうてん》(三七〇～)、没。
		四四八	寇謙之《こうけんし》(三六五頃～)、没。

西晋	杜預『春秋経伝集解《しゅんじゅうけいでんしっかい》』
	裴頠『崇有論《すうゆうろん》』
	郭象『荘子注《そうじちゅう》』
東晋	葛洪『抱朴子《ほうぼくし》』『神仙伝《しんせんでん》』
	支遁『阿弥陀仏像讃《あみだぶつぞうさん》』
	孫綽『喩道論《ゆどうろん》』『論語注《ろんごちゅう》』
	鳩摩羅什『妙法蓮華経《みょうほうれんげきょう》』『阿弥陀《あみだ》経《きょう》』などの仏典翻訳。
	僧肇『肇論《じょうろん》』
	慧遠『沙門不敬王者論《しゃもんふけいおうじゃろん》』

南北朝（420～589）	（南斉）建元一	四七九	蕭道成《しょうどうせい》（高帝）、南斉《なんせい》を建国。	
	（梁）天監一	五〇二	蕭衍《しょうえん》（武帝）、梁を建国。	
		五一〇	范縝《はんしん》（四五〇～）、没。	范縝『神滅論《しんめつろん》』
		五二九	菩提達摩《ぼだいだるま》、没。	
	（西魏）大統一	五三五	北朝、北魏が東魏と西魏に分裂。	
		五三六	陶弘景《とうこうけい》（四五六～）、没。	陶弘景『真誥《しんこう》』『神農本草経集注《しんのうほんぞうきょうしっちゅう》』
		五四二	曇鸞《どんらん》（四七六～）、没。	
		五四五	皇侃《おうがん》（四八八～）、没。	皇侃『論語義疏《ろんごぎそ》』
	（梁）太清三	五四九	蕭衍（梁武帝）（四六四～）、没。	
	（北周）孝閔帝一 （陳）永定一	五五七	北朝、宇文護《うぶんご》・宇文覚《うぶんかく》（孝閔帝）が西魏を滅ぼし、北《ほく》周《しゅう》を建国。南朝、陳覇先《ちんはせん》（武帝）が陳を建国。	
	（北周）建徳六	五七七	北周武帝、仏教を弾圧する。	
	（隋）開皇一	五八一	楊堅《ようけん》（文帝）、北周から禅譲され、隋を建国。大興《たいこう》（長安）を都とする。	
隋（581～617）	開皇九	五八九	隋、陳を滅ぼし、南北を統一する。仏教復興。	
	開皇一八	五九八	科挙制度始まる（一説に、六〇四）。	
	仁寿二頃	六〇二頃	顔之推《がんしすい》（五三一～）、没。	顔之推『顔氏家訓《がんしかくん》』
	武徳一	六一八	李淵《りえん》（高祖）、即位。長安を都とする。	
	武徳四頃	六二一頃	祆教《けんきょう》（ゾロアスター教）伝来。	
	貞観七	六三三		五経《ごきょう》定本の成立。
	貞観九	六三五	王遠知《おうえんち》（五二八～）、没。景教《けいきょう》（ネストリウス派キリスト教）伝来。	
	貞観一九	六四五	顔師古《がんしこ》（五八一～）没。玄奘《げんじょう》、西域より帰国。	顔師古『漢書注《かんじょちゅう》』、玄奘『大唐西域記《だいとうさいいきき》』
	貞観二二	六四八	孔穎達《くようだつ》（五七四～）、没。	
	永徽四	六五三		『五経正義《ごきょうせいぎ》』成立。

唐（618〜907）	麟徳一	六六四	玄奘（六〇二〜）、没。	玄奘『成唯識論《じょうゆいしきろん》』
	永隆二	六八一	善導《ぜんどう》（六一三〜）、没。	善導『観無量寿経疏《かんむりょうじゅきょうそ》』
	神功一	六九七	王玄覧《おうげんらん》（六二六〜）、没。	王玄覧『玄珠録《げんじゅろく》』
	先天一	七一二	玄宗《げんそう》、即位。	
	開元一	七一三	開元《かいげん》の治（〜七四一）。	
	開元九	七二一	劉知幾《りゅうちき》（六六一〜）、没。	劉知幾『史通《しつう》』
	開元二三	七三五	司馬承禎《しばしょうてい》（六四七〜）、没。	司馬承禎『坐忘論《ざぼうろん》』
	天宝一四	七五五	安禄山《あんろくざん》・史思明《ししめい》の乱（〜七六三）。	
	大暦一三	七七八	呉筠《ごいん》、没。	呉筠『形神可固論《けいしんかころん》』
	元和一四	八一九	柳宗元《りゅうそうげん》（七七三〜）、没。	柳宗元『天説《てんせつ》』『非国語《ひこくご》』
	長慶四	八二四	韓愈《かんゆ》（七六八〜）、没。	韓愈『原道《げんどう》』『論仏骨表《ろんぶっこつひょう》』
	開成二	八三七	「開成石経《かいせいせっけい》」建立。	
	会昌一	八四一	李翺《りこう》（七七二〜）、没。	李翺『復性書《ふくせいしょ》』
	会昌二	八四二	劉禹錫《りゅううしゃく》（七七二〜）、没。	劉禹錫『天論《てんろん》』
	会昌五	八四五	武宗、仏教を弾圧する（会昌の廃仏《はいぶつ》）。	
五代十国（907〜960）	（後梁）開平一	九〇七	朱全忠《しゅぜんちゅう》（太祖）、唐を滅ぼし後梁《こうりょう》を建国。開封《かいほう》を都とする。	
	（後周）顕徳二	九五五	後周《こうしゅう》の世宗《せいそう》、廃仏令《はいぶつれい》を出す。	
	建隆一	九六〇	趙匡胤《ちょうきょういん》（太祖）、即位。開封《かいほう》を都とする。	
	淳化二以前	九九一以前		郭忠恕《かくちゅうじょ》『汗簡《かんかん》』
	景徳一	一〇〇四	宋と遼の和約「澶淵《せんえん》の盟」成る。	『景徳伝灯録《けいとくでんとうろく》』の編纂。
	大中祥符一	一〇〇八	真宗《しんそう》、天書が降ったことをきっかけに道教を推進する。 玉皇《ぎょくこう》大帝の信仰広まる。	
	天聖五頃	一〇二七頃		張君房《ちょうくんぼう》『雲笈七籤《うんきゅうしちせん》』
	宝元一	一〇三八		雪竇重顕《せっちょうじゅうけん》『雪竇頌古《せっちょうじゅこ》』

北宋
(960～1126)

慶暦三	一〇四三	仁宗《じんそう》時代の「慶暦《けいれき》新政」始まる。范仲淹《はんちゅうえん》（九八九～一〇五二）・欧陽脩《おうようしゅう》・胡瑗《こえん》（九九三～一〇五九）・孫復《そんぷく》（九九二～一〇五七）・石介《せっかい》（一〇〇五～一〇四五）ら活躍する。	
慶暦四	一〇四四		夏竦《かしょう》『古文四声韻《こぶんしせいいん》』
皇祐四	一〇五二	雪竇重顕（九八〇～）、没。	
嘉祐五	一〇六〇		欧陽脩『新唐書』
熙寧二	一〇六九	王安石《おうあんせき》、「新法」を開始。	
熙寧三	一〇七二	欧陽脩（一〇〇七～）、没。	
熙寧六	一〇七三	周敦頤《しゅうとんい》（一〇一七～）、没。	周敦頤『太極図説《たいきょくずせつ》』
熙寧八	一〇七五		張伯端《ちょうはくたん》『悟真篇《ごしんへん》』
熙寧一〇	一〇七七	邵雍《しょうよう》（一〇一一～）・張載《ちょうさい》（一〇二〇～）、没。	邵雍『皇極経世書《こうきょくけいせいしょ》』、張載『正蒙《せいもう》』
元豊三	一〇八〇		「武経七書《ぶけいしちしょ》」成立。
元豊五	一〇八二	張伯端（九八七～）、没。	蘇軾《そしょく》「赤壁《せきへき》の賦《ふ》」
元豊八	一〇八五	程顥《ていこう》（一〇三二～）、没。神宗《しんそう》（一〇四八～）、没。新法が一旦廃され、旧法が復活する（以後、新法派と旧法派と抗争が南宋初期まで続く）。	司馬光《しばこう》『資治通鑑《しじつがん》』
元祐一	一〇八六	王安石（一〇二一～）・司馬光（一〇一九～）、没。	
紹聖二	一〇九五	沈括《しんかつ》（一〇三一～）、没。	沈括『夢渓筆談《むけいひつだん》』
建中靖国一	一一〇一	蘇軾（一〇三六～）、没。	
崇寧三	一一〇四	王安石、孔子廟に配享（～一一二六）	
大観一	一一〇七	程頤《ていい》（一〇三三～）、没。	
政和二	一一一二	蘇轍《そてつ》（一〇三九～）、没。	
政和三	一一一三		徽宗《きそう》、『万寿道蔵《ばんじゅどうぞう》』を編纂させる。
政和五	一一一五	金、建国。	
宣和七	一一二五	金、遼を滅ぼす。	

王朝	年号	西暦	事項	著作
	靖康一	一一二六	靖康《せいこう》の変。	
南宋（1127〜1279）	建炎一	一一二七	金軍により徽宗・欽宗《きんそう》が捕えられ、北宋滅亡。趙構《ちょうこう》（高宗）、即位して宋を復興（南宋）。のち臨安《りんあん》に都を置く。	
	紹興五	一一三五	円悟克勤《えんごこくごん》（一〇六三〜）、没。	円悟克勤『碧巌録《へきがんろく》』
	紹興一二	一一四二	宋と金の和議成る。	
	紹興二六	一一五六	秦檜《しんかい》によって禁圧されていた道学が公認される。	
	紹興二七	一一五七	宏智正覚《わんししょうがく》（一〇九一〜）、没。	
	隆興一	一一六三	大慧宗杲《だいえそうこう》（一〇八九〜）、没。	
	乾道六	一一七〇	王重陽《おうちょうよう》（一一一二〜）、没。	
	淳熙二	一一七五	朱熹《しゅき》と陸九淵《りくきゅうえん》による会談（「鵝湖《がこ》の会《かい》」）。	朱熹・呂祖謙《りょそけん》『近思録《きんしろく》』
	淳熙六	一一七九	朱熹、白鹿洞《はくろくどう》書院を復興。	
	淳熙七	一一八〇	張栻《ちょうしょく》（一一三三〜）、没。	張栻『南軒易説《なんけんえきせつ》』『論語解《ろんごかい》』
	淳熙八	一一八一	呂祖謙（一一三七〜）、没。	
	淳熙一四	一一八七	＊栄西《えいさい》、入宋。帰国（一一九一）後、臨済宗《りんざいしゅう》を伝える。	
	紹熙三	一一九二	陸九淵（一一三九〜）、没。	
	紹熙五	一一九四	陳亮《ちんりょう》（一一四三〜）、没。	
	慶元一	一一九五	慶元党禁による朱子学弾圧始まる（〜一二〇二）。	
	慶元五	一一九九	＊俊芿《しゅんじょう》、入宋。帰国（一二一一）後、朱子学を伝える。	
	慶元六	一二〇〇	朱熹（一一三〇〜）、没。	朱熹『四書集注《ししょしっちゅう》』
	嘉泰三	一二〇三	陳傅良《ちんふりょう》（一一三七〜）、没。	
	開禧二	一二〇六	チンギス＝ハン、即位。モンゴル帝国の成立。	
	嘉定三	一二一〇	陸游《りくゆう》（一一二五〜）、没。	
	嘉定八	一二一五	金の中都、陥落。	

年号	西暦	事項	著作
嘉定一六	一二二三	葉適《しょうせき》（一一五〇〜）、没。＊道元《どうげん》、入宋し、帰国（一二二七）後、曹洞宗を伝える。	
宝慶三	一二二七	チンギス＝ハン、西夏を滅ぼす。	
紹定一	一二二八	白玉蟾《はくぎょくせん》（一一九四〜）、没。	
端平一	一二三四	金、モンゴル・南宋軍に攻められ、滅亡。	
端平二	一二三五	真徳秀《しんとくしゅう》（一一七八〜）、没。＊円爾弁円《えんにべんえん》、入宋し、帰国（一二四一）後、京都東福寺を開く。	真徳秀『大学衍義《だいがくえんぎ》』
嘉熙一	一二三七	魏了翁《ぎりょうおう》（一一七八〜）、没。	
淳祐一	一二四一	周敦頤・張載・程顥・程頤・朱熹を孔子廟に従祀する。	
淳祐四	一二四四	朱子学の正統性確立。耶律楚材《やりつそざい》（一一九〇〜）、没。	
淳祐六	一二四六	＊南宋の禅僧、蘭渓道隆《らんけいどうりゅう》が来日。鎌倉建長寺の開祖。	
景定一	一二六〇	フビライ＝ハン、即位。	
咸淳六	一二七〇		『朱子語類』編纂。
咸淳七	一二七一	フビライ＝ハン、国号を「元」と改める。	
咸淳一〇	一二七四	＊元軍の日本遠征（元寇《げんこう》、文永《ぶんえい》の役《えき》）〔文永一一〕。	
景炎一	一二七六	南宋の臨安、陥落。	
元（1279〜1367）			
至元一六	一二七九	南宋、元軍の攻撃により滅亡。	
至元一七	一二八〇	授時暦の完成。黄震《こうしん》（一二一三〜）、没。	黄震『黄氏日抄《こうしにっしょう》』
至元一八	一二八一	許衡《きょこう》（一二〇九〜）、没。＊元軍の日本遠征（元寇、弘安《こうあん》の役《えき》）〔弘安四〕。	許衡『魯斎遺書《ろさいいしょ》』（『大学直解』『中庸直解』『小学大義』）
至元一九	一二八二	文天祥《ぶんてんしょう》（一二三六〜）、没。	
元貞二	一二九六	王応麟《おうおうりん》（一二二三〜）、没。	王応麟『困学紀聞《こんがくきぶん》』『玉海《ぎょくかい》』
皇慶二	一三一三	元の建国当初に中止された科挙再開の詔が下される。	
延祐三	一三一六	郭守敬《かくしゅけい》（一二三一〜）、没。	
元統一	一三三三	呉澄《ごちょう》（一二四九〜）、没。	呉澄『礼記纂言《らいきさんげん》』『呉文正集』

至元一	一三三五	科挙の中止。	
至元六	一三四〇	科挙の再開。	
至元一一	一三五一	紅巾《こうきん》の乱。	
明 (1368～1644)			
洪武一	一三六八	元の大都、陥落。朱元璋《しゅげんしょう》（太祖・洪武帝《こうぶてい》）、即位。国号を「明」とし、南京を都とする。	
洪武三	一三七〇	科挙の制度が定められる（「設科詔《せっかしょう》」。のち、「科挙程式《かきょていしき》」（一三八四）へ）。	
洪武三〇	一三九七	洪武帝、『六諭《りくゆ》』を発布。	
建文四	一四〇二	永楽帝《えいらくてい》、即位。方孝孺《ほうこうじゅ》（一三五七～）、没。	『永楽大典《えいらくたいてん》』編纂。
永楽一三	一四一五		「永楽三大全《えいらくさんたいぜん》」（『五経大全《ごきょうたいぜん》』『四書《ししょ》大全《たいぜん》』『性理大全書《せいりだいぜんしょ》』）刊行。
永楽一九	一四二一	北京へ遷都。	
天順八	一四六四	薛瑄《せっせん》（一三八九～）、没。	薛瑄『読書録《どくしょろく》』
成化五	一四六九	呉与弼《ごよひつ》（一三九一～）、没。	呉与弼『日録《にちろく》』
成化二〇	一四八四	胡居仁《こきょじん》（一四三四～）、没。	胡居仁『居業録《きょぎょうろく》』
弘治八	一四九五	丘濬《きゅうしゅん》（一四一九～）、没。	丘濬『大学衍義補《だいがくえんぎほ》』
弘治一三	一五〇〇	陳献章《ちんけんしょう》（一四二八～）、没。	陳献章『白沙子《はくさし》全集』
正徳三	一五〇八	王守仁《おうしゅじん》、龍場《りゅうじょう》で大悟する。	
正徳一三	一五一八		王守仁『朱子晩年定論《しゅしばんねんていろん》』『古本大学《こほんだいがく》』『伝習録《でんしゅうろく》』（現行本の上巻）刊行。
正徳一六	一五二一	王守仁、この頃「致良知《ちりょうち》」説を提唱。	
嘉靖六	一五二七	天泉橋問答《てんせんきょうもんどう》が行われる。	
嘉靖七	一五二八	王守仁（一四七二～）、没。	
隆慶六	一五七二	薛瑄、孔子廟に従祀。	『王文成公全書《おうぶんせいこうぜんしょ》』（冒頭の三巻が『伝習録《でんしゅうろく》』）刊行。

万暦八	一五七九	張居正《ちょうきょせい》（一五二五〜八二）、全国の書院を閉鎖させる。	
万暦一二	一五八四	陳献章・胡居仁・王守仁、孔子廟に従祀。	
万暦二〇	一五九二	＊豊臣秀吉の朝鮮出兵（文禄の役）〔文禄一〕。	
万暦二五	一五九七	＊豊臣秀吉の朝鮮出兵（慶長の役）。姜沆《かんはん》（一五六七〜一六一八）、日本に連行される（〜一六〇〇）〔慶長二〕。	
万暦二八	一六〇〇	＊関ヶ原の戦い。藤原惺窩《ふじわらせいか》、徳川家康に謁見する〔慶長五〕。	
万暦三〇	一六〇二	李贄《りし》（一五二七〜）、没。	李贄『焚書《ふんしょ》』『蔵書《ぞうしょ》』
万暦三一	一六〇三	＊徳川家康、征夷大将軍になる〔慶長八〕。	
万暦三二	一六〇四	東林書院《とうりんしょいん》、顧憲成《こけんせい》（一五五〇〜一六一二）らによって復興される。＊林羅山《はやしらざん》、藤原惺窩の門に入る〔慶長九〕。	
万暦三三	一六〇五	＊林羅山、二条城で徳川家康に謁見〔慶長一〇〕。	
万暦四四	一六一六	ヌルハチ（清の太祖）、後金を建国。	
万暦四七	一六一九	＊藤原惺窩（一五六一〜）、没〔元和五〕。	
崇禎三	一六三〇	＊林羅山、上野《うえの》忍岡《しのぶがおか》に私塾を開く〔寛永七〕。	
崇禎六	一六三三	＊鎖国令（奉書船以外の渡航禁止）〔寛永一〇〕。	
崇禎八	一六三五	＊鎖国令（海外渡航禁止・帰国禁止）〔寛永一二〕。	
崇禎九	一六三六	ホンタイジ（清の太宗）、国号を後金より「清」と改める。＊鎖国令（ポルトガル人を出島に移す）〔寛永一三〕。	
崇禎一二	一六三九	＊鎖国令（ポルトガル人来航禁止）〔寛永一六〕。	
順治一	一六四四	明、滅亡。清、北京に遷都。	
順治一四	一六五七	＊林羅山（一五八三〜）、没〔明暦三〕。	
順治一六	一六五九	＊朱舜水《しゅしゅんすい》、日本に亡命。	

康熙一	一六六二	明の永暦帝没後、明の王統滅ぶ。＊伊藤仁斎《いとうじんさい》、古義堂《こぎどう》を開く〔寛文二〕。	
康熙一二	一六七三	三藩の乱。	
康熙一五	一六七六		黄宗羲《こうそうぎ》『明儒学案《みんじゅがくあん》』
康熙二一	一六八二	顧炎武《こえんぶ》（一六一三〜）、没。	顧炎武『日知録《にっちろく》』
康熙二九	一六九〇	＊徳川綱吉の命により、忍岡の孔子廟を湯島に移築（湯島聖堂《ゆしませいどう》）。あわせて林家の学問所も移転（講堂・学寮を整備）〔元禄三〕。	
康熙三一	一六九二	王夫之《おうふうし》（一六一九〜）、没。	王夫之『周易外伝《しゅうえきがいでん》』『読通鑑論《どくつがんろん》』
康熙三四	一六九五	黄宗羲（一六一〇〜）、没。	黄宗羲『明夷待訪録《めいいたいほうろく》』
康熙四四	一七〇五	＊伊藤仁斎（一六二七〜）、没〔宝永二〕。	＊伊藤仁斎『論語古義《ろんごこぎ》』『孟子古義《もうしこぎ》』
康熙五五	一七一六	＊享保の改革〔享保一〕。	
康熙五七	一七一八	李光地（一六四二〜）、没。	
康熙五九	一七二〇	＊漢訳洋書の輸入制限を緩和〔享保五〕。	
雍正二	一七二四	＊懐徳堂《かいとくどう》設立〔享保九〕。	
雍正四	一七二六	＊懐徳堂、官許学問所となる〔享保一一〕。	
雍正六	一七二八	＊荻生徂徠《おぎゅうそらい》（一六六六〜）、没。	＊荻生徂徠『弁道《べんどう》』『弁名《べんめい》』『論語徴《ろんごちょう》』
乾隆二三	一七五八	恵棟《けいとう》（一六九七〜）、没。	恵棟『九経古義《きゅうけいこぎ》』
乾隆二七	一七六二	江永《こうえい》（一六八一〜）、没。	
乾隆三七	一七七二		『四庫全書《しこぜんしょ》』編纂（〜一七九〇）。
乾隆四二	一七七七	戴震《たいしん》（一七二三〜）、没。	戴震『孟子字義疏証《もうしじぎそしょう》』
乾隆五二	一七八七	＊寛政の改革、始まる〔天明七〕。	
乾隆五五	一七九〇	＊老中・松平定信、昌平坂学問所内での教育を朱子学専一にするよう林家に指示（寛政異学の禁）〔寛政	

清(1644～1911)

乾隆六〇	一七九五	二〕。	趙翼《ちょうよく》『廿二史劄記《にじゅうにしさっき》』（自序）
嘉慶二	一七九七	王鳴盛《おうめいせい》（一七二〇～）、没。	
嘉慶三	一七九八	＊昌平坂学問所、幕府直轄の学問所となる〔寛政九〕。	
嘉慶五	一八〇〇	阮元《げんげん》、詁経精舎《こけいしょうじゃ》を設立。	
嘉慶六	一八〇一	章学誠《しょうがくせい》（一七三八～）、没。	章学誠『文史通義《ぶんしつうぎ》』
嘉慶九	一八〇四	銭大昕《せんたいきん》（一七二八～）、没。＊中井竹山《なかいちくざん》（一七三〇～）、没〔文化二〕。	＊中井竹山『非徴《ひちょう》』『草茅危言《そうぼうきげん》』 ＊大田錦城『九経談』
嘉慶一〇	一八〇五	紀昀《きいん》（一七二四～）、没。	紀昀『四庫全書総目提要《しこぜんしょそうもくていよう》』
嘉慶一二	一八〇七		段玉裁《だんぎょくさい》『説文解字注《せつもんかいじちゅう》』
嘉慶一三	一八〇八		＊太田方《おおたほう》『韓非子翼毳《かんぴしよくぜい》』
嘉慶一七	一八一二	趙翼（一七二七～）、没。	
嘉慶二〇	一八一五	段玉裁（一七三五～）、没。	
嘉慶二二	一八一七	＊中井履軒《なかいりけん》（一七三二～）、没〔文化一四〕。	＊中井履軒『七経逢原《しちけいほうげん》』『史記雕題《しきちょうだい》』
嘉慶二五	一八二〇	阮元、学海堂を設立。	
道光一二	一八三二	王念孫《おうねんそん》（一七四四～）、没。	王念孫『読書雑志《どくしょざっし》』
道光一四	一八三四	王引之《おういんし》（一七六六～）、没。	王引之『経義述聞《けいぎじゅつぶん》』『経伝釈詞《けいでんしゃくし》』
道光一九	一八三九	＊蛮社《ばんしゃ》の獄《ごく》〔天保一〇〕。	
道光二〇	一八四〇	アヘン戦争（～一八四二）。	
道光二九	一八四九	阮元《げんげん》（一七六四～）、没。太平天国の乱（～一八六四）。	阮元『皇清経解《こうせいけいかい》』
道光三〇	一八五〇	第二次アヘン戦争（～一八六〇）。林則徐《りんそくじょ》（一七五八～）、没。	
同治六	一八六七	＊大政奉還、王政復古の大号令〔慶応三〕。	
同治七	一八六八	＊一時閉鎖していた昌平坂学問所が官立の「昌平学校」として再開〔明治一〕。	
同治八	一八六九	＊版籍奉還。＊懐徳堂閉校〔明治二〕。	

同治九	一八七〇	＊昌平学校、休校。そのまま廃校へ〔明治三〕。	
光緒八	一八八二	陳澧《ちんれい》（一八一〇〜）、没。	陳澧『東塾読書記《とうじゅくどくしょき》』
光緒一七	一八九一		康有為《こうゆうい》『新学偽経考《しんがくぎけいこう》』
光緒二〇	一八九四	日清戦争（〜一八九五）。	
光緒二一	一八九五		厳復《げんぷく》『天演論《てんえんろん》』
光緒二三	一八九七		康有為『孔子改制考《こうしかいせいこう》』
光緒二四	一八九八	戊戌《ぼじゅつ》変法。譚嗣同《たんしどう》（一八六五〜）、没。	
光緒二六	一九〇〇	義和団《ぎわだん》事変。	
光緒二八	一九〇二		梁啓超《りょうけいちょう》「新民説」
光緒三一	一九〇五	科挙廃止。＊中国同盟会、東京にて成立〔明治三八〕。	
光緒三三	一九〇七	兪樾《ゆえつ》（一八二一〜）、没。	
光緒三四	一九〇八	孫詒譲《そんいじょう》（一八四八〜）、没。皮錫瑞《ひせきずい》（一八五〇〜）、没。	
宣統三	一九一一	辛亥《しんがい》革命。清朝、崩壊。	
中華民国（1912〜）			
民国一	一九一二	中華民国成立。	
民国四	一九一五	陳独秀《ちんどくしゅう》（一八七九〜一九四二）が『青年雑誌』を上海で創刊、新文化運動始まる。	
民国六	一九一七	王先謙《おうせんけん》（一八四二〜）、没。	王先謙『荀子集解《じゅんししっかい》』『皇清経解続編《こうせいけいかいぞくへん》』
民国八	一九一九	パリ講和会議への抗議から五四運動が起こる。劉師培《りゅうしばい》（一八八四〜）、没。	
民国九	一九二〇		梁啓超『清代学術概論《しんだいがくじゅつがいろん》』
民国一〇	一九二一	厳復（一八五四〜）、没。	
民国一四	一九二五	孫文《そんぶん》（一八六六〜）、没。	
民国一六	一九二七	康有為（一八五八〜）・王国維《おうこくい》（一八七七〜）、没。	
民国一八	一九二九	梁啓超（一八七三〜）、没。	

	民国二五	一九三六	章炳麟《しょうへいりん》（一八六八～）、没。	章炳麟『訄書《きゅうしょ》』『章氏《しょうし》叢書《そうしょ》』
中華人民共和国（1949～）		一九四九	中華人民共和国成立。国民政府、台湾に移る。	
		一九六二	胡適《こせき》（一八九一～）、没。	
		一九六五	姚文元《ようぶんげん》（一九三二～二〇〇五）が論文「新編歴史劇「海瑞罷官《かいずいひかん》」を評す」を発表、「プロレタリア文化大革命」の発端となる。	
		一九六六	党中央委員会総会で「プロレタリア文化大革命についての中国共産党中央委員会の決定」を採択。「文化大革命」が本格的に開始。	
		一九六九	陳寅恪《ちんいんかく》（一八九〇～）、没。	
		一九七二	銀雀山漢墓竹簡《ぎんじゃくざんかんぼちっかん》（銀雀山漢簡《ぎんじゃくざんかんかん》）の出土。	
		一九七三	馬王堆漢墓帛書《まおうたいかんぼはくしょ》（馬王堆帛書《まおうたいはくしょ》）の出土。	
		一九七五	睡虎地秦墓竹簡《すいこちしんぼちっかん》（睡虎地秦簡《すいこちしんかん》）の出土。	
		一九七六	毛沢東《もうたくとう》（一八九三～）、没。「文化大革命」が事実上、終息。	
		一九七七	鄧小平《とうしょうへい》（一九〇四～一九九七）が復権し、党大会が「第一次文化大革命を勝利のうちに終結した」旨を宣言。	
		一九九八	郭店楚墓竹簡《かくてんそぼちっかん》（郭店楚簡《かくてんそかん》）の公開。	
		二〇〇一	上海博物館蔵戦国楚竹書《しゃんはいはくぶつかんぞうせんごくそちくしょ》（上博楚簡《しゃんはくそかん》）の公開開始。	
		二〇一〇	岳麓書院蔵秦簡《がくろくしょいんぞうしんかん》（岳麓秦簡《がくろくしんかん》）の公開開始。清華《せいか》大学蔵戦国竹簡（清華簡）の公開開始。	

《編著者紹介》

湯浅　邦弘（ゆあさ・くにひろ）

1957年　島根県生まれ。
1985年　大阪大学大学院文学研究科（中国哲学専攻）博士後期課程中退。
1997年　博士（文学，大阪大学）。
現　在　大阪大学大学院文学研究科教授。
主　著　『テーマで読み解く中国の文化』（編著）ミネルヴァ書房，2016年。
『概説 中国思想史』（編著）ミネルヴァ書房，2010年。
『軍国日本と『孫子』』ちくま新書，2015年。
『入門 老荘思想』ちくま新書，2014年。
『竹簡学――中国古代思想の探究』大阪大学出版会，2014年。
『論語』中公新書，2012年。
『故事成語の誕生と変容』角川叢書，2010年。
『菜根譚』中公新書，2010年。
『諸子百家』中公新書，2009年。
『孫子・三十六計』角川ソフィア文庫，2008年。
『戦いの神――中国古代兵学の展開』研文出版，2007年。
『上博楚簡研究』（編著）汲古書院，2007年。

名言で読み解く中国の思想家

2012年8月25日　初版第1刷発行　　〈検印廃止〉
2017年2月25日　初版第2刷発行

定価はカバーに
表示しています

編著者　湯　浅　邦　弘
発行者　杉　田　啓　三
印刷者　藤　森　英　夫

発行所　株式会社　ミネルヴァ書房
607-8494　京都市山科区日ノ岡堤谷町1
電話代表　(075)581-5191番
振替口座　01020-0-8076番

亜細亜印刷・清水製本

ISBN978-4-623-06378-9

Printed in Japan

執筆者紹介（所属・執筆分担・執筆順，＊印は編者）

＊湯《ゆ》浅《あさ》邦《くに》弘《ひろ》（大阪大学大学院文学研究科教授，はしがき，第一章，第Ⅱ部）

末《すえ》永《なが》高《たか》康《やす》（広島大学大学院文学研究科准教授，第二章）

竹《たけ》田《だ》健《けん》二《じ》（島根大学教育学部教授，第三章）

藤《ふじ》居《い》岳《たけ》人《と》（阿南工業高等専門学校教授，第四章）

中《なか》村《むら》未《み》来《き》（大阪大学大学院文学研究科招聘研究員，第五章）

草《くさ》野《の》友《とも》子《こ》（京都産業大学文化学部特約講師，第六章）

寺門《てらかど》日《ひ》出《で》男《お》（都留文科大学教授，第七章）

井《い》ノ《の》口《くち》哲《てつ》也《や》（東京学芸大学教育学部准教授，第八章）

渡《わた》邉《なべ》義《よし》浩《ひろ》（早稲田大学文学学術院教授，第九章）

清《し》水《みず》洋《よう》子《こ》（福山大学人間文化学部講師，第十章）

市《いち》来《き》津《つ》由《ゆ》彦《ひこ》（広島大学大学院文学研究科教授，第十一章）

佐《さ》藤《とう》錬《れん》太《た》郎《ろう》（北海道大学大学院文学研究科特任教授・北海道大学名誉教授，第十二章）

福《ふく》田《だ》一《かず》也《や》（元大阪教育大学非常勤講師，第Ⅱ部）

矢《や》羽《は》野《の》隆《たか》男《お》（四天王寺大学人文社会学部教授，第Ⅱ部）

井《い》澤《ざわ》耕《こう》一《いち》（茨城大学人文学部教授，第Ⅱ部）

横《よこ》久《く》保《ぼ》義洋《よしひろ》（岐阜聖徳学園大学准教授，第Ⅱ部）

人名索引

あ 行

か 行

さ　行

た　行

な　行

は　行

ま　行

や　行

ら　行

事項索引

あ 行

か 行

さ　行

た　行

な　行

は　行

ま　行

や　行

ら・わ　行